Nicos Poulantzas
Staatstheorie

Nicos Poulantzas (1936-1979) lehrte Soziologie in Paris, vorübergehend auch an der Universität Frankfurt a.M. Sein Text wurde aus dem Französischen übersetzt von Horst Arenz, Theo Brackmann, Helga Friedhoff und Rolf Löper.

Alex Demirović ist apl. Professor an der Goethe Universität Frankfurt am und Senior Fellow der Rosa-Luxemburg-Stiftung in Berlin.
Joachim Hirsch ist emeritierter Professor für Politikwissenschaft an der Johann-Wolfgang-Goethe-Universität in Frankfurt a.M.
Bob Jessop ist Professor für Soziologie an der Universität Lancaster.

Nicos Poulantzas

Staatstheorie

Politischer Überbau, Ideologie,
Autoritärer Etatismus

Mit einer Einleitung von Alex Demirović,
Joachim Hirsch und Bob Jessop

VSA: Verlag Hamburg

www.vsa-verlag.de

Unveränderter Nachdruck VSA: Verlag 2021

Autorenfoto: Michèle Bancilhon

Druck- und Buchbindearbeiten: CPI books GmbH, Leck
ISBN 978-3-87975-857-9

Inhalt

Einleitung der Herausgeber

Staatstheorie, Nicos Poulantzas' letztes großes Werk, ist 1978 zuerst in französischer Sprache erschienen. Der Originaltitel lautet *L'État, Le Pouvoir, Le Socialisme – Der Staat, die Macht, der Sozialismus*. Das Buch ist ein wichtiger und origineller Beitrag zur Theorie des kapitalistischen Typs des Staates. Er will hier, systematischen Ansprüchen gerecht werdend, vervollständigen, was nach Poulantzas' eigener Beurteilung bei Marx und Engels und in der materialistischen Tradition trotz aller Bemühungen nur in Ansätzen entwickelt worden war.[1] Ob dieser Anspruch gerechtfertigt ist oder wie man seine Gültigkeit überprüfen könnte, braucht uns hier nicht zu interessieren. Auf jeden Fall kann die *Staatstheorie* als mehr oder weniger erfolgreicher Kulminationspunkt von Poulantzas' Bemühungen gelten, eine Theorie des kapitalistischen Staatstyps zu entwickeln, die auf einer sorgfältigen Lektüre der marxistischen Klassiker beruhten, und im Lichte empirischer Entwicklungen und theoretischer Debatten der 1960er und 1970er Jahre versuchten dazu beizutragen, Probleme und Fallen zu vermeiden oder aufzulösen, mit denen andere marxistische und nichtmarxistische Ansätze konfrontiert waren. Wir wollen in dieser Einleitung einige Anmerkungen zur Bedeutung der *Staatstheorie* innerhalb von Poulantzas' theoretischer Entwicklung sowie für die marxistische Theorie und die Analyse gegenwärtiger kapitalistischer Staaten machen. Auch Hinweise darauf möchten wir geben, inwieweit die jüngeren Entwicklungen der kapitalistischen Ökonomie und ihrer Staatsform Anlass dazu geben, Poulantzas' Studie zu modifizieren. Doch soll dies nicht bedeuten, grundlegende theoretische Einsichten und Begriffe Poulantzas' aufzugeben. Im Gegenteil glauben wir, dass zentrale Theoreme von Poulantzas gerade heute anregend für die Analyse der Politik und staatlichen Entwicklung sind.

Staatstheorie ist ein recht komplexer Text, der – in Poulantzas eigenen Worten – Gefahr läuft, zu viel zu versuchen und zu wenig zu bieten. Obwohl er in der Vorbemerkung behauptet, der Versuchung widerstanden zu haben, zu viele Themenbereiche in einem zu weiten theoretischen

[1] Vgl. Nicos Poulantzas: Les théoriciens doivent retourner sur terre, in: Les nouvelles littéraires, 26, Juni 1978.

Feld abzudecken, handelt es sich dennoch um ein sehr ambitioniertes Werk. Es reicht von Aussagen zum Staat im Allgemeinen über eine Theorie des kapitalistischen Staatstyps bis zu einer konkreteren Theorie des Staates in der Phase des Kapitalismus der 1970er Jahre. Dies alles wird sorgfältig mit Überlegungen zur kapitalistischen Produktionsweise, mit einer Theorie der kapitalistischen gesellschaftlichen Arbeitsteilung und einer Theorie der gegenwärtigen Entwicklungsstufe des Kapitalismus verknüpft.

Poulantzas' Theorie des Staates ist also weit mehr als eine politische Theorie oder eine Analyse politischer Institutionen und Politikfelder. Sie ist im weiteren Kontext einer von der Kritik der politischen Ökonomie motivierten materialistischen Theorie der Gesellschaft als eines komplexen Ganzen, als Totalität zu sehen, zu der sie mit einer Theorie des Staates im Besonderen beitragen will. Staat wird auf der Grundlage der Produktionsverhältnisse neben dem Bereich der Ideologie als autonome Sphäre der Praxis in einem integralen Ganzen, der kapitalistischen Produktionsweise, begriffen. Dieses Ganze lässt sich in seiner Gesamtheit und in seiner Reproduktion und Regulation nicht allein durch ökonomische Analysen bestimmen, noch ist der Staat, seine Organisation, seine Funktionen und die Praktiken staatlicher Akteure, auf ökononomische Ursachen zurückführbar. Die Theorie muss nicht nur Abhängigkeiten des Staates von den Produktionsverhältnissen und seine Aufgaben bei der Sicherung der Verwertungsbedingungen des Kapitals und der Akkumulation erklären. Ganz im Sinne des von Marx formulierten Anspruchs,[2] wonach die materialistische Methode nicht den irdischen Kern der religiösen Nebelbildungen, sondern aus den wirklichen Lebensverhältnissen ihre verhimmelten Formen zu entwickeln habe, bemüht sich Poulantzas darum, die Autonomie des Staates bei der Verfolgung langfristiger gesellschaftlicher Ziele, der Durchsetzung bestimmter Entwicklungspfade, der Herstellung von sozialen Allianzen und der Beteiligung verschiedener gesellschaftlicher Kräfte an der politischen Herrschaft zu bestimmen. Das Faszinierende an Poulantzas' *Staatstheorie* ist, dass er mehr noch als in seinen früheren Büchern bei jedem Schritt der Entwicklung seines Arguments Klassenmacht und Klassenkämpfe, also die Praxis der gesellschaftlichen Akteure, ins Zentrum der Analyse der gesellschaftlichen Produktionsverhältnisse und des Staates rückt.

Auf dieser Grundlage entwickelt er eine Reihe von stärker »angewandten« theoretisch-strategischen Analysen, in denen er die Möglichkeiten

[2] Vgl. Karl Marx: Das Kapital I, in: MEW, Bd. 23, 393.

eines demokratischen Übergangs zu einem demokratischen Sozialismus in den ökonomischen, politischen und ideologischen Konjunkturen des zeitgenössischen Kapitalismus thematisiert. Schließlich finden sich in dem Buch zahlreiche wichtige theoretische Anmerkungen, die von der Kritik alternativer theoretischer Positionen über Kommentare zu den Ursachen des Totalitarismus und dem Charakter des Staates in sozialistischen Gesellschaften bis hin zu der Bedeutung der Geschlechterverhältnisse als Basis politischer Mobilisierung in der politischen Situation Frankreichs in den 1970er Jahren reichen.

Poulantzas bemerkte aber ebenso, dass die *Staatstheorie* Gefahr lief, zu wenig zu bieten. So finden sich in dem Buch keine synchronen komparativen Analysen des kapitalistischen Staates noch solche der besonderen Phasen seiner Entwicklung. Ebenso wenig untersuchte er die unmittelbare politische Konjunktur in einem einzelnen Staat – nicht einmal in den beiden Ländern, die ihm und seinen politischen Aktivitäten am nächsten lagen, seinem griechischen Mutterland und Frankreich, seiner Wahlheimat. Dennoch wäre Poulantzas kaum zu den Erkenntnissen der *Staatstheorie* gelangt, hätte er sich lediglich auf die Lektüre der marxistischen Klassiker und deren Kommentierung beschränkt. Statt dessen wissen wir aus seinem literarischen Nachlass sowie aus seinen eigenen Anmerkungen, dass sein Werk umfangreiche Studien zu einer Vielzahl von Problemen und Themen, die für den Kapitalismus und den kapitalistischen Staatstyp relevant sind, zur Grundlage hatte. Dies wird auch deutlich, wenn man die intensive Arbeit bedenkt, die der *Staatstheorie* vorangegangen ist und in wenigen Jahren zur Veröffentlichung zahlreicher Bücher geführt hat: sein erstes, noch sehr an Althusser orientiertes staatstheoretisches Buch *Politische Macht und gesellschaftliche Klassen* (1968, dt. 1974), seine theoretisch informierte historische Analyse *Faschismus und Diktatur* (1970, dt. 1973), *Klassen im Kapitalismus – heute* (1974, dt. 1975), *Die Krise der Diktaturen* (1975, dt. 1977), die Poulantzas' Überlegungen im Faschismusbuch zu Formen des bürgerlichen Ausnahmestaats mit aktuellen Fragestellungen fortsetzten. *Staatstheorie*, so wissen wir aber auch, hätte nicht geschrieben werden können ohne sein politisches Engagement in politischen Kämpfen in Griechenland und Frankreich und ohne die damit verbundenen Erfahrungen.

Leben und Werk von Nicos Poulantzas

Nicos Poulantzas, 1936 in Athen geboren, ging Anfang der 1960er Jahre nach Frankreich, wo er bis zu seinem frühen Freitod Ende 1979 lehrte und forschte. Er war ein innovativer Denker, der immer wieder mit neuen Erkenntnissen über den Staat und Verschiebungen seiner politischen Haltung überraschte. An zentralen Einsichten der marxistischen Theorie festhaltend, versuchte er doch, sie im Lichte grundlegender Transformationen des kapitalistischen Produktionsweise, aktueller Konjunkturen des Klassenkampfes und neuer theoretischer Einsichten weiter zu entwickeln. Dies spiegelt sich in seiner intellektuellen und politischen Biographie während der viel zu kurzen zwanzig Jahre seines theoretischen und politischen Engagements wider.

Seine intellektuelle Laufbahn begann mit Arbeiten zur marxistischen Rechtsphilosophie und zur Rechtstheorie.[3] In dieser Zeit Mitte der 1960er Jahre war er noch stark von marxistischen Theoretikern wie Jean Paul Sartre und Lucien Goldmann beinflusst. Ganz offensichtlich stark geprägt von den Arbeiten Louis Althussers,[4] wandte er sich ab Mitte der 1960er Jahre der politischen Theorie zu und begann eine Sicht des kapitalistischen Staatstyps zu entwickeln. Die von ihm 1968 vorgelegte Theorie des Staates war sehr streng antiempiristisch und arbeitete mit Althussers Begriff eines strukturalen Ganzen, in dem das Ökonomische, das Politische und das Ideologische spezifische Ebenen darstellen. Daraus ergaben sich zunächst auch noch erhebliche Vorbehalte gegenüber Gramsci, die sich gegen das richteten, was Poulantzas – gleichfalls angelehnt an Althusser – Historizismus nannte. Damit ist gemeint, dass der Staat so aufgefasst wird, als repräsentiere er als Teil der Gesellschaft die Totalität der Gesellschaft und als fasse er als das Allgemeinen der Gesellschaft deren Entwicklung zusammen. Auf diese Weise erscheint die Gesellschaft als gespaltene Einheit: als Einheit, weil es innerhalb des Staates keine Widersprüche gibt, als gespalten, weil der Staat zur Gesellschaft gehört und über ihr steht. Gerade die relative Autonomie der verschiedenen gesell-

[3] Poulantzas legte zwei rechtsphilosophische Arbeiten über Fragen des Naturrechts vor, vor allem seine 1965 veröffentlichte These: Nature des Choses et Droit. Essai sur la dialectique du fait et de la valeur. Vgl. auch seinen Aufsatz: Aus Anlass der marxistischen Rechtstheorie, in: Norbert Reich (Hrsg.), Marxistische und sozialistische Rechtstheorie (Frankfurt am Main 1972).

[4] Vgl. Louis Althusser: Für Marx, Frankfurt am Main 1968; Louis Althusser/Etienne Balibar: Das Kapital lesen, Reinbek bei Hamburg 1972.

schaftlichen Bereiche, die Besonderheit ihrer Widersprüche, die jeweiligen Formen der sozialen Auseinandersetzungen, ihres unterschiedlichen zeitlichen Rhythmus und ihrer Ungleichzeitigkeiten sind nicht erkennbar. Trotz dieser Einwände stützt sich Poulantzas nachdrücklich auf Gramsci, insbesondere auf seinen Begriff der Hegemonie. Dieser Begriff galt ihm als wichtig, weil er die politischen Praxisformen der Bourgeoisie und den Machtblock zu analysieren erlaubt, in dem mehrere politisch herrschende Klassen oder Klassenfraktionen zu einer Einheit finden. Staatsapparate, so konnte er anknüpfend an Gramsci argumentieren, vermitteln und organisieren die Hegemonie des Blocks an der Macht, gleichzeitig desorganisieren sie die subalternen Klassen und fassen sie zu einem Volk-als-Nation zusammen. Offensichtlich unter dem Eindruck von Argumenten Gramscis und durch den Mai '68 ausgelösten Diskussionen löste sich Poulantzas zunehmend von Aspekten der Konzeption Althussers und befasste sich verstärkt mit strategisch wichtigen theoretischen Fragen – mit dem Charakter des Faschismus und der Militärdiktatur, den Veränderungen des Imperialismus und der Klassenverhältnisse sowie mit der Rolle von Parteien und sozialen Bewegungen im modernen Kapitalismus. In seinen späteren Studien behandelte er zunehmend Probleme, die die offensichtliche Krise des Marxismus als Gesellschaftstheorie und als Richtschnur für die Praxis mit sich brachte. Insbesondere aufgrund der Erfahrungen der portugiesischen Revolution und seines Engagements in Griechenland nach dem Zerfall der Militärdiktatur setzte er sich intensiver mit Fragen des demokratischen Sozialismus auseinander.

Seine staatstheoretischen Überlegungen in den 1960er Jahren waren eng mit strategischen Überlegungen verbunden, in deren Zentrum die Bedeutung einer Partei der Arbeiterklasse und der Volksklassen stand. Der Staat organisiert in der Gesamtheit seiner Staatsapparate die verschiedenen herrschenden Klassen und Klassenfraktionen als Einheit eines Machtblocks; demgegenüber werden die beherrschten Klassen in eine Vielzahl von individualisierten Staatsbürgern pulverisiert und in der Staatsgemeinschaft des Volkes-als-Nation zusammengefasst. Damit die beherrschten Klassen als solche ihre Interessen formulieren und organisieren konnten, bedurften sie für die politischen Kämpfe einer Partei, die auch in der Lage sein würde, die Trennung von Ökonomie und Politik zu überwinden. Diese Parteiorientierung findet sich bei Poulantzas auch während der 1970er Jahre noch in seiner aktiven Unterstützung der eurokommunistischen Partei in Griechenland. Doch suchte er nach Konzepten, die die Partei mit anderen Formen der popularen Befreiung wie Räte und soziale Bewegungen verknüpfen konnte. In diesem Sinn sym pathisierte er mit einer radikaldemokratischen Politik, die auf partei- und klassenübergreifende Allianzen zielte. Diese Orientierung wird in der *Staatstheorie* besonders deutlich. Die Motive für diese politische wie theoretische Entwicklung eines politisch so engagierten, theoretisch interessierten und offenen Intellektuellen wie Poulantzas sind zahlreich. Es ist das Aufkommen der neuen sozialen Bewegungen und damit verbunden neuer Themen und Probleme; es sind die Fragen einer neuen Strategie der Linken, die sich mit dem Eurokommunismus und der Linksunion in Frankreich stellten; es ist der Zerfall der Militärdiktaturen in Griechenland, Spanien und Portugal und die Probleme eines demokratischen Übergangs – und insbesondere die Erfahrung mit der friedlichen portugiesischen Revolution mit ihrer Aufbruchstimmung, den Massenbewegungen, den Landenteignungen, der Bildung von Arbeiter- und Soldatenräten; die repressive, autoritär-staatliche Entwicklung in Nordwesteuropa, die ihn schon Ende der 1960er Jahre dazu veranlasst hatte, zu der seinerzeit viel diskutierten Frage, ob ein neuer Faschismus zu erwarten sei, mit einer Studie beizutragen – mit einer differenzierten negativen Antwort; schließlich auch seine Auseinandersetzung mit den autoritären Traditionen des Staatssozialismus, dessen aufkommender Krise und der Wiederentdeckung der Totalitarismustheorie durch zahlreiche französische Intellektuelle. Poulantzas bemühte sich, diese Vorgänge als Hinweise auf Veränderungen des Imperialismus zu begreifen, die die nationalen Staaten und die Klassenkämpfe in Europa beeinflussten.

Poulantzas' Arbeiten wurden in den 1970er Jahren vielfach rezipiert und hatten eine erkennbare Wirkung in der seinerzeit geführten staatstheoretischen Diskussion.[5] Einflussreich war sicherlich sein Plädoyer dafür, den kapitalistischen Staat, Politik und Demokratie als ein eigenes theoretisches Arbeitsgebiet der materialistischen Gesellschaftstheorie zu begreifen und damit die Staatsanalyse aus einer ökonomistischen Eng-

[5] Um einige Beispiele zu geben: Joachim Hirsch: Bemerkungen zum theoretischen Ansatz einer Analyse des bürgerlichen Staates, in: Gesellschaft. Beiträge zur Marxschen Theorie 8/9, Frankfurt am Main 1976; Ernesto Laclau: Politik und Ideologie im Marxismus, Hamburg 1981; Christine Buci-Glucksmann/Göran Therborn: Der sozialdemokratische Staat. Die »Keynesianisierung« der Gesellschaft, Hamburg 1982; Josef Esser: Gewerkschaften in der Krise, Frankfurt am Main 1982; vgl. auch die Beiträge in Christine Buci-Glucksmann (Hrsg.): La gauche, le pouvoir, le socialisme. Hommage à Nicos Poulantzas, Paris 1983 und die monographischen Darstellungen von Bob Jessop: Nicos Poulantzas. Marxist theory and political strategy, London 1985 und Alex Demirović: Nicos Poulantzas. Eine kritische Auseinandersetzung, Berlin 1987.

führung zu befreien. Gegen einen ideologiekritischen Funktionalismus, der sich mit der letztlich stereotypen Einsicht begnügt, dass der Staat die Herrschaft der Bourgeoisie verschleiert, legitimiert, erhält, schützt, geht es Poulantzas nicht um das »Dass«, sondern um das »Wie« dieser Herrschaft. Damit konnte er zu einer Verschiebung der Perspektive beitragen. Nicht mehr Ableitung des Staates in Rechtsbegriffen aus der Warenform, sondern Analyse der Kämpfe, der Herrschaftspraktiken und des Widerstands steht im Zentrum seiner Theorie.

Gleichwohl flaute der Einfluss seiner Arbeiten alsbald ab. Seine Bücher stellen die Leser vor erhebliche Schwierigkeiten, sie sind voraussetzungsvoll und vor allem irritierend, weil sie auch den linken Alltagsverstand hinsichtlich dessen Verständnis von Staat und Herrschaft vielfach herausfordern. Im angelsächsischen Bereich wirkte Poulantzas deswegen auch am ehesten mit seinen klar zugeschnittenen und einfach gehaltenen Beiträgen zur Kontroverse mit Ralph Miliband.[6] Kurioserweise war auch seine Zurechnung zum Strukturalismus und Poststrukturalismus der weiteren Rezeption nicht förderlich, weil diese intellektuelle Tradition bei vielen in der Linken auf Vorbehalte stieß. Gleichzeitig konzentrierte sich die Aufmerksamkeit in der Rezeption poststrukturalistischer Theorien verstärkt auf die Ansätze von Foucault und Deleuze, Derrida und Kristeva, Autorinnen und Autoren, die '68 teilweise zwar noch eng mit der marxistischen Diskussion verbunden waren, sich nun jedoch zunehmend davon distanzierten. Hinzu kam, dass die staatstheoretische Diskussion in den späten 1960er und frühen 1970er Jahren einen günstigen Kontext weit über eine sozialrevolutionäre oder radikaldemokratische sozialistische Linke hinaus fand, weil diese Zeit in breiten Kreisen vom Wunsch und der Hoffnung auf Reform und Demokratie erfüllt war. Doch so, wie die Diskussionen über politische Planung immer skeptischer und Thesen über Unregierbarkeit immer dominanter wurden, verlor auch die staatstheoretische Diskussion insgesamt an Gewicht. Dies gilt auch für die kritischen, materialistischen Ansätze. Mit der Entstehung und der Praxis der neuen sozialen Bewegungen im Laufe der 1970er Jahre und vor allem mit den Diskussionen über Ökologie verringerte sich nicht nur das Interesse an marxistischen Analysen, abgelehnt wurde dessen vermeintlicher Produktivismus und naturgesetzmäßiger Fortschrittsglaube ebenso wie kritisiert wurde, dass im Zentrum der Analyse Klassen und Klassenkämpfe

[6] Vgl. Nicos Poulantzas, Ralph Miliband: Kontroversen über den kapitalistischen Staat, Berlin 1976.

standen. Auf diese Weise, so schien es, konnte die marxistische Theorie dem Selbstverständnis der Protestakteure nicht entsprechen, denn Arbeiter und Gewerkschaften hatten ja selbst ein Interesse an der Naturzerstörung oder am Bau von Atomkraftwerken – und die sozialen Protestbewegungen kamen, in klassentheoretischen Begriffen gesprochen, eher aus den Schichten der Mittelklasse. Der Tod von Poulantzas fiel deswegen, so lässt sich vielleicht sagen, gerade in eine Phase, in der sich aufgrund struktureller Veränderungen des fordistischen Kapitalismus auch die Koordinaten in der Art der Problematisierung und Auseinandersetzung mit politischen Prozessen und staatlichen Funktionen verschoben, so dass seine theoretische Arbeit ungerechtfertigterweise »moralisch« entwertet wurde. Zu diesem Zeitpunkt, wo er so dringend mit weiteren Arbeiten auch zur paradigmatischen Fortentwicklung kritisch-materialistischer Analysen hätte beitragen können und müssen, fehlte er.

Der zentrale Beitrag der *Staatstheorie*

Seine eigenen Arbeiten und die Auseinandersetzungen mit anderen Theorien ließen Poulantzas zu seiner zentralen staatstheoretischen Einsicht kommen, dass der Staat ein gesellschaftliches Verhältnis ist. Mit diesem theoretischen Vorschlag hoffte Poulantzas, den Anspruch einzulösen, der von der marxistischen Diskussion seit Ende der 1960er Jahre erhoben wurde, nämlich das Defizit der Marxschen Theorie zu beheben und eine Theorie des kapitalistischen Staates und damit des politischen Handelns zu entwickeln. Auf den ersten Blick wirkt sein Theorem beinahe selbstevident, weil es sich analog zu Überlegung von Marx begreifen lässt, der nachweist, dass das Kapital in seinem Gesamtprozess wie in seinen spezifischen Formen ein gesellschaftliches Verhältnis ist. Doch hier wie dort kommt es darauf an, was als das Besondere dieses gesellschaftlichen Verhältnisses zu gelten hat. Mit seinem Theorem wendet sich Poulantzas gegen zwei in der marxistischen Diskussion verbreitete Vorstellungen, das instrumentalistische und das juridische Modell bürgerlicher Herrschaft. Der kapitalistische Staat ist kein Instrument in den Händen einer herrschenden Klasse oder Kapitalfraktion – wie das in der Tradition der Dritten Internationale von vielen kommunistischen Parteien vertreten wurde. In diesem Fall stehen die Beherrschten als große, einheitliche Masse dem Staat als Festung der Kapitalisten als einer Gruppe weniger Machthaber mit einheitlichem Willen gegenüber. Die Widersprüche innerhalb der herrschenden Klassen und zwischen Kapitalfraktionen wird verkannt;

auch die unterschiedlichen Interessenlagen innerhalb der Volksklassen geraten aus dem Blick. Der Staat ist auch nicht das Subjekt der Gesellschaft, das als das rechtlich Allgemeine und Universelle der Gesellschaft die Vielfalt der Einzel- und Privatinteressen zu einem einheitlichen Willen zusammenfasst und die Gesellschaft als Ganze repräsentiert, so als stünde er außerhalb der Gesellschaft, als würde er von außen lediglich den rechtlichen Rahmen, die Allgemeinheit des Gesetzes und die Sicherheit, zur Verfügung stellen und garantieren, der für alle gleichermaßen verbindlich ist. In diesem Fall wären die Beherrschten illusionär in Rechtsbegriffen befangen, die sich im Wesentlichen aus der Zirkulationssphäre ableiteten. Der Staat selbst würde das Interesse des Kapitals nur insofern begünstigen, als er die für dessen Entfaltung günstigen rechtlichen Rahmenbedingungen bereit stellt. Es würde allein die Ideologiekritik des Staates als Rechtsverhältnis ausreichen, während die materiellen, die ökonomischen, politischen und ideologischen Herrschaftspraktiken und Tätigkeiten des Staates nicht in den Blick genommen werden. Poulantzas begreift den Staat als eine gesellschaftliche Sphäre, die autonom gegenüber den kapitalistischen Produktionsverhältnissen ist und sich in einem ihm spezifischen Modus reproduziert. Der Staat stellt ein Terrain des sozialen Kampfes dar und organisiert auf diese Weise die herrschenden Klassen und Klassenfraktionen als Machtblock. Gleichzeitig ist er gerade deswegen nicht einheitlich, denn er bietet ja den Raum für unterschiedliche und gegensätzliche Interessenlagen, die in den je verschiedenen Staatsapparaten – Militär, Polizei, Justiz, Legislative, Regierungsspitze, Ministerien, Parteien, Schulen, Kirche – organisiert werden. In allen diesen Apparaten bilden sich Fraktionen mit spezifischen Machtpositionen, im Verhältnis der Apparate zueinander gibt es mächtigere und weniger mächtige. Alle diese Apparate können in unterschiedlicher Weise Konzessionen und Kompromisse gegenüber den Beherrschten machen, die sich außerhalb befinden. Die Herrschaft der herrschenden Klassen findet sich demnach nirgendwo anders als in der Gestalt dieser Staatsapparate organisiert; Herrschaft ist ein Prozess, der sich nur in ständigen Reibungen und Konflikten innerhalb der Herrschenden, aber unter der Hegemonie einer ihrer Gruppen vollzieht. Deswegen formuliert Poulantzas noch etwas genauer: der Staat ist die materielle Verdichtung eines Kräfteverhältnisses zwischen Klassen und Klassenfraktionen, das sich im Innern des Staates in spezifischer Form ausdrückt.[7] Die Besonderheit des gesellschaftlichen

[7] *Staatstheorie*, 159.

Verhältnisses »kapitalistischer Staat« ist demnach, dass er das Kräfteverhältnis der sozialen Klassen und -fraktionen in der Form von Apparaten verdichtet und damit den bürgerlichen Block an der Macht organisiert. Der Staat ist diese Praxis der Verdichtung.

Erst in dieser Verdichtung gibt er dem Kräfteverhältnis eine Form, in der die Interessenkonflikte gleichzeitig entstehen, ausgetragen und eine kompromisshafte Lösung finden können; er stellt ein Feld strategischer Selektivität dar, auf dem konkurrierende Klassen und Klassenfraktionen mit verschiedenen Strategien politisch um die Erlangung der Hegemonie im Machtblock und damit um die spezifische Form der Konstitution der Volksklassen und die Art und Weise der Herrschaft über sie kämpfen. In und durch das Zusammenspiel der institutionellen Formen des Staates mit den je unterschiedlichen politischen Kräften wird Staatsmacht reproduziert.

In diesem Zusammenhang muss auf einen weiteren wichtigen Gesichtspunkt in den Überlegungen Poulantzas' hingewiesen werden, nämlich auf die Art und Weise, wie Poulantzas das Kapital als gesellschaftliches Verhältnis zu begreifen vorschlägt. An sich handelt es sich um eine in der marxistischen Diskussion geläufige Vorstellung. Danach werden in den Produktionsverhältnissen die antagonistischen Klassen bestimmt. Sie stellen die sozialen Kräfte dar, die in einem zweiten Schritt auch um die politische Macht, die kollektiven Herrschaftsmittel und um die Definition und Festlegung des staatlichen Allgemeinwillens kämpfen. Staat, Herrschaft und politischer Kampf treten nach diesem Modell allerdings erst nachträglich zu den Produktionsverhältnissen und zu den schon konstituierten Klassen hinzu. Poulantzas schlägt demgegenüber vor, soziale Klassen unter dem Blickwinkel ihrer erweiterten Reproduktion zu analysieren. Dies bedeutet, dass sie sich als Klassen nur konstituieren in einer Gesamtheit von ökonomischen, politischen und ideologischen Praktiken und Kämpfen. So ist der Staat und die Teilung von geistiger und körperlicher Arbeit ebenso wie der Kapitalkreislauf und der Akkumulationsprozess schon konstitutiv bei der Herausbildung der Klassen und ihrer Reproduktion präsent. Die Klassen gibt es nicht vor dem Staat und vor dem Klassenkampf. Tatsächlich stellte Poulantzas die gesellschaftlichen Produktionsverhältnisse in diesem erweiterten oder integralen Sinne ins Zentrum seiner Analyse des Klassenkampfes. Aus dem gleichen Grund analysierte er die gesellschaftliche Reproduktion im Sinne einer Reproduktion miteinander verknüpfter ökonomischer, politischer und ideologischer Bedingungen, die auf den Akkumulationsprozess einwirken.

In diesem Sinne untersuchte er in *Klassen im Kapitalismus – heute* und in *Krise der Diktaturen* die Veränderung der Bourgeoisie. Diese ist keine in der Geschichte des Kapitalismus mit sich selbst identische Klasse, entsprechend den Konjunkturen der Kämpfe ändert sich auch ihre Gestalt. Die Grundlage dafür ist eine Veränderung der Eigentumsverhältnisse.

Sehr allgemein sei hier nur darauf hingewiesen, dass Poulantzas zwischen Eigentum und Besitz an den Produktionsmitteln unterscheidet. Mit dem Monopolkapitalismus, so seine Ansicht, treten diese beiden Elemente auseinander: konzentriertes ökonomisches Eigentum kann sehr verschiedene Formen des Besitzes umfassen und sich Machtbefugnisse aneignen. Während in dieser Phase die unterworfenen Produktionseinheiten aber noch intakt bleiben und insofern auch noch Widerstand möglich ist, sei die gegenwärtige Phase des Monopolkapitalismus durch eine Auflösung dieser Produktionseinheiten bestimmt, es komme zu einer Resorption der Trennung von Eigentum und Besitz.[8] Aufgrund solcher Analysen kann Poulantzas vier Kategorien der Bourgeoisie unterscheiden: nationale, imperialistische, Kompradoren- und schließlich interne Bourgeoisie, die sich noch aufgrund ihrer spezifischen Funktion innerhalb des Kapitalkreislaufs, also der Produktion, des Handels und der Finanzierung fraktionieren. Je nach Stadium und Konjunktur kann sich das Kräfteverhältnis zwischen diesen Fraktionen erheblich verschieben.

Indem er den Staat als gesellschaftliches Verhältnis begriff, wandte sich Poulantzas gegen Auffassungen, die im Staat eine eigenständige, sich selbst begründende Einheit sehen. Der kapitalistische Staat ist konstitutiv mit der Akkumulation von Kapital, der gesellschaftlichen Arbeitsteilung zwischen Klassen und den Kämpfen zwischen ihnen verknüpft. Solche Überlegungen hätten es erforderlich gemacht, die werttheoretischen Grundannahmen und die als Grundlage seiner Überlegungen in Anspruch genommenen Gesetzmäßigkeiten der Akkumulation und des tendenziellen Falls der Profitrate genauer zu bestimmen. An diesem Punkt geht Poulantzas jedoch nicht über Marx' Ausführungen hinaus.[9] Rückblickend wird man sagen müssen, dass Poulantzas sich nicht im ausreichenden Maße

---

[8] *Klassen im Kapitalismus – heute*, West-Berlin 1975, 106ff.; *Krise der Diktaturen*, Frankfurt am Main 1977, 37ff.

[9] Erst zu einem späteren Zeitpunkt und zunächst eher unabhängig von der staatstheoretischen Diskussion und Poulantzas' Arbeiten wurden in der Regulationstheorie die Probleme der Werttheorie und der Akkumulation in einer Weise thematisiert, dass Antworten zu erhoffen waren. Vgl. dazu Alain Lipietz: Kette, Schuß und die Regulation, in: ders., Nach dem Ende des »Goldenen Zeitalters«, Hamburg 1998.

mit der Frage der gesellschaftlichen Formbestimmung des Politischen befasste – wie sie auch zentraler Gegenstand der (west-)deutschen »Staatsableitungsdebatte« war. Es lässt sich hier Poulantzas' Orientierung an der Denkweise des strukturalistischen Marxismus noch gut erkennen, der die irreduzible Autonomie des Ökonomischen, Politischen und Ideologischen setzt, ohne nach deren Konstitution zu fragen. Bei Poulantzas unterbleibt eine genauere Begründung der für die bürgerlich-kapitalistische Gesellschaftsformation charakteristischen Trennung von »Politik« und »Ökonomie« und der »Besonderung« des Staates gegenüber den gesellschaftlichen Klassen. Dazu wäre eine intensivere Auseinandersetzung mit den Widersprüchen der Wertvergesellschaftung notwendig gewesen, die Marx im ersten Teil des *Kapitals* vornimmt und in der er den Begriff der gesellschaftlichen Form als Bewegungsmodus eben dieser Widersprüche entwickelt. Zu schnell schiebt Poulantzas diese Problematik zur Seite, indem er der »Staatsableitung«, wiederum nicht ganz zu unrecht, vorwirft, in den Kategorien der Zirkulationssphäre befangen zu bleiben, den Staat nur in Rechtsbegriffen als Allgemeinheit denken und die Produktionsverhältnisse und damit auch den Klassenkampf gar nicht thematisieren zu können. So bleiben solche für Poulantzas' Ansatz zentralen Begriffe wie »eigene Materialität« oder »relative Autonomie« des Staates theoretisch immer noch unterbestimmt und legen funktionalistische Missverständnisse nahe. Allerdings denkt Poulantzas zu elaboriert und zu reflektiert, um sich dadurch wirklich in theoretische Sackgassen manövrieren zu lassen. Denn in der *Staatstheorie* taucht die Frage der Konstitution des Staates indirekt durchaus auf, wenn Poulantzas die These vertritt, dass die gesellschaftliche Arbeitsteilung zwischen manueller und geistiger Arbeit konstitutiv für die Bildung des Staates ist, dass der Staat in der Gesamtheit seiner Apparate die geistige Arbeit in ihrer Trennung von der körperlichen Arbeit verkörpert.[10] Staat bildet sich demnach durch die spezifische politische Form des gesellschaftlichen Wissens, das er konzentriert, verdichtet, ausarbeitet und organisiert, dem er den Charakter des legitimen Wissens verleiht, das er beiträgt zu enteignen, mittels Patent- oder Autorenrechten eigentumsfähig zu machen, zu kontrollieren, zu vermarkten, zu tradieren und zu erzeugen. Offensichtlich verfolgt Poulantzas mit solchen Überlegungen ähnliche Intentionen wie Foucault, der etwa zur gleichen Zeit, in der Poulantzas an seinem Buch arbeitet, in seinen Vorlesungen und Veröffentlichungen das Problem des Wissen-Macht-Dis-

---

[10] *Staatstheorie*, 83.

positivs und den Begriff der Gouvernementalität zu entfalten sucht.[11] Einige dieser Überlegungen Foucaults nahm er in der *Staatstheorie* positiv auf, anderes kritisierte er schon frühzeitig sehr treffend. Interessant ist, dass Poulantzas in diesem Zusammenhang noch einmal hinter die von Marx im *Kapital* dargelegte Kritik der politischen Ökonomie zurückgeht. Damit greift er in gewisser Weise den ursprünglichen historisch-materialistischen Ansatz von Marx wieder auf, den dieser in seiner Auseinandersetzung mit Hegel und den Linkshegelianern in der *Deutschen Ideologie* entwickelt und in dessen Kontext er seine für die Entwicklung einer materialistischen Staatstheorie wichtigsten Äußerungen formuliert hat.

Argumentationslinien der *Staatstheorie*

Der Staat ist also keine Sache und kein Subjekt, sondern ein gesellschaftliches Verhältnis zwischen Individuen und sozialen Gruppen, das durch ihr Verhältnis zu den institutionellen Formen des Staates vermittelt ist und durch das sie als Rechtssubjekte und Staatsbürger einer Nation konstituiert werden. Die Analyse des Staates hat also diese drei Gesichtspunkte zusammenzuführen: die spezifische Form der politischen Organisation, die institutionell vermittelte Verdichtung gesellschaftlicher Verhältnisse und die sich verändernden politisch-ökonomisch-ideologischen Kräfteverhältnisse. Obwohl Poulantzas diese Einsicht in seiner Arbeit über den Faschismus gewonnen hatte und sie in seinen Reflexionen zu den Militärdiktaturen im Südeuropa weiterverfolgte, entwickelte er den Gedanken, der Staat sei ein gesellschaftliches Verhältnis, am weitesten in der *Staatstheorie*. Einzelne Argumentationslinien des Buches wollen wir im Folgenden nachzeichnen.

Nachdem er die schon dargestellten allgemeinen Aussagen über den Staat und seine konstitutive Rolle in den Arbeitsbeziehungen und der gesellschaftlichen Arbeitsteilung herausgearbeitet hat (Einleitung), fährt er damit fort, einen differenzierten Ansatz zur Analyse der institutionellen Materialität des kapitalistischen Staatstyps zu entwickeln, der die grundlegenden Eigenschaften des Staates und ihre strategisch selektiven Wirkungen auf die Formen und Möglichkeiten des Klassenkampfes be-

[11] Vgl. Michel Foucault: Omnes et singulatim. Zu einer Kritik der politischen Vernunft, in: Joseph Vogl (Hrsg.), Gemeinschaften, Frankfurt am Main 1994; Michel Foucault: Die Gouvernementalität, in: Ulrich Bröckling/Susanne Krasmann/Thomas Lemke, Gouvernementalität der Gegenwart, Frankfurt am Main 2000.

tont (Teil 1). Jedes der vier Kapitel im ersten Hauptteil der *Staatstheorie* stellt einen deutlichen Fortschritt gegenüber seinen früheren Arbeiten dar. Zunächst entwickelt er die These, derzufolge alle Staatsapparate (also nicht nur die ideologischen, sondern auch die ökonomischen und repressiven Staatspparate) letztlich Ausdruck der gesellschaftlichen Teilung von geistiger und körperlicher Arbeit sind, und weist auf die Konsequenzen für den politischen Kampf hin. Daran anschließend untersucht er die Bedeutung der in den modernen Staat eingeschriebenen Individualisierung für die Formen des politischen Kampfes und die Möglichkeiten des Totalitarismus. Diese Thematik übernahm er von Gramsci, der sich in den *Gefängnisheften* mit der Frage befasst hatte, wie der auf individueller Staatsbürgerschaft und nationaler Souveränität beruhende moderne demokratische Staat darauf hinwirkt, dass die »normale« Politik die Form eines Kampfes um die national-populare Hegemonie annimmt. Poulantzas verfolgte diese Frage nun in einem weitaus umfassenderen Sinn, indem er sich von Überlegungen Michel Foucaults zu Normalisierung des Körpers und Disziplinartechnologien der Macht anregen ließ.

In seiner kritischen Auseinandersetzung mit Foucaults Untersuchungen zu Macht und Disziplin finden sich überzeugende Argumente zur Dialektik von Macht und Gesetz bei der Ausformung des strategischen Terrains des kapitalistischen Staatstyps und der Wege, wie Macht und Gesetz den Klassenkampf formen und auch von ihm geformt sind. Die Erörterung der strategischen Selektivität schließt mit einer anregenden Analyse der modernen Nation, ihrer Rolle in der Staatenbildung, ihrer Überdeterminiertheit durch Klassenkämpfe und der Bedeutung der raumzeitlichen Matrizes, die das nationale Territorium ökonomisch und politisch umschreiben, segmentieren und seinen ökonomischen und politischen Entwicklungsrhythmus bestimmen. Diese Analyse der institutionellen Materialität des Staates ist besonders bedeutsam, weil sie unterschiedliche Eigenschaften der Staatsapparate und ihrer Rolle bei der Gestaltung des Feldes des politischen Kampfes berührt und auf diese Weise die Besonderheit dieses Terrains im Unterschied zum Feld des ökonomischen Klassenkampfes hervorhebt. Gleichzeitig weist Poulantzas auch auf die enge Beziehung zwischen den strategischen Selektivitäten hin, die für den Staat, und denen, die für das Kapitalverhältnis charakteristisch sind, und die sich aus der notwendigen Anwesenheit-Abwesenheit des Staates in den gesellschaftlichen Produktionsverhältnissen ergeben – also aus der spezifischen Trennung, die für die kapitalistische Produktionsweise charakteristisch ist, in der sich Ökonomie und Staat dadurch konstituieren, dass sie jeweils autonome Form annehmen, gleichzeitig aber gerade in diesem Modus strukturaler Abwesenheit ständig füreinander vorhanden sein müssen und aufeinander einwirken. Eine erste und paradoxe Form der Staatsintervention ist deswegen die besondere Trennung des Staates von den Produktionsverhältnissen. Diese Trennung selbst ist aber keineswegs statisch gegeben, sondern ist ihrerseits Gegenstand der sozialen Kämpfe und muss als Form von Herrschaft, als materielle Verdichtung von Kräfteverhältnissen, auf erweiterter Stufenleiter selbst reproduziert werden.

Dieses Thema ist in seinen Arbeiten wichtig. Doch begrenzt Poulantzas selbst die Möglichkeiten seines Ansatzes durch eine gewisse theoretische Vorentscheidung. Denn er hat immer den Nationalstaat vor Augen, dieser soll von vornherein das verdichtete Kräfteverhältnis verkörpern, das immer eines der Kräfte im nationalstaatlich umschriebenen Raum ist. Deutlich wird das an Poulantzas' durchaus fruchtbaren Bemerkungen zur raum-zeitlichen Selektivität des Staates. Der Nationalstaat gilt Poulantzas als typische Form des kapitalistischen Staates. Nationalität ist ein zentrales Element der institutionellen Matrix des kapitalistischen Staates, der Staat spielt eine Schlüsselrolle bei der Konstitution von Nationalität und Nationalismus. Damit wird eine raum-zeitliche Matrix erzeugt, in die sich territoriale und sozio-kulturelle »nationale Identität« einschreiben. Obwohl Poulantzas die moderne Bedeutung von Raum und Zeit in der Organisation der kapitalistischen Produktion begründet sieht, weist er zugleich darauf hin, dass der Staat diese Konzepte systematisiert und in das politische Feld hinein ausweitet. Er diskutiert die Rolle des Staates bei der Schaffung von Grenzen, bei der Integration des nationalen Raums innerhalb dieser Grenzziehungen, bei der Vereinheitlichung des so konstituierten inneren Marktes sowie bei der Konstruktion und Homogenisierung des innerhalb dieses Territoriums lebenden »Volkes« – etwa mittels der Durchsetzung einer für alle verbindlichen Nationalsprache. Allerdings merkt er auch an, dass, wenn diese Grenzen einmal gezogen und die inneren Märkte und Nationen konstituiert sind, sie zugleich die Ansatz- und Knotenpunkte für die Internationalisierung der Produktion, für territoriale Verteilungskriege und sogar für Genozide werden. Nicht zuletzt betont er die Rolle des Staates bei der Konstruktion von Zeit und Geschichte. Poulantzas weist darauf hin, wie dieser zeitliche Normen und Standards durchsetzt, wie er versucht, die unterschiedlichen Zeitdimensionen und Rhythmen der sozialen Entwicklung zu kontrollieren und wie er die Traditionen untergeordneter Nationen unterdrückt, die nationale Tradition monopolisiert oder die Zukunft der Nation festzuschreiben versucht.

Poulantzas konnte die Relativierung der räumlichen Maßstäbe nicht voraussehen, die mit den aktuellen Prozessen der Neugliederung des ökonomischen, politischen und kulturellen Raums in die globale, regionale, nationale und lokale Ebene verbunden sind. Die Dehnung und Komprimierung des Raums und die Beschleunigung der Zeit – ermöglicht vor allem durch die Entstehung einer transnationalen digitalen Informationsinfrastruktur und neue Formen der Logistik – verändern die nationalräumliche Matrix der Kapitalakkumulation entscheidend. Daraus folgt, dass der Nationalstaat nicht mehr selbstverständlich die vorrangige Ebene ökonomischer, politischer und sozialer Kämpfe ist; dies heißt jedoch im Umkehrschluss nicht, dass er nun bedeutungslos geworden wäre. Trotz der Transnationalisierung des Kapitalverhältnisses hat der Nationalstaat in der Reproduktion der bürgerlichen Gesellschaftsformation immer noch eine wesentliche Rolle. Dies betont und theoretisch untermauert zu haben, bleibt Poulantzas' bleibendes Verdienst. Aber die sich heute entwickelnde raum-zeitliche Matrix des Kapitalismus formt die Kämpfe in neuer Weise und verschiebt die Konstitution staatlicher Verdichtungsprozesse.[12]

Nachdem er den grundlegenden Rahmen zur Analyse der institutionellen Materialität des Staates skizziert hat, fährt Poulantzas im zweiten Teil des Buches damit fort, zu zeigen, wie sie funktioniert, um das Kräftegleichgewicht in den politischen Kämpfen im kapitalistischen Staatstyp zu modifizieren und zu verdichten. In dieser Hinsicht greift er auf Argumente zurück, die er schon in *Politische Macht und gesellschaftliche Klassen* entwickelt hatte. Er legt dar, wie der kapitalistische Staat die herrschenden Klassen als herrschende Klassen und damit ihre Einheit organisiert und die beherrschten Klassen desorganisiert. Doch betont er nun sehr viel deutlicher, dass die herrschenden Klassen fraktioniert sind, also kein homogenes Interesse haben und verschieden stark sind. Diese Kräftekonstellation mit ihren gegenläufigen und fraktionierten Interessen verdichtet und entfaltet sich im und durch den Staat, also im Zugang zu bestimmten Staatsapparaten. Einheit der Staatsapparate wird erst durch die Hegemonie einer Fraktion des Machtblocks hergestellt. Die Staatsapparate sind in sich und gegeneinander fraktioniert und haben im politischen Prozess ein unterschiedliches Gewicht. So kommt es zur Bildung von Dominanz in einzelnen Apparaten und zur Hegemonie einzelner Apparate über die Gesamtheit der Staatsapparate. Eine übergreifende strategi-

[12] Vgl. Joachim Hirsch/Bob Jessop/Nicos Poulantzas: Die Zukunft des Staates, Hamburg 2001.

sche Linie bei der Ausübung von Staatsmacht resultiert aus häufig mühsam hergestellten, instabilen Kompromissen. Besonders bedeutsam ist dies deshalb, weil Poulantzas theoretisch verständlich machen kann, dass der Staat kein homogener Block ist, der den beherrschten Klassen kompakt gegenüber steht. Ihre Interessen und Kämpfe sind innerhalb der Staatsapparate direkt präsent; doch können sie auch erhebliche Wirkungen auf Distanz entfalten, weil die Versuche, die Volkskämpfe aus bestimmten Staatsapparaten herauszuhalten, in diesen selbst Resonanz erzeugen können. Die strategische Folgerung ist komplex: Politikfähigkeit beweisen die Beherrschten nicht allein dann, wenn sie sich nur noch auf die formalen Verfahren der parlamentarischen Mitarbeit beschränken, denn sie können auch auf Distanz die Kräfteverhältnisse beeinflussen und die Reibungen und Widersprüche im Machtblock verschärfen. Ebenso wenig aber ist es sinnvoll anzunehmen, politisch korrekt werde nur gehandelt, wenn man jede Berührung mit dem Staat vermeide und sich allein von außen gegen ihn stelle. Die sozialen Kämpfe zwischen Herrschenden und Beherrschten finden immer schon auf dem Terrain des Staates statt, er ist der strategische Organisationsort der herrschenden in ihrem Verhältnis zu den beherrschten Klassen. Mit diesen Überlegungen betont Poulantzas stärker noch als in seinem früheren Buch den relationalen Charakter von Macht. Damit drückt er seine Zustimmung zu Überlegungen Foucaults aus.[13] Doch gegen Foucault und Deleuze gerichtet äußert er Bedenken gegen die Annahme, Macht und Widerstand seien eine Art universelle Relation. Macht hat eine Grundlage in den Produktionsverhältnissen und der gesellschaftlichen Arbeitsteilung; unter allen Machtdispositiven hat der Staat eine besondere Bedeutung. Foucault könne den Widerstand nur behaupten, nicht jedoch erklären, mit der Rede von der Plebs bleibe auch der soziale Bezug unpräzis. Poulantzas spricht demgegenüber in Begriffen von Klassen und Klassenmacht und betont die Bedeutung von politischen Organisationen und Gewerkschaften, die konkrete Orte des Widerstands und der Strategiebildung darstellen. Obwohl Poulantzas mit einigen seiner Einwände sicher recht hat, bleibt vieles unterbestimmt – die vielfältigen Formen des Widerstands im Alltagshandeln, die Entstehung und Bedeutung sozialer Bewegungen, die Herausbildung klassenunspezifischer Protestthemen, neuartige Protestformen oder die fragwürdige Rolle, die Gewerkschaften und insbesondere Parteien, auch linke und

[13] Vgl. Michel Foucault, Sexualität und Wahrheit, Bd. 1: Der Wille zum Wissen, Frankfurt am Main 1977.

mittlerweile grüne Parteien gespielt haben – und unterschätzt das Anregungspotential der von ihm kritisierten Autoren für die weitere materialistische Theoriebildung.

Im dritten Teil wendet sich Poulantzas der sich verändernden Beziehung zwischen ökonomischen und außerökonomischen Bedingungen der Kapitalakkumulation in der gegenwärtigen Phase des Kapitalismus zu. Er bezieht sich dabei auf Argumente in seinen früheren Arbeiten, insbesondere *Klassen im Kapitalismus – heute*, um vier Aspekte fortzuentwickeln: 1) Die ökonomischen Funktionen nehmen unter den Funktionen des Staates nun einen dominanten Platz ein. Dies hat unvermeidliche Rückwirkungen auf seine Struktur und die Möglichkeit, seine Hegemonie aufrecht zu erhalten. 2) Die Grenzen zwischen dem Ökonomischen und dem Außerökonomischen sind neu gezogen worden. Damit wird eine wachsende Zahl vormals außerökonomischer Elemente nunmehr direkt für die Kapitalverwertung und Wettbewerbsfähigkeit relevant. 3) Dies bedeutet, dass sich die ökonomischen Interventionen des Staates in zunehmendem Maße auf die gesellschaftlichen Produktionsverhältnisse selbst konzentrieren und auf den Versuch, die Produktivität der Arbeitskraft und insbesondere den relativen Mehrwert zu steigern. 4) Selbst diese Politiken, die am direktesten mit der ökonomischen Reproduktion befasst sind, haben weiterhin einen politischen Charakter und müssen im Lichte ihrer breiteren politischen Bedeutung durchgeführt werden, die sie für die Aufrechterhaltung der gesellschaftlichen Kohäsion in einer klassengespaltenen Gesellschaft haben.

Im vierten Teil wendet sich Poulantzas der Frage nach der Form des gegenwärtigen Staates zu. Mit dem zentralen Begriff des autoritären Etatismus versucht er, Entwicklungstendenzen in fortgeschrittenen kapitalistischen Staaten zu kennzeichnen. Diese Analyse fußt auf Poulantzas' Essay über die *Krise des Staates*[14] und entfaltet das Argument, dass der kapitalistische Staatstyp der gegenwärtigen Phase »permanent und strukturell durch das bemerkenswerte Anwachsen der generischen Elemente der politischen Krise und der Krise des Staates gekennzeichnet« sei.[15] Dies führte zu wachsenden Spannungen in den inter-imperialistischen Beziehungen und zu einer verborgenen, aber andauernden Instabilität der Hegemonie der Bourgeoisie in den dominanten Ländern. Verstärkt würde diese Entwicklung durch die Art und Weise, in welcher der Staat durch

---

[14] Nicos Poulantzas: Les transformations actuelles de l'Etat, la crise politique et la crise de l'Etat, in: ders. (Hrsg.), La crise de l'Etat, Paris 1976.

[15] *Staatstheorie*, 235.

seine ökonomische Intervention Spannungen und Spaltungen zwischen verschiedenen Kapitalfraktionen intensivierte und Ungleichheiten und Disparitäten zwischen beherrschten und herrschenden Klassen verschärfte. Aus diesem Grunde nähme der Staat einige der Merkmale eines Ausnahmestaates an. Da aber die institutionellen Grundlagen der demokratisch-repräsentativen Regierungsformen fortbestünden, könne der autoritäre Etatismus als neue »demokratische« Form der bürgerlichen Republik in der gegenwärtigen Phase des Kapitalismus verstanden werden. Das gesteigerte Eingreifen des Staats in sämtliche Bereiche des sozio-ökonomischen Lebens ginge mit einem »einschneidenden Verfall der Institutionen der politischen Demokratie sowie drakonischen und vielfältigen Einschränkungen der sogenannten ›formalen‹ Freiheiten einher, die man erst wirklich schätzen lernt, wenn sie einem genommen werden«.[16] Denn charakteristisch für den autoritären Etatismus ist, dass die anwachsende Staatsverwaltung der zentrale Ort wird, an dem das instabile Kompromissgleichgewicht innerhalb des Blocks an der Macht und zwischen diesem und den Volksmassen ausgearbeitet wird. Die Verwaltung werde zu einer realen politischen Partei und übernehme die Rolle der Organisation der Bourgeoisie und die Hegemonie. Für Parlament und Parteien hat dies Folgen. Zwar behalten sie formal ihre Stellung, doch faktisch verändert sich ihre Bedeutung, ihr positionales Gewicht bei der Bildung und Reproduktion des Kräfteverhältnisses im Machtblock wird deutlich geringer. Die Parteien der Macht (die zur Regierung prädestinierten Parteien im Unterschied zu solchen Parteien, deren Schicksal eine permanent oppositionelle Rolle sei) transformierten sich in eine autoritäre Massen- oder Staatspartei (oder in ein Duopol verbundener oder großteils ununterscheidbarer autoritärer Massenparteien, die vom »Ende der Ideologie« profitierten und letztere vorantreiben). Deren Aufgabe sei weniger, Interessen und Bedürfnisse der Bevölkerung zu artikulieren und zur Willensbildung beizutragen, als vielmehr als Transmissionsriemen eine plebiszitäre Unterstützung der Massen für staatliche Politik zu mobilisieren. Ein wichtiger Gesichtspunkt in Poulantzas' Analyse ist, dass staatliche Herrschaft zunehmend netzwerkartig funktioniert. Denn die Staatspartei erfüllt auch die Aufgabe, die Verwaltung zu vereinheitlichen und die Kohärenz zwischen den verschiedenen Apparaten herzustellen und sie vollständig der Exekutive unterzuordnen. So durchdringt die Staatspartei netzwerkartig alle Bereiche und Ebenen der Politik und stellt zahlreiche Querverbin-

[16] *Staatstheorie*, 232.

dungen zu den monopolkapitalistischen Unternehmen her. Damit erfüllt sie die Rolle einer einzigen herrschenden Partei. Macht selbst personalisiert sich an der Spitze der Exekutive. Doch will Poulantzas damit nicht sagen, dass es zu einer Art bonapartistischer Diktatur kommt, in der die politische Macht in die despotische Verfügung einer Person gelangt. Eher handelt es sich um charismatische Führungspersonen, die sowohl gegenüber den herrschenden Klassen als auch, auf eher plebiszitäre Art und Weise, gegenüber den Volksmassen, den Eindruck zu erzeugen vermögen, komplexen politischen Prozessen eine strategische Richtung geben zu können. Obwohl Poulantzas die Ansicht vertrat, die Zentralisierung administrativer Macht gehe zu Lasten des Parlaments, der Volksparteien und demokratischer Freiheiten, sollte diese Entwicklung keineswegs eine Stärkung des Staates bedeuten. Statt dessen betonte er die relative Schwäche des autoritären Staates angesichts seiner wachsenden Schwierigkeiten, die ökonomischen Widersprüche und Krisentendenzen angesichts neuer Formen von Volkskämpfen noch verdichten zu können.

Ein kurzer abschließender Absatz ist dem Versuch gewidmet, die politischen Konsequenzen aus den vorangegangenen theoretischen Überlegungen zum Staat als gesellschaftliches Verhältnis und den Analysen zum autoritären Etatismus zu ziehen. Poulantzas plädiert für einen demokratischen Sozialismus. Ihn zu erreichen, kann nur auf demokratische Art und Weise gelingen; doch, so betont Poulantzas, ist auch diese Strategie immer risikobehaftet. Es geht darum, durch eine Umstrukturierung des staatlichen Feldes die Bedingungen dafür zu schaffen, dass alle an den politischen Prozessen beteiligt sind. Dies muss den herrschenden Klassen durch die Aktivitäten breiter Volksbewegungen abgerungen werden. Poulantzas ist der Ansicht, dass ein Emanzipationsprozess, in dem sich soziale Bewegungen dem Staat lediglich entgegenstellen, um ihn zu zerschlagen, sich selbst eines gewissen Schutzes begeben, den ihnen demokratisch kontrollierte Staatsapparate bieten können. Dies ist eine von ihm aus den Erfahrungen der portugiesischen Revolution gezogene Schlussfolgerung. Es bedarf des Staates auch zur Absicherung der Veränderungsprozesse der gesellschaftlichen Kräfteverhältnisse. Diese Veränderungen müssen sich jedoch in einer Umstrukturierung des Staates und seiner Apparate selbst niederschlagen, bis er am Ende als eine Form der Gewalt- und Herrschaftsausübung überflüssig wird. Dieser Prozess der strategischen Transformation des Kräftegleichgewichts bedarf einer komplizierten und kontinuierlich neu zu verhandelnden Balance zwischen repräsentativer und direkter Demokratie und einer komplizierten und kontinuierlich neu zu verhandelnden Balance zwischen den sozialen Kräften.

Statt der avantgardistischen Führerschaft einer Partei, die beansprucht, eine Klasse zu repräsentieren, erfordert ein solcher komplexer emanzipatorischer Transformationsprozess klassen- und parteiübergreifende soziale Bewegungen wie auch offene und demokratische politische Organisationen. Poulantzas bietet also keine einfache Lösung oder magische Formel. Der Staat ist ein strategisches Kampf- und Kompromissfeld – und entsprechend müssen auch Prozesse des Widerstands und der Emanzipation sowohl fähig zum Kompromiss als auch zur strukturellen Veränderung sein. Es handelt sich um eine langwierige und reflexive Strategie, die es ablehnt, in einfachen Gegensätzen zu denken: hier der bürgerliche und demokratische Rechtsstaat, der herrscht – dort die Basis oder die direkte Demokratie.[17] Poulantzas wirft damit interessante und für die sozialistische Tradition neuartige demokratietheoretische Fragen auf, weil es darum geht, das aus der bürgerlichen Tradition überlieferte konventionelle Verständnis des Verhältnisses von Allgemeinwille und partikularem Interesse in Frage zu stellen, ohne deswegen in Fehler wie den zu verfallen, dass die Arbeiterklasse als solche den menschheitlichen Allgemeinwillen repräsentiert, oder den, dass die Formen der direkten oder Basisdemokratie das Problem einfach durch unvermittelte Interessenartikulation schon lösen könnten, weil, wenn die Menschen erst einmal von Unterdrückung befreit wären, sie sowieso nur einen Willen hätten. Es bedarf komplexer Interessenabstimmungsverfahren und weiträumig ausgreifender Entscheidungsprozesse, weil Sozialismus ja die Möglichkeit zur Vervielfältigung der Lebensformen und Lebensperspektiven auf dem Niveau der Weltvergesellschaftung ermöglichen soll. Poulantzas empfiehlt diese Strategie auch deswegen, weil die Linke zu oft sich nur zynisch auf Demokratie bezogen hat und immer wieder in die autoritäre Logik einer Metaphysik des einheitlichen Willens der Ausgebeuteten und Unterdrückten oder der gesetzmäßigen Entwicklung der Gesellschaft verfiel – mit allen Folgen des Terrors und der Gewalt. »Aber eines ist sicher: Der Sozialismus wird demokratisch sein oder gar nicht.«[18]

Auch unter den heutigen Bedingungen bleiben diese Überlegungen von großer Wichtigkeit. Freilich erscheinen sie dort noch als etwas traditionalistisch, wo sie sich auf eine Strategie der politischen Machteroberung und Machtverteilung und eine Veränderung der Produktionsverhältnisse

[17] Vgl. Alex Demirović: Neuer Universalismus, alter Universalismus und Partikularismus, in: Erwin Jurtschitsch/Alexander Rudnick/Frieder Otto Wolf (Hrsg.), Grünes und alternatives Jahrbuch 1986/87, Berlin 1986.
[18] *Staatstheorie*, 294.

beschränken. Ausgeblendet bleibt dabei, dass eine sozialistische Strategie immer auch zugleich die konkrete Umwälzung herrschender Lebens- und Arbeitsverhältnisse, der Formen des sozialen Zusammenlebens, der Arbeitsteilung, des Konsums, der Geschlechterverhältnisse oder des Verhältnisses zur Natur sowie die Entwicklung entprechender Praxisformen mit einschließen muss.[19]

Abschließende Bemerkungen

Trotz aller theoretischen Probleme und des Ausmaßes, in dem sie durch politische Bedingungen und Konjunkturen der Zeit ihrer Entstehung gekennzeichnet ist, bleibt die *Staatstheorie* ein origineller und wichtiger Beitrag zur Theorie des Staates und zur Analyse des gegenwärtigen Kapitalismus. Nicht nur die generellen Überlegungen über den Staat und die Anmerkungen zur strategischen Selektivität des kapitalistischen Staatstyps sind für die weitere staatstheoretische Diskussion von großer Bedeutung. Anregend bleiben auch Poulantzas' Überlegungen zum Problem der erweiterten Reproduktion der Autonomie des Staates und zum wechselnden Charakter der Staatsintervention in die Ökonomie. Bemerkenswert ist auch die theoretische Weitsicht in der Analyse des autoritären Etatismus und der Entwicklung der Parteien. Dennoch gibt es Trends und Entwicklungen, die Poulantzas bei aller systematischen Offenheit seines Ansatzes noch nicht sehen konnte. Sein theoretischer Horizont war vom Fordismus der Nachkriegszeit, dessen in den 1970er Jahren ausbrechender Krise, dem Aufbruch und den Debatten der Linken und des Marxismus der Zeit nach '68 geprägt. Die tiefgreifenden Strukturveränderungen in den führenden kapitalistischen Gesellschaftsformationen, die Auflösung des Staatssozialismus und alle die revolutionären Folgen, die das für den Alltag vieler Millionen Menschen, die Politik der Arbeiterbewegung und der Linken sowie ihre theoretischen Diskussionen hatte – das konnte Poulantzas natürlich nicht einmal ahnen, weil diese Dynamik sich erst in den 1980er Jahren durchsetzte, und es auch für die unmittelbaren Zeitgenossen noch immer andauert, diese Erfahrungen der langfristig wirkenden Umwälzung ihrer Lebensweise theoretisch zu begreifen. Vier wichtige Veränderungen wollen wir hier herausgreifen:

---

[19] Vgl. dazu Joachim Hirschs Überlegungen zum radikalen Reformismus: Joachim Hirsch, Kapitalismus ohne Alternative?, Hamburg 1990, 118ff.

1) Poulantzas konzentrierte sich auf die wechselnden Formen der Intervention des Staates in die Ökonomie und versuchte, die Rolle herauszuarbeiten, die Staatsinterventionen dabei spielten, die Grenzen zwischen dem Ökonomischen und dem Außerökonomischen neu zu ziehen. Er sah wohl schon Krisenvorgänge. Gleichwohl mussten ihm Veränderungen in der allgemeinen Dynamik der Kapitalakkumulation entgehen, die mit dem Übergang vom Atlantischen Fordismus zu einem postfordistischen Kapitalismus verbunden sind.

Seine Analyse des autoritären Etatismus orientiert sich noch stark am Typus des fordistisch-keynesianischen Staats, der durch eine fortschreitende bürokratische Durchstaatlichung der Gesellschaft, bürokratisch institutionalisierte Klassenkompromisse und integrative bürokratische Massenparteien charakterisiert war. Die postfordistische Transformation des kapitalistischen Staates hat – im Gefolge seiner wettbewerbsstaatlichen Reorganisation, administrativen Deregulierung und Privatisierung – zu einer Neukonfiguration des Verhältnisses von Staat und anderen Bereichen der Gesellschaftsformation geführt.

Gesellschaftliche Entwicklungen werden nun in hohem Maße mittels politisch-staatlich durchgesetzter und garantierter Marktprozesse reguliert; bürokratische Disziplinierung ist in weiten Bereichen der disziplinierenden Wirkung des Wettbewerbs, der Konkurrenz und der Selbsttechnologien gewichen; politische Entscheidungen werden in wachsendem Umfang durch die Bewegungen eines transnational hoch flexiblen und mobilen Kapitals bestimmt.

Dadurch konnten die politisch-bürokratischen Prozesse und die Staatsapparate gegenüber einem Teil der Kapitalinteressen und Verbände an Autonomie gewinnen und sich dem demokratischen Begehren vieler Bevölkerungsgruppen nach Kontrolle, Teilnahme und Lenkung der politischen Entscheidungen entziehen.

2) Diese Entwicklung forcierte die schon von Poulantzas beobachtete Entwicklung einer weiteren Aushöhlung der liberalen Demokratie und einer strukturellen Krise der politischen Repräsentation. In einer Reihe von Ländern kam es zu einer tiefgreifenden Krise oder Änderung des Parteiensystems. Die bürokratischen Massenparteien transformierten sich in vorwiegend medial orientierte und damit zunehmend rechtspopulistisch operierende Propagandaapparate. Zu beobachten ist in vielen fortgeschrittenen kapitalistischen Gesellschaftsformationen eine Zunahme nationalistischer, rechtspopulistischer, fundamentalistisch-religiöser und rassistischer Tendenzen im Meinungsspektrum der Bevölkerung – vielfach als Folge politischer und staatlicher Strategien.

In einem Maße, das für Poulantzas sicher überraschend gewesen wäre, verschärfte sich auch die von ihm schon beobachtete Krise der Linken und des Marxismus, das Mobilisierungsniveau emanzipatorischer sozialer Bewegungen ging deutlich zurück. Konnte Poulantzas sich mit einer gewissen Selbstverständlichkeit an breite linke und sozialistische Zusammenhänge wenden, die verschiedene Strömungen in Gewerkschaften, politischen Organisationen und im links-alternativen Milieu, theoretische Zirkel und Teilbereiche der akademischen und publizistischen Öffentlichkeit umfasste, und hoffen, mit theoretischen Argumenten und strategischen Überlegungen zu einer Überwindung dieser Krise der Linken beizutragen, so wurden diese Kontexte im weiteren selbst außerordentlich marginalisiert. Gleichzeitig jedoch entstanden im Laufe der 1990er Jahre unversehens mit den Kämpfen der Zapatisten, mit globalisierungskritischen Initiativen und Bewegungen, mit den Nichtregierungsorganisationen als einem in sich durchaus widersprüchlichen Phänomen, mit den Organisationsversuchen von prekär Beschäftigten und Arbeitslosen, mit dem Widerstand von Migranten, von Bauern, von Arbeitern und Arbeiterinnen auch neuartige emanzipatorische Formen und Traditionen des Kampfes gegen die neoliberale Zerstörung des gesellschaftlichen Zusammenlebens, der Individuen und ihrer Zusammenhänge sowie der Natur.[20]

3) Poulantzas analysierte die Rolle von Nationalstaaten innerhalb des imperialistischen Systems. Doch konnte er noch nicht sehen, dass das Ausmaß, in welchem sich die ökonomischen Räume auf vielen verschiedenen Ebenen wechselseitig durchdrangen – ein Prozess, den er in *Klassen im Kapitalismus – heute* durchaus identifiziert hatte – auch einen umfangreichen Neuzuschnitt der räumlichen Reichweite von Staatsapparaten und Staatsmacht implizierte. Obwohl er aus unserer Sicht ganz richtig gegen den Mythos eines Weltstaates oder eines einzigen Superstaates argumentierte, konnte er nicht voraussehen, in welchem Maße die Staatsapparate und Staatsmächte bei dem Versuch, eine immer komplexer werdende Weltökonomie zu regulieren, sowohl im horizontalen als auch im vertikalen Maßstab reorganisiert würden. Diese Reskalierung der staat-

[20] Vgl. Kim Moody: Das neue Proletariat, Supplement der Zeitschrift Sozialismus 2/99; Leo Panitch/Colin Leys (Eds.): Socialist Register 2001: Working Classes – Global Realities, London 2000; Ulrich Brand/Ana Esther Ceceña (Hrgs.): Reflexionen einer Rebellion. »Chiapas« und ein anderes Politikverständnis, Münster 2000; Ulrich Brand/Alex Demirović/Christoph Görg/Joachim Hirsch (Hrsg.): Nichtregierungsorganisationen in der Transformation des Staates, Münster 2001; Christiane Grefe/Mathias Greffrath/Harald Schumann: attac. Was wollen die Globalisierungskritiker?, Berlin.

lichen Machtstrukturen wirft auch die Frage danach auf, wieweit Poulantzas' Überzeugung von der fortwährenden Zentralität des Nationalstaates bei der Sicherung der Bedingungen der sozialen Kohäsion gültig bleibt. Auf alle Fälle werden seine Möglichkeiten, diese allgemeine Funktion zu erfüllen, geschwächt.

4) Obwohl Poulantzas die zentrale Rolle von Netzwerken in der Arbeitsweise des Staates erkannt hat – also die Bedeutung paralleler Machtnetzwerke innerhalb der Staatsapparate, die deren relative Einheit gewährleistet, Netzwerke von Wirtschafts- und Verwaltungsmacht an den Spitzen des ökonomischen Staatsapparates, um die Ausarbeitung ökonomischer Strategien zugunsten des Monopolkapitals voranzutreiben, Netzwerke zwischen den Spitzen der Wirtschaft und des Staates, Netzwerke zwischen den Parteien der Macht – hat er nicht ausreichend thematisiert, bis zu welchem Ausmaß dies die Modalitäten der staatlichen Machtausübung modifiziert – und top-down-Planung und hierarchische Steuerung um dezentrale und heterarchische Formen der Kooperation, der Aushandlung, der Mediation sowie andere Formen von »Governance« ergänzen würde.

Es ist ganz selbstverständlich, dass Poulantzas nicht alle Veränderungen des gegenwärtigen Kapitalismus antizipieren konnte. Dennoch sollten wir uns fragen, warum sein Werk eine Neuherausgabe und eine neuerliche Rezeption verdient. Der einfache Hinweis darauf, dass er ein reiches und originelles Werk hinterlassen hat, das wert ist, zur Kenntnis genommen zu werden, weil es instruktiv ist für jede weitere Beschäftigung mit der Frage des kapitalistischen Staates, ist nur ein Teil der Antwort. Das allein würde es rechtfertigen, sein wichtigstes Buch erneut zugänglich zu machen. Die wichtige Frage ist jedoch, ob sein Werk geeignet ist, ein neues Licht auf Probleme zu werfen, die bis heute andauern und – wie in mancher Hinsicht festgestellt werden kann – zu oft fruchtlosen Debatten Anlass gaben; mehr noch, ob es ein Anregungspotential für die Analyse und Beurteilung ganz neuartiger Entwicklungen und Probleme bietet. Wir meinen, dass dies der Fall ist. Es sind mindestens acht theoretische Aspekte von Poulantzas' Überlegungen, die wir für weiterhin fruchtbar halten. Das ist, erstens, die These, dass sich die Artikulation des Ökonomischen und des Außerökonomischen in und durch die Reproduktion des Kapitalverhältnisses ändert – und in und durch die Reproduktion der Funktion des Staates, solche Prozesse der Reartikulation zu organisieren. Der Staat ist also nicht selbstverständlich gegeben, sondern muss im Verlauf der gesellschaftlichen Auseinandersetzungen selbst jeweils neu reproduziert werden. Dies führt zu dem zweiten Aspekt. Von besonderer Bedeutung ist Poulantzas' Bestimmung des Staates als gesellschaftliches Verhältnis. Er ist, um es mit einer Formulierung von Foucault zu sagen, die Fortsetzung des Krieges mit anderen Mitteln. So stellt sich die Frage, wie die gesellschaftlichen Konflikte und Kräfteverhältnisse die konkrete Form annehmen, in denen sie sich über eine gewisse Zeit reproduzieren können. Der kapitalistische Staat wird als ein Prozess sich ständig verschiebender und verändernder Kompromiss- und Kräftegleichgewichte zwischen verschiedenen Klassen und Klassenfraktionen dechiffriert. Drittens halten wir Poulantzas' Versuch für anregend, die Analyse der Staatsmacht und der Staatsapparate in den Zusammenhang mit Prozessen der Reproduktion und Rekonstitution der gesellschaftlichen Arbeitsteilung zu bringen, den Staat als ein Verhältnis von Macht und Wissen zu begreifen. Wichtig erscheint uns viertens Poulantzas' Einsicht, dass die Bourgeoisie keine einheitliche und ihrer Form und ihren Interessen nach stabile und unveränderliche Klasse ist. In der Geschichte der kapitalistischen Produktionsverhältnisse bilden sich verschiedene Formen des Eigentums und der Verfügung darüber heraus; das Kapitaleigentum kann neue, bislang unbekannte Formen annehmen und damit auch den Charakter der über es verfügenden Kapitalfraktionen verändern. Fünftens ist die Überlegung bedeutungsvoll, dass Klassen sich nicht unabhängig voneinander, sondern nur in der Auseinandersetzung miteinander formieren. In diesem Formationsprozess ist der Staat immer schon präsent. Damit wird die These vertreten, dass jede spezifische Lebensform und -weise der gesellschaftlichen Akteure als eine besondere Konstellation des Kräfteverhältnisses dechiffriert werden muss. Es bedeutet zudem, dass auch der Widerstand immer schon auf dem Terrain staatlich organisierter Herrschaft angesiedelt ist und die Art und Weise, wie er praktiziert wird, selbst ein Gegenstand kritischer Analyse sein muss. Sechstens möchten wir den Aspekt der Raum-Zeitlichkeit des kapitalistischen Staates und seine Rolle bei der Konstruktion und Rekonstruktion der raum-zeitlichen Matrizes der ökonomischen, politischen und ideologischen Verhältnisse betonen. Siebtens sei noch einmal auf die wichtige Analyse der Entwicklung des autoritären Etatismus, seine politische Dynamik und Bedeutung von Machtnetzwerken bei der Vereinheitlichung des Staates hingewiesen. Schließlich sind wir der Ansicht, dass Poulantzas' Versuch, eine neue politische Strategie für einen Weg hin zum demokratischen Sozialismus zu formulieren, wert wäre, aufgegriffen und fortgesetzt zu werden.

Theoretische Entwürfe haben Konjunkturen, die mit denen politischer Kräfteverhältnisse und sozialer Bewegungen verbunden sind. Die wichtigen Arbeiten von Poulantzas fallen in eine Zeit, in der im Kontext der

Protestbewegungen der 1960er und 1970er Jahre eine grundlegende Analyse der fordistischen Form des Kapitalismus und des Staates formuliert wurde; verbunden war dies mit dem Versuch einer radikalen Kritik staatsreformistischer Analysen. Die in der Mitte der 1970er Jahre einsetzende Krise des Fordismus und des nationalen keynesianischen Wohlfahrtsstaats haben diese Kritik nachhaltig bestätigt. Das Verdienst von Poulantzas liegt in diesem Zusammenhang nicht zuletzt darin, nachgewiesen zu haben, dass der kapitalistische Staat eben keine neutrale und den Produktionsverhältnissen äußerlich gegenüber stehende Instanz ist. Er ist ein grundlegender Bestandteil der Reproduktion und Regulation kapitalistischer Gesellschaftsverhältnisse; als institutioneller Ort und Kristallisationspunkt von Klassenbeziehungen ist er selbst ein Terrain sozialer Kämpfe. Mit der Entwicklung der neuen sozialen Bewegungen und der damit verbundenen Tendenzen zur Parlamentarisierung der Proteste geriet dieser kritische Ansatz allmählich in Vergessenheit. Materialistische Staatstheorie stieß im Allgemeinen auf wenig Gegenliebe. Das Interesse, Politik zu gestalten, und die Bereitschaft zur Anpassung gingen eng verbunden miteinander einher; kritische und strategische Analyse, die auf die Ambivalenzen und Grenzen auch einer guten Reformpolitik hinwies, war im alltäglichen Handgemenge konkreter Politikfelder kaum gefragt. Heute, da die Folgen des neoliberal restrukturierten postfordistischen Kapitalismus und seine Krisendynamik offensichtlich werden und sich die engen Grenzen einer Strategie des sogenannten Dritten Weges einer neoliberalisierten Sozialdemokratie zeigen, beginnt sich dies wieder zu ändern. Die globalisierungskritische Bewegung wirft die Frage nach dem Staat und der Möglichkeit der Spielräume, mit und gegen den Staat zu handeln, erneut auf. Die zu beobachtenden politisch-theoretischen Positionen oszillieren zwischen einer radikalen Ablehnung aller Formen etatistischer Politik und Ansätzen zu einer Neuauflage staatsreformistischer Strategien, wie sie zum Beispiel im Umkreis von Attac festzustellen ist. Eine erneute und kritische Rezeption der Poulantzasschen Theorie könnte einiges dazu beitragen, diese Debatte vor falschen Dichotomisierungen und Frontstellungen zu bewahren und zu einem genaueren Verständnis dessen beizutragen, was »Staat« ist, und welche Rolle er in emanzipatorischen politischen Prozessen spielen bzw. was man von ihm nicht erwarten kann. Eine solche Rezeption sollte, das versteht sich, kein nostalgisches Unternehmen sein. Es geht darum, Anregungen für das Verständnis der aktuellen gesellschaftlichen Veränderungen, für die politische Praxis wie für die weiter fortgeschrittenen theoretischen Diskussionen zu finden – und solcher Entwicklungen gibt es viele: Regulationstheorie und internationale politische Ökonomie, feministische und Queertheorie im Allgemeinen, feministische Staats- und Demokratietheorie im Besonderen, Ideologietheorie, Cultural Studies und Diskursanalyse, kritische Rassismustheorie, materialistische Regional- und Stadtforschung, Ansätze zur Analyse der Gouvernementalität und des Normalismus. In einem solchen umfassenden Kontext können Poulantzas' Überlegungen aufgegriffen, modifiziert und weiterentwickelt werden. Sicher ist es auf die angesprochene Entwicklung zurückzuführen, dass nach unserem Eindruck das Interesse an Poulantzas in der jüngsten Zeit wieder erwacht ist – nicht so sehr auf dem akademischen Feld einer Politikwissenschaft, die ihre Aufgabe mehr und mehr in Politikberatung zu sehen scheint und dabei kritisch-materialistische Analysen nur als störend empfindet, um so mehr aber im Kontext politisch-sozialer Bewegungen, die die bestehenden ökonomischen, gesellschaftlichen und politischen Verhältnisse radikal in Frage stellen und zumindest beanspruchen, der Hoffnung, eine andere Welt sei möglich, eine praktische Bedeutung zu verleihen. Wir denken, dass die Neuherausgabe der *Staatstheorie*, des zentralen Werks von Nicos Poulantzas, dazu beitragen kann, staatstheoretische Diskussionen und politische Urteilskraft anzuregen und zu befruchten.

Obwohl einige Passagen des Buches stark zeitbezogen sind und sich auf politisch-theoretische Debatten insbesondere in der französischen Linken beziehen, die nur noch historische Bedeutung haben, haben wir uns nach einiger Überlegung doch dazu entschlossen, den Text unverändert und ohne Kürzungen zu veröffentlichen. Korrigiert wurden nur einige offensichtliche Text- und Übersetzungsfehler. Für die Mitwirkung an der konzeptionellen Diskussion, den editorischen Arbeiten und den Korrekturen danken wir Ronald Noppe.

Basel – Frankfurt am Main – Lancaster, im August 2002
Alex Demirović, Joachim Hirsch, Bob Jessop

Nicos Poulantzas
Staatstheorie

Vorbemerkung

Ausgangspunkt dieses Textes ist vor allem die politische Situation in Europa: Die Frage eines demokratischen Sozialismus steht zwar nicht überall auf der Tagesordnung, sie stellt sich jedoch in mehreren europäischen Ländern. Ein weiterer Hintergrund dieser Arbeit ist das neue Phänomen des autoritären Etatismus, der mehr oder weniger alle sogenannten entwickelten Länder kennzeichnet. Schließlich bezieht sie sich auf die Diskussion über den Staat und die Macht, die sich gegenwärtig in Frankreich und anderswo entwickelt.

Die Arbeiten zu diesem Thema liegen entweder in sogenannter theoretischer Form oder in Form von unmittelbaren politischen Eingriffen in eine bestimmte politische Konjunktur vor. Das ist die landläufige Praxis. Ich habe versucht, mich davon freizumachen: Die Bedeutung und Neuartigkeit der gegenwärtigen Probleme verdienen eine tiefgreifendere Untersuchung. Auf der anderen Seite darf sich die Theorie heute weniger denn je mit ihrem Elfenbeinturm begnügen.

Es ist schwer, nicht in die gewohnte Praxis zurückzuverfallen. Man hat immer die Tendenz, zuviel und nicht genug zugleich zu machen. Zunächst theoretisch gesehen: Ich konnte natürlich weder alle Probleme behandeln, die sich in diesen Bereichen stellen, noch allen aufgegriffenen Problemen auf den Grund gehen. Die Arbeit besitzt daher keine systematische Anordnung. Ihre einzelnen Teile greifen zwar ineinander oder beziehen sich aufeinander, sie stellen jedoch vor allem Verdeutlichungen einzelner Aspekte der verschiedenen Fragen dar.

Sodann in politischem Sinne: Ich habe eine konkrete politische Konjunktur, insbesondere die französische, nicht in ihren Details und Besonderheiten behandeln können.

Egal, was man davon halten mag, der Status dieser Arbeit erklärt den nur geringen Umfang der bibliographischen Verweise. Ich habe bewusst diese Verweise auf das strikte Minimum begrenzt, weil die Literatur in diesen Bereichen unüberschaubar ist und weil ich die akademische Schwerfälligkeit vermeiden wollte: Im Wesentlichen habe ich mich auf die Fälle der direkten Zitierung von Autoren und auf französische Untersuchungen beschränkt. Diese Beschränkung gilt auch für die »klassischen« Werke des Marxismus; alle Verweise hierauf findet man in meinen früheren

Arbeiten. Aber das ist nicht der einzige Grund. Es gibt noch einen anderen: Es kann keinen orthodoxen Marxismus geben; niemand kann sich als Hüter von geheiligten Dogmen und Texten ausgeben. Ich versuche nicht, mich hinter diesen Texten zu verstecken. Von daher auch der Gebrauch des Personalpronomens und der Bezug auf meine eigenen Arbeiten. Ich beanspruche nicht, im Namen irgendeines authentischen Marxismus zu sprechen, im Gegenteil: Die Verantwortung für das, was ich schreibe, trage ich selbst, und ich spreche in meinem eigenen Namen.

Einführung

1. Das Problem Staatstheorie

I.

Der Staat und die Macht heute – keiner kann an dieser Frage vorbeigehen, jedermann spricht davon. Das hängt mit Sicherheit mit der gegenwärtigen politischen Situation nicht nur in Frankreich, sondern im gesamten Europa zusammen.

Indes genügt es nicht, davon zu sprechen. Man muss versuchen, zu verstehen, kennenzulernen und zu erklären, d.h. die Probleme ohne Umschweife an der Wurzel anzupacken. Dazu muss man sich bestimmter Mittel bedienen und nicht den heute so oft praktizierten bequemen Weg einer vergleichenden und metaphorischen Sprache wählen, so verlockend er auch sein mag: Meine ersten Überlegungen werden daher ohne Zweifel ziemlich trocken erscheinen. Aber ich habe leider nicht wie Alphonse Allais[1] die Souveränität, auf dieses Kapitel zu verzichten und zu den folgenden Kapiteln überzugehen, die weitaus spannender sind.

In der gesamten politischen Theorie dieses Jahrhunderts stellt sich, offen oder versteckt, immer die gleiche Frage: die Frage nach der Beziehung zwischen Staat, Macht und gesellschaftlichen Klassen. Ich sage sehr wohl dieses Jahrhunderts, denn das galt nicht immer, zumindest nicht in dieser Form. Der Marxismus musste sich seinen Weg bahnen. Seit Max Weber ist jede politische Theorie entweder ein Dialog mit dem Marxismus, oder sie greift ihn offen an. Wer stellt sich heute noch hin und streitet die Beziehung zwischen der Macht und den herrschenden Klassen ab? Stellt die gesamte politische Theorie stets die gleiche Frage, so liefert sie genauso in ihrer großen Mehrheit und in unzähligen Variationen stets die gleiche Antwort: zunächst existiere der Staat, eine Macht – die auf verschiedene Weisen erklärt werden –, mit denen dann die herrschenden Klassen diese oder jene Nachbar- oder Bündnisbeziehungen eingehen würden. Man stellt diese Beziehung mehr oder weniger subtil dar, indem man auf den Staat einwirkende pressure-groups anführt oder auf flexible und wechselnde Strategien verweist, die in die Machtnetze einsickerten und sich ihren Strukturen entsprechend ausrichteten. Diese Vorstellung läuft

[1] Alphonse Allais, französischer Schriftsteller (1855-1905)

stets auf Folgendes hinaus: Der Staat und die Macht setzen sich zusammen aus einem elementaren, undurchdringbaren Kern und aus einem »Rest,« den die herrschenden Klassen vermittelt über den Markt beeinflussen oder zu dem sie sich Zugang verschaffen könnten. Im Grunde ist dies die Darstellung des Staates in Form des Janus-Bildes, oder besser noch des Bildes, das bereits Machiavelli beherrschte und jetzt nur aktualisiert wird: die Macht als Zentaur, halb Mensch, halb Tier. Was sich je nach Autor ändert, ist, dass entweder die Seite Mensch oder die Seite Tier in Beziehung zu den Klassen steht.

Wie kann man aber mit dieser Darstellung das erklären – es sei denn, wir sind mit Blindheit geschlagen –, was wir täglich nicht als Philosophen, sondern als einfache Bürger konstatieren? Wir sind ganz augenscheinlich zunehmend in die Praktiken eines Staates eingegliedert, in denen bis in die kleinsten Details dessen Beziehung zu sehr bestimmten Sonderinteressen zum Ausdruck kommt.

In einer ganz bestimmten Interpretation des Marxismus, die immer noch in Zusammenhang mit einer bestimmten politischen Tradition steht, beansprucht man, eine Antwort auf diese Frage zu liefern: der Staat ließe sich auf die politische Herrschaft reduzieren, insofern jede herrschende Klasse ihren Staat nach Belieben gestalten und ihren Interessen gemäß manipulieren könne. In diesem Sinne sei jeder Staat nichts als eine Klassendiktatur. Eine rein instrumentelle Konzeption des Staates, in der – benutzen wir schon jetzt die Begriffe – der Staatsapparat auf die Staatsmacht reduziert wird. In dieser Konzeption fehlt das entscheidende Moment. Nicht der »Klassencharakter« des Staates steht in Frage, sondern ein Problem, das sich in jeder politischen Theorie des Staates stellt und sich auch den Begründern des Marxismus gestellt hat, wenn auch unter unterschiedlichen Gesichtspunkten. Dieses Problem hat sie sehr intensiv beschäftigt. Sie betonen, dass der Staat ein *besonderer* Apparat ist; er besitzt eine spezifische materielle Struktur, die nicht auf diese oder jene Verhaltensweise der politischen Herrschaft reduzierbar ist.

Für den kapitalistischen Staat kann dies folgendermaßen formuliert werden: warum greift die Bourgeoisie im Allgemeinen in ihrer Herrschaft auf diesen nationalen Volksstaat zurück, diesen modernen Repräsentativ-Staat mit seinen spezifischen Institutionen, und nicht auf einen anderen? Denn es ist keineswegs selbstverständlich, dass sie sich genau diesen Staat aussuchen würde, wenn sie den Staat komplett selbst und nach ihrem Geschmack aufbauen könnte. Auch wenn dieser Staat ihr sehr viele Vorteile verschafft hat und immer noch verschafft, ist sie über seine Existenz – heute genauso wie früher – bei weitem nicht immer erfreut.

Eine brennende Frage, die auch das gegenwärtige Phänomen des Etatismus betrifft: die Ausweitung der Staatstätigkeit auf alle Bereiche des täglichen Lebens. Auch in dieser Hinsicht ist die Antwort eines bestimmten Marxismus eindeutig: die Gesamtheit dieser Tätigkeiten sei Ausdruck des Willens der herrschenden Klasse oder der von ihr bezahlten oder ihr gefügigen Politiker. Dabei gibt es offensichtlich eine Reihe von Staatsfunktionen, z.B. die Sozialversicherung, die sich absolut nicht allein auf die politische Herrschaft reduzieren lassen.

Bei dem Versuch, die Vorstellung eines Staates als bloßem Produkt oder Anhängsel der herrschenden Klasse zu verlassen, wird man sofort mit einer anderen Gefahr konfrontiert, die aber immer noch die der traditionellen Antwort der politischen Theorie ist. Ein anderer, aktuellerer Marxismus unterliegt genauso dieser Gefahr: Ich meine das Problem der Doppelnatur des Staates. Dieser Marxismus-Interpretation zufolge gibt es auf der einen Seite (wieder die große Aufteilung!) im Staat einen Kern, der in bestimmter Weise neben den Klassen und ihren Kämpfen existiert. Man liefert zwar nicht die gleiche Erklärung dieses Kerns wie in den anderen Theorien des Staates und der Macht; man bezieht sich insbesondere auf die Produktivkräfte, auf die man die Produktionsverhältnisse reduziert. Es handelt sich um die berühmte ökonomische Struktur, in der die Klassen und ihre Kämpfe nichts mehr zu suchen haben. In dieser Struktur gibt es eine erste Sorte Staat – nämlich den »besonderen« –, der rein technische bzw. – nach einem vornehmeren Ausdruck – rein gesellschaftliche Funktionen hat.

Daneben gibt es eine andere Natur des Staates, die ihrerseits mit den Klassen und ihren Kämpfen in Beziehung steht. Ein zweiter Staat, ein Super-Staat oder ein Staat im Staat, faktisch ein Staat, der sich zu dem ersten hinter dessen Rücken hinzu addierte und an ihn ankoppelte; dieser sei der Klassenstaat, und zwar der der Bourgeoisie und der politischen Herrschaft. Dieser zweite Staat würde die Funktionen des ersten pervertieren, zunichte machen, infizieren oder umfunktionieren. Ich spreche auch hier von einem bestimmten Marxismus, aber die Vorstellung ist viel verbreiteter: ich meine den linken Technokratismus, der im Moment Furore macht, selbst und insbesondere dann, wenn er sich nicht auf die Produktivkräfte beruft, sondern in mehr prosaischer Form auf die immanente zunehmende Komplexität der technisch-ökonomischen Aufgaben des Staates in den sogenannten »postindustriellen« Gesellschaften...

Diese Antwort unterscheidet sich nicht von der traditionellen oder nach Belieben aktualisierten politischen Theorie: der Theorie von einer separaten Staatsmacht, die in unterschiedlicher Weise von den herrschenden

Klassen benutzt würde. Nennen wir die Dinge beim Namen: Man dürfe nicht von einer Klassennatur des Staates sprechen, sondern von einer Klassenverwendung des Staates. Ich habe bereits den Begriff der Doppelnatur des Staates erwähnt. Er bringt indessen nicht die Realität dieser Untersuchungen zum Ausdruck: die eigentliche Natur des Staates ist jener erste Staat. Der andere Staat ist eine Gewohnheit. Wie für die politische Theorie dieses Jahrhunderts, die des Halb-Mensch-/Halb-Tier-Staates, ist auch in dieser Theorie die wahre Staats-Macht nicht die auf der Seite des Hofes (auf der Seite der Klassen), sondern die auf der Seite des Gartens.

Ich schematisiere hier nur, um Folgendes vorzuschlagen: Wenn die gesamte politische Theorie, alle Theorien des Sozialismus inklusive des Marxismus, sich stets um diese Frage drehen, dann existiert hier ein wirkliches Problem. Es ist bei weitem nicht das einzige Problem auf diesem Gebiet, aber das wichtigste; es betrifft – was naheliegend ist – ebenfalls die Frage der Transformation des Staates in einem Übergangsprozess zum demokratischen Sozialismus. Wie dem auch sei, es gibt auf diesem Gebiet nur einen Weg, der weiter führt, nur eine Anwort, die ein Durchbrechen des Zirkels erlaubt. Diese Antwort kann ohne Schwierigkeiten vorgestellt werden: Der Staat stellt ein materielles Gerüst dar, das in keiner Weise auf die politische Herrschaft reduziert werden kann. Der Staatsapparat, dieses besondere und furchterregende Etwas, erschöpft sich nicht in der Staatsmacht. Die politische Herrschaft schreibt sich selbst noch in die institutionelle Materialität des Staates ein. Wenn der Staat nicht einfach ein vollständiges Produkt der herrschenden Klassen ist, so haben sie sich seiner auch nicht einfach bemächtigt: Die Macht des Staates (die der Bourgeoisie im Fall des kapitalistischen Staates) hat in dieser Materialität ihre Spuren hinterlassen. Die Handlungen des Staates reduzieren sich nicht auf die politische Herrschaft, sie sind jedoch konstitutiv von ihr gekennzeichnet.

Dies bleibt zu beweisen – was nicht einfach sein wird. Die einfachsten Fragen sind, wenn sie die wirklichen Fragen sind, auch die kompliziertesten. Um sich nicht im Irrgarten zu verlieren, darf man nicht den Faden verlieren: Die Grundlage des materiellen Aufbaus des Staates und der Macht muss in den Produktionsverhältnissen und der gesellschaftlichen Arbeitsteilung gesucht werden, aber nicht in der gewöhnlichen und auch nicht in der heute vertretenen Bedeutung. Es handelt sich nicht um eine ökonomische Struktur, in der die Klassen, die Machtverhältnisse und die Kämpfe nicht vorkommen. Die Erforschung dieser Grundlage bedeutet bereits, den Staat mit den Klassen und den Kämpfen in Beziehung zu setzen, auch wenn dies nur ein erster Anhaltspunkt ist. Ich möchte, um in die gegenwärtige Debatte über den Staat und die Macht einzugreifen, die weit umfassender ist, bei diesen Grundlagen anfangen.

II.

Ich muss mit einer kurzen Rekapitulierung bestimmter Analysen in meinen früheren Texten beginnen.

In der Beziehung des Staates zu den Produktionsverhältnissen ist bereits die Frage nach der Beziehung des Staates zur »ökonomischen Basis« gestellt. Was ist aber unter dem Begriff »ökonomische Basis« zu verstehen? Genau davon hängt nämlich das Verständnis von der Beziehung des Staates zu den Produktionsverhältnissen und zum Klassenkampf ab.

Man muss sich mehr denn je von einer ökonomistisch-formalistischen Konzeption abgrenzen, der zufolge die Ökonomie in den verschiedenen Produktionsweisen aus *invariablen Elementen* quasi aristotelischer Natur zusammengesetzt ist, und sich selbst mit Hilfe einer bestimmten inneren Kombinatorik reproduziert und reguliert. Es handelt sich dabei um ein beständiges Problem in der Geschichte des Marxismus, das auch heute noch existiert.

In dieser Konzeption wird – in Anknüpfung an den traditionellen Ökonomismus – der Stellenwert des Klassenkampfes innerhalb der Produktions- und Ausbeutungsverhältnisse mystifiziert. Das Feld des Ökonomischen (und damit indirekt des Politischen und des Staates) wird für alle Produktionsweisen als unveränderlich angesehen, mit immanenten, durch die angebliche Selbstreproduktion für immer festgelegten Grenzen. Aus dieser Konzeption können zwei im Grunde genommen ziemlich alte Fehlinterpretationen über die Beziehungen zwischen Staat und Ökonomie mit zumeist zusammenhängenden unterschiedlichen Konsequenzen resultieren:

Einerseits die alte Zweideutigkeit einer topologischen Darstellung von »Basis« und »Überbau«, in der der Staat bloß als Anhängsel-Reflex des Ökonomischen gilt; also nicht als spezifischer Raum, sondern reduzierbar auf die Ökonomie. Die Beziehung zwischen Staat und Ökonomie beschränkte sich bestenfalls auf die berühmte »Rückwirkung« des Staates auf die ökonomische Basis, die im Wesentlichen als autonom betrachtet wird. Es handelt sich dabei um die traditionelle mechanistisch-ökonomistische Konzeption des Staates, deren Implikationen und Konsequenzen heute so bekannt sind, dass ich mich mit ihnen nicht aufzuhalten brauche.

Es ist aber auch eine andere Zweideutigkeit möglich: Das gesellschaftliche Ganze wird in der Form von *Instanzen* oder *Ebenen* dargestellt, die von Natur aus autonom sind. Die Ökonomie wird für die verschiedenen Produktionsweisen (Sklaverei, Feudalismus, Kapitalismus) durch eine bestimmte Anzahl unveränderlicher Elemente in einem immanenten Raum charakterisiert; die gleiche Konzeption wird dann im Analogieverfahren auf die Überbaustrukturen angewandt (Staat, Ideologie). Die *nachträgliche* Verknüpfung dieser von Natur aus autonomen Instanzen produziert die verschiedenen Produktionsweisen. Das Wesen dieser Instanzen ist ihrer wechselseitigen Beziehung innerhalb einer bestimmten Produktionsweise vorausgesetzt.

Auch diese Konzeption basiert auf der Darstellung eines ökonomischen, sich selbst reproduzierenden Raumes. Die Überbauinstanzen werden nicht mehr als Anhängsel-Reflex der Ökonomie betrachtet, sondern für die verschiedenen Produktionsweisen als substanziell angesehen, mit einer gegenüber der ökonomischen Basis unveränderbaren Autonomie. Die Autonomie dieser Überbauinstanzen dient als Legitimation für die Autonomie, Selbstregulierung und Selbstreproduktion der Ökonomie. Man erkennt die theoretische Verwandtschaft dieser beiden Konzeptionen, in denen die Beziehungen zwischen dem Staat und der Ökonomie unabhängig von den Formen, in denen sie dargestellt werden, als Beziehungen einer prinzipiellen *Äußerlichkeit* gedacht werden.

So kann das konstruktivistische Bild der »Basis« und des »Überbaus«, mit dem in bestimmter Weise die determinierende Rolle des Ökonomischen anschaulich beschrieben werden sollte, einer korrekten Darstellung der Gliederung der sozialen Realität und dieser determinierenden Rolle nicht nur nicht gerecht werden, sie erweist sich langfristig gesehen in mehrfacher Hinsicht sogar als verheerend. Man kann nur gewinnen, wenn man dieser Konzeption kein Vertrauen mehr schenkt; was mich betrifft, so benutze ich sie bei der Analyse des Staates seit langem nicht mehr.

Diese Konzeptionen haben zugleich Auswirkungen im Hinblick auf die Aufteilung und den Aufbau von Gegenständen, die für eine theoretische Behandlung in Betracht kommen. In ihnen erscheint eine *allgemeine Theorie der Ökonomie* als epistemologisch fixierbarer Gegenstand möglich und legitim, und zwar als Theorie der transhistorischen Funktionsweise des ökonomischen Raums. Die Differenzierungen des ökonomischen Gegenstandes in den verschiedenen Produktionsweisen sollen einfach auf internen Metamorphosen eines selbstregulierten ökonomischen Raumes mit unveränderlichen Grenzen beruhen; das Geheimnis dieser Metamorphosen und Veränderungen würde durch die allgemeine Theorie der Ökonomie aufgedeckt (die »ökonomische Wissenschaft«). Beide Konzeptionen unterscheiden sich im Hinblick auf die genannten Überbaustrukturen; sie führen zu entgegengesetzten, beidermaßen falschen Resultaten.

In der ersten Konzeption ist jede spezifische Behandlung der Überbaubereiche mit einem eigenen Gegenstand inakzeptabel, insofern die allgemeine Theorie der Ökonomie den Schlüssel für die Erklärung der Überbaustrukturen als mechanische Reflexe der ökonomischen Basis liefert. In der zweiten Konzeption verdoppelt sich dagegen die allgemeine Theorie der Ökonomie im Analogieverfahren in eine *allgemeine Theorie* jedes Überbaubereichs, im vorliegenden Fall des Politischen oder des Staates.

Diese allgemeine Theorie des Staates soll dann ebenfalls als spezifischen und isolierbaren Gegenstand den Staat in den verschiedenen Produktionsweisen haben: Dem Staat werden als epistemologischem Gegenstand unveränderliche Grenzen außerhalb der zeitlosen Grenzen der Ökonomie zugeschrieben. Die immanenten Grenzen des Gegenstandes Ökonomie, die sich selbst reproduzierende Realität seines Inneren, führen durch ihre eigenen Gesetze zu den immanenten Grenzen des Äußeren, des Staates als unveränderlichem Raum, der von außen den ebenfalls unveränderlichen Raum der Ökonomie umfasst.

Dies sind falsche Konzeptionen. Wie verhält es sich wirklich?

1. Der Raum und der Ort der Ökonomie, der der Produktions- und Ausbeutungsverhältnisse (der Raum der Reproduktion und Akkumulation des Kapitals und der Abpressung von Mehrarbeit in der kapitalistischen Produktionsweise) stellte niemals, weder im Kapitalismus noch in den anderen (vorkapitalistischen) Produktionsweisen, eine hermetische und abgeschlossene Ebene dar, die sich selbst reproduziert und ihre eigenen »Gesetze« der inneren Funktionsweise besitzt. Der Staat/das Politische (das trifft genauso für die Ideologie zu) existierte immer schon konstitutiv, wenn auch in unterschiedlichen Formen, in den Produktionsverhältnissen und ihrer Reproduktion, übrigens auch im vormonopolistischen Stadium des Kapitalismus – im Gegensatz zu einer Reihe von falschen Auffassungen über den liberalen Staat, der nicht in die Ökonomie eingreift, es sei denn, um die »materielle Infrastruktur« der Produktion zu schaffen und aufrechtzuerhalten. Zwar modifiziert sich die Rolle des Staates in der Ökonomie nicht nur im Laufe der verschiedenen Produktionsweisen, sondern auch entsprechend den Stadien und Phasen des Kapitalismus. Aber diese Modifikationen können auf gar keinen Fall mit der topologischen Figur der Äußerlichkeit beschrieben werden: Der Staat als stets der Ökonomie äußere Instanz griffe entweder in die Produktionsverhaltnisse ein und würde in diesem Fall den ökonomischen Raum durchdringen, oder er bliebe außerhalb der Ökonomie und fungiere nur

an ihrer Peripherie. Die Stellung des Staates im Verhältnis zur Ökonomie ist stets nur die Modalität einer konstitutiven Präsenz des Staates innerhalb der Produktionsverhältnisse und ihrer Reproduktion.

2. Daraus folgt, dass der Begriff des Staates und der der Ökonomie weder die gleiche Ausdehnung, noch das gleiche Feld, noch die gleiche Bedeutung in den verschiedenen Produktionsweisen abdecken können. So wenig die Produktionsweisen als bloß ökonomische Formen gefasst werden können, die sich aus einer jedesmal verschiedenen Kombination von in sich unveränderlichen Elementen in einem abgeschlossenen Raum und mit immanenten Grenzen ergeben, stellen sie Kombinationen zwischen diesen Elementen und unveränderlichen Elementen anderer Instanzen – des Staates – dar, die selbst als unveränderliche Realitäten gedacht werden. Kurzum, eine Produktionsweise ist nicht eine Kombination verschiedener Instanzen, mit einer festen Struktur, die ihrer Beziehung vorausgeht. Die Produktionsweise selbst als Einheit einer Gesamtheit von ökonomischen, politischen und ideologischen Bestimmungen weist diesen Räumen ihre Grenzen zu, umschreibt ihr Feld und definiert ihre jeweiligen Elemente: Diese Räume werden zuallererst durch ihre Beziehung und ihre Verknüpfung konstituiert. In jeder Produktionsweise wird dies durch die determinierende Rolle der Produktionsverhältnisse bewirkt. Aber diese Determination existiert stets nur innerhalb der Einheit einer Produktionsweise.

3. Während in den vorkapitalistischen Produktionsweisen die unmittelbaren Produzenten vom Arbeitsgegenstand und den Produktionsmitteln in Bezug auf das ökonomische Eigentum getrennt waren, galt dies nicht in Bezug auf die zweite konstitutive Bestimmung der Produktionsverhältnisse, das Besitzverhältnis. Die unmittelbaren Produzenten (z.B. die Bauern und die Leibeigenen im Feudalismus) waren mit den Arbeitsgegenständen und den Produktionsmitteln »verbunden«, sie besaßen eine relative Herrschaft über den Arbeitsprozess und konnten ihn in Gang setzen ohne direkte Intervention des Eigentümers. Diese Struktur führte zu der engen »Verzahnung« von Staat und Ökonomie, von der Marx gesprochen hat. Die Ausübung der legitimen Gewalt ist organisches Moment der Produktionsverhältnisse: Mit ihr kann die Mehrarbeit den Arbeitsgegenstand und Produktionsmittel besitzenden unmittelbaren Produzenten abgepresst werden. Umriss, Ausdehnung und Bedeutung dieser präzisen Beziehungen zwischen Staat und Ökonomie sind von vollständig anderer Natur als im Kapitalismus.

Im Kapitalismus stehen die unmittelbaren Produzenten in einem Verhältnis der vollständigen *Besitzlosigkeit* zu Arbeitsgegenstand und Produktionsmittel, und zwar nicht nur in Bezug auf das ökonomische Eigentum, sondern auch auf den Besitz. Es entsteht der »freie Arbeiter«, der nur die Arbeitskraft besitzt und den Arbeitsprozess nicht ohne die Intervention des Eigentümers in Gang setzen kann, die sich juristisch als Vertrag über den Kauf und Verkauf der Arbeitskraft darstellt. Diese bestimmte Struktur der kapitalistischen Produktionsverhältnisse macht aus der Arbeitskraft eine Ware und transformiert die Mehrarbeit in Mehrwert. Diese Struktur führt ebenfalls zu der relativen *Trennung* von Staat und ökonomischem Raum (der Akkumulation des Kapitals und der Mehrwertproduktion). Diese Trennung bildet die Grundlage des eigentümlichen institutionellen Aufbaus des kapitalistischen Staates, insofern sie die neuen Räume und Felder des Staates und der Ökonomie jeweils abgrenzt. Diese Trennung ist also für den Kapitalismus spezifisch: Sie kann nicht als besondere Auswirkung von von Natur aus selbständigen, aus unveränderbaren Elementen zusammengesetzten Instanzen unabhängig von der Produktionsweise erfasst werden, sondern als eine eigentümliche Charakteristik des Kapitalismus, der dem Staat und der Ökonomie neue Räume zuweist und ihre Bestandteile selbst verändert.

Diese Trennung darf nicht im Sinne einer wirklichen Äußerlichkeit von Staat und Ökonomie verstanden werden, als Intervention des Staates von außen in die Ökonomie. *Diese Trennung ist nur die bestimmte Form, die im Kapitalismus die konstitutive Präsenz des Politischen in den Produktionsverhältnissen und ihrer Reproduktion annimmt.* Die Trennung von Staat und Ökonomie, diese Präsenz und Funktion des Staates in der Ökonomie gelten – wenn auch in modifizierter Form – für die gesamte Geschichte des Kapitalismus, für die Gesamtheit seiner Stadien und Phasen: Sie sind Teil des harten Kerns der kapitalistischen Produktionsverhältnisse. Genausowenig wie im vormonopolistischen Stadium der Staat sich wirklich außerhalb des Raums der Reproduktion des Kapitals befand, führt die Tätigkeit des Staates im monopolistischen Stadium, insbesondere in seinem gegenwärtigen Stadium umgekehrt zu einer Aufhebung der Trennung von Staat und Ökonomie. Das ist zwar eine geläufige Vorstellung, sie ist jedoch sowohl für das vormonopolistische Stadium (das sogenannte liberale oder Konkurrenzstadium) als auch für die gegenwärtige Phase des Kapitalismus falsch.

Die substanziellen Veränderungen der Beziehungen zwischen Staat und Ökonomie in der Geschichte des Kapitalismus, die auf den Veränderungen seiner Produktionsverhältnisse beruhen, sind nur »transformierte Formen« dieser Trennung und der Präsenz des Staates in den Produktionsverhältnissen.

Insofern sich der Raum, das Feld und folglich die jeweiligen Begriffe des Politischen/des Staates und der Ökonomie (Produktionsverhältnisse) in den verschiedenen Produktionsweisen unterschiedlich darstellen, kann es – entgegen jedem formalistischen Theorizismus – weder eine allgemeine Theorie der Ökonomie (im Sinne einer »ökonomischen Wissenschaft«) mit einem für die verschiedenen Produktionsweisen unveränderlichen theoretischen Gegenstand noch eine »allgemeine Theorie « des Politischen/des Staates (im Sinne einer »politischen Wissenschaft« oder »Soziologie«) mit einem ebenfalls unveränderlichen theoretischen Gegenstand geben. Eine solche Vorstellung wäre legitim, wenn der Staat eine von Natur aus autonome Instanz mit unveränderlichen Grenzen darstellen und diese Instanz durch die eigenen Gesetze der historischen Reproduktion bestimmt würde. Der Begriff der allgemeinen Theorie ist dabei im strikten Sinn zu verstehen: im Sinne eines systematischen theoretischen Korpus, in dem ausgehend von allgemeinen und notwendigen Bestimmungen die Formen des Staates in den verschiedenen Produktionsweisen als besondere Ausdrücke eines einzigen theoretischen Gegenstandes erklärt sowie die Transformationsgesetze dargestellt werden, die die Metamorphosen dieses Gegenstandes von einer Produktionsweise zur anderen und damit den Übergang von einem Staat zum anderen charakterisieren. Im Gegensatz dazu ist eine *Theorie des kapitalistischen Staates* mit einem spezifischen Gegenstand und Begriff vollständig berechtigt: Sie wird durch die Trennung des Raums des Staates von der Ökonomie im Kapitalismus möglich. Das gleiche gilt für eine Theorie der kapitalistischen Ökonomie, die ihrerseits durch die Trennung der Produktionsverhältnisse/der Arbeitsprozesse vom Staat möglich wird.

Man kann sicherlich *in Bezug auf den Staat allgemeine theoretische Grundsätze* formulieren: Sie haben indes denselben Status wie die Marxschen Aussagen über die »Produktion im allgemeinen«, d. h. man kann an sie nicht den Anspruch einer allgemeinen Theorie des Staates stellen. Es ist wichtig, darauf hinzuweisen, und zwar wegen des verbreiteten Dogmatismus, der unter der Rubrik »marxistisch-leninistische Staatstheorie« in der Darstellung der allgemeinen Aussagen der Klassiker des Marxismus über den Staat auch heute noch anzutreffen ist. Ich verweise nur auf die Verteidiger der Diktatur des Proletariats in der Debatte in der PCF (insbesondere E. Balibar in seinem Buch: *Über die Diktatur des Proletariats*[2]).

Bei den Klassikern des Marxismus findet man mit Sicherheit keine allgemeine Theorie des Staates, und zwar nicht einfach deshalb, weil sie aus

[2] E. Balibar: *Über die Diktatur des Proletariats*, Hamburg/West-Berlin 1977.

diesen oder jenen Gründen eine solche Theorie nicht entwickeln konnten, sondern weil es eine allgemeine Theorie des Staates nicht geben kann. Wie man an der Debatte über den Staat in der italienischen Linken ablesen kann, ist dies eine äußerst aktuelle Frage. N. Bobbio hat in zwei bemerkenswerten Artikeln unlängst betont, dass der Marxismus über keine allgemeine Staatstheorie verfügt. Daraufhin fühlten sich zahlreiche italienische Marxisten zu der Replik verpflichtet, dass bei den Klassikern des Marxismus eine solche Theorie im »Keim« existiere und dass sie entwikkelt werden müsse, dass sie folglich berechtigt ist.[3] Selbst wenn die Argumentation von Bobbio nicht korrekt ist, so bleibt doch der Sachverhalt bestehen: Es gibt keine allgemeine Theorie des Staates, weil es sie nicht geben kann. In diesem Punkt darf man jenen Kritikern nicht nachgeben, die aus gutem oder schlechtem Grund dem Marxismus Mängel in Bezug auf eine allgemeine Theorie des Politischen und der Macht vorwerfen. Es ist gerade eines der Verdienste des Marxismus, hier und in anderen Bereichen die metaphysischen Höhenflüge der politischen Philosophie vermieden zu haben, die vagen und nebelhaften allgemeinen, abstrakten Theoretisierungen, mit denen die großen Geheimnisse der Geschichte, des Politischen, des Staates und der Macht aufgedeckt werden sollten. Man muss darauf mehr denn je in einer Situation hinweisen, in der – konfrontiert mit den politischen Notwendigkeiten in Europa und insbesondere in Frankreich –, die großen Systematisierungen, die Ersten und Letzten Philosophen der Macht wieder zum Leben erweckt werden sollen und dabei meist doch nur die abgedroschenen Phrasen der herkömmlichsten spiritualistischen Metaphysik wiedergekäut werden. Der Markt der Begriffe wird mit den großen und mystifizierenden Ausdrücken »Despot«, »Prinz«, »Meister« und einigen anderen desselben Kalibers munter verseucht: von Deleuze bis zu den »Neuen Philosophen« wäre eine lange Liste aufzustellen.[4] Der französische Philosophenkongress amüsiert sich gerade, aber im Grunde ist dies nicht zum Lachen. Die realen Probleme sind schwierig und kompliziert genug, als dass man sie mit simpelsten und bombastischen Verallgemeinerungen lösen könnte, mit denen noch nie irgend etwas erklärt worden ist.

---

[3] Die Kontroverse wurde veröffentlicht unter dem Titel *Il marxismo e lo stato*, Rom 1976 (dtsch.: *Sozialisten, Kommunisten und der Staat*, Hamburg 1977).

[4] G. Deleuze et F. Guattari, *L'Anti-Ödipe*, Paris 1975 (dtsch.: *Anti-Ödipus*, Frankfurt/M. 1978). Von den Arbeiten der »Neuen Philosophien« beziehe ich mich auf zwei Veröffentlichungen: B. H. Lévy, *La barbarie à visage humain*, Paris 1977 und A. Glucksmann, *Les maîtres penseurs*, Paris 1977 (dtsch.: *Die Meisterdenker*, Reinbek 1978).

Es geht nicht darum, Unzulänglichkeiten des Marxismus in den Untersuchungen über den Staat und die Macht abzustreiten, aber sie liegen nicht da, wo man sie sucht. Was den Massen sehr teuer zu stehen gekommen ist, ist nicht das Fehlen einer allgemeinen Theorie des Staates und der Macht im Marxismus, sondern der eschatologische und prophetische Dogmatismus eines solchen theoretischen Systems in Form der »marxistisch-leninistischen Theorie« des Staates. Die wirklichen und wichtigen Mängel des Marxismus in dieser Hinsicht sind dort zu suchen, wo es noch einer Theoriebildung bedarf. Ich habe in *Politische Macht und gesellschaftliche Klassen*[5] und meinen späteren Texten gezeigt, dass diese Mängel, deren Ursachen ich zu erklären versucht habe, sowohl die allgemeinen theoretischen Grundsätze *wie auch* die Theorie des kapitalistischen Staates betreffen. Das Fehlen einer hinreichend entwickelten Analyse des Staates in den sozialistischen Ländern ist eine ihrer gegenwärtigen Auswirkungen.

Anstatt daher zuerst die allgemeinen Aussagen über den Staat zu vertiefen und darzustellen, um dann zum kapitalistischen Staat überzugehen, werde ich umgekehrt die allgemeinen Aussagen im Verlauf einer Analyse des kapitalistischen Staates entwickeln, dessen Theorie möglich und berechtigt ist. Nicht wegen der simplen und lange wirksamen Vorstellung eines hegelianisch-marxistischen Historizismus, nach der der Kapitalismus die schrittweise und lineare Ausbreitung der in den vorkapitalistischen Produktionsweisen vorhandenen »Keime« ist, so wie man den Affen durch den Menschen erklären kann. Man kann die allgemeinen Aussagen über den Staat nicht ausgehend vom kapitalistischen Staat selbst entwickeln, so als ob er die perfekte Materialisierung eines Urstaates darstellte, der sich schrittweise in der historischen Realität durchsetzt – eine Konzeption, die immer noch zahlreiche Theoretiker der Macht verfolgen (das Problem der historischen Bedingungen des Kapitalismus, die die Formulierung dieser allgemeinen Aussagen möglich machen, ist etwas ganz anderes). Die spezifische Autonomie des politischen Raums im Kapitalismus, die seine Theorie legitimiert, ist nicht die abgeschlossene, von Natur gegebene Autonomie des Staates, sondern die für den Kapitalismus spezifische Auswirkung der Trennung von den Produktionsmitteln. Die Theorie des kapitalistischen Staates kann nicht einfach aus den allgemeinen Aussagen über den Staat abgeleitet werden. Ich behandle in diesem Text beides zugleich, weil die allgemeinen Aussagen durch den kapitalistischen Staat am besten illustriert werden können.

---

[5] Frankfurt/M. 1974

Weil es keine allgemeine Theorie des Staates geben kann, in der die allgemeinen Gesetze seiner Transformation in den verschiedenen Produktionsweisen fixiert sind, kann es auch keine vergleichbare Theorie in Bezug auf den Übergang von einem Staat in einen anderen, insbesondere vom *kapitalistischen zum sozialistischen Staat* geben. Eine Theorie des kapitalistischen Staates liefert wichtige Elemente über den Staat im Übergang zum Sozialismus. Aber diese Elemente haben nicht nur einen anderen Status wie die Theorie des kapitalistischen Staates, sondern besitzen einen ganz besonderen Status im Rahmen der allgemeinen theoretischen Aussagen über den Staat. Sie können nur *theoretisch-strategische Bezeichnungen im praktischen Zustand* sein, die zwar als Anleitung zum Handeln fungieren, jedoch nur im Sinne von Hinweisschildern. Es kann weder ein »Modell« eines Staates in der Übergangsperiode zum Sozialismus geben noch ein allgemeingültiges Modell, das entsprechend den konkreten Fällen spezifizierbar wäre, noch ein unfehlbares, theoretisch abgesichertes Rezept für einen Staat in der Übergangsperiode, auch nicht für ein bestimmtes Land. Ich stelle in den Untersuchungen in diesem Text auch nicht einen solchen Anspruch. Man muss ein für alle Mal Stellung beziehen: Man kann nicht von einer Theorie, so wissenschaftlich sie auch sein mag, den Marxismus – der eine wirkliche Theorie des Handelns bleibt – mit inbegriffen, mehr verlangen als sie leisten kann. *Es gibt immer eine strukturelle Distanz zwischen Theorie und Praxis, zwischen der Theorie und der Wirklichkeit.*

Zwei Distanzen, die faktisch ein und dieselbe sind. So wenig die Philosophen der Aufklärung »verantwortlich« für die totalitären Regime des Westens sind, so wenig ist der Marxismus für die Entwicklung der sozialistischen Länder verantwortlich. Auch nicht in dem trivialen Sinn, dass dort eine verfälschte Marxismus-Interpretation vorherrsche, womit der reine Marxismus freigesprochen wäre: Der Grund liegt in dieser Distanz zwischen der Theorie und dem Realen, die für jede Theorie gilt, auch für den Marxismus. Diese Distanz umfasst die Distanz zwischen Theorie und Praxis. Die Aufhebung dieser Distanz würde bedeuten, jedweder Theorie egal welche Bedeutung zuzumessen und im Namen der Theorie alles mogliche zu machen.

Diese Distanz ist kein Graben, der nicht zugedeckt werden könnte, ganz im Gegenteil: gerade von dieser Distanz leben die stets auf der Lauer liegenden »Vermittler«. Wie man heute weiß, gibt es auch keine Theorie, wie befreiend sie auch immer sein mag, die in der »Reinheit« ihres Diskurses ihre eventuelle Verwendung zu totalitären Zwecken durch Leute verhindern kann, die die Distanz zwischen Theorie und Praxis mit Beton zuschütten, die Texte anwenden und die Wirklichkeit reduzieren möchten und stets diese Theorie in ihrer Reinheit für sich beanspruchen können. Dann liegt der Fehler aber weder bei Marx, noch bei Platon, Jesus, Rousseau oder Voltaire. Diese Distanz zwischen Theorie und Wirklichkeit besteht trotz dieser »Vermittlung« weiter. Stalin ist nicht »der Fehler von Marx«, genausowenig wie Bonaparte der Fehler von Rousseau, Franco der Fehler von Jesus, Hitler der Fehler von Nietzsche oder Mussolini der Fehler von Sorel ist, auch wenn ihre Auffassungen in bestimmter Weise in ihrer Reinheit selbst dazu verwandt wurden, um diese Totalitarismen zu rechtfertigen.

Dies geht an die Adresse der »neuen Philosophen«, denen nichts weiter eingefallen ist, als nach Karl Popper,[6] aber mit weit weniger Intelligenz und Subtilität als dieser zu wiederholen, dass die Welt der Konzentrationslager aus den theoretischen, als abgeschlossen geltenden Systemen, ja sogar aus den etatistischen Aspekten der »Meisterdenker« resultiere. Die Distanz zwischen Theorie und Realem kann jenes riesige Paradox erklären: Die totalitären Regime haben sich gerade auf jene Denker berufen, die unter den Bedingungen ihrer Epoche ohne Zweifel weniger etatistisch waren als andere, auf Jesus, Rousseau, Nietzsche, Sorel, und schließlich auf Marx, dessen beständiger und hauptsächlicher Kampf dem Absterben des Staates galt.

Ich komme auf mein Argument zurück: diese Distanz zwischen Theorie und Realem nicht zu berücksichtigen, die Distanz zwischen Theorie und Praxis um jeden Preis zu reduzieren, hieße in den Marxismus alles Mögliche hinein zu interpretieren. Man kann daher vom Marxismus, und zwar diesmal dem »wahren« Marxismus, kein unfehlbares, gegenüber Abweichungen gefeites Rezept für einen authentischen Übergang zum demokratischen Sozialismus verlangen, weil er solches nicht liefern kann, ebensowenig wie er den Weg in den sozialistischen Ländern vorzeichnen konnte.

Das bedeutet nicht, dass man mit dem Marxismus (der Marxismus allein kann nicht alles erklären) den Staat in den Ländern des so genannten »realen Sozialismus« (UdSSR, Osteuropa, China) nicht zu einem entscheidenden Teil analysieren könnte, in Ländern also, in denen ein bestimmter Übergang zum Sozialismus versucht worden ist und zu der bekannten Situation geführt hat. Es ist klar, dass dazu die historischen Analysen (im Sinne der »konkreten Bedingungen dieser Länder«) oder die Analysen der politischen Strategie (ich komme darauf am Schluss dieses Textes zu-

[6] K. Popper, *Die offene Gesellschaft und ihre Feinde,* München 1946.

rück) nicht ausreichen, obwohl sie unumgänglich sind. Muss man deshalb eine allgemeine marxistische Theorie des Staates entwickeln, die den totalitären Aspekten in diesen Ländern Rechnung tragen kann und den verschiedenen simplifizierenden Verallgemeinerungen vergleichbar ist, die uns von der anderen Seite in der bekannten terroristischen Manier von den diversen Gulagexperten serviert werden? Ich bin nicht der Ansicht, obwohl (mehr noch: weil) das Problem des Totalitarismus erschreckend real ist. Dieses Problem kann in seiner ganzen Kompliziertheit nicht durch umfassende Verallgemeinerung erklärt werden. Ich möchte bereits jetzt die Karten auf den Tisch legen: Man kann die Grundlagen einer Analyse des modernen Totalitarismus und seiner Erscheinungen in den sozialistischen Ländern nur durch die Vertiefung und Entwicklung der allgemeinen theoretischen Aussagen über den Staat sowie der Theorie des kapitalistischen Staates in seinen Beziehungen zu den Produktionsverhältnissen und zur kapitalistischen gesellschaftlichen Arbeitsteilung erarbeiten. In einer Untersuchung der Ursachen des Totalitarismus werde ich beides versuchen.

Es kann sich dabei selbstverständlich nur um die Erarbeitung von Grundlagen handeln: Der gegenwärtige Staat in den sozialistischen Ländern ist ein spezifisches und komplexes Phänomen, das nicht auf den Staat in unseren Gesellschaftsformationen – dem Hauptthema dieses Textes – reduziert werden kann. Der Staat in diesen Ländern ist alles andere als eine bloße Variante des kapitalistischen Staates. Ich neige nichtsdestoweniger zu der Ansicht, dass die Wurzeln und das Geheimnis bestimmter totalitärer Seiten des Staates in den sozialistischen Ländern unter anderem (der Kapitalismus ist nicht die Quelle aller Übel),[7] aber im Wesentlichen in den *kapitalistischen Aspekten* dieses Staates, den Produktionsverhältnissen und der gesellschaftlichen Arbeitsteilung, die ihn tragen, zu suchen sind. Ich verwende den Begriff der »kapitalistischen Aspekte« mit Absicht und nur als Andeutung, denn ich will nicht untersuchen, ob es sich um in einem spezifischen autoritären Sozialismus weiterbestehende kapitalistische Merkmale handelt, um Einflüsse einer kapitalistischen Umgebung auf sozialistische Länder oder um einen tatsächlichen Staatskapitalismus in neuer Form. Dieses Problem ist wichtig genug, um für sich untersucht zu werden. Meine Position hat indessen weitergehende Auswirkungen: Einige meiner Analysen, die nicht nur auf den Staat im Allgemeinen, sondern auch auf den kapitalistischen Staat in seinen Bezie-

[7] Dieser Ausdruck stammt von Jean Daniel (Chefredakteur des Nouvel Observateur – A.d.Ü.)

hungen zu den Produktionsverhältnissen und zur gesellschaftlichen Arbeitsteilung abzielen, betreffen, unter dem Vorbehalt seiner Besonderheit, auch den Staat in den sozialistischen Ländern. Man muss dies beständig im Auge haben, und ich werde bei Gelegenheit darauf aufmerksam machen.

Ich komme zum kapitalistischen Staat zurück. Seine Theorie besitzt nur dann einen wirklich wissenschaftlichen Status, wenn in ihr die historische Reproduktion und Transformation ihres Gegenstandes in den Orten erfasst sind, in denen sie in den verschiedenen Gesellschaftsformationen stattfinden, in den Orten des Klassenkampfes: in den Formen des Staates je nach den Stadien und Phasen des Kapitalismus (liberaler Staat, interventionistischer Staat usw.), in der Unterscheidung zwischen diesen Formen und den totalitären Staaten (Faschismus, Militärdiktatur, Bonapartismus), in den Regimeformen in den verschiedenen konkreten Ländern. *Die Theorie des kapitalistischen Staates kann von der Geschichte seiner Konstitution und Reproduktion nicht getrennt werden.*

Man darf dabei jedoch nicht in den Positivismus und Empirismus zurückfallen und den theoretischen Gegenstand eines kapitalistischen Staates nach dem Muster eines Modells oder eines Idealtyps konstruieren, d.h. durch eine vergleichende Ableitung-Hinzufügung der Merkmale der verschiedenen konkreten kapitalistischen Staaten. Das heißt, dass man – trotz der Aufrechterhaltung der Unterscheidung zwischen *Produktionsweise* (abstrakt-formaler Gegenstand in seinen ökonomischen, ideologischen und politischen Bestimmungen) und *konkreten Gesellschaftsformationen* (Verknüpfung verschiedener Produktionsweisen in einem historisch gegebenen Zeitpunkt) – diese Gesellschaftsformationen nicht als räumlich abgrenzbare Aufschichtung und Konkretisierung der in der Abstraktion reproduzierten Produktionsweisen betrachten darf, also einen konkreten Staat als eine einfache Realisierung des Staates der kapitalistischen Produktionsweise. Die Gesellschaftsformationen sind die tatsächlichen Orte der Existenz und Reproduktion der Produktionsweisen und damit des Staates in seinen verschiedenen Formen, die nicht einfach vom Typ des kapitalistischen Staates als abstrakt-formalem Gegenstand abgeleitet werden können. Man kann nicht den theoretischen Gegenstand des kapitalistischen Staates konstruieren, indem man ihn zunächst mit den Produktionsverhältnissen in Beziehung setzt und dann entsprechend dem Klassenkampf in der jeweiligen Gesellschaftsformation spezifiziert und konkretisiert. Eine Theorie des kapitalistischen Staates kann nur erarbeitet werden, wenn man ihn mit der Geschichte der politischen Kämpfe im Kapitalismus in Beziehung setzt.

III.

Ich fasse zusammen: Auch wenn das Feld des Staates durch die Produktionsverhältnisse abgegrenzt wird, so kommt diesem nichtsdestoweniger eine spezifische Rolle in der Konstitution dieser Verhältnisse zu. Die Beziehung des Staates zu den Produktionsverhältnissen ist meist eine Beziehung zu den gesellschaftlichen Klassen und dem Klassenkampf. Im kapitalistischen Staat gilt, dass seine relative Trennung von den Produktionsverhältnissen, die von diesen selbst verursacht wird, die Grundlage seines organisatorischen Aufbaus darstellt und bereits seine Beziehung zu den Klassen und zum Klassenkampf im Kapitalismus skizziert.

Der Produktionsprozess basiert auf der *Einheit* von Arbeitsprozess und Produktionsverhältnissen (die aus der doppelten Beziehung von ökonomischem Eigentum und Besitz bestehen). Diese Einheit wird durch das *Primat* der Produktionsverhältnisse über den Arbeitsprozess verwirklicht, der häufig als »Produktivkräfte« bezeichnet wird und den technischen Prozess und die Technologie einschließt. Im Gegensatz zur Auffassung des traditionellen Ökonomismus, der unmittelbar in den Technizismus mündet und in der die Produktionsverhältnisse nur als einfacher Kristallisierung-Umhüllungs-Reflex eines technologischen Prozesses der Produktivkräfte angesehen werden (und damit eine bestimmte Vorstellung von den Beziehungen zwischen Basis und Überbau-Reflex auf den Produktionsprozess selbst angewendet wird), weist dieses Primat der Produktionsverhältnisse über die Produktivkräfte ihrer Verknüpfung die Form eines Produktions- und Repräsentations*prozesses* zu. Obwohl die Produktivkräfte eine spezifische Materialität besitzen, die man nicht übersehen darf, so werden sie jedoch stets innerhalb gegebener Produktionsverhältnisse organisiert (was weder die zwischen ihnen bestehenden Widersprüche noch ihre ungleichmäßige Entwicklung innerhalb eines Prozesses als der Auswirkung dieses Primats ausschließt). Der Übergang vom Feudalismus zum Kapitalismus wird nicht durch den Übergang von der Windmühle zur Dampfmaschine erklärt: Marx weist dies in seinem gesamten Werk nach, wenn auch mit bestimmten Zweideutigkeiten, die auch in den späten Werken zu finden sind und die auf den Einfluss der Ideologie des technischen Fortschritts der Philosophie der Aufklärung zurückgehen.

Aus diesem Primat lässt sich die Präsenz der politischen (und ideologischen) Beziehung innerhalb der Produktionsverhältnisse ableiten. Die Produktionsverhältnisse und die Beziehungen, aus denen sie sich zusammensetzen (ökonomisches Eigentum/Besitz), manifestieren sich in der Form von *Macht*beziehungen von Klassen: Diese Machtbeziehungen sind mit den politischen und ideologischen Beziehungen verknüpft und werden von diesen sanktioniert und legitimiert. Diese Beziehungen addieren sich nicht einfach zu den bereits vorhandenen Produktionsverhältnissen hinzu, sie beeinflussen sie auch nicht einfach rückwirkend in einer Beziehung der prinzipiellen Äußerlichkeit oder bloß *nachträglich*. Sie wirken – für jede Produktionsweise in spezifischer Form – bereits in der Konstitution der Produktionsverhältnisse.

Die politischen (und ideologischen) Beziehungen intervenieren daher nicht einfach in der Reproduktion der Produktionsverhältnisse – nach einem geläufigen Verständnis der Reproduktion, demzufolge die Reproduktion die Konstitution der Produktionsverhältnisse mystifiziert, indem sie von außen die politisch-ideologischen Beziehungen einführt und den Produktionsverhältnissen ihre ursprüngliche Reinheit der Selbsterzeugung belässt. Weil die politisch-ideologischen Beziehungen von Anfang an in der Konstitution der Produktionsverhältnisse präsent sind, spielen sie bei deren Reproduktion eine wesentliche Rolle, ist der Produktions- und Ausbeutungsprozess zugleich Reproduktionsprozess der politischen und ideologischen Herrschafts- und Unterwerfungsbeziehungen. Aus diesem grundlegenden Tatbestand lässt sich die für jede Produktionsweise spezifische Präsenz des Staates als Konzentration, Verdichtung, Materialisierung und Verkörperung der politisch-ideologischen Beziehungen in den Produktionsverhältnissen und deren Reproduktion herleiten.

Auf dem gleichen Tatbestand beruht schließlich die Etablierung des Staates in der Konstitution und Reproduktion der gesellschaftlichen Klassen, kurz im Klassenkampf. Die Produktionsverhältnisse markieren in ihrer Beziehung zu den politisch-ideologischen Herrschafts- und Unterwerfungsverhältnissen objektive Stellungen (die gesellschaftlichen Klassen), die ihrerseits *nur Unterscheidungen in der Gesamtheit der gesellschaftlichen Arbeitsteilung* sind (determinierende Produktionsverhältnisse, politische und ideologische Verhältnisse). Dieser Zusammenhang, der sich aus dem Primat der Produktionsverhältnisse über die Produktivkräfte ableitet, hat darüber hinaus Konsequenzen für die Stellung der gesellschaftlichen Klassen innerhalb der Produktionsverhältnisse. Die gesellschaftliche Arbeitsteilung, so wie sie sich in der Präsenz der politisch-ideologischen Beziehungen im Produktionsprozess manifestiert, besitzt das Primat über die technische Arbeitsteilung. Daraus folgt nicht, dass die technische Arbeitsteilung auf die gesellschaftliche Teilung reduzierbar ist, sie existiert und reproduziert sich jedoch nur innerhalb der gesellschaftlichen Arbeitsteilung.

Diese Stellungen der Klassen, die sich in Machtbeziehungen manifestieren, bestehen daher bereits innerhalb der Produktionsverhältnisse aus Praktiken und Klassenkämpfen. Diese Verhältnisse und die gesellschaftliche Arbeitsteilung sind *nicht Teil eines Feldes, das sich außerhalb der Macht und der Kämpfe befindet,* genauso wenig wie sie eine ökonomische Struktur außerhalb der gesellschaftlichen Klassen und diesen vorausgesetzt konstituieren. Es gibt keine ihrem Gegensatz, d.h. ihren Kämpfen vorausgesetzte Klassen. Die Klassen sind nicht »an sich« in die Produktionsverhältnisse gestellt, um danach oder anderswo in den Kampf einzutreten (Klassen »für sich«). Den Staat in seiner Beziehung zu den Produktionsverhältnisse lokalisieren, heißt, die ersten Konturen seiner Präsenz im Klassenkampf zu umreißen.

2. Die ideologischen Apparate: Staat = Repression + Ideologie?

Der Staat spielt deshalb eine konstitutive Rolle in den Produktionsverhältnissen und in der Abgrenzung und Reproduktion der gesellschaftlichen Klassen, weil seine Tätigkeit sich nicht auf die organisierte physische Repression beschränkt. Der Staat besitzt eine spezifische Funktion in der Organisierung der ideologischen Beziehungen und der herrschenden Ideologie. Die eminent positive Rolle des Staates ist jedoch auch nicht auf das Paar Repression und Ideologie beschränkt. Diesen Punkt will ich jetzt näher betrachten.

Die Ideologie besteht nicht nur aus einem System von Ideen oder Vorstellungen: sie betrifft auch eine Reihe von *materiellen Praktiken,* Bräuchen, Sitten, Lebensstil und vermischt sich so wie Zement mit der Gesamtheit der gesellschaftlichen Praktiken inkl. der politischen und ökonomischen Praktiken. Die ideologischen Beziehungen spielen in der Konstitution der Beziehungen des ökonomischen Eigentums und des Besitzes, in der gesellschaftlichen Arbeitsteilung der Arbeit innerhalb der Produktionsverhältnisse eine wesentliche Rolle.

Der Staat kann die politische Herrschaft nicht allein durch Repression oder nackte Gewalt sanktionieren und reproduzieren, sondern greift direkt auf die Ideologie zurück, die die Gewalt legitimiert und zur Organisation eines *Konsenses* bestimmter beherrschter Klassen und Fraktionen mit der politischen Macht beiträgt. Die Ideologie ist nicht irgend etwas Neutrales in der Gesellschaft: Ideologie ist immer Klassenideologie. Vor allem die herrschende Ideologie ist eine wesentliche Macht der herrschenden Klasse.

Die herrschende Ideologie verkörpert sich in den Staatsapparaten, deren Rolle ebenfalls in der Ausarbeitung, Indoktrinierung und Reproduktion dieser Ideologie besteht, was für die Konstitution und Reproduktion der gesellschaftlichen Arbeitsteilung, der Klassen und Klassenherrschaft von Bedeutung ist. Diese Rolle kommt bestimmten Apparaten par excellence zu: Sie sind dem Bereich des Staates zuzurechnen und als ideologische Staatsapparate bezeichnet worden, egal ob sie formell dem Staat angehören oder juristisch einen »privaten« Charakter behalten haben: die Kirche (der konfessionelle Apparat), der schulische Apparat, der offizielle Informationsapparat (Radio, Fernsehen), der kulturelle Apparat etc. Selbstverständlich interveniert die Ideologie auch in die Organisation der Apparate (Armee, Polizei, Justiz, Gefängnisse, Verwaltung), denen hauptsächlich die Ausübung der legitimen physischen Gewalt zukommt.

Die Unterscheidung zwischen repressiven und ideologischen Apparaten hat indessen sehr klare Grenzen. Bevor ich darauf zu sprechen komme, möchte ich auf die repressive Rolle des Staates eingehen, die manchmal als so selbstverständlich angesehen wird, dass man von ihr fast gar nicht mehr redet. Die Betonung der Rolle des Staates in den ideologischen Verhältnissen darf nicht, wie es oft geschieht,[8] dazu führen, seine repressive Seite zu unterschätzen.

Unter Repression muss in erster Linie die organisierte physische Gewalt verstanden werden, im höchst materiellen Sinne des Wortes, als *Gewalt gegen Körper.* Einer der entscheidenden Aspekte der Macht, die Bedingung ihrer Etablierung und ihrer Aufrechterhaltung ist stets der Zwang und die demütigende Bedrohung gegenüber dem Körper. Zwar ist der Körper nicht ein einfaches biologisches Naturelement, sondern eine politische Institution: die Beziehung des Staates und der Macht zum Körper sind in ganz anderer Weise komplizierter und umfangreicher als die der Repression. Trotzdem ist die Verankerung des Staates immer zugleich Einwirkung auf den Körper per Zwang mit physischen Mitteln, immer Manipulation und Vereinnahmung des Körpers, und zwar in doppelter Hinsicht: durch Institutionen, die den körperlichen Zwang und die permanente Bedrohung der Verstümmelung repräsentieren (Gefängnis, Armee, Polizei etc.); sodann durch die Durchsetzung einer *körperlichen Ordnung* durch den Staat. In dieser Ordnung werden die Körper institutionalisiert und verwaltet, sie werden geformt, zurechtgebogen, ausge-

[8] Darauf hat Perry Anderson in seinem Artikel »The Antonomies of Antonio Gramsci« in: *New Left Review*, November 1976/Januar 1977 hingewiesen (dtsch.: Antonio Gramsci. Eine kritische Würdigung, Westberlin 1979).

richtet und in die Institutionen und Apparate eingegliedert. Der Staat ist in seiner Materialität zugleich Geringschätzung, Gleichschaltung und Konsumtion der Körper der Subjekte, kurz die Verkörperung der staatlichen Gewalt in den Subjekten/Objekten. Wenngleich man von einer Abtötung eines zunächst von Natur aus freien und danach politisch verformten Körpers durch den Staat nicht sprechen kann, da es nur politische Körper gibt, findet in dieser körperlichen Ordnung dennoch echte Dressur und Kasernierung der Körper mit Hilfe von geeigneten physischen Dispositiven statt. Der kapitalistische Staat besitzt in dieser Hinsicht bestimmte Besonderheiten; wir werden dies bei der Untersuchung der Funktion des Gesetzes sehen, in der die Frage der Repression grundlegender behandelt wird.

Die Konzeption der Unterscheidung zwischen repressiven und ideologischen Staatsapparaten muss mit grundsätzlichen Vorbehalten betrachtet werden: sie kann nur rein beschreibenden und hinweisenden Stellenwert haben. Dieser Konzeption, die auf Gramscis Analysen basiert, kommt zwar das Verdienst zu, den Raum des Staates auf die ideologischen Institutionen auszudehnen und die Präsenz des Staates in den Produktionsverhältnissen vermittelt über seine Rolle in den ideologischen Beziehungen deutlich zu machen; indessen ist sie nur beschränkt verwendbar. Diese Konzeption, die von Louis Althusser[9] systematisiert worden ist, beruht (ich habe bereits früher darauf hingewiesen) auf der Annahme, dass der Staat, nur mit Hilfe von Repression und ideologischer Indoktrination agiert und funktioniert.

In ihr ist unterstellt, dass der Staat nur wirkt, insofern er untersagt, ausschließt, verhindert, auferlegt; oder insofern er betrügt, fälscht, verbirgt oder glauben macht. Die Annahme einer ideologischen Funktionsweise in materiellen Praktiken ändert nichts an der eingeschränkten Analyse der Rolle des Staates, die diese Konzeption zur Folge hat. In ihr wird das Ökonomische als selbstreproduzierbare und -regulierbare Instanz aufgefasst; der Staat dient nur dazu, die *negativen* Regeln des ökonomischen »Spiels« zu fixieren. Die politische Macht ist in der Ökonomie nicht präsent, sie kann ihr nur den Rahmen vorgeben. Sie kann in ihr keine eigene positive Rolle spielen, weil sie nur zur Verhinderung störender Eingriffe dient (über die Repression und die Ideologie). Ein altes, von der juristischen Ideologie beeinflusstes Bild des Staates, das Bild der juristisch-politischen Philosophie von den Anfängen des bürgerlichen Staates, das niemals seiner Wirklichkeit entsprochen hat.

[9] L. Althusser, Ideologie und ideologische Staatsapparate, Hamburg 1977

Es ist offensichtlich, dass man mit einer solchen Konzeption des Staates nichts von seiner spezifischen Rolle in der Konstitution der Produktionsverhältnisse begreifen kann. Das trifft bereits für den Übergang von Feudalismus zum Kapitalismus und für das Stadium des Konkurrenzkapitalismus zu. Es gilt jedoch noch mehr und gerade für den gegenwärtigen Staat, der in den Kern der Reproduktion des Kapitals interveniert. Kurzum, der Staat wirkt auch in positiver Weise, er *schafft, verändert, produziert Reales.* Wenn man nicht mit Worten spielen will, kann man die ökonomische Rolle des gegenwärtigen Staates nicht auf die Repression oder die ideologische Indoktrination beschränken, wenngleich natürlich diese Aspekte in der Materialität der gegenwärtigen Funktionen des Staates existieren.

Mehr noch: Es ist unmöglich, mit dem Paar Repression/Ideologie die Verankerung des Staates in den beherrschten und unterdrückten Massen zu erfassen, ohne bei einer idealistischen Konzeption der Polizeimacht zu landen, der zufolge der Staat die Massen entweder durch den Polizeiterror oder die verinnerlichte Repression – was auf dasselbe hinausläuft – beherrscht, bzw. durch Täuschung und das Imaginäre. Er verbietet/untersagt und/oder betrügt. Obwohl Ideologie und falsches Bewusstsein hier nicht gleichgesetzt werden, behält der Begriff der Ideologie nur unter der Annahme einen Sinn, dass die ideologischen Mechanismen durch eine Struktur der Mystifikation/Umkehrung charakterisiert sind. Es ist einfach falsch zu glauben, der Staat würde in solcher Weise funktionieren. Die Beziehung der Massen zur Macht besitzt in dem, was man insbesondere als *Konsens* bezeichnet, *stets ein materielles Substrat.* Unter anderem deshalb, weil der Staat in dem Feld eines instabilen Kompromissgleichgewichts zwischen den herrschenden und den beherrschten Klassen für die Erhaltung der Klassenhegemonie agiert. Der Staat übernimmt daher beständig eine Reihe von positiven materiellen Maßnahmen für die Volksmassen, selbst wenn diese Maßnahmen durch den Kampf der beherrschten Klassen durchgesetzte Konzessionen darstellen. Es handelt sich dabei um einen grundlegenden Tatbestand; man kann der Materialität der Beziehung zwischen dem Staat und den Volksmassen nicht Rechnung tragen, wenn man sie auf das Paar Repression/Ideologie reduziert. Im übrigen ist dies auch – allerdings mit der Betonung der Seite des Konsenses – die Grundlage einer Reihe von aktuellen Konzeptionen der Macht, die insbesondere in der Diskussion über das Phänomen des Faschismus vorgestellt worden sind.[10] Man versucht, die Massenbasis des Faschismus

---

[10] Man findet diese Konzeptionen in einigen Artikeln des Sammelbandes *Elements pour analyse du fascisme,* hrsg. von M. A. Macciocchi.

durch die Interpretation des Staates mit Hilfe des Paars Repression/Ideologie zu erklären: die Massen hätten die Repression »gewollt« oder seien von der faschistischen Ideologie betrogen worden. Die Erklärung des Staates allein mit den Kategorien Repression/Verbot und Ideologie/Mystifikation führt zwangsläufig dazu, die Gründe der Zustimmung zu *subjektivieren* (warum stimmt man dem Verbot zu?), und sie entweder in die Ideologie (im ausschließlichen Sinn des Betruges: der Faschismus hat die Massen betrogen) oder in den Wunsch nach Repression oder die Liebe zum Führer zu verlegen. Gerade der Faschismus war zu einer Reihe von positiven Maßnahmen für die Massen gezwungen (Reduktion der Arbeitslosigkeit, Erhaltung und manchmal Verbesserung der realen Kaufkraft für bestimmte Teile des Volkes, die sogenannte Sozialgesetzgebung), was die Erhöhung ihrer Ausbeutung (über den relativen Mehrwert) keineswegs ausschloss. Dass der ideologische und der Täuschungsaspekt stets vorhanden sind, ändert nichts an der Tatsache, dass der Staat auch mittels der Produktion des materiellen Substrats des Konsenses der Massen mit der Macht agiert. Dieses Substrat ist nicht auf einfache Propaganda reduzierbar, auch wenn es sich von der ideologischen Präsentation im Diskurs des Staates unterscheidet.

Dies sind sicher nicht die einzigen Fälle positiven Wirkens des Staates. Aber die Beispiele dürften im Moment genügen, um zu verdeutlichen, dass die Tätigkeit des Staates weit über die Repression oder die Ideologie hinausgeht.

Mit der Reduktion des Staates auf das Paar Repression/Ideologie ist im Übrigen ein hartnäckiges Missverständnis verbunden: Die Reproduktion der Ideologie wird mit der einfachen Mystifikation oder Verschleierung der Absichten und Ziele des Staates verwechselt, der nur einen beständig mystifizierenden Einheitsdiskurs produziere und nur mit dem Geheimnis umhüllt und stets maskiert vorginge.

Diese Vorstellung ist in mehrfacher Hinsicht falsch: eine der Funktionen des Staates, die den für die Ideologie eigentümlichen Mechanismus der Mystifikation/Umkehrung weit übersteigt, betrifft seine spezifische *organisatorische* Rolle in Bezug auf die herrschenden Klassen selbst; sie besteht u.a. darin, *die Taktik der Reproduktion ihrer Macht offen zu formulieren und zu deklarieren.* Der Staat produziert nicht einen einheitlichen Diskurs; er produziert für die verschiedenen Klassen immer mehrere Diskurse, die in unterschiedlicher Weise je nach der Klassenbestimmung in seinen verschiedenen Apparaten verkörpert sind. Oder er produziert einen je nach den verschiedenen Linien der Machtstrategie aufgeteilten und zersplitterten Diskurs. Der Diskurs oder die Segmente des Diskurses, die an die herrschende Klasse und ihre Fraktionen adressiert sind (manchmal auch an die unterstützenden Klassen), sind tatsächlich offen eingestandene Diskurse der Organisation. Der Staat und seine Taktiken verbergen sich nie vollständig, und zwar nicht, weil sie sich hinter seinem Rücken in den Vorzimmern herumsprechen, sondern weil das Aussprechen der Taktik bis zu einem bestimmten Grad integraler Bestandteil der Dispositionen des Staates zur Organisation der herrschenden Klasse ist: es ist Teil des Raums des Staates in seiner Rolle der *Repräsentation* dieser Klassen (siehe die berühmte Rede von de Gaulle im Mai 68, die nicht für zwei Pfennig »ideologisch« war). Ein auf den ersten Anblick paradoxer Tatbestand: alles oder fast alles, was die Bourgeoisie und ihre Macht wirklich gemacht haben, ist stets (vorher oder zu gleicher Zeit) in einem der Diskurse des Staates öffentlich gesagt, erklärt und katalogisiert worden, selbst wenn es nicht immer so verstanden worden ist. Hitler hat nie seine Absicht verheimlicht, die Juden auszurotten. Der Staat erklärt auf einer bestimmten Ebene nicht nur die Wahrheit seiner Macht, sondern liefert auch die Mittel der Ausarbeitung und Formulierung der politischen Taktik. Er produziert Wissen und Wissenstechniken, die, wenngleich sie mit der Ideologie verzahnt sind, bei weitem über sie hinausgehen. Die »bürgerlichen« Statistiken und das Nationale Statistische Institut z.B., Elemente des Staatswissens mit politischen Zielen, sind nicht bloße Mystifikation.

Sicherlich ist der Diskurs des Staates kein x-beliebiger Diskurs; es gibt sehr wohl ein Geheimnis der Bürokratie und der Macht. Dieses Geheimnis beruht nicht einfach auf Schweigen, sondern auf der Errichtung von bestimmten Kreisläufen innerhalb des Staates, die ausgehend von bestimmten Stellen den Austausch von Informationen begünstigen. Das Schweigen der Bürokratie ist, mit Blick auf die herrschende Klasse, oft nichts anderes als ein Organisieren der Rede. Der Staat formuliert der herrschenden Klasse gegenüber nicht immer offen seine Strategie, denn er hat Angst, seine Ziele gegenüber den beherrschten Klassen aufzudecken. Seine Taktik wird nur als Resultat des Aufeinanderprallens von Widersprüchen zwischen den verschiedenen Taktiken und den Informationskanälen, -netzen und Apparaten sichtbar, die sie verkörpern. Sie ist dem Staat daher meist nicht im voraus bekannt und daher auch nicht immer als Diskurs formulierbar.

Der Grad der Ideologisierung des Diskurses und der materiellen Praktiken des Staates ist daher fließend und unterschiedlich je nach den Klassen und Klassenfraktionen, an die er sich wendet und auf die er einwirkt. Die Wahrheit über die Macht entgeht oft nicht deshalb den Volksmassen, weil der Staat sie absichtlich verheimlicht, sondern weil ihnen aus sehr viel komplizierteren Gründen der an die herrschenden Klassen gerichtete Diskurs des Staates nicht zugänglich ist.

Die Reduktion staatlichen Handelns auf das Paar Repression/Ideologie führt schließlich in Bezug auf die Staatsapparate insbesondere dazu:

a) die Ausübung der Macht in zwei Gruppen von Apparaten aufzuteilen: die repressiven und die ideologischen Staatsapparate. Die Besonderheit des ökonomischen Staatsapparates wird in die verschiedenen repressiven und ideologischen Staatsapparate aufgelöst, die Lokalisierung jenes staatlichen Netzes, in dem sich die Macht der hegemonialen Fraktion der Bourgeoisie par excellence konzentriert, wird unmöglich gemacht; schließlich werden die erforderlichen Bedingungen für die Umwälzung dieses ökonomischen Apparates im Verhältnis zu den Bedingungen für die Umwälzung der repressiven und ideologischen Apparate in der Übergangsperiode zum Sozialismus im Unklaren gelassen.

b) bestimmte Apparate in quasi nominalistischer und wesenslogischer Weise zu unterscheiden in repressive Apparate (die hauptsächlich mittels der Repression funktionieren) und ideologische Apparate (die hauptsächlich mittels der Ideologie funktionieren). Je nach den Formen des Staates und des Regimes und nach Phasen der Reproduktion des Kapitalismus können sich bestimmte Apparate von einer Sphäre zur anderen verschieben, Funktionen an sich ziehen oder verändern. Charakteristisches Beispiel ist die Armee, die in bestimmten Formen der Militärdiktatur unmittelbar zu einem ideologisch-organisatorischen Apparat wird und hauptsächlich als politische Partei der Bourgeoisie fungiert. Auf die permanente ideologische Rolle einer Reihe von repressiven Apparaten (Justiz, Gefängnis, Polizei) muss nicht extra hingewiesen werden. Die vage Klassifizierung ausgehend von dem Wort »hauptsächlich« (hauptsächlich repressiv oder hauptsächlich ideologisch) scheint sich aufzulösen.

Kurz, die Darstellung des staatlichen Raums in den Begriffen der repressiven und ideologischen Apparate kann unter Berücksichtigung der formulierten Einschränkungen nur rein deskriptiven Zwecken dienen. Ihr kommt das Verdienst zu, die staatliche Sphäre durch die Einbeziehung einer Reihe von Hegemonieapparaten mit oft »privatem« Charakter auszuweiten und die ideologische Rolle des Staates hervorzuheben. Ihr unterliegt nichtsdestoweniger eine beschrankte Konzeption des Staates und seines Wirkungsfeldes.

3. Machtverhältnisse und Machtkämpfe

Der Staat spielt also eine entscheidende Rolle in den Produktionsverhältnissen und im Klassenkampf, insofern er von Anfang an in ihrer Konstitution und Reproduktion präsent ist.

Während die theoretische Geschichte des Marxismus u.a. durch die Vernachlässigung der dem Staat eigentümlichen Besonderheit des politischen Raumes und seiner entscheidenden Rolle gekennzeichnet war (der Überbau als einfaches Anhängsel der Basis), konzentriert sich die gegenwärtige Kritik am Marxismus auf dessen angeblichen Etatismus. Solange der Marxismus den Staat vernachlässigte, handelte es sich um Ökonomismus; wenn er vom Staat spricht, kann es sich nur um Etatismus handeln. Diese Kritik bezieht sich nicht nur auf die politische Praxis des Stalinismus und auf die sozio-politische Realität der sozialistischen Länder, sondern zielt auf die marxistische Theorie selbst ab. Wir haben die Rolle des Staates näher eingegrenzt; es ist indessen klar – im Gegensatz zu häufig anzutreffenden Interpretationen –, dass für den Marxismus die Macht nicht mit dem Staat identisch und nicht auf ihn reduzierbar ist.

Die Berücksichtigung des Primats der Produktionsverhältnisse über die Produktivkräfte im Produktionsprozess führt zu der Auffassung, dass die Produktionsverhältnisse und die Beziehungen, aus denen sie sich zusammensetzen (ökonomisches Eigentum/Besitz), sich in Machtbefugnissen geltend machen. Diese resultieren aus den Stellungen, die von diesen Beziehungen vorgegeben sind.

Im vorliegenden Fall handelt es sich um Machtbefugnisse von Klassen, die auf das grundlegende Ausbeutungsverhältnis verweisen: unter dem ökonomischen Eigentum wird insbesondere die Fähigkeit (die Macht) verstanden, die Produktionsmittel bestimmten Zwecken zuzuordnen und auf diese Weise über die Produkte zu verfügen, unter Besitz die Fähigkeit (die Macht), die Produktionsmittel in Gang zu setzen und den Arbeitsprozess zu beherrschen. Diese Machtbefugnisse sind ihrerseits in ein Netz von Beziehungen zwischen Ausbeutern und Ausgebeuteten, die Widersprüche zwischen verschiedenen Klassenpraktiken, kurz den Klassenkampf eingeflochten; sie fügen sich ein in ein System von Klassen*beziehungen.* Betrachtet man den ökonomischen Prozess und die Produktionsverhältnisse als ein Netz von Machtbefugnissen, so wird einsichtig, dass die Produktionsverhältnisse konstitutiv mit den politischen und ideologischen Beziehungen verbunden sind, die sie sanktionieren und legitimieren und die in den ökonomischen Beziehungen präsent sind. Man sieht also:

1. Die Machtbefugnisse sind für den Marxismus nicht – wie es z.B. Foucault oder Deleuze behaupten – »den anderen Arten von Beziehungen (ökonomische Beziehungen etc.) äußerlich«.[11] Der ökonomische Prozess ist Klassenkampf und schließt damit Machtbeziehungen ein (nicht nur eine ökonomische Machtbeziehung). Diese Machtbeziehungen sind insofern spezifischer Natur, als sie mit der Ausbeutung verknüpft sind (von der übrigens Foucault und Deleuze nur selten sprechen). Die Macht verweist in Klassengesellschaften auf objektive, in die Arbeitsteilung eingegliederte Stellungen und kennzeichnet die Fähigkeit einer jeden Klasse, ihre spezifischen Interessen im Gegensatz zu den anderen Klassen zu verwirklichen; sie muss sich auch auf die ökonomischen Beziehungen erstrecken. Diese Machtbeziehungen, die in der Mehrwertproduktion und in deren Beziehung zu den politisch-ideologischen Strukturen verankert sind, sind im übrigen in spezifischen Institutionen und Apparaten materialisiert: den Betrieben (Produktionseinheiten) als den Orten der Abpressung der Mehrarbeit und der Ausübung dieser Machtbeziehungen.

2. Die Macht kann auf keinen Fall auf den Staat reduziert oder mit ihm identifiziert werden. Foucault und Deleuze unterstellen dem Marxismus die Auffassung, wonach »die Macht Staatsmacht wäre, in einem Staatsapparat lokalisiert« und mit dem Staat identifizierbar.[12] Die Machtbeziehungen *gehen dagegen weit über die Grenzen des Staates hinaus*, genauso wie die gesellschaftliche Arbeitsteilung und der Klassenkampf.

Dies gilt auch, wenn man die juristische und enge Auffassung des Staates aufgibt, die bei Foucault oder Deleuze erstaunlicherweise noch unterliegt. Die Gesamtheit der Hegemonieapparate, selbst wenn sie juristisch gesehen privater Natur sind, gehört zum Staat (ideologische, kulturelle, konfessionelle usw. Apparate), während für Foucault und Deleuze der Staat immer auf seinen öffentlichen Teil beschränkt bleibt (Armee, Polizei, Gefängnis, Gerichte usw.). Für sie existiert die Macht daher auch außerhalb des so verstandenen Staates: Eine Reihe von Orten, die außerhalb der Sphäre des Staates sich befinden sollen (der Gesundheits- und Sozialfürsorgeapparat, die Krankenhäuser, der Apparat für Sportwesen etc.), aber trotzdem Orte der Macht sind, sind umso mehr Kristallisationspunkte der Macht, als sie Teil des strategischen Bereichs des Staates sind.

---

[11] G. Deleuze in seinem Artikel über Foucault: Ein neuer Kartograph (*Überwachen und Strafen*), in: G. Deleuze: Foucault, Frankfurt am Main 1987; M. Foucault: Sexualität und Wahrheit. Erster Band: Der Wille zum Wissen, Frankfurt am Main 1977

[12] Ebd., S. 40

Ich formuliere bewusst *umso mehr* und nicht *insofern als,* weil die Macht selbst nach der weiten Auffassung vom Staat weit über diesen hinausreicht, und zwar in mehrfacher Hinsicht.

Zunächst reduzieren sich die die gesellschaftlichen Klassen und den Klassenkampf betreffenden Machtbefugnisse nicht auf den Staat. Dies gilt insbesondere für die Machtbefugnisse innerhalb der Produktionsverhältnisse, trotz ihrer Überschneidungen mit der politischen Macht, und obwohl sie zum Staat nicht in einem äußeren Verhältnis stehen. Aber es gibt noch andere Gesichtspunkte. In seiner gegenwärtigen Form und der weiten Auffassung zufolge wird der Staat sicherlich zunehmend Zentrum der verschiedenen Formen der Macht. Durch die wachsende Intervention in alle Sphären der gesellschaftlichen Realität, durch die Auflösung des traditionell »privaten« Gefüges dringt er in die feingliedrigsten Netzwerke (réseaux) ein und ergreift tendenziell von allen Machtbereichen, von jeder Klassenmacht (um die es hier geht) Besitz. Von der engen, auf der heutigen Form der Trennung zwischen geistiger und manueller Arbeit beruhenden Beziehung zwischen dem Staat und einem unmittelbar als Staatsdiskurs und damit als politische Technik etablierten Wissen, bis zur Intervention des Staates in die Bereiche der sogenannten kollektiven Konsumtion (Transport, Gesundheitswesen, Wohnungsbau, Sozialfürsorge, Freizeiteinrichtungen), in denen sich die ideologisch-symbolischen Machtbefugnisse, die im Wohnungsbau, den kulturellen Zentren etc. materialisiert sind, als Fortsetzung der staatlichen Beziehungen geltend machen, überall zeigt sich die zunehmend engere Beziehung zwischen der Klassenmacht und dem Staat. Nichtsdestoweniger reichen die Machtbeziehungen der Klassen und nicht nur die ökonomischen – stets über den Staat hinaus. So umfasst z.B. der Diskurs des Staates, selbst wenn man die ideologischen Apparate mit einbezieht, nicht jeden politischen Diskurs, obwohl sich in dessen Struktur eine Klassenmacht geltend macht. Genauso reicht die ideologische Macht über den Staat und seine ideologischen Apparate hinaus: diese stellen keine vorrangigen oder erschöpfenden Momente der Reproduktion der ideologischen Herrschafts- und Unterwerfungsbeziehungen dar, genauso wenig wie sie die herrschende Ideologie schaffen.

Durch die ideologischen Apparate wird die herrschende Ideologie nur ausgearbeitet und verbreitet: die Religion wird nicht wie bei Max Weber bereits nachzulesen – durch die Kirche geschaffen und reproduziert, sondern umgekehrt. Kurz, die ideologischen Beziehungen besitzen stets eine Verankerung, die über die Apparate hinausgeht und aus Machtbeziehungen besteht.

Wir müssen an dieser Stelle eine ergänzende Aussage treffen: die Machtbeziehungen von Klassen sind nicht auf den Staat reduzierbar und reichen über seine Apparate hinaus, weil sie in ihrer Verknüpfung mit der gesellschaftlichen Arbeitsteilung und der Ausbeutung stets das Primat über die Apparate, die sie verkörpern, und insbesondere über den Staat besitzen. In anderer Form ausgedrückt: in der komplexen Beziehung zwischen dem Klassenkampf und den Apparaten *kommt den Kämpfen die vorrangige und fundamentale Rolle zu.* Das Feld dieser (ökonomischen, politischen, ideologischen) Kämpfe stellt bereits auf der Ebene der Ausbeutung und der Produktionsverhältnisse nichts anderes als ein Feld von Machtverhältnissen dar.

Muss man daraus schließen, dass der Staat nur eine sekundäre und zu vernachlässigende Rolle bei der Konstitution der materiellen Existenz der Macht spielt? Muss man, um von dem Trugbild eines totalisierenden Staates wegzukommen, notwendig in die illusionäre Vorstellung vom Staat als bloßen Anhängsel der Gesellschaft verfallen? Keinesfalls. Der Staat spielt eine konstitutive Rolle in der Existenz und Reproduktion der Machtbeziehungen der Massen, allgemeiner im Klassenkampf, womit auf seine Präsenz in den Produktionsverhaltnissen verwiesen ist. Diese Aussage von der konstitutiven Rolle gilt im strikten Sinne. Sie steht im Gegensatz zu der geläufigen Vorstellung, die mit der Betonung der Vorherrschaft des »Gesellschaftlichen« in einem sehr vagen Sinne des Wortes auf die Interpretation des Staates als bloßem Anhängsel des Gesellschaftlichen hinausläuft. Diese Vorstellung ist heute in Frankreich besonders durch die Analysen von Autoren bekannt geworden, die in den fünfziger Jahren in der Zeitschrift *Sozialismus und Barbarei* veröffentlichten (Lefort, Castoriadis usw.). In ihrer Kritik des Etatismus, die sie an den Marxismus richten, kommt der gleiche Irrtum zum Ausdruck wie im instrumentalistischen Marxismus:[13] die Auffassung vom Staat als bloßem Anhängsel der Kämpfe und der Macht. Dieser Vorstellung kommt nicht wegen ihrer Analysen Bedeutung zu, sondern wegen ihrer Verwandtschaft mit der libertären Tradition der französischen Arbeiterbewegung, die insbesondere in bestimmten Bereichen der CFDT und der Bewegung »Assises nationales du socialisme«[14] innerhalb der Sozialistischen Partei anzutref-

[13] Cl. Lefort in seinem Artikel »Maintenant« in dem ersten Heft der Zeitschrift *Libre,* Paris 1977; C. Castoriadis, *L'Institution imaginaire de la société,* Paris 1976; die Autoren stehen übrigens der von G. Lapassade und R. Loreau repräsentierten sogenannten »anti-institutionellen« Strömung nahe.

[14] Vereinigungskongress von Vertretern der CFDT, der PSU und der PS (1974) mit dem Ziel der Ausweitung des PS-Einflusses vor allem in den Gewerkschaften.

fen ist.[15] Bei diesen Anhängern der Selbstverwaltung herrscht weitgehendes Durcheinander: es geht ihnen darum, eine Politik der Selbstverwaltung, die hauptsächlich mit der direkten Demokratie an der Basis gerechtfertigt wird, auf Basis einer Theorie zu entwickeln, in der die tatsächliche Rolle des Staates vernachlässigt wird. Bestenfalls handelt es sich darum, seine Wünsche für die Wirklichkeit zu nehmen. Man will eine antietatistische Politik aus einer Vorstellung ableiten, der zufolge der Staat in seiner spezifischen Rolle quasi verschwindet. Gerade die erschreckend reale Rolle des Staates erfordert dagegen einen Übergang zum Sozialismus, der weitgehend auf der direkten Demokratie gegründet ist. Dazu ist indessen die genaue Kenntnis des Staates und seiner gegenwärtigen Rolle vonnöten. Eine bestimmte Tradition des jakobinischen Staatssozialismus beruht nicht minder auf der instrumentalistischen Vorstellung vom Staat als bloßem Anhängsel. Die unbegrenzte Ausdehnung eines solchen Staates kann in einem Arbeiterstaat als bloßem Anhängsel der Arbeiterklasse sehr negative Konsequenzen haben.

Um die konstitutive Rolle des Staates in den Produktionsverhältnissen und im Klassenkampf, d.h. in den Machtbeziehungen, genau einzugrenzen, muss man diese Fragestellung in ihrem theoretischen Kontext von der Frage nach dem chronologischen Ursprung und der Genesis ein für alle Mal unterscheiden (wen gab es zuerst, die Henne oder das Ei, den Staat oder den Klassenkampf bzw. die Produktionsverhältnisse): Man muss – auch innerhalb des Marxismus – radikal mit der positivistisch-empiristischen, sprich historizistischen Auffassung brechen. In der *theoretischen Erklärung* von einem sozialen Feld der gesellschaftlichen Arbeitsteilung in Klassen und Klassenmacht vor dem Staat zu sprechen, von einem ursprünglichen Sockel (im chronologischen und genealogischen Sinn), der erst *danach* den Staat produziert, der seinerseits nachträglich interveniert, ist schlicht sinnlos. Wo es Klassenteilung und daher Kampf und Klassenmacht gibt, gibt es immer schon den Staat, d.h. die institutionalisierte politische Macht. Es gibt keinen Klassenkampf oder keine Klassenmacht vor dem Staat oder ohne den Staat, keinen »Naturzustand« oder »gesellschaftlichen Zustand«, der dem Staat vorausgeht; das ist eine Auffassung mit langer Tradition, die auf die politische Philosophie der Aufklärung zurückgeht (die Philosophie des dem Staat vorausgesetzten Gesellschaftsvertrages). Der Staat steckt von Anfang an das Kampffeld ab, das Feld der Produktionsverhältnisse mit inbegriffen, er organisiert den Markt und die Eigentumsverhältnisse, etabliert die politische Herrschaft und die

[15] Insbesondere beziehe ich mich auf die Zeitschrift *Faire*.

politisch herrschende Klasse, er markiert und codifiziert alle Formen der gesellschaftlichen Arbeitsteilung, die gesamte gesellschaftliche Realität im Bezugsrahmen einer Klassengesellschaft.

In diesem bestimmten Sinne lässt sich irgendeine gesellschaftliche Realität (ein Wissen, eine Macht, eine Sprache, eine Schrift) als ein dem Staat vorausgesetzter Zustand nicht denken. Die Realität steht immer in Beziehung zum Staat und zur Arbeitsteilung. Das bedeutet nicht, das es niemals eine soziale Realität oder eine Macht ohne den Staat und die Arbeitsteilung oder chronologisch vor beiden gegeben hat, sondern dass in dem Bezugsrahmen einer Klassengesellschaft und eines Staates diese Realität nicht denkbar ist, solange der Staat ausgeklammert ist. Selbst wenn man die historische Tatsache einer gesellschaftlichen Realität vor dem Staat zugesteht, muss man sie in konstitutiver Beziehung zu dem Staat setzen, sobald die Existenz des Staates unterstellt ist.

Wenn (eine) Geschichte daher die Geschichte des Klassenkampfes ist, wenn die »primitiven« Gesellschaften ohne Staat Gesellschaften ohne (diese) Geschichte sind, dann nur deshalb, weil diese Geschichte nicht ohne Staat existiert. Es gibt keine Geschichte von Klassenkämpfen, deren Resultat zu einem gegebenen Zeitpunkt der Staat wäre: diese Geschichte ist ohne Staat nicht denkbar. Es verhält sich nicht so, dass die Geschichte mit dem Auftreten des Staates eröffnet wird, d.h. dass der Staat existiert, sobald es Menschen gibt.

Nach Marx bedeutet das Ende der Teilung in Klassen das Ende des Staates und damit das Ende einer bestimmten Zeit, zwar nicht das Ende der Zeit überhaupt, sondern das Ende einer bestimmten Geschichte, die Marx auch als Vorgeschichte der Menschheit bezeichnete.

Die Teilung in Klassen und der Klassenkampf sind daher nicht zu denken als *Ursprung* des Staates, im Sinne einer Genesis des Staates. Folgt daraus, dass die wesentliche Aussage der *Begründung* des Staates in den sozialen Kämpfen, d.h. der entscheidenden Rolle der Produktionsverhaltnisse, allgemeiner des Primats der Kämpfe und der Machtbeziehungen im Verhältnis zum Staat in Frage gestellt ist? Kurz, bedeutet die Frage so zu stellen, in den Etatismus zu verfallen?

Ich stelle die Frage in dieser präzisen Weise, um das Wirrwarr der verschiedenen gegenwärtigen Richtungen zu unterscheiden, die, wenngleich sie alle die Begründung des Staates und der Macht in den Klassenkampfen in Frage stellen, sich dennoch in anderer Hinsicht unterscheiden. Ich werde daher die Problematik von Foucault erst später behandeln, der im Wesentlichen den Staat und die Produktionsverhältnisse, die ökonomischen und politischen Machtbefugnisse zu einem dritten Prinzip in Beziehung setzt, zu einem »Machtdiagramm«, das den verschiedenen Machtbefugnissen zu einem gegebenen Zeitpunkt gemeinsam ist. Diese Theorie vermeidet zumindest das Abenteuer einer allgemeinen Theorie der Macht seit dem Beginn der Zeitrechnung und sieht nicht im Staat die Grundlage aller sozialen Realität.

Genau darauf läuft aber die aktuelle Richtung der »Neuen Philosophie« hinaus, die von B. H. Lévy bis A. Glucksmann in einer genauso anspruchsvollen wie hohlen Metaphysik der Macht und des Staates nur an eine alte institutionalistische Tradition anknüpfen: Der Staat als Ursprung aller gesellschaftlichen Verhältnisse, als jeder gesellschaftlich möglichen Realität vorausgesetzten Form, als originärer Archi-Staat, in dem die sozialen Kämpfe sich nur spiegeln und nur durch ihn existieren. Genau in dieser Konzeption – und nicht im Marxismus wird jede Macht auf den Staat reduziert und als Konsequenz jener ersten Realität, der Staats-Macht, interpretiert. Alles wird aufgefasst als Reaktion des »Meisters«, des Staates und des Gesetzes (die psychoanalytische Theorie in der Lacanschen Version verpflichtet), weil es gesellschaftliche Realität, Macht, Sprache, Wissen, Diskurs, Schrift oder Wünsche nur *durch* den Staat gibt. Er ist ein *tief verankertes* Übel, das durch keinen Kampf gleich welcher Form eingegrenzt werden kann, weil jeder Kampf nur die Verdopplung und das Abbild des Prinzips darstellt, sich nur in den ursprünglichen Netzen einer ewigen Staats-Macht konstituiert, deren unbeschränkte Dauer sich aus einer metaphysischen Universalität und Notwendigkeit ableitet. Sie ist dann Grundlage und Ursprung von allem, Grundlage weil Ursprung und *umgekehrt.* Der etatistische Totalitarismus ist ursprünglich und ewig zugleich, weil der Staat das Subjekt jeder möglichen Geschichte ist: Hinter Kant findet man Hegel wieder.

Der Staat ist folglich alles: Darauf antwortet, in umgekehrter, symmetrischer Weise, die andere bereits erwähnte Richtung, die auf der gleichen Problematik basiert, derzufolge das Gesellschaftliche alles und der Staat nur dessen institutionalisiertes Anhängsel ist. Das Gewicht der jeweiligen Pole hat sich verändert, die Problematik bleibt indessen die gleiche: die einer mechanischen und linearen Kausalität, die auf einem einfachen monistischen Prinzip basiert und nichts als der Abklatsch einer Metaphysik der Ursprünge ist.

Wir müssen daher bestimmte Analysen ins Gedächtnis zurückrufen, die viele von uns bereits vor langer Zeit gemacht haben: Die determinierende Rolle der Produktionsverhältnisse, das Primat des Klassenkampfes über den Staat und seine Apparate können nicht in einer mechanischen Kausalität verstanden werden, noch weniger in einer linearen chronologischen Kausalität; wir haben diese Konzeption *historizistisch* genannt. Diese Bestimmung und dieses Primat drücken deshalb nicht zwangsläufig eine historische Existenz vor dem Staat aus; diese Frage steht hier nicht zur Diskussion. Sie betrifft zunächst die Beziehungen zwischen dem Staat und den Produktionsverhältnissen einer bestimmten Produktionsweise sowie den Übergang von einer Produktionsweise zur anderen. Marx fasste bestimmte Produktionsverhältnisse als »Voraussetzung« oder *logischen Prius* eines bestimmten Staates, einer historisch-chronologischen Vorgängigkeit jener vor diesem. Die Bestimmung des Staates durch die Produktionsverhältnisse, das Primat des Klassenkampfes über den Staat muss in unterschiedlichen Zeitlichkeiten gefasst werden, in spezifischen Historizitäten mit ungleichmäßiger Entwicklung: Eine bestimmte Staatsform kann in der Reihenfolge der historischen Entstehung den Produktionsverhältnissen, denen sie entspricht, voraufgehen. Es gibt zahlreiche Beispiele dazu bei Marx; ich selbst habe es für den absolutistischen Staat in Europa nachgewiesen, einem Staat mit überwiegend kapitalistischem Charakter bei noch überwiegend feudalen Produktionsverhältnissen.

Es sind dies Beispiele von Beziehungen zwischen einer bestimmten Staatsform und bestimmten Produktionsverhältnissen, die indessen eine allgemeinere Bedeutung besitzen, weil sie auf den Ursprung des Staates verweisen. Die Frage des historischen Ursprungs, der Reihenfolge in der historischen Entstehung zwischen dem Staat einerseits und den Produktionsverhältnissen und Machtbeziehungen von Klassen andererseits ist theoretisch nicht identisch mit der Frage nach der Begründung des Staates in den Produktionsverhältnissen, den Klassenkämpfen und den Machtbeziehungen.

Eine Reihe von Missverständnissen zu diesem Problem geht auf Engels zurück. Schematisch gesagt hat Engels – im konkreten Fall in der historizistischen Problematik einer linearen Kausalität – das Primat der Klassenteilung und der Klassenkämpfe über den Staat zu begründen versucht, indem er die Frage als Frage des Ursprungs des Staates behandelte, d.h. dem Mythos von den Ursprüngen verfiel. In *Der Ursprung der Familie, des Privateigentums und des Staats* versucht er u.a. zu zeigen, dass historisch gesehen die Aufteilung in Klassen in den Produktionsverhältnissen der sogenannten primitiven Gesellschaften zuerst auftrat, die danach zur Entstehung des Staates führte. Darin wird der »Beweis« der Determination des Staates durch die Produktionsverhältnisse und seiner Begründung durch diese gesehen. Selbst unter der Voraussetzung, dass Engels' historische Untersuchung richtig ist, handelt es sich nicht um einen Beweis, bzw. nur dann, wenn der Marxismus als integraler Historizismus verstanden würde.

Es ist selbstverständlich, dass eine umgekehrte Reihenfolge der historischen Entstehung nicht das Gegenteil beweisen kann, es sei denn, man ist selbst Anhänger des Historizismus. Ich beziehe mich insbesondere auf die Arbeiten von Pierre Clastres, demzufolge der Übergang der Gesellschaften ohne Staat zu solchen mit Staat sich über die Herausbildung einer politischen Macht vollziehen würde, die der Aufteilung in Klassen in den Produktionsverhältnissen vorausgehe; er leitet daraus die These von der fundamentalen und entscheidenden Rolle des Staates in Bezug auf die Arbeitsteilung ab, die er für eine schlagende Kritik am Marxismus hält: »Darum ist der politische Bruch entscheidend und nicht die ökonomische Veränderung... Wenn man die marxistischen Begriffe von Basis und Überbau beibehalten will, muss man vielleicht anerkennen, dass die Basis das Politische und der Überbau das Ökonomische ist ... Die politische Beziehung der Macht geht der ökonomischen Beziehung der Ausbeutung voraus und begründet sie. Die Entfremdung ist zuerst politischer und dann erst ökonomischer Natur, die Macht existiert vor der Arbeit, das Ökonomische ist vom Politischen abgeleitet, das Auftreten des Staates bestimmt die Herausbildung der Klassen.«[16] Ein eklatantes Beispiel einer historizistischen Argumentationsweise linearer Kausalität, die auf die gleiche Problematik wie die von Engels zurückgeht. Selbst unter der Annahme, dass die Untersuchungen von Clastres den historischen Fakten standhalten – worüber ich mich nicht äußern will – stehen sie nicht mit dem Marxismus in Widerspruch, weil die »Begründung« des Staates in den Produktionsverhältnissen und der Klassenteilung nicht mit dem notwendig in Bezug auf den Staat vorausgehenden »Ursprung« dieser Teilung identisch ist.

Diese Untersuchungen stellen die determinierende Rolle der Produktionsverhältnisse und das Primat der Klassenkämpfe über den Staat nicht in Frage; sie können nur einer positivistisch-empiristischen, sogar historizistischen Problematik als Beweis dienen, in der *Ursprung* und *Begründung* verwechselt werden. Man findet diese Vorstellung z.B. bei B. H. Lévy,[17] wenn er die Untersuchungen von Clastres zur Stützung der These von der ewigen Existenz des Staates heranzieht, der Grundlage, weil Ursprung von allem sei.

Nicht nur die Klassenkämpfe besitzen das Primat über den Staat und reichen weit über ihn hinaus, das gleiche gilt auch für die Machtbeziehungen in einem anderen Sinn: *Die Machtbeziehungen erstrecken sich nicht*

---

[16] Clastres, *La société contre l'Etat,* Paris 1974, S. 169ff.

[17] Ebd., S. 74ff.

ausschließlich auf die Klassenbeziehungen, sie können ebenfalls über sie hinausgehen. Daraus folgt nicht, dass sie keinen Klassencharakter besäßen oder nichts mit politischer Herrschaft zu tun hätten, sondern dass sie nicht auf derselben Grundlage wie die gesellschaftliche Arbeitsteilung in Klassen beruhen, daher nicht deren bloße Konsequenz sind bzw. ihr entsprechen oder von gleicher Natur sind: das gilt insbesondere für die Beziehungen zwischen Mann und Frau.

Wir können festhalten: Die Aufteilung in Klassen stellt nicht das ausschließliche Terrain der Konstitution von Macht dar, obwohl in den Klassengesellschaften jede Macht einen Klassencharakter besitzt. Ich verweise auf den bekannten Zusammenhang, dass die radikale Transformation der Staatsapparate im Übergang zum Sozialismus nicht zur Abschaffung oder Umgestaltung sämtlicher Machtbeziehungen ausreicht.

Auch wenn diese Machtbeziehungen über die Klassenbeziehungen hinausgehen, sind sie jedoch stets mit spezifischen Apparaten und Institutionen verknüpft, die sie verkörpern und reproduzieren (das Ehepaar, die Familie); auch die Staatsapparate sind nicht von ihnen unabhängig. Der Staat greift durch seine Aktion und seine Wirkungen in *alle* Machtbeziehungen ein und weist ihnen damit ihren Stellenwert in den Klassenbeziehungen zu.

Der Staat konzentriert auf diese Weise heterogene Machtbeziehungen, die sich zu Relaisstationen und Stützen der (ökonomischen, politischen und ideologischen) Macht der herrschenden Klasse entwickeln. Die Machtverhältnisse in den sexuellen Beziehungen zwischen Mann und Frau, die ohne Zweifel von den Klassenbeziehungen zu unterscheiden sind, werden unter anderem durch den Staat (aber auch durch den Betrieb) als Klassenbeziehungen etabliert und reproduziert; die Klassenmacht durchzieht sie, benutzt sie, verfeinert sie, kurz, sie weist ihnen ihren politischen Stellenwert zu. Der Staat ist nicht allein deshalb ein Klassenstaat, weil er die in den Klassenverhältnissen begründete Macht konzentriert, sondern insofern er *tendenziell* durch die Aneignung ihrer Mittel auf jede Macht einwirkt, obwohl diese beständig über ihn hinaus reicht.

Nach diesen Klarstellungen muss auf bestimmte Aussagen des Marxismus hingewiesen werden:

a) Die Klassenmacht ist die Basis der Macht in jeder in Klassen aufgeteilten Gesellschaftsformation, deren Motor der Klassenkampf ist.

b) Die politische Macht hat, obwohl sie auf der ökonomischen Macht und den Ausbeutungsverhältnissen basiert, insofern vorrangige Bedeutung, als ihre Transformation jede wesentliche Modifikation der anderen Machtfelder überwiegend bestimmt.

c) Die politische Macht in der kapitalistischen Produktionsweise nimmt trotz der stets existierenden Überschneidungen einen spezifischen Platz im Vergleich zu den anderen Machtfeldern ein.

d) Diese Macht ist par excellence konzentriert und materialisiert im Staat, dem zentralen Ort der Ausübung der politischen Macht.

Diese Aussagen werden insbesondere von Foucault und Deleuze abgelehnt. In ihrer Konzeption löst sich die Macht in unzähligen Mikrosituationen auf, und die Bedeutung der Klassen und des Klassenkampfes sowie der zentralen Rolle des Staates wird unterschätzt. Ich möchte mich an dieser Stelle nicht länger dabei aufhalten: In allen diesen Punkten knüpfen sie an eine alte Tradition der angelsächsischen Soziologie und politischen Wissenschaft an, in der das Zentrum der Analyse des Staates in einen »Pluralismus der Mikromächte« verlagert wird; diese Fragen, die charakteristisch für den Funktionalismus und den Institutionalismus sind, sind von Parsons, Merton, Dahl, Lasswell und Etzioni ausgiebig untersucht worden. Diese Tradition ist in Frankreich relativ unbekannt, wo die politischen Analysen sich stets auf den (juristischen) Staat konzentriert haben. Allein diese Unkenntnis, die mit dem bekannten Provinzialismus der französischen Intellektuellendiskussion zusammenhängt, erlaubt es, diese Untersuchungen als Neuheiten hinzustellen, während sie in Wirklichkeit aus der Mottenkiste stammen. Die unbestreitbaren Verdienste von Foucault liegen woanders. Es ist indessen bemerkenswert, dass diese Vorstellung von einer unsichtbaren, in molekulare Mikronetze pulverisierten Macht zu einem Zeitpunkt Erfolg hat, in dem die Ausweitung und das Gewicht des Staates ein bisher unerreichtes Ausmaß angenommen haben.

Ich fasse zusammen: jede Macht (und nicht nur eine Klassenmacht) existiert nur materialisiert in Apparaten (und nicht nur in den Staatsapparaten). Diese Apparate sind nicht einfache Anhängsel der Macht, sondern beeinflussen sie in konstitutiver Weise: Der Staat selbst spielt eine organische Rolle in der Entstehung der Machtbeziehungen von Klassen. Aber in der Beziehung Macht/Apparate, insbesondere in der Beziehung Klassenkampf/Apparate spielt der Klassenkampf die entscheidende Rolle, dessen Feld nichts anderes als das Feld der Machtbeziehungen ist, der Beziehungen der ökonomischen Ausbeutung und der politisch-ideologischen Herrschaft und Unterwerfung. Die Kämpfe besitzen stets das Primat über die Apparate und Institutionen und reichen beständig über sie hinaus.

Im Gegensatz zu jeder dem Schein nach libertären Konzeption, die nur auf Illusionen beruht, hat der Staat einen konstitutiven Einfluss nicht nur auf die Produktionsverhältnisse und die Machtbefugnisse, die sie realisieren, sondern auf die Gesamtheit der Machtbeziehungen auf allen Ebenen. Im Gegensatz zu jeder etatistischen Auffassung von Max Weber, für den bereits die Apparate und Institutionen den ursprünglichen Ort und das vorrangige Feld der Konstitution der Machtbeziehungen darstellten, gilt bis heute, dass die Kämpfe als vorrangiges Feld der Machtbeziehungen stets das Primat über den Staat besitzen. Dies meint nicht nur die ökonomischen Kämpfe, sondern die Gesamtheit der Kämpfe, also auch die politischen und ideologischen Kämpfe. Zwar spielen in diesen Kämpfen die Produktionsverhältnisse die entscheidende Rolle. Aber das Primat der Kämpfe vor dem Staat überschreitet die Grenzen der Produktionsverhältnisse, weil es sich in diesem Fall nicht um eine ökonomisch Struktur handelt, die die Kämpfe begründen würde; vielmehr sind die Produktionsverhältnisse bereits Macht- und Kampfverhältnisse. Gerade wegen dieser entscheidenden Rolle gibt es die Kämpfe, besitzt die Gesamtheit der Kämpfe das Primat über den Staat. Wenn man diese Grundlage der Kämpfe negiert, lehnt man nicht nur die entscheidende Rolle des Ökonomischen ab, sondern auch das Primat selbst jegliche Kämpfe über den Staat. Man glaubt, die Tyrannei des Ökonomischen zu verwerfen und fällt aber zwangsläufig in die alles verschlingende Omnipotenz der Staats-Macht zurück.

Unter den schlechten Kritiken des Marxismus (es gibt auch gute) gibt es daher keine, die so blind und ignorant ist, wie der Vorwurf des Etatismus, selbst wenn sie mit legitimen politischen Absichten verbunden ist (antietatistische Politik) und ihre Grundlage in den totalitären Aspekten des Staates in den Ländern des sogenannten realen Sozialismus hat. Diese Kritik an Marx ist nirgendwo unehrlicher formuliert worden als von den »neuen Philosophen«, insbesondere von A. Glucksmann. Ich halte mich damit nicht weiter auf, sondern gebe J. Rancière das Wort, der im Übrigen nicht gerade freundlich mit Marx umgeht:

»Glucksmann ist noch ein Stück radikaler, wenn er gegen alle Fakten beweisen will, dass Marx den Staat als das Gegenteil der Privatgesellschaft aufwertet. Die Unmöglichkeit, den geringsten Beweis anzuführen, liefert ihm gerade seinen besten Beweis: das Kapitel über den Staat, schreibt Glucksmann, fehlt im ›Kapital‹, obwohl es vorgesehen war. Eine sehr bekannte stalinistische Logik: der beste Beweis, dass die Leute schuldig sind, ist das Fehlen eines Beweises. Denn wenn es keine Beweise gibt, sind sie von ihnen vertuscht worden, und deshalb sind sie schuldig.«[18]

[18] J. Rancière in: *Le Nouvel Observateur* vom 25.7.1977

Teil 1
Materialität und Institutionen des Staates

Wir können jetzt auf unser Ausgangsproblem zurückkommen: Die institutionelle Materialität des Staates als »besonderer« Apparat kann nicht auf seine Funktion in der politischen Herrschaft reduziert werden. Sie muss vor allem in der Beziehung des Staates zu den Produktionsverhältnissen und der gesellschaftlichen Arbeitsteilung, die diese implizieren, gesucht werden. Diese Beziehung ist indessen von anderer epistemologischer Ordnung als die Beziehung des Staates zu den Klassen und dem Klassenkampf. Das In-Beziehung-Setzen des Staates mit den Produktionsverhältnissen und der gesellschaftlichen Arbeitsteilung ist nur der erste, aber separate Schritt ein und derselben Vorgehensweise: das In-Beziehung-Setzen des Staates mit der Gesamtheit der Kämpfe. Ich werde dies insbesondere für den kapitalistischen Staat zeigen, ohne ausführlich auf die Untersuchungen in meinen früheren Texten zurückzukommen. Ich werde mich damit begnügen, bestimmte Punkte zu vertiefen und zu vervollständigen und andere im Lichte der Untersuchungen berichtigen, die wir heute vornehmen können.

Die Frage, die ich bereits in *Politische Macht und gesellschaftliche Klassen* zu beantworten versucht habe, war folgende: Warum verfügt die Bourgeoisie in ihrer politischen Herrschaft über diesen sehr spezifischen Staatsapparat, den kapitalistischen Staat, den modernen Repräsentativ – Staat, diesen nationalen Volksstaat mit Klassencharakter? Woher stammt das materielle Gerüst dieses Staates? Meine Analysen gingen bereits in folgende Richtung: Diese Materialität beruht auf der relativen Trennung des Staates von den Produktionsverhältnissen im Kapitalismus. Die Grundlage dieser Trennung, organisierendes Prinzip der dem kapitalistischem Staat und seinen Apparaten eigentümlichen Institutionen (Justiz, Armee, Verwaltung, Polizei usw.), seines Zentralismus, seiner Bürokratie, seiner repräsentativen Institutionen (allgemeines Wahlrecht, Parlament usw.) und seines juristischen Systems ist in der Besonderheit der kapitalistischen Produktionsverhältnisse und der gesellschaftlichen Arbeitsteilung zu suchen: der radikalen Trennung des unmittelbaren Produzenten von seinem Arbeitsmittel und -gegenstand in Bezug auf das Besitzverhältnis im Arbeitsprozess.

Ein konstantes Moment in der marxistischen Theorie des Staates schien mir damals charakteristisch, und das gilt auch heute noch; es hängt im Übrigen mit tiefgreifenden Zweideutigkeiten im Marxschen Denken selbst in dieser Hinsicht zusammen. Die meisten der marxistischen Autoren, die den Staat nicht auf die politische Herrschaft reduzierten (auf die Diktatur einer Bourgeoisie als Subjekt), und die daher die treffende Frage stellten, warum genau dieser Staat und nicht ein anderer der politischen Herrschaft der Bourgeoisie entspricht, haben versucht, die Grundlage dieses Staates *in der Sphäre der Zirkulation des Kapitals und in der »Verallgemeinerung« der Warenbeziehungen* zu suchen. Die Generallinie dieser Analysen ist hinreichend bekannt: Austausch zwischen »privaten« Warenbesitzern – wobei das Privateigentum nur juristisch gefasst wird –, vertragsförmiger Kauf und Verkauf der Arbeitskraft, allgemeines Äquivalent und abstrakter Tauschwert usw. Dies ist das Feld, auf dem »formale« und »abstrakte« Gleichheit und Freiheit erscheinen, die isolierten Vereinzelten der Tauschgesellschaft – das Gattungsindividuum –, die als juridisch-politische Individuum-Personen konstituiert werden – sowie das Gesetz und die abstrakten und formalen juristischen Regeln als System, das den Waren Tauschenden den Zusammenhalt gibt. Die relative Trennung des Staates von der Ökonomie wird gefasst als Trennung des Staates von der berühmten »bürgerlichen Gesellschaft«. Diese bürgerliche Gesellschaft würde sich selbst darstellen als vertraglich geregelte Assoziation von individualisierten Rechtssubjekten; die Trennung zwischen bürgerlicher Gesellschaft und Staat wird dabei reduziert auf einen den Warenbeziehungen immanenten ideologischen Mechanismus, auf die Fetischisierung-Verdinglichung des Staates ausgehend von dem berühmten Warenfetischismus. Es gibt zahlreiche verschiedene Varianten dieser Konzeption, die Grundstruktur bleibt indes stets dieselbe. Sie wurde im Wesentlichen von der italienischen marxistischen Schule thematisiert (G. della Volpe, U. Cerroni usw.) und ist auch heute noch stark verbreitet: ich erwähne nur die jüngsten Arbeiten von Henri Lefèbvre über den Staat.[1]

Ich habe zu zeigen versucht, dass diese Konzeption unzureichend und partiell falsch ist: Sie sucht die Grundlage des Staates in den Zirkulationsverhältnissen und Warenbeziehungen (eine in bestimmter Weise vormar-

[1] E. Paschukanis, *Allgemeine Rechtslehre und Marxismus,* Frankfurt/M. 1970. H. Lefèbvre, *De l'Etat,* Paris 1976. Ich möchte damit nicht den Wert der Arbeit von Lefèbvre unterschätzen: insbesondere sein letztes Buch enthält bemerkenswerte Untersuchungen. Diese Forschungsrichtung findet man auch in den Arbeiten von J. Baudrillard.

xistische Position) und nicht in den Produktionsverhältnissen, denen ein determinierender Platz in der Gesamtheit des Zyklus der erweiterten Reproduktion des Kapitals zukommt. Diese Konzeption hat eine beträchtliche Beschränkung der Untersuchungen über den Staat zur Folge.

Mehr noch: Obwohl sie die Frage der institutionellen Besonderheit des kapitalistischen Staates stellt, macht sie die Verknüpfung zwischen dem Paar Staat – bürgerliche Gesellschaft und den Paar Staat – Klassenkampf unmöglich, weil die Klassen selbst ihre Grundlage in den Produktionsverhältnissen haben. Es soll nicht bestritten werden, dass in dieser Konzeption bestimmte wichtige institutionelle Mechanismen des Staates erfasst werden, weil die Zirkulationssphäre des Kapitals ihrerseits ebenfalls spezifische Auswirkungen auf den Staat hat; das Entscheidende wird jedoch nicht getroffen. Daraus ergibt sich eine weitere Konsequenz: Bestimmte Merkmale des Staates in den sozialistischen Ländern, die denen des kapitalistischen Staates verwandt sind, können nicht wiedergegeben werden, da die Warenbeziehungen in diesen Ländern beträchtliche Veränderungen erfahren haben. Diese Verwandtschaft ist unter anderem den kapitalistischen Aspekten des Staates in diesen Ländern geschuldet, die auch die Produktionsverhältnisse und die Arbeitsteilung kennzeichnen. Die Werktätigen haben weder die Kontrolle noch die Herrschaft über die Arbeitsprozesse (das Besitzverhältnis), noch besitzen sie die reale ökonomische Macht über die Arbeitsmittel (die Beziehung des ökonomischen Eigentums, das vom juristischen Eigentum unterschieden ist); es handelt sich um eine Verstaatlichung und nicht um eine wirkliche Vergesellschaftung der Produktion. Auf politischem Niveau handelt es sich um eine Diktatur *über* das Proletariat.

Dennoch haben die Diskussion und die Untersuchungen über den Staat und die Macht in Frankreich und anderswo seitdem beträchtliche Fortschritte gemacht, wodurch sich die ideologisch-theoretische Konjunktur teilweise verändert hat. Bestimmte Analysen jüngeren Datums reproduzieren jedoch die gleichen Probleme und Fehler, die ich damals kritisiert habe. Man hat meinen Untersuchungen oft den Vorwurf des Politizismus gemacht: Durch die Bestimmung des für den Staat und die Macht im Kapitalismus spezifischen Raums »allein« ausgehend von den Produktionsverhältnissen hätte ich den Beziehungen zwischen dem Staat und der Ökonomie zu wenig Beachtung geschenkt.

Die Frage sei daher, den Staat mit der sogenannten *Logik des Kapitals* in Beziehung zu setzen, d.h. mit seiner Akkumulation und erweiterten Reproduktion. Diese Problematik ist insbesondere in der BRD unter dem Begriff *Ableitung,* in Großbritannien und den USA unter dem Begriff

Derivation entwickelt worden; einige dieser Arbeiten sind in Frankreich veröffentlicht worden.

Es geht darum, die spezifischen Institutionen des kapitalistischen Staates aus den »ökonomischen Kategorien« der Akkumulation des Kapitals abzuleiten. Diese Problematik stellt aber einen Rückfall dar in eine ziemlich traditionelle Konzeption des Kapitals als abstrakter Einheit mit einer immanenten Logik – die der ökonomischen Kategorien – und läuft auf zwei Forschungsrichtungen hinaus, die beide die materielle Besonderheit dieses Staates nicht erfassen können. Entweder fällt man – wie J. Hirsch aufgezeigt hat – in die Sphäre des Austausches und der Zirkulation des Kapitals zurück (Äquivalententausch, abstrakter Wert, Geld usw.) und leitet diese Besonderheiten aus diesen »Kategorien« ab.[2] Oder man versucht, diese Besonderheiten und die historischen Veränderungen des Staates *aus seinen ökonomischen Funktionen für die erweiterte Akkumulation des Kapitals abzuleiten.* Man findet diese Auffassung auch in Frankreich. Daraus resultiert insbesondere für den gegenwärtigen Staat der Versuch, die Gesamtheit seiner institutionellen Transformationen aus seiner neuen Rolle in der Überakkumulation/Entwertung des Kapitals abzuleiten.

Auch in dieser Forschungsrichtung wird das Wesentliche nicht getroffen: Ich habe zwar damals in meiner Kritik des Ökonomismus den Stab in die andere Richtung überdreht. Die ökonomischen Funktionen (der genaue Sinn dieses Ausdrucks müsste indes noch präzisiert werden) im Prozess der Akkumulation des Kapitals haben wichtige Auswirkungen auf die Strukturierung des Staates, von der ursprünglichen Akkumulation über den Konkurrenzkapitalismus bis zum gegenwärtigen Monopolkapitalismus. Ich werde im dritten Teil dieses Textes ausführlich die Bedeutung dieser Funktionen für die Erklärung der gegenwärtigen Form des Staates, dem autoritären Etatismus, aufzeigen. Für den Augenblick

[2] J. Hirsch, *Staatsapparat und Reproduktion des Kapitals*, Frankfurt/M. 1974 und sein Beitrag in dem von mir herausgegebenen Sammelband *La crise de l'Etat*, Paris 1976. Die Problematik der *Ableitung* hat in der BRD schon eine längere Tradition; einige Arbeiten dieser Richtung wurden in Frankreich in dem Sammelband *L'Etat contemporain et le marxisme* veröffentlicht, Paris 1975, hrsg. von J. M. Vincent. In Großbritannien und den USA ist sie noch jüngeren Datums; vgl. die zahlreichen Beiträge in den Zeitschriften *Kapitalistate, Insurgent Sociologist* (USA), *Capital and Class* (Großbritannien) sowie die kürzlich erschienenen Arbeiten von Holloway, Picciotto, Hindess, Hirst etc. In Frankreich kam die Kritik des »Politizismus« in Bezug auf meine Arbeiten hauptsächlich von Autoren der Zeitschrift der PCF, *Economie et Politique*.

möchte ich nur darauf hinweisen, dass diese Funktionen nicht die hauptsächlichen sind und dass mit ihnen die politischen Institutionen nicht erschöpfend erklärt werden können. Mit diesen Funktionen kann die Grundfrage nicht beantwortet werden: Warum werden sie gerade von diesem ganz spezifischen Staat wahrgenommen, dem modernen repräsentativen, national-popularen Staat und nicht von einem anderen? Ich möchte eine auf den ersten Blick paradoxe Frage stellen: Warum hat sich dieser Staat nicht in der Form der absoluten Monarchie reproduziert?

Man kann diese Frage nicht nur mit dem Hinweis auf die politische Herrschaft beantworten (auf die Natur der Bourgeoisie oder auf den politischen Kampf zwischen Bourgeoisie und Arbeiterklasse), genauso wenig wie mit dem Hinweis auf die ökonomischen Funktionen des Staates oder auf die Verbindung von ökonomischen Funktionen und politischem Kampf. Die ökonomischen Funktionen sind verankert und begründet in den Produktionsverhältnissen und ihrer spezifisch kapitalistischen Form. Diese stellen die Grundlage dar für die institutionelle Materialität des Staates und seine relative Trennung von der Ökonomie, die seine Strukturierung als Apparat bestimmt; sie sind die einzig mögliche *Ausgangsbasis* für die Untersuchung der Beziehungen des Staates zu den Klassen und dem Klassenkampf. Die Transformationen des Staates verweisen zuallererst auf Transformationen der kapitalistischen Produktionsverhältnisse, die ihrerseits Transformationen dieser Trennung zur Folge haben, und damit auf die Klassenkämpfe. In diesem Zusammenhang sind die Modifikationen der ökonomischen Aktivitäten des Staates einzuordnen, auch wenn diese spezifische Auswirkungen auf ihn haben.

Diese Stoßrichtung kennzeichnete meine Arbeit *Politische Macht und gesellschaftliche Klassen.* Ich muss jedoch auf deren Grenzen hinweisen: Ich habe zwar in diesem Text, der vor dem Mai 1968 geschrieben wurde (und während des Mai 68 erschien), die Rolle der kapitalistischen Arbeitsteilung betont, insofern ich die Produktionsverhältnisse als Ausgangspunkt genommen habe; die große Bedeutung der Arbeitsteilung wurde von mir aber noch nicht hinreichend erfasst. Die Mai-Ereignisse 1968 und die in der Folge sichtbar gewordenen Besonderheiten der Arbeiterbewegung haben eine ganze Serie von Blockaden durchbrochen. Ich habe in *Gesellschaftliche Klassen im Kapitalismus – heute*[3] daraus die Lehren in Bezug auf die Bedeutung der Arbeitsteilung für die Konstitution der Klassen gezogen. Ich werde in der vorliegenden Arbeit durch die Untersuchung bestimmter typischer Fälle als *Beispiele* das gleiche für den Staat

[3] Westberlin 1975

versuchen, d.h. die grundlegenden theoretischen Fragen stellen. Die Perspektive und Achse der Forschung auf die Arbeitsteilung auszurichten, wirft neue Probleme auf; die Beziehung zwischen dem Staat und der Arbeitsteilung herauszuarbeiten, ist keine leichte Angelegenheit, wie man bis heute oft geglaubt hat.

1. Die geistige und manuelle Arbeit: das Wissen und die Macht

Beginnen wir mit der Untersuchung der Entstehung und Funktionsweise des bürgerlichen Staates in seiner Materialität als Apparat. Es handelt sich um einen zentralisierten, spezialisierten Apparat von spezifisch politischer Natur; er besteht aus einer Zusammenfügung von anonymen, unpersönlichen und formell von der ökonomischen Macht unterschiedenen Funktionen, deren Verknüpfung auf einer Axiomatisierung von Gesetzen und Regeln, durch die Tätigkeitsbereiche verteilt werden, und von Kompetenzen, sowie auf einer auf das Volk-Nation gegründeten Legitimität basiert. Alle diese Elemente sind in der Organisation der Apparate des modernen Staates verkörpert. Diese Apparate unterscheiden sich von den Apparaten des feudalen Staates, die auf persönlichen Verhältnissen basieren, auf der Ableitung jeglicher Macht aus der ökonomischen Macht (der Feudalherr nimmt als Grundeigentümer die Rolle des Richters, Verwalters und Armeechefs wahr), sowie auf einer Hierarchie von hermetisch voneinander abgegrenzten Machtfunktionen (die Feudalpyramide), deren Legitimität aus der Souveränität des Chefs (König – Feudalherr) innerhalb des Gesellschaftskörpers resultiert. Die Besonderheit des modernen Staates beruht ihrerseits auf der relativen Trennung des Politischen vom Ökonomischen und auf einer Neuorganisation ihrer Räume und Felder ausgehend von der vollständigen Besitzlosigkeit des unmittelbaren Produzenten in den kapitalistischen Produktionsverhältnissen.

Diese Beziehungen bilden die Basis für eine *gewaltige Neuorganisation der gesellschaftlichen Arbeitsteilung* und sind zugleich deren immanenter Bestandteil. Diese Neuorganisation kennzeichnet die relative Mehrwertproduktion und die erweiterte Reproduktion des Kapitals im Stadium der »Maschinerie« und der »großen Industrie«. Diese spezifisch kapitalistische Arbeitsteilung stellt in allen ihren Formen die Bedingung der Möglichkeit des modernen Staates dar, der so in seiner ganzen historischen Originalität erscheint: Er stellt einen effektiven Bruch mit den verschiedenen vorkapitalistischen Staatsformen dar (der asiatischen, feudalen oder auf der Sklaverei basierenden Form). Dieser Zusammenhang kann in den Konzeptionen der Begründung des Staates in den Warenbeziehungen (die immer schon existiert haben) nicht erfasst werden.

Ich nehme hier nur den Fall der Teilung zwischen Hand- und Kopfarbeit. Sie kann auf keinen Fall empirisch-naturalistisch gefasst werden, als eine Spaltung in die, die mit der Hand arbeiten, und die, die mit dem Kopf arbeiten. Sie verweist vielmehr unmittelbar auf die politisch-ideologischen Beziehungen innerhalb bestimmter Produktionsverhältnisse. Marx hat die Besonderheit dieser Arbeitsteilung im Kapitalismus gezeigt, die mit der vollständigen Besitzlosigkeit des unmittelbaren Produzenten in Bezug auf seine Arbeitsmittel verknüpft ist. Daraus ergeben sich folgende Auswirkungen:[4] a) die spezifische Trennung der intellektuellen Elemente von der vom unmittelbaren Produzenten ausgeführten Arbeit, die in dieser Trennung von der geistigen Arbeit (dem Wissen) die kapitalistische Form der manuellen Arbeit annimmt; b) die Trennung der Wissenschaft von der manuellen Arbeit, die sich zur unmittelbaren Produktivkraft, wenn auch »im Dienste des Kapitals« entwickelt, c) die Herausbildung von spezifischen Beziehungen zwischen der Wissenschaft/dem Wissen und den ideologischen Verhältnissen bzw. der herrschenden Ideologie, und zwar nicht im Sinne eines mit mehr Ideologie durchsetzten Wissens als früher, auch nicht einfach im Sinne einer politisch-ideologischen Verwendung des Wissens durch die Macht (das war schon immer der Fall), sondern im Sinne einer ideologischen Legitimation der Macht in der wissenschaftlichen Technik, d.h. der Legitimation der Macht als Resultat einer rationellen wissenschaftlichen Praxis; d) die organischen Beziehungen zwischen der von der manuellen Arbeit getrennten geistigen Arbeit und der politischen Herrschaft, kurz, zwischen dem kapitalistischen Wissen und der kapitalistischen *Macht.* Marx hat dies am Despotismus der Fabrik und an der Rolle der Wissenschaft im kapitalistischen Produktionsprozess aufgezeigt, indem er die organischen Beziehungen zwischen Wissen und Macht, zwischen der geistigen Arbeit (die Wissenschaft/das Wissen als Moment der Ideologie) und den politischen Herrschaftsverhältnissen untersuchte, die sich in dem Prozess der Abpressung der Mehrarbeit reproduzieren.

Diese spezifische kapitalistische Trennung zwischen manueller und geistiger Arbeit ist zwar nur ein Aspekt einer allgemeineren gesellschaftlichen Teilung der Arbeit, für den Staat ist sie jedoch von entscheidender

---

[4] Ich verweise auf meine Vorbemerkung: Abgesehen von direkten Zitaten werde ich nicht weiter auf die Klassiker des Marxismus verweisen. Man findet sie zu diesem Problem in *Klassen im Kapitalismus – heute,* Westberlin 1975.

Bedeutung. Es gehört zu den grundlegenden Aussagen der Klassiker des Marxismus, dass der zweifellos wichtigste Aspekt in der gesellschaftlichen Arbeitsteilung in Bezug auf die Herausbildung des Staates als »besonderem« Apparat in der Teilung zwischen manueller und geistiger Arbeit zu suchen ist. *Der Staat verkörpert in der Gesamtheit seiner Apparate,* d.h. nicht nur in seinen ideologischen, sondern auch in seinen repressiven und ökonomischen Apparaten, *die geistige Arbeit in ihrer Trennung von der manuellen Arbeit.* Auf Basis der positivistisch-naturalistischen Unterscheidung zwischen diesen beiden Seiten der Arbeit wird dieser Zusammenhang verdeckt. Erst im kapitalistischen Staat erhält das organische Verhältnis von geistiger Arbeit und politischer Herrschaft, von Wissen und Macht seine vollendete Form. Dieser von den Produktionsverhältnissen getrennte Staat befindet sich auf der Seite der geistigen Arbeit, die ihrerseits von der manuellen Arbeit getrennt ist. Er ist die Folgerung aus und das Produkt dieser Teilung, auch wenn er eine spezifische Rolle in ihrer Konstitution und Reproduktion spielt.

Dieser Zusammenhang manifestiert sich in der Materialität des Staates selbst. Zunächst in der Spezialisierung und Trennung der Staatsapparate in Bezug auf den Produktionsprozess. Diese Trennung vollzieht sich hauptsächlich durch eine Kristallisation der geistigen Arbeit. Diese Apparate in ihrer kapitalistischen Form (Armee, Justiz, Verwaltung, Polizei, etc.), von den ideologischen Apparaten gar nicht zu sprechen, schließen die Umsetzung und Beherrschung eines Wissens und eines Diskurses ein (direkter Teil der herrschenden Ideologie bzw. Produkt von herrschenden ideologischen Formationen), von denen die Volksmassen ausgeschlossen sind. Ihr Gerüst beruht auf einem spezifischen und dauerhaften Ausschluss der Volksmassen, die Teil der Handarbeit sind und ihr vermittels des Staates unterworfen sind. Die permanente Monopolisierung des Wissens durch den Staat, seine Apparate und Agenten bestimmt auch die Funktionen der Organisation und Leitung des Staates in ihrer spezifischen Trennung von den Massen: Die geistige Arbeit (Wissen/Macht) ist in Apparaten verkörpert und steht im Gegensatz zur tendenziell in den Volksmassen konzentrierten manuellen Arbeit, die von den organisatorischen Funktionen ausgeschlossen und getrennt sind. Es ist klar, dass eine Reihe von Institutionen der sogenannten indirekten, repräsentativen Demokratie (politische Parteien, Parlament etc.), kurz, der Beziehung Staat/Massen auf demselben Mechanismus beruhen. Gramsci hat dies vorausgesehen, als er in der allgemeinen Organisationsfunktion des kapitalistischen Staates die charakteristische Realisierung einer in spezifischer Weise von der manuellen Arbeit getrennten geistigen Arbeit sah. So fasste er die Agenten der Staatsapparate, die repressiven Apparate mit eingeschlossen (Polizei, Gendarmerie, Militär), als die organischen und traditionellen *Intellektuellen im weiten Sinne.*[5]

Dieses Verhältnis von Wissen und Macht betrifft nicht nur die Ideologie und besitzt nicht die einfache Funktion der Legitimation des Staates, auch wenn sie insbesondere im offiziellen politischen Denken diese Bedeutung hat. Selbst im Übergang vom Feudalismus zum Kapitalismus sowie im Stadium des Konkurrenzkapitalismus, die beide durch die Konstitution des bürgerlichen Staates und durch das Übergewicht des politisch-juristischen Bereichs innerhalb der bürgerlichen Ideologie gekennzeichnet waren, wurde dieser Bereich (die Politik, das Recht) – von Machiavelli über Th. Morus bis zu den späteren Systematisierungen – vermittelt über die wissenschaftliche Technik und das Modell der apodiktischen *Episteme* explizit als Bereich des Wissens im Gegensatz zur Utopie legitimiert. Diese Legitimation reicht übrigens über den bloßen offiziellen Diskurs hinaus und umfasst die *ersten* vom Staat produzierten *Ideologieformen,* die die Verhältnisse im Innern der Apparate (die innere Selbstlegitimation) und die Legitimation seiner Praktiken nach außen garantieren: die Legitimation der Praktiken des Staates und seiner Agenten als Träger eines besonderen Wissens, einer immanenten Rationalität. Diese Tendenz gewinnt gegenwärtig noch an Bedeutung, und zwar in den spezifischen Formen des Verhältnisses Ideologie-Wissen-Wissenschaft, die die Transformation der juristisch-politischen in die technokratische Ideologie implizieren.

Ich betone ausdrücklich, dass dieses Verhältnis von Wissen und Macht nicht nur eine Frage der ideologischen Legitimation ist: die kapitalistische Trennung von geistiger und manueller Arbeit betrifft auch die Wissenschaft selbst und umfasst sie. Die Aneignung der Wissenschaft durch das Kapital vollzieht sich zwar in der Fabrik, aber auch durch den Staat. Es ist eine Besonderheit dieses Staates, dass er die Wissenschaft selbst zu inkorporieren versucht, indem er – was gegenwärtig deutlich zu beobachten ist – Diskurs organisiert. Es handelt sich nicht um eine einfache Instrumentalisierung der Wissenschaft und um ihre Manipulation im Dienste des Kapitals. Der kapitalistische Staat bemächtigt sich der Produktion der Wissenschaft, die damit bis ins Innere ihrer Textur zu einer mit den Machtmechanismen verflochtenen *Staatswissenschaft* wird. Dies gilt nicht nur für die sogenannten »Humanwissenschaften«. Allgemeiner gesprochen formiert der Staat die geistige Arbeit über eine ganze Reihe von

[5] Vgl. insbesondere in Heft 12 der *Gefängnishefte*, Bd. 7, Hamburg-Berlin 1996.

Netzen und Kanälen, die die Funktion der Kirche ersetzen; er unterwirft sich das Corps der *Intellektuellen und Gelehrten,* der im Mittelalter nur in sehr uneinheitlicher Form existierte. Die Intellektuellen wurden als spezialisiertes und professionalisiertes Corps durch ihre Verbeamtung und Veredelung durch den modernen Staat konstitutiert. Diese Intellektuellen als Träger von Wissen-Wissenschaft sind durch den gleichen Mechanismus (in den Universitäten, Instituten, Akademien, verschiedenen Gelehrtengesellschaften) Staatsbeamte geworden, durch den Staatsbeamte Intellektuelle wurden.

Das Verhältnis Wissen-Macht ist auch nicht nur deshalb eine Frage der Legitimation, weil – wie ich bereits erwähnte – der Diskurs des Staates diese Beziehung selbst kristallisiert, und zwar in sehr spezifischer Weise. Es handelt sich nicht wie in den vorkapitalistischen Staaten um einen Diskurs der Enthüllung, der auf der (tatsächlichen oder angenommenen) Rede des Prinzen basiert und nur die Stellung des Souveräns in den Gesellschaftskörper einschreibt: ein mystischer Diskurs im eigentlichen Sinne, in dem beständig per historischem Bericht die Distanz zwischen den Anfängen der souveränen Macht und den Ursprüngen der Welt aufgehoben werden soll. Die Legitimität des kapitalistischen Staates ist nicht in seinem Ursprung begründet; er ist durch eine Reihe von aufeinanderfolgenden Begründungen in der beständig reproduzierten Souveränität der Nation/des Volkes legitimiert. Dieser Staat beansprucht somit eine besondere organisatorische Rolle in Bezug auf die herrschenden Klassen sowie eine regulierende Funktion in Bezug auf die Gesamtheit der Gesellschaftsformation. Sein Diskurs ist ein Diskurs der Aktion, ein Diskurs der Strategie und Taktik, der zwar von der herrschenden Ideologie durchdrungen ist, aber auch von einem Wissen (einer Wissenschaft), dessen sich der Staat bemächtigt (die historischen, politischen, ökonomischen Erkenntnisse), unterstützt wird.

Dieser Diskurs besitzt, auch wenn er die Verbindung zwischen dem Wissen und der Macht im eigentlichen Sinne herstellt, keine spezifische und immanente Einheit. Es handelt sich um einen bruchstückhaften und unvollständigen Diskurs, je nach den strategischen Plänen der Macht und den verschiedenen Klassen, an die er gerichtet ist. Ich habe bereits darauf hingewiesen, dass selbst die »totalitäre Sprache« par excellence, der faschistische Diskurs, eine Reihe von Sinnverschiebungen und -verdrehungen identischer Formulierungen enthält (z.B. des Begriffs des Korporatismus), je nach den verschiedenen Zielen und angesprochenen Klassen. Dieser Diskurs muss stets *verstanden* und *angehört* werden, wenn auch nicht immer in gleicher Weise und von allen; es reicht nicht aus, wenn er sich in Zauberformeln präsentiert. Dazu ist in den verschiedenen diskursiven Codes eine *Überkodierung* des Staates erforderlich, der als Bezugsrahmen für die Homogenisierung der diskursiven Segmente und der sie stützenden Apparate dient, als Terrain ihrer differenzierten Funktionsweise. Diese Überkodierung wird über einen genau bestimmten Destillationsmechanismus der Gesamtheit der Subjekte eingeschärft. Der kapitalistische Staat etabliert die Vereinheitlichung der Sprache durch die Schaffung der *Nationalsprache* und die Zerstörung der anderen Sprachen. Die Nationalsprache ist für die Schaffung einer nationalen Ökonomie und eines nationalen Marktes erforderlich, aber weit mehr noch für die politische Funktion des Staates. Es ist folglich Aufgabe des *Nationalstaates,* die diskursiven Verfahren für die Gestaltung der Materialität von Volk-Nation zu organisieren sowie die Sprache zu schaffen; letzteres vollzieht sich zwar innerhalb ideologischer Formationen, ist aber nicht auf eine einfache ideologische Operation reduzierbar.

Diese Beziehung zwischen Wissen und Macht, die auf der vom Staat kristallisierten und von der manuellen Arbeit getrennten geistigen Arbeit beruht, ist in dem *organisatorischen Gerüst* des Staates verkörpert. Der Staat reproduziert in seiner Struktur die gesellschaftliche Arbeitsteilung; er ist daher das Abbild der Beziehungen zwischen Wissen und Macht, wie sie sich innerhalb der geistigen Arbeit reproduzieren. Von den hierarchischen, zentralisierten und Disziplinarbeziehungen bis zu den Stufen und Knotenpunkten der Entscheidung und Ausführung, von den Ebenen der Delegation der Autorität bis zu den Formen der Verteilung und Verheimlichung des Wissens je nach der gewählten Ebene (das bürokratische Geheimnis) und den Formen der Qualifikation und Rekrutierung der Staatsagenten (schulische Qualifikation und Rekrutierung über Auslesewettbewerbe) verkörpert der Aufbau des kapitalistischen Staates bis in die kleinsten Details die innerhalb der geistigen Arbeit induzierte und verinnerlichte Reproduktion der kapitalistischen Teilung zwischen geistiger und manueller Arbeit. Um nur ein Beispiel für die kleinsten Details zu nehmen: diese Struktur reproduziert sich in der materiellen Ritualität des Staates, sogar bis in die *Schrift* hinein.

Es hat zweifellos immer eine enge Beziehung zwischen dem Staat und der Schrift gegeben, weil jeder Staat eine bestimmte Form der Teilung zwischen geistiger und manueller Arbeit repräsentiert. Im kapitalistischen Staat ist die Rolle der Schrift jedoch von ganz besonderer Natur. Mehr noch als im Diskurs/der Rede reproduziert sich in ihr die Verknüpfung und Aufteilung zwischen Wissen und Macht. Vom schriftlichen Hinweis, von der Notiz bis zu den Archiven existiert unter bestimmten Aspekten nichts, das nicht geschrieben ist, und alles, was sich im Staat abspielt, hinterlässt stets irgendwo eine schriftliche Spur. Die Schrift ist hier von ganz anderem Charakter als in den vorkapitalistischen Staaten: Es handelt sich nicht mehr um eine Wieder-Einschrift, um ein bloßes Abbild der (wirklichen oder vorgestellten) Rede des Souveräns, eine Schrift der Enthüllung und der Erinnerung, eine monumentale Schrift, sondern um eine anonyme Schrift, die nicht einfach einen Diskurs wiederholt, sondern die einen Weg vorgibt, die bürokratischen Orte und Dispositive vorzeichnet, den zentralisierten und hierarchisch gegliederten Raum dieses Staates durchzieht und gestaltet. Diese Schrift schafft und verräumlicht die linearen und umkehrbaren Abstände in der segmentierten und konsekutiven Kette der Bürokratisierung. Diese Papierflut der modernen staatlichen Organisation ist nicht ein einfaches pittoreskes Detail, sondern ein wesentliches materielles Merkmal ihrer Existenz und Funktionsweise, das innere Band ihrer Intellektuellen-Beamten, die die Beziehung zwischen Staat und geistiger Arbeit verkörpern. Dieser Staat monopolisiert nicht die Schrift, er hält sie nicht für sich zurück wie in den vorkapitalistischen Staaten oder wie die Kirche; er propagiert sie (in den Schulen) wegen der sehr konkreten Erfordernisse der Ausbildung der Arbeitskraft. Der Staat *verdoppelt* dabei die Schrift, u.a. weil der Diskurs/die Rede des Staates verstanden und gehört werden muss. Alles geschieht so, als ob bei offener Rede und vereinheitlichter Nationalsprache das Geheimnis gegenüber den Massen und die Kristallisation der Beziehung Wissen/Macht in die Staatsschrift verlegt wird, deren Abgeschlossenheit gegenüber den Massen, die zu dieser Schrift keinen Zugang haben, genau bekannt ist. Nicht umsonst sind die Grammatik und die Orthographie vom Staat systematisiert, wenn nicht gar entdeckt und dann zu Machtnetzen verknüpft worden.

Das Verhältnis Wissen-Macht manifestiert sich schließlich in besonderen Techniken der Machtausübung, in bestimmten Dispositiven der beständigen Distanzierung der Volksmassen von den Entscheidungszentren: durch eine Reihe von Ritualen, Diskursformen, strukturierten Typen der Thematisierung, Formulierung und Behandlung von Problemen durch die Staatsapparate, die so beschaffen sind, dass die Volksmassen (die manuelle Arbeit) davon ausgeschlossen werden (Monopolisierung des Wissens).

Es geht sicher nicht darum, die Beziehung zwischen Staat und Produktionsverhältnissen auf die Teilung zwischen manueller und geistiger Arbeit zu reduzieren. Ich wollte nur die Forschungsrichtung illustrieren, die von der Begründung des kapitalistischen Staates durch die Sphäre der Warenbeziehungen wegführen soll (im vorliegenden Fall durch die Bü rokratie als der notwendigen zentralisierenden Instanz angesichts der Anarchie der Konkurrenz der bürgerlichen Gesellschaft). Ich füge hinzu, dass der Staat auch in diesem Fall nicht bloß das Resultat der in den Produktionsverhältnissen begründeten Teilung zwischen manueller und geistiger Arbeit sein kann. Er wirkt an der Reproduktion dieser Teilung innerhalb des Produktionsprozesses und darüber hinaus in der gesamten Gesellschaft aktiv mit, und zwar durch besondere für die Ausbildung/Qualifikation der Arbeitskraft bestimmter Apparate (Schule, Familie, verschiedene Institutionen der beruflichen Bildung) und zugleich durch die Gesamtheit seiner Apparate (bürgerliche und kleinbürgerliche politische Parteien, parlamentarisches System, kulturelle Apparate, Presse, Massenmedien). Er ist von Anfang an in der Konstitution dieser Teilung innerhalb der Produktionsverhältnisse präsent: Die Teilung zwischen manueller und geistiger Arbeit, die im Despotismus der Fabrik verkörpert ist, verweist auf die politischen Beziehungen der Herrschaft und Unterwerfung in den Ausbeutungsverhältnissen und damit auf die Präsenz des Staates in diesen Verhältnissen.

Es wird jetzt auch deutlich, dass diese spezifisch kapitalistische Beziehung zwischen Wissen und Macht in bestimmten Aspekten den Staat in den Ländern des sogenannten realen Sozialismus betrifft, und zwar trotz der dort stattgefundenen Transformationen der Warenbeziehungen. Die Teilung zwischen geistiger und manueller Arbeit, die trotz der Verstaatlichung der Ökonomie in diesen Ländern, die von einer wirklichen Vergesellschaftung zu unterscheiden ist – in den »kapitalistischen Aspekten« ihrer Produktionsverhältnisse begründet ist, reproduziert sich in neuer Form. Aber ich will diese Zusammenhänge hier nur andeuten; ihre Formen sind sehr spezifisch und deutlich von unseren Gesellschaften verschieden, und zwar aus verschiedenen Gründen, u.a. wegen der Besonderheiten der gesellschaftlichen Klassen und der Klassenkämpfe in diesen Ländern.

Die Herausarbeitung der Beziehung des Staates zu der Teilung von geistiger und manueller Arbeit, wie sie in den kapitalistischen Produktionsverhältnissen impliziert ist, ist folglich nur ein erster Schritt in der Bestimmung seiner Beziehung zu den Klassen und dem Klassenkampf im Kapitalismus. Dieser Staat, der die Macht der Bourgeoisie repräsentiert, verweist auf die Besonderheiten der Konstitution dieser Klasse zur herrschenden Klasse. Die Bourgeoisie, die sich auf Basis einer spezifischen Spezialisierung der Funktionen und der geistigen Arbeit herausbildet, ist die erste Klasse in der Geschichte, die eines Korpus *organischer Intellektueller* bedarf, um zur herrschenden Klasse zu werden. Diese sind formell von ihr unterschieden, werden aber vom Staat eingezogen; sie spielen keine bloß instrumentelle Rolle (wie die Pfaffen im Feudalismus), sondern die Rolle der Organisation ihrer Hegemonie. Nicht zufällig war die erste Form der bürgerlichen Revolution vor allem eine ideologische Revolution; man denke an die Rolle der Philosophie der Aufklärung und an die Rolle des kulturell-ideologischen Apparates des Verlags- und Pressewesens in der Organisation der Bourgeoisie.

Mehr noch: Wenngleich jeder kapitalistische Staat das gleiche materielle Gerüst besitzt, nimmt dieses doch spezifische Formen an, je nach den Besonderheiten des Klassenkampfes, der Organisation der Bourgeoisie und des Korpus der Intellektuellen in jedem konkreten kapitalistischen Staat und Land. Das beste Beispiel hierfür ist Frankreich: Der französischen Bourgeoisie ist es in der Entwicklung des absolutistischen Staates und der Formen der Revolution von 1789 besonders gut gelungen, ihre Hegemonie zu etablieren und unter ihrer Führung die nationale Einheit zu schaffen, indem sie enge Verbindungen mit dem Corps der anerkannten Intellektuellen knüpfte. Indem sie diese stark in die institutionellen Netze des jakobinischen Staates integrierte und sie großzügig bezahlte, machte sie sich die Intellektuellen zu gefügigen Dienern. Dieser Prozess hat nicht nur die kulturellen Institutionen und die ideologischen Apparate des Staates geprägt, sondern auch die ins Auge springenden Besonderheiten der französischen Intelligenz. Eng verbunden mit den Institutionen des republikanischen Staates, die die Netzwerke ihrer von der Bourgeoisie delegierten Macht sind, ist sie bis heute noch eine sich der Ideologie und den Staatsformen des Faschismus widersetzende und zugleich von den Volkskämpfen massiv abgeschnittene Intelligenz, sobald diese radikale Formen annehmen, die ihre spezifische Macht gefährden könnten. Sie ist beständig zwischen einem radikal-republikanischen Antifaschismus und dem Versailles-Syndrom[6] hin- und hergerissen. Nirgendwo sonst findet man die Phantasmen der Intelligenz so weitgehend in den Staatsapparaten verkörpert: Entweder fungiert sie als Berater des Prinzen oder – bzw. zugleich – will sie die Massen von oben über ihre spezifischen Organisationen und die Staatsapparate beeinflussen (Presse, kulturelle Institutionen, Massenmedien) – kurzum die bekannte Tendenz des elitären Populismus. Die Antwort auf diesen Machthunger der Intelligenz, der durch den ihr zugewiesenen Platz im französischen Staat gefördert wird, ist – man möchte fast sagen: berechtigterweise – der wohlbe-

[6] Als Les Versailles wurde das gegnerische Lager während des Aufstands der Pariser Kommune bezeichnet. (A.d.Ü.)

kannte Anti-Intellektualismus der französischen Arbeiterbewegung und ihrer Organisationen, der seinerseits ebenfalls diesen Staat und das charakteristische Misstrauen der Volksmassen gegenüber den ideologischen Apparaten prägt.

2. Die Individualisierung

Das Gerüst des Staates und die Techniken der Macht

Die Spezialisierung und Zentralisierung des kapitalistischen Staates, seine hierarchisch-bürokratische Funktionsweise und seine auf dem allgemeinen Wahlrecht basierenden Institutionen schließen eine Atomisierung und Parzellierung des politischen Körpers in sogenannte »Individuen«, juridisch-politische Personen und freie Subjekte ein. Dieser Staat setzt eine besondere Organisation des politischen Raums voraus, in dem sich die Ausübung der politischen Macht vollzieht. Der (zentralisierte bürokratisierte etc.) Staat *etabliert* diese Atomisierung und *repräsentiert* (der Repräsentativstaat) die Einheit dieses Körpers (die Nation/das Volk), der in formell gleichberechtigte Monaden unterteilt ist (die nationale Souveränität, der Volkswillen). Die Materialität des Staates und seiner Apparate wirkt auf einen fraktionierten Gesellschaftskörper, der in seiner Aufteilung homogen, in der Isolierung seiner Elemente und in seiner Atomisierung einheitlich ist: von der modernen Armee bis zur Verwaltung, der Justiz, dem Gefängnis, der Schule und den Massenmedien könnte man eine lange Liste aufstellen.

Auch in diesem Fall entstehen diese Fraktionierungen zunächst nicht aus den Beziehungen zwischen den Warenbesitzern in der bürgerlichen Gesellschaft, den Individuen/Subjekten der Vertragsbeziehungen. Dieser Mechanismus der Individualisierung ist zwar in den verallgemeinerten Tauschbeziehungen vorhanden, seine Grundlage ist jedoch woanders zu suchen. Man muss sich vor einer ebenfalls falschen Konzeption hüten, die auf denselben Voraussetzungen wie die erste Konzeption beruht, jedoch zu den entgegengesetzten Resultaten führt. Dieser Konzeption zufolge beruht dieser Prozess ebenfalls allein auf den Warenbeziehungen und nicht auf den Produktions- und Klassenverhältnissen; zwar wird die Begründung des Staates in den Klassenverhältnissen behauptet, letztlich jedoch die Individualisierung in der Organisation des kapitalistischen Staates unterschätzt, insofern sie als bloße auf den Warenfetischismus zurückgehende mystifizierende Erscheinung gefasst wird. Die Individualisierung ist aber eine sehr reale Angelegenheit; die Grundlage der Transformation der sozialen Monaden in Individuen/Subjekte in der Sphäre der Warenzirkulation und der Beziehung des Staates zu diesen Fraktionierungen sind die Produktionsverhältnisse und die gesellschaftliche Arbeitsteilung. Die vollständige Trennung des unmittelbaren Produzenten von seinen Arbeitsmitteln führt zur Entstehung des »freien« und »nackten« Arbeiters, der von dem Netz seiner persönlichen, lokalen und sozialen Beziehungen in der vorkapitalistischen Gesellschaft abgeschnitten ist.

Diese Besitzlosigkeit prägt dem Arbeitsprozess daher eine bestimmte Struktur auf: »Nur Produkte selbständiger und voneinander unabhängiger Privatarbeiten treten einander als Waren gegenüber.«[7] Es handelt sich genau gesagt um eine bestimmte Verknüpfung der Arbeitsprozesse, die der realen Abhängigkeit der Produzenten in der Vergesellschaftung der Arbeit strukturelle Grenzen auferlegt. Die Arbeiten werden innerhalb der Produktionsverhältnisse unabhängig voneinander verausgabt – als Privatarbeiten –, d.h. ohne vorausgehende Organisation der Kooperation; unter solchen Verhältnissen dominiert das Wertgesetz.

Diese Struktur der Produktionsverhältnisse und des Arbeitsprozesses bestimmt nicht unmittelbar die genauen Formen dieser Fraktionierungen (die Individualisierung). Im Produktionsprozess – vor allem in dem Stadium, das Marx als das der Maschinerie und der großen Industrie bezeichnete – liefert sie einen materiellen Bezugsrahmen in Form von *räumlichen und zeitlichen Matrizes, die die Voraussetzungen* der kapitalistischen Arbeitsteilung sind. Dieser erste materielle Rahmen ist das Modell der gesellschaftlichen Atomisierung und Fraktionierung; er verkörpert sich in bestimmten Praktiken des Arbeitsprozesses. Als Voraussetzung der Produktionsverhältnisse und Verkörperung der Arbeitsteilung besteht dieser Rahmen in der Organisation einer kontinuierlichen, homogenen, parzellierten und fragmentierten Raum-Zeit, die die Grundlage des Taylorismus darstellt: ein genau abgesteckter, in Abschnitte und Zellen aufgeteilter Raum, in dem jede Parzelle (jedes Individuum) ihren Platz hat und in der jeder Platz einer bestimmten Parzelle entspricht, der aber zugleich homogen und einheitlich aussehen muss: eine lineare, aufeinanderfolgende, sich wiederholende und kumulative Zeit, in der die verschiedenen Momente ineinander integriert sind, und die auf ein fertiges Produkt ausgerichtet ist. Diese Raum-Zeit schlägt sich am klarsten in der Fließbandproduktion nieder. Kurz, das Individuum, das weit mehr ist als eine Schöpfung der aus den Warenbeziehungen hervorgehenden juristisch-

[7] K. Marx, *Das Kapital*, Bd. 1, MEW 23, S. 57

politischen Ideologie, erscheint jetzt als ein im menschlichen Körper selbst konzentrierter materieller Kristallisationspunkt einer Reihe von Praktiken in der gesellschaftlichen Teilung der Arbeit. Die vollständig verschiedene soziale Organisation im Mittelalter und im Kapitalismus (die Individualisierung) entspricht ganz unterschiedlichen Körperlichkeiten. Die Trennung des Arbeiters von seinen Produktionsmitteln im Kapitalismus, die die Arbeitskraft zur Basis des Mehrwerts macht, hat einen Prozess zur Folge, in dem – wie Marx bereits zeigte – der Körper ein bloßes »Anhängsel der Maschine« wird, das in einige grundlegende Formen zerlegt ist und in denen sich trotz aller Unterschiedlichkeit der eingesetzten Instrumente jede produktive Bewegung des menschlichen Körpers vollziehen muss.

Auf dieser Individualisierung beruht die institutionelle Materialität des kapitalistischen Staates. In seinem Aufbau schlägt sich die Darstellung der Einheit (der nationale Repräsentativstaat) und die Organisation und Regelung (hierarchischer und bürokratischer Zentralismus) der Fraktionierungen nieder, die die *Nation des Volkes* konstituieren. Zugleich sind die Apparate dieses Staates entsprechend der Funktion der Ausübung der Macht über diese Gesamtheit von Beziehungen strukturiert: sie reproduzieren den gleichen materiellen Bezugsrahmen und die gleiche räumlich-zeitliche Matrix, die auch in den Produktionsverhältnissen enthalten sind. Die interne Organisation der Netze und Dispositive der Bürokratie und ihre Verkettung setzt diesen Rahmen voraus, auch wenn er in der bürokratischen Verwaltung und im Despotismus der Fabrik, im Taylorismus und in der Fließbandproduktion unterschiedliche konkrete Gestalt annimmt. Es handelt sich um die Restrukturierung des politischen Raums und die Auswechslung der beruflichen Stellungen, der Privilegien und anderer persönlichen Verbindungen durch eine anonyme Organisation kontinuierlicher, homogener, linearer, gleich weit entfernter und voneinander getrennter Verbindungen.

Der Staat ist nun nicht einfach der Reflex dieser sozio-ökonomischen Realität; er ist ein konstitutiver Faktor der Organisation der gesellschaftlichen Teilung der Arbeit, insofern er über ideologische Prozesse vermittelt auch permanent gesellschaftliche Teilung und Individualisierung erzeugt. Der Staat sanktioniert und institutionalisiert diese Individualisierung durch die Transformation der gesellschaftlich-ökonomischen Monaden in juristisch-politische Individuen-Personen-Subjekte. Ich spreche hier nicht von dem offiziellen Diskurs der politischen Philosophie, auch nicht bloß vom System der Justiz, sondern von der Gesamtheit der materiellen ideologischen Praktiken – die Ideologie existiert nie nur in den

Ideen – und ihrer Auswirkungen in der sozio-ökonomischen Sphäre. Die Ideologie der Individualisierung hat nicht nur die Aufgabe, die Klassenverhältnisse zu verbergen – der kapitalistische Staat zeigt sich niemals als Klassenstaat –, sondern auch aktiv zur Teilung und Individualisierung der Volksmassen beizutragen. Es geht folglich gar nicht so sehr um die Ideologie, die von den organischen Intellektuellen der Bourgeoisie erarbeitet, systematisiert und formuliert wird und die stets nur eine Ideologie zweiten Grades ist, sondern weit mehr um die ersten und »spontanen« Formen der Ideologie, die von der gesellschaftlichen Arbeitsteilung produziert werden und in den Staatsapparaten und den Praktiken der herrschenden Macht verkörpert sind.

Die Funktion des Staates besteht jedoch nicht bloß in der Indoktrination der herrschenden, in Praktiken materialisierten Ideologie; es geht nicht bloß um die Konkretisierung der Rechte und Verpflichtungen, um die Unterscheidung in privat und öffentlich etc. im täglichen Leben. Der Staat trägt zur Produktion dieser Individualität durch eine Gesamtheit von *Wissenstechniken (Wissenschaft)* und von *Machtpraktiken* bei, die Foucault als die *Disziplinen* bezeichnet (»die man als eine Modalität der Macht charakterisieren kann, für die der individuelle Unterschied von Bedeutung ist«) und unter dem Begriff der Normalisierung zusammengefasst hat: »Zusammen mit der Überwachung wird am Ende des klassischen Zeitalters die Normalisierung zu einem der großen Machtinstrumente. An die Stelle der Male, die Standeszugehörigkeiten und Privilegien sichtbar machten, tritt mehr und mehr ein System von Normalitätsgraden, welche die Zugehörigkeit zu einem homogenen Gesellschaftskörper anzeigen, dabei jedoch klassifizierend, hierarchisierend und rangordnend wirken. Einerseits zwingt die Normalisierungsmacht zur Homogenität, andererseits wirkt sie individualisierend, da sie Abstände misst, Niveaus bestimmt, Besonderheiten fixiert und die Unterschiede nutzbringend aufeinander abstimmt.« Diese Normalisierung impliziert »eine neue Technologie der Macht und eine andere politische Anatomie des Körpers« und kristallisiert sich in jener Form der modernen Macht, die Foucault mit dem Ausdruck *Panoptismus* bezeichnet hat.[8] In diesen Prozess intervenieren die ersten Formen der herrschenden Ideologie, die bereits in staatlichen Praktiken materialisiert sind – ganz im Gegensatz zur Auffassung von Foucault, der ideologische Indoktrination und Normalisierung radikal unterscheidet, weil für ihn die Ideologie nur in Ideen existiert und es sich in

[8] M. Foucault, Überwachen und Strafen, Frankfurt/M. 1976, S. 237ff.

allen Fällen von Praktiken und Techniken nicht um Ideologie handeln kann.

Der hier betrachtete Mechanismus geht indes weit über die ideologische Indoktrination und übrigens auch über die bloße physische Repression hinaus. Die Beziehung zwischen der Staatsmacht und dem Körper drückt die Individualisierung des Gesellschaftskörpers aus. Die Beziehungen zwischen der Staatsmacht und dem Körper als einer von der politischen Macht geschaffenen politischen Institution decken zwar ein weiter ausgedehntes Feld ab. Aber die Konstitutionsbeziehungen zwischen dem Staat und den spezifischen Formen der kapitalistischen Körperlichkeit basieren zunächst nicht – wie in tausendfach wiederholten Untersuchungen über die Warenbeziehungen behauptet – auf dem Warenkörper der Konsumgesellschaft, auf der durch den Austausch bestimmten Darstellung des Körpers, kurzum, auf seinem Warenfetischismus. Die politische Technologie des Körpers hat ihre Basis in dem Bezugsrahmen der Produktionsverhältnisse und der gesellschaftlichen Arbeitsteilung. Über diesen Weg kann man sehr genau das entscheidende Problem der Staatstheorie lösen, die Individualisierung des Gesellschaftskörpers, der ursprünglichen Basis der Klassen in ihrer kapitalistischen Besonderheit. Diese Individualisierung geht nicht auf ein »konkretes Individuum« zurück, das sich in der Verallgemeinerung der Warenbeziehungen in der bürgerlichen Gesellschaft herausbildet und auf Basis dieser Individuen zur Konstitution eines Staates führt, dem nationalen Volksstaat, der erst im Nachhinein zum Klassenstaat würde; sie beruht ebensowenig auf einem biologischen Individuum als dem natürlichen Schnittpunkt der Bedürfnisse, die im Staat entfremdet und verdinglicht sind. Diese Individualisierung ist die materielle Gestalt der Produktionsverhältnisse und der gesellschaftlichen Arbeitsteilung im kapitalistischen Gesellschaftskörper und zugleich der materielle Effekt der Praktiken und Techniken des Staates, der diesen (politischen) Körper produziert und ihn sich unterwirft.

Die Untersuchungen von Foucault sind von diesem Gesichtspunkt her von einiger Bedeutung; sie stellen eine materialistische Analyse bestimmter Institutionen der Macht dar. Sie sind nicht nur manchmal mit den marxistischen Analysen identisch – was Foucault nicht sehen oder aussprechen will –, sondern können sie in zahlreichen Punkten sogar bereichern.

Es ist zwar bekannt, dass Foucault die Begründung dieser Materialität der Macht und damit des Staates in den Produktionsverhältnissen und der gesellschaftlichen Arbeitsteilung ablehnt. Vor allem Deleuze[9] hat den

[9] Vgl. den bereits zitierten Artikel in G. Deleuze: *Foucault.*

Unterschied zwischen dem Denken von Foucault und dem Marxismus herausgearbeitet. Ihm zufolge ist der Bezugsrahmen der Macht jedem besonderen Feld, das sie konkretisiert, vorausgesetzt; er stellt ein »Diagramm« dar (im vorliegenden Fall den *Panoptismus),* eine »abstrakte Maschine«, die jedem einzelnen Feld immanent ist. Seine Grundlage sei nicht im »Ökonomischen« zu suchen, weil »jede Ökonomie, z.B. die Werkstatt oder die Fabrik, diese Machtmechanismen voraussetzt«. Foucault hat diese Bemerkungen in seinem Buch *Wahrheit und Sexualität* mehrfach positiv aufgenommen.

Man darf selbstverständlich diesem Aspekt im Denken von Foucault keine zu große Bedeutung zumessen; das hieße, ihn als Idealisten zu betrachten. Es wäre leicht zu argumentieren, dass diese Diagramme oder Maschinen (woher und wie entstehen sie?) den verschiedenen geistigen Strukturen oder verwandten anderen Kategorien verdächtig ähneln; dieser »immanente gemeinsame Grund«, das Diagramm, diese angeblich umwerfende Entdeckung ist nichts anderes, egal, was man darüber redet und trotz der Heterogenität der untersuchten Felder, als die alte strukturale Homologie des Strukturalismus; Derrida hat darauf bereits vor langer Zeit hingewiesen.[10] Man könnte ebenso und mit noch größerer Berechtigung Foucault vorwerfen, seine Position liefe auf rein deskriptive Analysen hinaus, mehr noch auf einen Neofunktionalismus auf Basis der epistemologischen Voraussetzungen des traditionellsten Funktionalismus: »Die panoptische Anlage ist nicht einfach ein Scharnier oder ein Austauschregler zwischen einem Machtmechanismus und einer Funktion; sie bringt Machtbeziehungen innerhalb einer Funktion zur Geltung und steigert dadurch diese Funktion.«[11] Ich habe bereits darauf hingewiesen, dass sich Malinowski und Parsons genauso ausdrücken.

Nach meiner Ansicht darf man jedoch – ich wiederhole es – dem epistemologischen Diskurs zweiten Grades von Foucault keine zu große Bedeutung beimessen. Einige seiner Untersuchungen sind nicht nur mit dem Marxismus vereinbar, sondern können nur von diesem ausgehend verstanden werden, und zwar unter *zwei Bedingungen:*

Die erste Bedingung: eine korrekte Konzeption des »Ökonomischen«, mit der die institutionelle Besonderheit der modernen Macht erklärt werden kann. Diese steht im Gegensatz zu der von Foucault selbst, der manch-

[10] In seiner Kritik der Geschichte des Wahnsinns, in *Die Schrift und die Differenz*, Frankfurt am Main 1972, S. 53ff.

[11] *Überwachen* und *Strafen*, a.a.O., S. 265f.

mal diese Besonderheit mit der Ökonomie in Beziehung bringt, meist jedoch den Marxismus und die materielle Begründung der Institutionen in der Ökonomie zurückweist. In beiden Fällen handelt es sich für ihn nie um die Produktionsverhältnisse und die gesellschaftliche Arbeitsteilung. Im ersten Fall (dem Bezug auf die Ökonomie zur Erklärung der Institutionen) verweist Foucault im Wesentlichen auf das Wachstum der Bevölkerung im 18. Jahrhundert oder auf die Erfordernisse der »modernen Produktion« zur »Maximierung des Ertrags«. Im zweiten Fall (dem Bezug auf die Ökonomie mit dem Ziel der Zurückweisung des Marxismus) verweist Foucault interessanterweise auf die Beziehungen des Warentauschs und der Warenzirkulation: »Man sagt oft, das Modell einer Gesellschaft, die wesentlich aus Individuen bestehe, sei den abstrakten Rechtsformen des Vertrags und des Tausches entlehnt. Die Warengesellschaft habe sich als eine vertragliche Vereinigung von isolierten Rechtssubjekten verstanden. Mag sein... Doch darf man nicht vergessen, dass es in derselben Epoche eine Technik gab, mit deren Hilfe die Individuen als Macht- und Wissenselemente wirklich hergestellt worden sind.«[12] Es ist jedoch klar, dass man auf keinen Fall die Materialität der Staatsapparate mit dem »Ökonomischen« in Beziehung setzen kann, wenn man darunter die Bevölkerungsentwicklung oder bloß die industrielle Revolution versteht, d.h. die produktive *Technik*. Es ist genauso falsch – und hier hat Foucault vollkommen recht –, wenn man darunter nur oder hauptsächlich die Sphäre der Zirkulation und des Warentauschs versteht, was von einer bestimmten Richtung des Marxismus lange Zeit versucht worden ist.

Die *zweite Bedingung:* Man muss das Verhältnis des Staates zu den Produktionsverhältnissen und der gesellschaftlichen Arbeitsteilung in seiner ganzen Komplexität begreifen, insbesondere die Vermittlung durch die räumlichen und zeitlichen Matrizes, die ich analysieren werde, wenn ich auf die Nation zu sprechen komme. Diese ersten Matrizes, wie sie die materielle Organisation und die Techniken der Machtausübung durchziehen, werden auf diese Weise ganz anders erklärt als mit Hilfe des mysteriösen und quasi metaphysischen Diagramms von Foucault, vor allem in der Version von Deleuze und Guattari: in klassischer spiritualistischer Tradition als ursprüngliche Maschine, als Urstaat, als ideal-abstrakter Staat-Despot, der die Geschichte der verschiedenen Staaten und Mächte in ihrem Streben nach seiner perfekten Verwirklichung verfolgt.

---

[12] a.a.O., S. 249

Die Wurzeln des Totalitarismus

Wie dem auch sei, die Individualisierung des gesellschaftlichen Körpers, über den der moderne Staat seine Macht ausübt, verweist auf die kapitalistischen Produktionsverhältnisse und die kapitalistische gesellschaftliche Arbeitsteilung. Der Staat spielt hier eine entscheidende Rolle, die ich in *Politische Macht und gesellschaftliche Klassen* als »Vereinzelungseffekt« bezeichnet hatte. Aber obwohl ich darauf hinwies, dass dieser Effekt »fürchterlich real« ist, hatte ich die Tendenz, ihn im Wesentlichen auf die Mechanismen der juristisch-politischen Ideologie und auf die ideologische Rolle des Staates zu beschränken.

Heute kann man jedoch sehen (das ist der m.E. originelle Beitrag Foucaults), dass diese Rolle des Staates in der Materialität seiner Techniken der Machtausübung zum Ausdruck kommt, die mit seiner eigenen Struktur wesensgleich ist. Diese Techniken formen die Subjekte, über die diese Macht ausgeübt wird, bis in ihre Körperlichkeit hinein.

Ich benutze die Gelegenheit, um schon in einem ersten Anlauf zu versuchen, das Problem dieses völlig neuen Phänomens *moderner Totalitarismus* zu stellen; der Faschismus ist nur eine seiner Erscheinungsformen. Dieses Problem kann nur durch eine Reihe sukzessiver Annäherungen geklärt werden. Ich hatte es schon in *Politische Macht* in Begriffen gestellt, die mir immer noch gültig, jedoch zu restriktiv erscheinen. Damals hatte ich richtig erkannt, dass es in dieser doppelten Bewegung, durch die der moderne Staat die Individualisierungen und Privatisierungen schafft und sich gleichzeitig als ihre Einheit und Homogenisierung konstituiert, dass es in dieser doppelten Bewegung der Schaffung von Vereinzelungen (aus denen Volk und Nation zusammengesetzt sind) und der Repräsentation ihrer Einheit (der moderne nationale Volksstaat) *zum ersten Mal in der Geschichte keine rechtliche und prinzipielle Schranke für die Aktivität und die Übergriffe des Staates in die Sphäre des Individuell Privaten geben kann.* Das Individuell-Private ist eine Schöpfung des Staates, die mit seiner relativen Trennung von der Gesellschaft als öffentlichem Raum einhergeht. Das weist nicht nur darauf hin, dass diese Trennung nur eine spezifische Form der Anwesenheit des Staates in den ökonomisch-sozialen Verhältnissen ist, sondern auch auf eine niemals vorher erreichte Omnipräsenz des Staates in diesen Verhältnissen. Aber ich sah hierin immer den – sicherlich fürchterlich materiellen – Effekt nur der ideologischen Mechanismen. Als Beispiel will ich zwei Passagen anführen, die deshalb signifikant sind, weil sie das Problem zwar stellen, aber auf deutlich begrenzte Weise.

Im ersten Zitat wird das totalitäre Phänomen in Beziehung zum Legitimitätsprinzip des modernen Staates gesetzt: »Insbesondere leitet der kapitalistische Staat sein Legitimitätsprinzip daraus ab, dass er sich als Einheit des Volks-als-Nation hinstellt, die als eine Gesamtheit homogener, identischer und disparater Bestandteile begriffen werden, welche durch ihn als politische Individuen / Bürger fixiert werden. Genau hierin... unterscheidet er sich grundlegend von anderen Formen des ›Despotismus‹, zum Beispiel von der formale Ähnlichkeit aufweisenden ›absoluten‹ politischen Macht, wie sie in Formen der auf der göttlich-heiligen Legitimität beruhenden Tyrannei ausgeübt wird. Bei diesen bei den Sklavenhaltern oder im Feudalismus auftretenden Formen wurde jedoch nicht versäumt, die Macht in genau festgelegte Grenzen einzubinden. In anderen Worten ist es genau dieser Legitimitätstyp des die Einheit des Volks-als-Nation Repräsentierenden kapitalistischen Staats, welcher eine unter der Bezeichnung Totalitarismus erfasste Funktionsweise des Staats ermöglicht«[13]

Im zweiten Zitat wird das totalitäre Phänomen in Beziehung zur bürgerlichen politischen Ideologie gesetzt: »Die besondere Funktion der bürgerlichen politischen Ideologie als Vereinzelung- und Kohäsionsfaktor in einer Gesellschaftsformation führt zu einem äußerst bemerkenswerten inneren Widerspruch, der bisweilen in den Theorien zum Gesellschaftsvertrag mit der Darstellung des Unterschieds und der Beziehung zwischen Gesellschaftsvertrag und politischem Herrschaftsvertrag thematisiert worden ist. Diese Ideologie gibt den Agenten den Status freier und gleicher Einzelpersonen bzw. Subjekte. Sie stellt sie sich irgendwie in einem vorgesellschaftlichen Zustand vor, der die spezifische Vereinzelung durch die gesellschaftlichen Verhältnisse bestimmt. Dieser Aspekt, der als ›bürgerlicher Individualismus‹ bezeichnet worden ist, ist hinreichend bekannt. Wichtig ist hier, auf die Kehrseite der Medaille hinzuweisen. Diese derart individualisierten Einzelpersonen können innerhalb desselben theoretischen Gedankengangs nur mittels ihrer politischen Existenz im Staat vereinigt werden und zu ihrer gesellschaftlichen Existenz gelangen. Im Endergebnis verflüchtigt sich die politische Freiheit der Privatperson vor der Autorität des Staates, der den Allgemeinwillen verkörpert. Es darf gesagt werden, dass für die bürgerliche politische Ideologie keine grundsätzliche Schranke für die staatliche Tätigkeit und die Übergriffe des Staats gegenüber der sogenannten Privatsphäre existiert. Diese Privatsphäre scheint schließlich keine andere Funktion zu erfüllen als die eines Be-

[13] *Politische Macht und gesellschaftliche Klassen*, Frankfurt/M. 2. Aufl. 1975, S. 291.

zugspunkts, der gleichzeitig Fluchtpunkt für Allgegenwart und Allwissenheit der politischen Instanz ist. Insofern scheint Hobbes die vorweggenommene Wahrheit der Theorien des Gesellschaftsvertrags darzustellen und Hegel deren Erfüllung; das ist sicher ein komplexer Fall, aber alle theoretischen Probleme sind komplex. Erinnern wir uns an das charakteristische Beispiel Rousseau, für den ›der Mensch so unabhängig wie möglich von allen anderen Menschen, und so abhängig wie möglich vom Staat sein soll‹. Noch klarer liegt der Fall beim klassischen Beispiel der Physiokraten, die eifrige Anhänger des Laisser-faire im ökonomischen und ebenso eifrige Anhänger eines politischen Autoritarismus waren; gerade sie forderten den absoluten Monarchen als Verkörperung des Allgemeininteresses und des Gemeinwillens. All dies ist auch typisch für die politische Ideologie des Liberalismus. Das Musterbeispiel hierfür ist der offensichtliche, jedoch häufig fehlinterpretierte Einfluss von Hobbes auf Locke und auf den ›Utilitarismus‹ als klassische Strömung des politischen Liberalismus in England, auf J. Bentham, J. Mills und vor allem auf J. St. Mill«.[14]

Wenn auch die Begriffe, in denen das Problem gestellt wurde, immer noch gültig bleiben, so scheinen mir die Wurzeln für seine Lösung doch woanders zu liegen. Die Individualisierung und Privatisierung des Gesellschaftskörpers beruhen auf den Praktiken und Techniken der Machtausübung eines Staates, der diese getrennten Monaden in derselben Bewegung totalisiert und sich in seinem institutionellen Aufbau ihre Einheit einverleibt. Das Private ist nur die Kopie des Öffentlichen, denn der Staat selbst umreißt die Konturen dieser Verdoppelung, die in den Staat eingeschrieben und schon in den Produktionsverhältnissen und der gesellschaftlichen Arbeitsteilung anwesend ist. Das Individuell-Private ist kein inneres Hindernis für das Handeln des Staates, sondern ein Raum, den der moderne Staat schafft, indem er ihn durchläuft: es ist das, was im Laufe und im Maße des staatlichen Vorgehens zum unendlich zurückziehbahren Horizont wird. Das Individuell-Private ist integraler Bestandteil des strategischen Feldes, das der moderne Staat ist; jenes ist das Ziel, das der Staat sich als Einwirkungspunkt seiner Macht gibt, kurzum, es existiert nur durch diesen Staat. Das kann man deutlich an diesem an sich eigentlich unbegreiflichen Fixpunkt »privates Individuum« sehen, von dem man annimmt, dass es Subjekt unveräußerlicher Freiheiten und Menschenrechte und Subjekt eines *habeas corpus* ist, dessen Körper aber vollständig vom Staat und der Gesamtheit der Privatisierungszentren gestal-

[14] Ebenda, S. 218f.

tet wird. Auch der schlechthin private Ort »moderne *Familie*« bildet sich nur in absoluter Abhängigkeit vom Entstehen der Öffentlichkeit heraus, die der moderne Staat verkörpert, und zwar nicht als inneres Außen eines öffentlichen Raumes mit starren Grenzen, sondern als Ensemble materieller Praktiken des Staates, der den Familienvater (als Arbeiter, Erzieher, Soldat oder Beamter), das Schulkind im modernen Sinne und natürlich besonders die Mutter formt. Familie und moderner Staat sind strenggenommen nicht zwei gleich weit voneinander entfernte verschiedene Räume (das Private und das Öffentliche), die sich gegenseitig begrenzen und von denen einer nach den inzwischen schon klassischen Analysen der Frankfurter Schule (Adorno, Marcuse, usw.) die Grundlage des anderen (die Familie des Staates) wäre. Auch wenn diese beiden Institutionen nicht isomorph sind und keine einfachen Homologiebeziehungen zueinander unterhalten, sind sie dennoch Teil ein und derselben Konstellation. Denn nicht der »äußere« Raum der modernen Familie schließt sich gegenüber dem Staat ab, sondern der Staat umreißt zur selben Zeit, wie er öffentlich wird, den Ort, den er der Familie mit beweglichen Zwischenwänden zuweist, die er verschiebt.

Der moderne Staat beinhaltet also keine prinzipielle oder rechtliche Schranke gegen seine Übergriffe ins Private: so paradox es auch erscheinen mag, gerade die von ihm eingeführte Trennung von öffentlich und privat eröffnet ihm unbeschränkte Machtperspektiven. Dort liegen die Prämissen des totalitären Phänomens im modernen Sinne, die nicht nur die westlichen Gesellschaften, sondern gleichermaßen die Länder des Ostens betreffen. Der Staat nimmt in diesen Ländern nicht deshalb die bekannten Formen an, weil er das Individuum als letzte Schranke der Macht abgeschafft hätte. Auf der Grundlage der »kapitalistischen Aspekte« ihrer Produktionsverhältnisse und ihrer gesellschaftlichen Arbeitsteilung wirkt der Individualisierungs- und Vereinzelungseffekt hier sehr wohl, selbst wenn er bei weitem nicht dieselben (besonders rechtlich-politischen) Formen annimmt und nicht mit den Verfahren vor sich geht, die wir aus den westlichen Gesellschaften kennen. Auch die durch den Staat entstandene Unterscheidung von öffentlich und privat (die Arbeiter sind privat, weil sie von der öffentlichen Sphäre und der Sphäre der politischen Macht getrennt sind) ist dort sehr wohl wirksam, selbst wenn der Etatismus dort beträchtliche Ausmaße annimmt. Aber auch in diesem Fall bedeutet das kein Eindringen des Staates in eine Privatsphäre, deren ihr innewohnende Grenzen der Staat überschritten hätte, sondern fällt mit einem längeren Weg dieses Staates in Richtung auf den modernen Staat und seine spezifische Materialität zusammen.

Dies sind natürlich nur vorläufige Bemerkungen. Denn wenn das Individuell-Private keine Grenze ist, sondern vielmehr der Kanal der Macht des modernen Staates, dann soll damit nicht gesagt werden, dass diese Macht keine realen Grenzen hat, sondern dass diese Grenzen nicht von irgendeiner Natürlichkeit des Individuell-Privaten abhängen. Sie beruhen vielmehr auf den Volkskämpfen und den Kräfteverhältnissen zwischen Klassen, denn der Staat ist auch die materielle und spezifische Verdichtung eines Kräfteverhältnisses, das ein Klassenverhältnis ist. Das Individuell-Private entsteht gleichermaßen als *Ergebnis* dieses Kräfteverhältnisses und seiner Verdichtung im Staat. Wenn das Individuell-Private kein inneres Wesen hat, das der Macht des Staates als solches absolute äußere Schranken setzt, so begrenzt es diese Macht doch als eine der in den modernen Gesellschaften privilegierten Formen des Klassenverhältnisses *im* Staat. Diese Grenze ist bekannt: es ist die repräsentative Demokratie, die – so sehr sie die herrschenden Klassen und die Materialität des Staates auch verstümmelt haben mögen – dennoch auch in diese Materialität die Kämpfe und den Widerstand des Volkes eingeschrieben hat. Sie ist zwar nicht die einzige Grenze der Macht des Staates, aber eine entscheidende. Sie hat wahrscheinlich keine absolute Bedeutung in dem Sinne, dass sie auf dem kapitalistischen Terrain entsteht, aber sie bleibt auch eine Machtschranke, mit der man zweifellos rechnen muss, solange Staat und Klassen weiterbestehen. Dasselbe gilt für die Menschen- und Bürgerrechte, die keine Errungenschaft des Individuums gegenüber dem Staat sind, sondern eine Errungenschaft der unterdrückten Klassen. Das Individuell-Private drückt in seiner Ausweitung und Verengung Vorstoß und Rückzug ihrer Kämpfe und ihres Widerstands aus, wenn sie diese politische Form annehmen. Nicht weil sie sich dabei ein außerstaatliches Gebiet (das Individuell-Private) schaffen, sondern weil sie sich auf dem strategischen Terrain des Staates selbst befinden, der in seiner modernen Form als öffentlich-privater Raum existiert. Diese Rechte können so hier wie im Osten Schranken einer Macht darstellen, deren totalitäre Wurzeln dennoch im IndividualisierungsProzess selbst und in der vom modernen Staat eingeführten Trennung zwischen dem Öffentlichen und dem Privaten liegen. Daraus ergeben sich noch weitere Konsequenzen:

a) Der moderne Totalitarismus in faschistischer oder anderer Form ist kein einfaches »Phänomen«, das nur von (dieser oder jener) Konjunktur des Klassenkampfs abhängt. Solche Konjunkturen können nur zur Entstehung der Staatsformen der modernen Totalitarismen führen, weil die Wurzeln des Übels viel tiefer liegen, nämlich mitten in den Produktionsverhältnissen, der gesellschaftlichen Arbeitsteilung und dem materiellen Aufbau des Staates.

b) Andererseits ist das tatsächliche Auftauchen der totalitären Staatsformen im Gegensatz zu allen alten oder neuen Ideologien des Totalitarismus keine einfache Entfaltung dieser Keime und kann keineswegs auf diese Weise erklärt werden, denn es hängt vom Klassenkampf in seiner ganzen Komplexität ab. Das habe ich in *Faschismus und Diktatur*[15] und in *Die Krise der Diktaturen*[16] darzulegen versucht, wo ich zeigte, inwiefern diese totalitären Formen – ob es sich nun um den Faschismus, die Militärdiktaturen oder den Bonapartismus handelt – in den westlichen Gesellschaften spezifische Formen darstellen, die ich mit dem Begriff Formen des Ausnahmestaats bezeichnet habe, die sich von den demokratisch-parlamentarischen Staatsformen stark unterscheiden.

Diese Bemerkungen gelten *mutatis mutandis* ebenfalls für die totalitären Aspekte der Macht in den Ländern des Ostens. Auch sie können nicht mit dem bloßen Hinweis auf die Wurzeln des Totalitarismus, die dort dennoch sehr wohl existieren, und die kapitalistischen Aspekte ihrer Staaten erklärt werden. Nur eine genaue historische Analyse kann hier zum Ziel führen, denn diese Staatsform weist beträchtliche Besonderheiten auf und ist darüber hinaus in diesen Ländern nicht die Ausnahme, sondern die Regel. Diese historische Analyse kommt, wie man weiß, allmählich auch in Frankreich zum Durchbruch. Ich weise hier nur auf die sicherlich in unterschiedlicher Perspektive angelegten Arbeiten von Jean Elleinstein und Charles Bettelheim hin, ganz zu schweigen von den traditionellen Analysen der trotzkistischen Strömung, die zwar in meinen Augen nicht befriedigend sind, von denen wir aber trotzdem viel lernen können. Ich führe diese Arbeiten hier zusammen an, weil es sich um Analysen handelt, die sich an die marxistische Methode halten, natürlich kann der Marxismus allein nicht alles erklären, aber man zeige uns unter den wichtigsten »Antimarxisten« die zur Zeit mehr oder weniger die Position vertreten, dass der Marxismus das, was in den Ländern des Ostens geschieht, nicht erklären kann, *einen einzigen*, der diese unumgängliche historische Analyse durchgeführt oder nur versucht hat.

Die Analyse, die die Materialität des Staates ausgehend von den Produktionsverhältnissen und der gesellschaftlichen Arbeitsteilung erklärt, ist also auch hier nicht völlig verschieden von oder komplementär zu einer Analyse, die diese Materialität auf Klassen und den Klassenkampf bezieht. Bei der Individualisierung des gesellschaftlichen Körpers, über

---

[15] Faschismus und Diktatur, München 1973.

[16] Die Krise der Diktaturen, Frankfurt/M. 1977.

den die Macht ausgeübt wird, handelt es sich nicht darum, den organisatorischen Aufbau des Staates aus diesem Individualisierungsprozess »abzuleiten«, um ihn danach in Beziehung zum Klassenkampf und zur politischen Herrschaft zu setzen. Dieser Prozess, der auf den kapitalistischen Arbeitsprozess und die kapitalistische Arbeitsteilung bezogen ist, ist nur die Konfiguration des Terrains, auf dem sich die gesellschaftlichen Klassen und der Klassenkampf in ihrer kapitalistischen Spezifität konstituieren. Im Gegensatz zu den Klassen-Kasten oder Ständen in der Sklavenhaltergesellschaft und im Mittelalter – geschlossenen Klassen, denen die Agenten aufgrund ihrer Natur ein für allemal angehören – sind die Klassen im Kapitalismus »offene« Klassen, die auf der Verteilung und Zirkulation der individualisierten Agenten in ihrem Innern begründet sind, ob es sich nun um die Bourgeoisie, die Arbeiterklasse, die Kleinbourgeoisie oder die Klassen auf dem Lande handelt. Diese offenen Klassen führen zu einer bis dahin völlig unbekannten Rolle des Staates: der Staat muss die individualisierten Agenten auf die Klassen *verteilen*, er muss die Agenten so formieren und abrichten, qualifizieren und unterwerfen, dass sie diese oder jene Klassenstelle einnehmen können, an die sie nicht von Natur oder durch Geburt gebunden sind; darin liegt die Rolle der Schule, aber auch der Armee, des Gefängnisses und der Verwaltung. Durch den Individualisierungsmechanismus wird die Spezifizität der Klassen im Kapitalismus schon in die Materialität des Staates eingeschrieben: die Techniken der Machtausübung in der Schule oder der Armee (Normalisierungs- und Individualisierungsdisziplinen) sind wesensgleich mit ihrer Rolle, die individualisierten Agenten abzurichten und auf die Klassen zu verteilen. Schließlich bekommt diese in die kapitalistische Körperlichkeit eingezeichnete Individualisierung je nach den verschiedenen gesellschaftlichen Klassen einen anderen Sinn. Es gibt eine bürgerliche Individualisierung und eine Arbeiterindividualisierung, einen bürgerlichen Körper und einen Arbeiterkörper als Modalitäten der kapitalistischen Individualisierung und Körperlichkeit, genauso wie es eine bürgerliche Familie und eine Arbeiterfamilie als Modalitäten der auf dem Individualisierungsprozess basieren kapitalistischen Familie gibt.

3. Das Gesetz

Gesetz und Terror

Das dritte Beispiel, auf das ich eingehen werde, betrifft die Rolle des Gesetzes. Dieses Beispiel interessiert uns in mehrfacher Hinsicht, vor allem aber, weil es uns ermöglicht, die Frage nach der Repression bei der Ausübung der Macht präziser zu stellen. Auch unter diesem Gesichtspunkt stellt der kapitalistische Staat einen wirklichen Bruch im Verhältnis zu den vorkapitalistischen Staaten dar.

Zunächst deshalb, weil sich das Gesetz erst sehr spät – mit dem kapitalistischen Staat und seiner historischen Konstituierung – als Begrenzung der staatlichen Willkür und als Schranke für eine bestimmte Form der Gewaltausübung ausgegeben hat. Dieser »Rechtsstaat« wurde als Gegensatz zur unbeschränkten Macht aufgefasst und schuf so die Illusion eines Gegensatzpaares Gesetz/Terror. Denn das Gesetz und die Regel waren immer anwesend bei der Konstituierung der Macht: der asiatische oder despotische Staat, der Sklavenhalterstaat (Rom, Athen) und der feudale Staat waren immer auf Recht und Gesetz gegründet – vom babylonischen oder assyrischen Recht zum griechischen oder römischen Recht und zu den mittelalterlichen juristischen Formen. Jede Staatsform, selbst die blutrünstigste, hat sich immer als juristische Organisation herausgebildet, sich in Recht dargestellt und in juristischen Formen funktioniert. Wie man nur zu gut weiß, war das auch bei Stalin und seiner Verfassung von 1937 der Fall, die für »die demokratischste der Welt« gehalten wurde. Nichts ist also falscher, als einen Gegensatz zwischen der Willkür, den Missbräuchen und dem Wohlwollen des Fürsten und der Herrschaft des Gesetzes anzunehmen. Diese Vorstellung entspricht der juristisch, – legalistischen Staatskonzeption, der der politischen Philosophie des etablierten bürgerlichen Staates, gegen die sich sowohl Marx als auch Max Weber gewandt haben und von der sich die Theoretiker der blutigen Entstehungszeit dieses Staates – Machiavelli und Hobbes – nicht hatten täuschen lassen. Eine Trennung von Gesetz und Gewalt anzunehmen ist in jeder Hinsicht falsch, selbst und gerade für den modernen Staat. Denn dieser Rechtsstaat, der Staat des Gesetzes schlechthin, hat im Gegensatz zu den vorkapitalistischen Staaten das höchste Gewalt – und Terrormonopol inne, *das Kriegsmonopol.*

Das Gesetz ist also integraler Bestandteil der repressiven Ordnung und der Organisation der Gewalt, die von jedem Staat ausgeübt wird. Der Staat erlässt die Regel und verkündet das Gesetz und führt dadurch ein erstes Feld von Befehlen, Verboten und Zensur ein. Er schafft so das Anwendungsgebiet und den Gegenstand der Gewalt. Darüber hinaus organisiert das Gesetz die Bedingungen für das Funktionieren der physischen Repression, bestimmt und bezeichnet ihre Modalitäten und gibt den Dispositiven, die sie ausüben, einen Rahmen. Das Gesetz ist in diesem Sinne *der Kodex der organisierten öffentlichen Gewalt.* Die Rolle des Gesetzes in der Organisation der Macht wird immer von denjenigen außer acht gelassen, die die Rolle der physischen Repression im Funktionieren des Staates nicht genügend berücksichtigen. Das gilt besonders für Foucault, wie man an seinen letzten Text *Sexualität und Wahrheit* sehen kann, der die logische Folge seiner Irrwege in *Überwachen und Strafen* ist.

Schematisch kann man die Argumentationskette Foucaults in diesem Fall folgendermaßen darstellen: a) Das Gegensatzpaar Legalität/Terror ist falsch, denn das Gesetz war immer von der Ausübung der Gewalt und der physischen Repression begleitet; b) die Ausübung der Macht beruht in den modernen Gesellschaften weit weniger auf offener Gewalt und Repression als auf den subtileren Mechanismen der Disziplinen, die als der Gewalt »fremd« angesehen werden: »Und wenn es wahr ist, dass das Juridische in gewiss nicht erschöpfender Weise eine Macht repräsentieren konnte, die wesentlich an der Abschöpfung und am Tode orientiert war, so ist es doch den neuen Machtverfahren völlig fremd, die nicht mit dem Recht, sondern mit der Technik arbeiten, nicht mit dem Gesetz, sondern mit der Normalisierung, nicht mit der Strafe, sondern mit der Kontrolle, und die sich auf Ebenen und in Formen vollziehen, die über den Staat und seine Apparate hinausgehen«.[17] Diese Ausübung der Macht würde, wie es nach Foucault R. Castel formuliert, den Übergang von Autorität-Zwang zu Überredung-Manipulation[18] implizieren, kurz die berühmte »Internalisierung« der Repression bei den beherrschten Massen. Daraus folgt bei Foucault unausweichlich eine Unterschätzung der Rolle des Gesetzes, zumindest bei der Ausübung der Macht in den modernen Gesellschaften, aber auch eine Unterschätzung der Rolle des Staates, die mit einem Verkennen der Stelle verbunden ist, den die repressiven Apparate (Armee, Polizei, Justiz) im modernen Staat als Dispositive zur Ausübung der physischen Gewalt einnehmen. Die repressiven Apparate werden nur als Teilstücke des Disziplinardispositivs betrachtet, das die Internalisierung der Repression durch die Normalisierung herstellt.

---

[17] Sexualität und Wahrheit. Der Wille zum Wissen, a.a.O., S. 110f.

[18] R. Castel, Psychoanalyse und gesellschaftliche Macht, Kronberg 1976, S. 187.

Wenn das erste Argument zum konstitutiven Verhältnis zwischen Gesetz und Ausübung der Gewalt auch richtig ist, so ist das zweite weitgehend falsch. Es ist übrigens keine Erfindung Foucaults, sondern kennzeichnet eine breitere Denkströmung, die sich ansonsten stark von Foucault unterscheidet. Dieses Argument hat sich in dem Paar Gewalt-Konsensus oder Repression-Ideologie niedergeschlagen, das die Analysen der Macht lange Zeit prägte. Das Leitmotiv ist einfach: die moderne Macht sei nicht in der organisierten physischen Gewalt begründet, sondern in der ideologisch-symbolischen *Manipulation,* der Organisation des Konsensus und der Internalisierung der Repression (»der Bulle im Kopf«). Man findet die Ursprünge dieser Konzeption in den ersten Analysen der bürgerlichen politisch-juristischen Philosophie, die gerade Gewalt und Gesetz gegenüberstellte, weil sie im Rechtsstaat und in der Herrschaft des Gesetzes die innere Begrenzung der Gewalt sah. Diese Konzeption hat in verschiedenen Formen aktuelle Nachfolger gehabt: von den Analysen der Frankfurter Schule – den berühmten Analysen, die die Polizei als autoritäre Instanz durch die Familie ersetzten – und Marcuses bis zu denen von P. Bourdieu über die sogenannte symbolische Gewalt ist das Thema der Internalisierung der Repression, allgemeiner ausgedrückt einer »Verringerung« der physischen Gewalt bei der Ausübung der Macht, zu einem Gemeinplatz geworden. Wesentlich erscheint hier sowohl die Unterbewertung der Rolle der Repression im stärksten Sinne, nämlich als todbringender und bewaffneter Zwang auf die Körper, als auch die Konzeption der Macht als Binom Repression/Ideologie, wobei diese beiden Komponenten und Quantitäten die Gesamtsumme null haben. Dieser Argumentation zufolge entspreche die Verminderung oder der Rückzug der physischen Gewalt im Funktionieren und in der Aufrechterhaltung der Macht nur einer Verschärfung oder Vermehrung der ideologischen Indoktrinierung (symbolische Gewalt und Internalisierung der Repression).

Im Wesentlichen unterscheidet sich diese Konzeption der Macht nur wenig von derjenigen, die in zahlreichen heute sehr modischen Analysen den Konsensus im Wunsch der Massen (die Massen hätten den Faschismus gewünscht) oder in der Liebe zum Herrn[19] fundiert. Mit der ersten Strömung haben sie gemeinsam, dass sie die Rolle der organisierten physischen Gewalt vernachlässigen und im Übrigen die Macht auf Repression und Verbot reduzieren. Daraus folgt eine Subjektivierung der Macht-

[19] Von J.-F. Lyotard *(L'économie libidinale,* 1974) über P. Legendre *(L'amour de censeur,* 1974) zu R. Scherer gäbe es eine lange Liste.

ausübung in Form einer Untersuchung der »Gründe zu gehorchen« im Wunsch oder der Liebe zur Macht, die hier die Stelle der angeblichen Rolle der Ideologie als Faktor der Internalisierung der Repression einnehmen. Wenn das Gesetz hier eingreift, so niemals in seiner Form als Kodifizierung der physischen Gewalt, sondern als Figur des Herrn, der durch seine bloße Präsenz, seine Aussage oder seinen Diskurs den Wunsch und die Liebe der Subjekte induziert. Das Paar Repression/Ideologie wird durch das Paar Gesetz/Liebe oder Verbot/Wunsch ersetzt, aber die Rolle der Gewalt bei der Begründung der Macht wird immer noch unterschätzt: *von den Gründen für den Konsensus ist nie die Rede.*

Das Beunruhigende an diesen Analysen ist also keineswegs, dass sie die Frage des Konsensus zur Macht stellen, ganz im Gegenteil. Das Beunruhigende besteht vielmehr darin, dass sie die Rolle der organisierten physischen Gewalt in der Repression vernachlässigen und zugleich die Macht auf die symbolische oder internalisierte Repression und das Verbot reduzieren. So können sie die positiven *materiellen Gründe* (unter anderem Zugeständnisse der Macht an die Massen) für diesen Konsensus nicht erfassen und fundieren sie in der Liebe zur oder dem Wunsch nach Repression, wohingegen diese Gründe – zumindest außerhalb der herrschenden Ideologie – eine entscheidende Rolle spielen. Aber wenn man auf der Positivität der Macht besteht, so darf das andererseits nicht bedeuten, *sowohl* die Frage der Repression *als auch* die Rolle der Ideologie zu verschleiern, die in den Konsensus selbst eingreift. Gerade das passiert jedoch bei Foucault: wenn er sich von den oben erwähnten Strömungen dadurch unterscheidet, dass er – darin liegt sein Verdienst – einen der Aspekte der Techniken der Macht aufzeigt, die materiell die Unterwerfung der Beherrschten organisieren (die Normalisierungsdisziplinen), so sind gleichwohl auch seine Analysen durch die ständige Unterbewertung der Rolle der offenen physischen Gewalt gekennzeichnet, wofür die Unterbewertung der Rolle des Gesetzes (nicht als Induktion von Liebe oder Wunsch, sondern gerade als Kodifizierung dieser Gewalt) hier nur ein Symptom ist.

Die Omnifunktionalität der Techniken der Macht löst bei Foucault mit einem Schlag nicht nur die Frage der physischen Gewalt auf, sondern auch die des Konsensus, die zu einem Nicht-Problem wird, d.h. zu einem Problem, das nicht theoretisch behandelt wird oder aber in die Analysen vom Typ »Internalisierung der Repression« zurückfällt. Was sind über die Normalisierungsdisziplinen hinaus die »Gründe« für den Konsensus, die dennoch nicht verhindern, dass es immer wieder Kämpfe gibt? Wenn diese Disziplinen ausreichten, um die Unterwerfung zu erklären, *warum sollten sie dann die Existenz der Kämpfe ermöglichen?* Hier gelangt man zum aporetischen Knotenpunkt der Analysen Foucaults, auf den ich noch zurückkommen muss: es ist das Fehlen einer Grundlage für diese berühmten »Widerstände« gegen die Macht, auf die er sonst so versessen ist. Wenn es organisierte physische Gewalt geben muss, dann aus demselben Grund, aus dem es Konsensus geben muss, nämlich weil zuerst immer die Kämpfe da sind, die hauptsächlich in der Ausbeutung begründet sind. Wenn diese allererste und nicht hintergehbare Realität, *die bewirkt, dass die Kämpfe immer die Grundlage der Macht sind,* zugunsten einer Sichtweise vergessen wird, die aus der Macht (dem Gesetz, dem Herrn) oder aus einer Relation zwischen den bloß äquivalenten Begriffen »Macht-Widerstände« die Grundlage der Kämpfe macht, wird man entweder dazu geführt, den Konsensus aus der Liebe zur Macht oder aus dem Wunsch nach Macht abzuleiten, oder aber diesen Konsensus als Problem zu verschleiern. In beiden Fällen lässt man die Rolle der Gewalt unter den Tisch fallen.

Wie steht es damit nun in der Wirklichkeit? Der kapitalistische Staat hat im Gegensatz zu den vorkapitalistischen Staaten das Monopol der legitimen physischen Gewalt inne. Max Weber kommt das Verdienst zu, diesen Punkt klargestellt zu haben, wobei er übrigens zeigte, dass die Legitimität dieses Staates, der die organisierte Macht konzentriert, die »rational-legale«, im Gesetz begründete Legitimität ist: die außergewöhnliche Ansammlung von körperlichen Zwangsmitteln durch den kapitalistischen Staat geht mit seinem rechtsstaatlichen Charakter einher. Diese klare Situation produziert äußerst bemerkenswerte Effekte. Der Grad offener physischer Gewalt, die in den verschiedenen Situationen »privater« Macht außerhalb des Staates ausgeübt wird – von der Fabrik bis zu den berühmten Mikrosituationen der Macht – verringert sich genau in dem Maße, wie der Staat sich das Monopol der legitimen physischen Gewalt vorbehält. Die europäischen kapitalistischen Staaten haben sich vor allem über die Pazifizierung der von den Feudalkriegen zerrissenen Territorien konstituiert. Danach greift die institutionalisierte politische Macht bei geregelten Herrschaftsverhältnissen weniger auf die Gewalt zurück als in den vorkapitalistischen Staaten, obwohl sie das Monopol dieser Gewalt innehat. Mehrere Dinge müssen hier auseinandergehalten werden: a) Trotz des kurzen Gedächtnisses und der eurozentrischen Unbekümmertheit unserer Theoretiker dürfen die Formen kapitalistischer Ausnahmestaaten (Faschismus, Militärdiktaturen, usw.) nicht vergessen werden, die heute unsere Welt heimsuchen (trotz der Gefahr, dass sie sich an die Gewalt nur in Bezug auf die Regime des Ostens erinnern); b) die Fälle des höchsten Terrors des *Krieges* (Erster Weltkrieg, Zweiter Weltkrieg, die anderen... und jetzt der Atomkrieg: wer ist eigentlich darauf verfallen, dass die moderne Macht nicht mehr »auf der Grundlage des Todes« funktioniert?); c) die Konjunkturen verschärfter Klassenkämpfe, der tatsächliche Einsatz offener Gewalt bleibt im Verhältnis zur Vergangenheit begrenzt. Alles spielt sich so ab, als ob dieser Staat *in dem Maße* weniger Gewalt anzuwenden hätte, wie er ihr legitimes Monopol innehat.

Die landläufige Illusion besteht nun darin, daraus die Schlussfolgerung zu ziehen, die moderne Macht und die moderne Herrschaft seien nicht mehr in der physischen Gewalt begründet. Selbst wenn diese Gewalt bei der tagtäglichen Ausübung der Macht nicht in derselben Weise wie in der Vergangenheit aktualisiert wird, so ist sie immer noch, und sogar stärker als jemals zuvor, *determinierend.* Ihre Monopolisierung durch den Staat induziert die Formen einer Herrschaft, in der die vielfältigen Verfahren zur Herstellung des Konsensus die Hauptrolle spielen. Um das zu begreifen, muss man über die analoge Metapher einer einfachen Komplementarität zwischen Gewalt und Konsens hinausgehen, die dem Bild des Zentauren (halb Tier, halb Mensch) von Machiavelli nachgebildet ist. Die physische Gewalt existiert nicht nur Seite an Seite mit dem Konsens wie zwei messbare und homogene Größen, die entgegengesetzte Beziehungen zueinander unterhalten, so dass mehr Konsens weniger Gewalt entsprechen würde. Wenn Gewalt und Terror immer einen determinierenden Platz einnehmen, so nicht einfach deswegen, weil sie ständig in der Reserve bleiben und sich nur in kritischen Situationen offen zeigen. *Die vom Staat monopolisierte physische Gewalt umfasst permanent die Techniken der Macht und die Mechanismen des Konsenses; sie ist in das Raster der disziplinarischen und ideologischen Dispositive eingeschrieben und gestaltet die Materialität des gesellschaftlichen Körpers, auf den die Herrschaft einwirkt, selbst wenn diese Gewalt nicht direkt ausgeübt wird.*

Es handelt sich aber auch nicht darum, das Binom Gesetz-Terror oder Repression-Ideologie durch ein Trinom Repression-disziplinierende Normalisierung-Ideologie zu ersetzen, wobei in einer unverändert weiter funktionierenden Relation nur Platz für einen dritten Ausdruck gemacht würde: heterogene und unterschiedene Größen einer quantifizierbaren Macht oder Modalitäten der Ausübung einer Macht als Wesen. Es handelt sich vielmehr darum, die materielle Organisation der Macht als Klassenverhältnis aufzufassen, dessen organisierte physische Gewalt die Existenzbedingung und der Garant der Reproduktion ist. Der Einsatz der Techniken der kapitalistischen Macht, die Konstituierung der Disziplinardispositive (die große »Einschließung«) und das Entstehen der ideologisch kulturellen Institutionen (vom Parlament über das allgemeine Wahlrecht bis hin zur Schule) setzen die Monopolisierung dieser Gewalt durch den Staat voraus, die gerade durch die Verschiebung der Legitimität hin zur Legalität und durch die Herrschaft des Gesetzes verdeckt wird. Sie setzen sie nicht nur in ihrer historischen Genealogie voraus, sondern auch in ihrer Existenz und Reproduktion. Um nur ein Beispiel anzuführen: die nationalen Streitkräfte sind wesensgleich mit dem Parlament und der kapitalistischen Schule. Diese Wesensgleichheit beruht nicht nur auf einer gemeinsamen institutionellen Materialität, die aus der gesellschaftlichen Arbeitsteilung herrührt, die von diesen Apparaten verkörpert wird. Sie beruht auch auf der Tatsache, dass die nationalen Streitkräfte gerade als Teilstücke des staatlichen Monopols der legitimen physischen Gewalt die Existenz- und Funktionsformen von Institutionen – Parlament, Schule – mit einschließen, in denen die Gewalt nicht als solche aktualisiert werden muss. Die geregelte Existenz und selbst die Konstituierung des Parlaments als Gesetzgeber ist undenkbar ohne die Institution der modernen nationalen Streitkräfte.

Gehen wir zum Schluss noch einmal auf den *Tod* ein. Wie sollte man die Transformationen der Art und Weise, wie man heute prosaischer im Bett stirbt, den wahren Bann, der den Tod in den modernen Gesellschaften trifft und die Enteignung des eigenen Todes[20] bei den »privaten« Bürgern nicht mit dem staatlichen Monopol des legitimen öffentlichen Terrors zusammenbringen? Der Staat soll nicht mehr auf der Grundlage des Todes funktionieren? Selbst wenn er nicht hinrichtet (Todesstrafe), nicht tötet und auch nicht damit droht, selbst und gerade dann, wenn er das Sterben verhindert, verwaltet der moderne Staat den Tod, und auch die medizinische Macht ist in das moderne Gesetz eingeschrieben.

Die Monopolisierung der legitimen Gewalt durch den Staat bleibt also das determinierende Element der Macht, selbst wenn diese Gewalt nicht direkt und offen ausgeübt wird. Diese Monopolisierung liegt den neuen Kampfformen im Kapitalismus zugrunde, denen die Rolle der Dispositive zur Organisierung des Konsenses entspricht; so bewahrheitet sich, dass Macht und Kämpfe sich wechselseitig erfordern und bedingen. Die Konzentration der bewaffneten Macht im Staat und die Entwaffnung und Entmilitarisierung der privaten Sektoren als Vorbedingung für die Einführung der kapitalistischen Ausbeutung tragen dazu bei, den Klassenkampf

---

[20] Ph. Ariès, *Studien zur Geschichte des Todes im Abendland*, München 1976, und die Arbeiten von L. V. Thomas.

von einem permanenten Bürgerkrieg in Form periodischer und regelmäßiger bewaffneter Konflikte auf neue Formen wie die politische und gewerkschaftliche Organisierung der Massen zu verschieben, gegen die die offene physische Gewalt bekanntlich nur sehr relativ wirksam ist. Ein Volk, das seiner »öffentlichen« Macht »beraubt«[21] ist, ist schon ein Volk, das die politische Herrschaft nicht mehr in Form einer natürlichen und geheiligten Fatalität erlebt, sondern ein Volk, für das das staatliche Gewaltmonopol nur in dem Maße legitim ist, wie die juristische Reglementierung und die Legalität es hoffen lassen und ihm sogar formal und im Prinzip ermöglichen, an die Macht zu gelangen. Der Staat konzentriert also in seinen spezialisierten Körperschaften die Gewalt, während diese weniger als zuvor für die Reproduktion der Herrschaft ausreicht. Auf die Privatkriege und bewaffneten Konflikte in Form sich wiederholender Theodizeen, die immer wieder von neuem auf die Tagesordnung gesetzt wurden – *Katharsis* der Fatalität der Macht – und auf die Kriege, die durch die Konzentration der bewaffneten Macht im Staat befriedet werden, folgt die permanente politische Infragestellung der Macht, auch sie ein Effekt der Monopolisierung der physischen Gewalt durch den Staat. Die Mechanismen für die Organisierung des Konsenses richten sich in den Vorposten der Macht ein. Die Herrschaft des kapitalistischen Gesetzes weist den Mechanismen des Konsenses einschließlich der ideologischen Indoktrination genau in dem Maße ihre Stelle zu, wie sie die Monopolisierung der physischen Gewalt durch den Staat verschleiert.

Wenn die Rolle des Gesetzes (denn auf der allgemeinen Ebene, auf der ich mich hier befinde, kann ich nicht auf die Unterscheidung zwischen Gesetz und Recht eingehen) sich so als Organisator der Repression und der organisierten physischen Gewalt als wesentlich bei der Ausübung der Macht erweist, soll damit allerdings nicht gesagt werden, dass die Logik des Gesetzes dabei die rein negative der Ablehnung, der Sperre oder der Verpflichtung zum Sich-nicht-Äußern und Stillschweigen sei. Wenn die Macht niemals ausschließlich negativ ist, so nicht nur deshalb, weil sie auch noch etwas anderes als das Gesetz ist. Das Gesetz umfasst gerade in seiner repressiven Rolle einen Aspekt hoher Positivität, *denn die Repression kann nie mit reiner Negativität gleichgesetzt werden.* Schon seit dem griechisch-römischen Recht ist es eben auch das Gesetz, das positive Anordnungen erlässt: das Gesetz verbietet und duldet nicht nur nach der Maxime, dass alles erlaubt ist, was nicht durch Gesetz verboten ist, es

[21] Das frz. »privé« hat auch die Bedeutung von »privat«, wodurch sich hier ein im Dt. nicht reproduzierbarer Gegensatz zu »öffentlich« ergibt (A.d.Ü.).

stellt auch Aufgaben und zwingt zu positiven Handlungen gegenüber der Macht und verpflichtet zu an die Macht gerichteten Diskursen. Das Gesetz erzwingt nicht nur Schweigen und duldet Gesagtes, sondern verpflichtet oft gerade zum Sprechen (zu schwören oder Anzeige zu erstatten, usw.). Allgemeiner ausgedrückt war das institutionalisierte Gesetz niemals die reine Aufforderung zur Enthaltung oder eine Zensur, so dass man in der Organisation des Staates einerseits Gesetz, Zensur oder Negativität hätte, andererseits »etwas anderes«, Handlung und Positivität. Dieser Gegensatz ist teilweise falsch, weil das Gesetz das repressive Feld nicht nur als Repression dessen organisiert, was getan wird, obwohl das Gesetz es verbietet, sondern auch als Repression dessen, was nicht getan wird, obwohl das Gesetz es gebietet. Wenn das Gesetz in der gesellschaftlichen Ordnung immer von Anfang an in dem Sinne vorhanden ist, dass es nicht nur im Nachhinein einem vorher existierenden Naturzustand Ordnung verleiht, dann deshalb, weil es für das politisch-soziale Feld als gleichzeitige Kodifizierung von Verboten und positiven Geboten konstitutiv ist.

Die Repression ist also nie reine Negativität; sie erschöpft sich weder in der tatsächlichen Ausübung der physischen Gewalt, noch in ihrer Internalisierung. In der Repression gibt es auch noch etwas anderes, worüber nur selten gesprochen wird, nämlich die *Mechanismen der Angst.* Diese materiellen und keineswegs einfach versubjektivierten Mechanismen habe ich die *Theatralik* des modernen Staats genannt, der wirklich ein kafkaeskes Schloss ist. Diese Theatralik ist in das moderne Gesetz eingeschrieben, in die Irrgärten und Labyrinthe, in denen dieses Gesetz sich materialisiert. Auch wenn es auf dem Monopol der legitimen Gewalt basiert – um es zu verstehen, muss man in der Strafkolonie und immer noch bei Kafka suchen.

Wenn das Gesetz auch eine wichtige (positive und negative) Rolle bei der Organisierung der Repression einnimmt, so beschränkt es sich doch nicht darauf, denn das Gesetz wirkt gleichermaßen in den Dispositiven zur Herstellung von Konsens. Es materialisiert die herrschende Ideologie, die dort eingreift, selbst wenn die Gründe für diesen Konsens damit nicht vollständig angegeben sind. Das Gesetz und die Regel verschleiern durch ihre Diskursivität und Struktur die politisch-ökonomischen Realitäten, sie haben strukturelle Lücken und Leerstellen und versetzen diese Realitäten durch einen besonderen Mechanismus der Verschleierung und Verkehrung auf die politische Bühne. Außerdem drücken sie die imaginäre Vorstellung der herrschenden Masse über die Gesellschaft und die Macht aus. Unter diesem Gesichtspunkt ist das Gesetz, parallel zu seiner Stelle im repressiven Dispositiv, einer der wichtigsten Faktoren für die

Organisierung des Konsens der beherrschten Klassen, auch wenn die *Legitimität* (der Konsens) weder mit der *Legalität* identisch noch auf sie begrenzt ist. Die beherrschten Klassen treffen auf das Gesetz nicht nur als Ausschlussschranke, sondern gleichermaßen als etwas, das ihnen eine Stelle zuweist, die sie einnehmen müssen. Dabei gliedert diese Stelle sie gleichzeitig in das politisch-soziale Netz ein und schafft Pflichten und Verpflichtungen, aber auch Rechte; die imaginäre Besetzung der Stelle hat reale Auswirkungen auf die Agenten.

Mehr noch: mehrere der Handlungen des Staates, die über seine repressive und ideologische Rolle hinausgehen, wie seine ökonomischen Eingriffe, aber vor allem die materiellen Kompromisse, die den herrschenden Klassen von den beherrschten Klassen aufgezwungen werden – dies ist einer der entscheidenden Gründe des Konsens – schreiben sich in den Text des Gesetzes ein und werden sogar zum Bestandteil seiner inneren Struktur. Das Gesetz täuscht und verschleiert und unterdrückt nicht nur durch Gebote oder Verbote. Es organisiert und sanktioniert auch die *realen Rechte* der beherrschten Klassen (die natürlich in der herrschenden Ideologie enthalten sind und bei Anwendung ihrer juristischen Form bei weitem nicht entsprechen) und umfasst in es eingeschrieben die materiellen Kompromisse, die den herrschenden Klassen durch die Volkskämpfe aufgezwungen werden.

Im Gegensatz zur ganzen juridisch-legalistischen und auch der psychoanalytischen Konzeption, wie sie gegenwärtig in interessanten Arbeiten wie denen P. Legendres[22] zum Ausdruck kommt, bleibt es jedoch offenkundig, *dass das Handeln, die Rolle und die Stellung des Staates sehr weit über das Gesetz und die juristische Reglementierung hinausgehen.*

a) Das Handeln des Staates und sein konkretes Funktionieren nehmen keineswegs immer die Form des Gesetzes und der Regel an. Es existiert immer ein Ensemble von staatlichen Praktiken und Techniken, das sich der juristischen Systematisierung und Ordnung entzieht. Das soll nicht heißen, dass sie »anomisch« oder willkürlich im strengen Sinne sind, sondern dass sie einer Logik gehorchen, die von der der juristischen Ordnung relativ verschieden ist, nämlich der Logik des Kräfteverhältnisses zwischen kampfenden Klassen, die das Gesetz erst sekundär und auf einem spezifischen Gebiet einsetzt.

b) Die Handlungen des Staates übertreten oft das Gesetz und die Regel, die er selbst erlassen hat, nicht nur wenn er neben dem Gesetz, son-

[22] Jouir du pouvoir, 1976.

dern auch wenn er gegen das eigene Gesetz handelt. Jedes Rechtssystem autorisiert in seiner Diskursivität als Variable der Spielregel des von ihm organisierten Spiels die Nichtrespektierung des eigenen Gesetzes durch den Machtstaat. Das nennt sich dann *Staatsräson*, was eigentlich nicht einfach heißt, dass die Legalität immer durch Nebenzonen der Illegalität ausgeglichen wird, sondern dass die Illegalität des Staates immer in die von ihm eingeführte Legalität eingeschrieben ist: auch der Stalinismus und die totalitären Aspekte der Macht in den Ländern des Ostens sind nicht hauptsächlich den »Verletzungen der sozialistischen Gesetzlichkeit« zuzuschreiben. Jedes Rechtssystem schließt die Illegalität auch in dem Sinne ein, dass es als integralen Bestandteil seines Diskurses Leerstellen, »Gesetzeslücken« beinhaltet. Dabei handelt es sich nicht um ein bloßes Versehen oder um Blindheit aufgrund der ideologischen Verschleierungsaktion, die das Recht schützt, sondern um absichtlich vorgesehene Dispositive, um Breschen, die es erlauben, das Gesetz zu verlassen. Hinzu kommen noch die ganz einfachen Verletzungen seines eigenen Gesetzes durch den Staat, die als ungeregelte Übertretungen insofern erscheinen, als sie nicht schon durch das Gesetz vorgesehen sind, aber dennoch Bestandteil der strukturellen Funktionsweise des Staates selbst sind. Jeder Staat ist in seinem institutionellen Gerüst so organisiert, dass er gleichzeitig seinem eigenen Gesetz gemäß und gegen sein eigenes Gesetz funktioniert (und so organisiert, dass die herrschenden Klassen funktionieren). Eine ganze Anzahl von Gesetzen hätte in ihrer präzisen Form niemals existiert, wenn nicht die Rate ihrer Verletzungen durch die herrschende Klasse mit der Unterstützung der Gesamtheit der staatlichen Dispositive von vornherein einkalkuliert, d.h. in die staatlichen Dispositive eingeschrieben worden wäre.

Die Illegalität ist also nicht nur oft Bestandteil des Gesetzes, sondern selbst wenn Illegalität und Legalität unterschieden sind, decken sie nicht zwei getrennte Organisationen ab, sozusagen einen Parallelstaat (Illegalität) und einen Rechtsstaat (Legalität), noch weniger einen chaotischen Staat, einen Nicht-Staat (Illegalität) und einen Staat (Legalität). Illegalität und Legalität sind Bestandteil ein und derselben institutionellen Struktur.

In diesem Sinne muss man im Grunde genommen den Satz von Marx verstehen, dass jeder Staat eine Klassen»diktatur« ist, also nicht so, wie man ihn gewöhnlich versteht, d.h. im Sinne einer Macht über jedem Gesetz, wo der Ausdruck »Gesetz« in der gewöhnlichen Bedeutung als Gegenteil von Gewalt und Macht aufgefasst wird. Es gibt aber keinen Staat ohne Gesetz, so diktatorisch er auch sein mag, und die Existenz eines

Gesetzes und einer Legalität hat niemals irgendeine Barbarei oder irgendeinen Despotismus verhindert. Diesen Satz muss man so verstehen, dass »Diktatur« die Organisation jedes Staates als einheitliche funktionelle Ordnung von Legalität und Illegalität bezeichnet, einer mit Illegalität durchsetzten Legalität.

c) Schließlich geht das Handeln des Staates immer über das Gesetz hinaus, denn der Staat kann sein eigenes Gesetz innerhalb gewisser Grenzen modifizieren. Der Staat ist nicht einfach die Gestalt irgendeines ewigen Gesetzes, sei es nun irgendein allgemeines Verbot oder ein Naturgesetz.

Das prinzipiell angenommene Primat des Gesetzes gegenüber dem Staat ist im Grunde – das muss einmal gesagt werden – die Grundlage der juristischen Konzeption des Staates, womit man sich das gegenwärtige Einverständnis mit der analytischen (psychoanalytischen) Konzeption der Institutionen erklärt.

Wenn aber jeder Staat wesensgleich mit einem Gesetz ist, wenn das Gesetz also im eigentlichen Sinne nicht eine nützliche Schöpfung eines Staates ist, der vorher reine Gewalt war, dann hat der Staat in einer in Klassen gespaltenen Gesellschaft und gerade unter dem Aspekt legitimer Gewalt – kurz als Inhaber der physischen Gewalt und Repression – immer Vorrang gegenüber dem Gesetz. Denn wenn es stimmt, dass das Gesetz diese Gewalt organisiert, dann gibt es in dieser Gesellschaft kein Gesetz oder Recht ohne eine Apparatur, die seine Anwendung durchsetzt und seine Wirksamkeit, kurz seine gesellschaftliche Existenz sichert. *Die Wirksamkeit des Gesetzes ist niemals die des reinen Diskurses, des Wortes oder der erlassenen Regel.* Wenn es keine Gewalt ohne Gesetz gibt, dann setzt das Gesetz immer die organisierte Gewalt im Dienste des Gesetzgebers (die weltliche Gewalt) voraus, oder prosaischer ausgedrückt: die Gewalt bleibt am Gesetz haften.

Das moderne Gesetz

Obwohl jedes Gesetz oder jedes Recht bestimmte gemeinsame Kennzeichen aufweisen, ist es ein Spezifikum des kapitalistischen Rechts, dass es ein *axiomatisiertes System* bildet, das aus einem Ensemble *abstrakter, allgemeiner, formaler und streng reglementierter Normen* besteht.

Dieses Spezifikum des kapitalistischen Rechtssystems wurde auch von einem bestimmten Marxismus in der Sphäre der Zirkulation des Kapitals und des Warenaustauschs begründet: »abstrakte« Rechtssubjekte in dem Maße wie sie frei Waren tauschen, »formal« freie und gleiche Individuen,

Äquivalententausch und »abstrakter« Tauschwert, usw.[23] Das Spezifische des kapitalistischen Gesetzes und Rechts kann man aber kaum innerhalb dieser Sphäre erfassen. Dieses Spezifikum (Abstraktheit, Universalität und Formalität), das sonst die Monopolisierung der legitimen Gewalt durch den Staat verdeckt und dem juridischen Partikularismus entgegengesetzt ist, der die Verteilung dieser Gewalt unter mehrere Träger verschleiert, muss in der gesellschaftlichen Arbeitsteilung und in den Produktionsverhältnissen gesucht werden. Denn sie weisen im Kapitalismus – wo die Gewalt als solche (als »außerökonomischer Grund«) im Produktionsprozess nicht direkt anwesend ist, weil die unmittelbaren Produzenten ihrer Arbeitsmittel enteignet sind – dieser Gewalt ihre Stelle und ihre Rolle zu. Dieses axiomatisierte juristische System bildet den *formalen Kohäsionsrahmen* für Agenten, die ihrer Produktionsmittel total enteignet sind, und zeichnet so die Konturen eines staatlichen Raumes, der von den Produktionsverhältnissen relativ getrennt ist. Das Formale und Abstrakte des Gesetzes steht in enger Beziehung zu den realen Fraktionierungen des gesellschaftlichen Körpers in der gesellschaftlichen Arbeitsteilung und zur Individualisierung der Agenten, die im kapitalistischen Arbeitsprozess vollzogen wird.

Das moderne Gesetz verkörpert so den Raum und die Zeit, den materiellen Bezugsrahmen des Arbeitsprozesses; Raum und Zeit sind seriell, kumulativ, kontinuierlich und homogen. Dieses Gesetz setzt die Individuen als juristisch-politische Subjekte und Personen ein, indem es ihre Einheit als Volk und Nation repräsentiert. Es ist auch an den unterschiedlichen Fragmentierungen der Agenten (Individualisierung) beteiligt und sanktioniert sie, indem es den Code vorzeichnet, in dem diese Differenzierungen eingeschrieben werden und von dem ausgehend sie existieren, ohne die politische Einheit der Gesellschaftsformation in Frage zu stellen. Alle Subjekte sind vor dem Gesetz gleich und frei. Das heißt schon im Diskurs des Gesetzes (es wird nicht einfach durch ihn verschwiegen), dass sie in Wirklichkeit (als Subjekte und Individuen) verschieden sind, aber nur in dem Maße, wie dieser Unterschied in einen homogenen Rahmen eingeschrieben werden kann. Das kapitalistische Gesetz verschleiert nicht nur, wie häufig gesagt wird, die realen Unterschiede in einem universalen Formalismus. Es trägt vielmehr dazu bei, den (individuellen und Klassen-)*Unterschied* in seiner Struktur selbst einzuführen und zu sank-

[23] Das war auch bei mir in meinem ersten Text der Fall: *Nature des choses et droit*, LGDJ, 1966. Dieser Text ist seit langem vergriffen. Der Leser möge beruhigt sein, denn ich beabsichtige keine Neuauflage.

tionieren, wobei es sich gleichzeitig zum System des Zusammenhalts und zum Organisator der *Einheit und Homogenisierung* dieser Unterschiede erhebt. Hier liegt der Ursprung dafür, dass die juristische Axiomatik durch Universalität, Formalität und Abstraktheit charakterisiert ist. Diese Charakteristika setzen Agenten voraus, die »frei« sind von den territorial-persönlichen »Bindungen« der vorkapitalistischen, besonders der Leibeigenengesellschaften, in denen das Politische und das Ökonomische eng miteinander verzahnt waren und denen ein Recht zugrunde lag, das im Wesentlichen aus Status, Privilegien und Gewohnheiten bestand, die bestimmten Kasten oder Ständen zugeschrieben wurden. Es ist jedoch nicht *das Gesetz,* das diese Agenten *befreit.* Das Gesetz greift nur in einen Prozess der Ablösung und Trennung der Agenten von den Bindungen ein, die sie nach Kasten und Ständen differenzierten, nach geschlossenen Klassen, in die sie als Ursprung von Zeichen, Symbolen und Bedeutungen von Geburt an eingebettet waren. Dem Gesetz kommt hier die Funktion zu, zur Einführung und Sanktionierung des neuen großen Unterschieds, *der Individualisierung,* beizutragen. Dabei arbeitet das moderne Recht an dieser Individualisierung entweder parallel (oder in relativem Widerspruch) zu anderen Techniken und Praktiken des Staates (den Normalisierungsdisziplinen), oder indem es sie bemäntelt und nachahmt.

Das kapitalistische Gesetz und das kapitalistische Rechtssystem weisen auch unter dem Gesichtspunkt, dass sich in ihnen die herrschende Ideologie materialisiert, einige Besonderheiten auf: die Legitimität verschiebt sich auf die Legalität, und dadurch unterscheidet sich diese Legitimität von der über das Sakrale organisierten. Das Gesetz, das von nun an Volk und Nation verkörpert, wird zur grundlegenden Kategorie der staatlichen Souveränität, und die juridisch-politische Ideologie wird zur dominanten Region der Ideologie und verdrängt die religiöse Ideologie. Wenn diese Modifikationen auch die Monopolisierung der legitimen Gewalt durch den Staat verschleiern, so haben sie doch viel tiefer liegende Wurzeln. Die Funktion der Legitimität verschiebt sich auf das Gesetz, eine unpersönliche und abstrakte Instanz, während sich gleichzeitig die Agenten innerhalb der Produktionsverhältnisse von ihren territorial-persönlichen Bindungen »lösen« und »frei machen«. Alles spielt sich so ab, als ob dieses Gesetz hier dank seiner Abstraktheit, Formalität und Allgemeinheit zu dem Dispositiv würde, das die Hauptfunktion jeder herrschenden Ideologie – die Einheit einer Gesellschaftsformation (unter der Ägide der herrschenden Klasse) zu zementieren – am besten erfüllen kann.

Neben dem formalen Kohäsionsrahmen, den es den Agenten auferlegt, kann gerade das Gesetz in seiner kapitalistischen Ausprägung ihre

Einheit repräsentieren, indem es sie in das gesellschaftliche Imaginäre einlässt, und so die Individualisierungsverfahren festigen. Alles läuft so ab, als ob dieses Gesetz, das über die Modalität des *reinen* Zeichens (Abstraktheit, Universalität, Formalität) organisiert ist, von dem Augenblick an eine privilegierte Stelle im ideologischen Mechanismus der imaginären Repräsentation einnehmen würde, von dem an die Agenten atomisiert und von ihren natürlichen Arbeitsmitteln abgeschnitten sind. In den vorkapitalistischen Formationen war es hingegen die spezifische Symbolisierungsart der Religion (Religion verbindet), die die Sanktionierung der Verbindungen von Agenten ermöglichte, die von vornherein in das Land, die Familie, die Kasten und die Stände eingebettet waren. Diese Verbindungen brachten über das Sakrale eine abgestufte Reihe ursprünglicher Symbolisierungen hervor, die der Staat dann registrierte, wobei er auf dem Gipfelpunkt der signifikanten Pyramide seine Legitimität als Verkörperung des Wortes und des Körpers des Souveräns bezog. Diesen Produktionsweisen entsprach, wie Marx sagte, die dominierende Rolle der Ideologie, während in der kapitalistischen Produktionsweise aufgrund ihrer spezifischen Produktionsverhältnisse das Ökonomische gleichzeitig die determinierende und die dominierende Rolle hat. Dies muss in dem Sinne verstanden werden, dass das Gesetz in seiner kapitalistischen Form von dem Augenblick an zur Verkörperung des grundlegenden ideologischen Mechanismus wird, in dem der Reproduktionskreislauf des Kapitals selbst (und nicht »außerökonomische Gründe«) die Abpressung von Mehrarbeit (den Mehrwert) ausführt, also von dem Augenblick an, in dem die Untersymbolisierungen, die die territorial-persönlichen Bindungen der Agenten zementierten, ausgelöscht sind. Die Herrschaft des kapitalistischen Gesetzes ist in der Leere des Signifikanten in seiner Umgebung begründet.

Diese Spezifizität des Gesetzes und des juristischen Systems ist in den spezifischen institutionellen Aufbau des kapitalistischen Staates eingeschrieben. Der zentralisierend-bürokratisch-hierarchische Aufbau dieses Staates ist selbst nur möglich, weil er in ein System allgemeiner, formaler und axiomatisierter Normen eingepasst ist. Dieses System organisiert und regelt die Beziehungen zwischen den unpersönlichen Ebenen und Apparaten der Machtausübung. Was man mit dem Ausdruck »Verwaltungsrecht« bezeichnet, entspricht genau diesem Gesetz in seinen Strukturierungseffekten auf den Staat. Gesetz und Vorschrift sind die Grundlagen für die Rekrutierung der Agenten des Staates (unpersönliche Wettbewerbe und Prüfungen) und für das Funktionieren des geschriebenen Textes und der Dogmatik des Diskurses *innerhalb* des Staates. Dieser Diskurs verkörpert, offenbart und interpretiert nicht das Wort Gottes (des Königs, des Lehnsherrn) durch eine mystische, mehr oder weniger direkte und persönliche Beziehung eines jeden Dieners zu Gott (dem König, dem Lehnsherrn); seine Aufgabe besteht vielmehr darin, das abstrakte und formale Gesetz abschnitts- und stufenweise auf seine konkrete Anwendung hin in einer logisch deduktiven Abfolge (der »juristischen Logik«) zu konkretisieren, die nur das Durchlaufen einer Ordnung von Herrschaft und Unterordnung und eines Entscheidungs- und Durchführungsweges innerhalb des Staates ist.

Wenn man sich jetzt daran erinnert, dass dieser Aufbau des Staates mit der kapitalistischen Teilung der Arbeit in intellektuelle und manuelle Arbeit zusammenhängt und dass er die intellektuelle Arbeit reproduziert, wird man die Beziehung zwischen dieser Arbeitsteilung und dem kapitalistischen Gesetz begreifen. In der Legitimität des Sakralen wird von jedem Subjekt der Macht angenommen, dass es in sich einen Teil (göttlicher) *Wahrheit* trägt, eine innere Grenze für die Macht (eine Seele); die Inschrift des Körpers des (göttlichen) Königs, die es in sich trägt, verschwindet niemals völlig. Die Stände und Privilegien ergeben sich aus dem Naturrecht. Das moderne Gesetz verwirklicht dagegen das kapitalistische Verhältnis von Macht und Wissen, wie es sich in der kapitalistischen intellektuellen Arbeit niederschlägt: in den Individuen und Subjekten gibt es kein Wissen und keine Wahrheit außerhalb des Gesetzes. Das Gesetz wird zur Verkörperung der Vernunft: der Kampf gegen die Religion wird in den Formen des Rechts und der juristischen Ideologie geführt, und die Naturwissenschaften des Zeitalters der Aufklärung werden in juristischen Kategorien gedacht. Das abstrakte, formale und universale Gesetz ist die Wahrheit der Subjekte, das *Wissen* (im Dienste des Kapitals) konstituiert die juridisch-politischen Subjekte und führt den Unterschied zwischen privat und öffentlich ein. Das kapitalistische Gesetz bringt so die Tatsache zum Ausdruck, dass die Produktionsagenten ihrer »geistigen Potenz« zugunsten der herrschenden Klassen und ihres Staates total enteignet sind.

Dass es sich so verhält, sieht man ebenfalls am Verhältnis zwischen Gesetz und juristischer Systematisierung und der Spezialisierung der Staatsapparate. Das Entstehen eines Corps *spezialisierter Juristen* drückt dieses Verhältnis aus. Diese Juristenschaft im weitesten Sinne repräsentiert als von der Gesellschaft »abgetrenntes« Netz wahrscheinlich am besten die im Staat verkörperte intellektuelle Arbeit. Jeder Vertreter des Staates im weitesten Sinne – Parlamentarier, Politiker, Polizist, Offizier, Richter, Rechtsanwalt, Notar, Beamter, Sozialarbeiter, usw. – ist in dem Maße ein Intellektueller, wie er ein *Mann des Gesetzes* ist, der Gesetze macht, Gesetz und Vorschrift kennt, sie konkretisiert und anwendet. *»Jeder kennt das Gesetz«* ist die grundlegende Maxime eines modernen juristischen Systems, in dem außer den Repräsentanten des Staates keiner es kennen kann. Diese von jedem Staatsbürger verlangte Kenntnis ist nicht einmal Gegenstand eines besonderen Schulfachs. Während man vorgibt zu verlangen, dass er das Gesetz kennt, sieht es so aus, als ob alles getan würde, damit er es nicht kennt. Diese Maxime drückt so die Abhängigkeit und Unterordnung der Volksmassen in Bezug auf die Staatsbeamten – d.h. die Macher, Hüter und Anwender des Gesetzes – aus; die Unkenntnis (das Geheimnis) des Gesetzes bei den Volksmassen ist ein Merkmal dieses Gesetzes und der juristischen Sprache selbst. Das moderne Gesetz ist ein *Staatsgeheimnis* und begründet ein Wissen, das von der Staatsräson in Beschlag genommen wird.

Diese Spezifizität des kapitalistischen Gesetzes und Rechtssystems hat also seine Grundlagen in den Produktionsverhältnissen und der kapitalistischen gesellschaftlichen Arbeitsteilung und hängt so mit den sozialen Klassen und dem Klassenkampf zusammen, so wie sie im Kapitalismus existieren.[24] Die Klassen sind offen und nicht mehr geschlossene Kasten, was für ihre Reproduktion von größter Bedeutung ist: diese Reproduktion ist gleichzeitig Reproduktion ihrer Stellung (Ausdehnung, Abnahme, Verschwinden) und ihrer Agenten (spezifische Qualifikation und Unterwerfung der Agenten, damit sie diese oder jene Klassenstellung einnehmen können). Es ist einleuchtend, dass das abstrakte, allgemeine und formale Rechtssystem des Kapitalismus ein System ist, das das Verhältnis zwischen den gesellschaftlichen Klassenstellungen (Lohnarbeit und Kapital) und den Agenten, die formal nicht an sie »gebunden« sind, gesetzlich regeln kann. Es kann zugleich die permanente Verteilung der Agenten der beherrschten Massen auf die Stellung dieser Klassen (Bauernschaft, Arbeiterklasse, Kleinbourgeoisie) regeln – was nichts anderes als die Rolle des Gesetzes bei der erweiterten *reellen Subsumtion* der Arbeit unter das Kapital ist –, und die relative Abtrennung dieser Stellung und ihrer Agenten im Verhältnis herrschende Klassen/beherrschte Klassen. Im Grunde genommen sind für diese bürgerliche juristische Axiomatik, die in Wirklichkeit ein Klassenrecht für Nation und Volk ist, alle unter der Bedingung vor dem Gesetz frei und gleich, dass sie alle Bürger sind und werden, was das Gesetz zugleich erlaubt und verbietet.

---

[24] Siehe in Frankreich ebenfalls die Arbeiten von M. Chemillier-Gendreau, E. Pisier-Kouschner, M. Miaille, Fr. Demichel, J.-P. Colin, G. Labica, usw.

Aber dieses Rechtssystem entspricht gleichermaßen den besonderen Koordinaten der *politischen Kämpfe* im Kapitalismus:

a) Die axiomatische Systematisierung des Rechts als formaler Kohäsionsrahmen übernimmt eine strategische Funktion, weil der Kapitalismus eine erweiterte Reproduktion einschließt. Während die vorkapitalistischen Gesellschaften nur eine einfache, repetitive und sozusagen blinde Reproduktion aufwiesen, impliziert diese erweiterte Reproduktion schon auf der Ebene des Produktionsprozesses ein strategisches Kalkül von seiten der verschiedenen Fraktionen des Kapitals und ihrer Träger. Dieses Kalkül erfordert seinerseits die Möglichkeit einer gewissen *Voraussicht*, die in einem Minimum an Stabilität der Spielregeln begründet ist. Das ermöglicht die Axiomatisierung des Rechts, denn sein systematischer Charakter auf der Grundlage abstrakter, allgemeiner, formaler und streng geregelter Normen besteht unter anderem darin, dass es seine eigenen Transformationsregeln beinhaltet. Die Modifizierungen des Rechts werden so zu Transformationen, die innerhalb seines Systems geregelt sind (darin besteht vor allem die Rolle der Verfassung).

b) Das Recht *regelt* die Ausübung der politischen Macht durch die Staatsapparate und den Zugang zu diesen Apparaten gerade vermittels dieses Systems allgemeiner, abstrakter und formaler Normen. In Bezug auf eine spezifische Herrschaft, z.B. einen Block an der Macht, der aus verschiedenen Klassen und besonders aus mehreren Fraktionen der Bourgeoisie zusammengesetzt ist, kontrolliert dieses Recht eine bestimmte Aufteilung der Macht unter sie und regelt ihre Beziehungen innerhalb des Staates. Es schafft so die Möglichkeit, dass die Modifizierung der Kräfteverhältnisse innerhalb des Bündnisses an der Macht im Staat zum Ausdruck kommt, ohne Erschütterungen hervorzurufen.

Das kapitalistische Gesetz dämpft und kanalisiert in einem gewissen Sinne die politischen Krisen, so dass diese keine tatsächlichen Staatskrisen nach sich ziehen. Allgemeiner ausgedrückt erscheint das kapitalistische Gesetz als die notwendige Form eines Staates, der gegenüber dieser oder jener Fraktion des Blocks an der Macht relativ autonom sein muss, um ihre Einheit unter der Hegemonie einer Klasse oder Fraktion zu organisieren. Das hängt mit der relativen Trennung des Staates von den Produktionsverhältnissen zusammen, d.h. mit der Tatsache, dass die Agenten der ökonomisch herrschenden Klasse (der Bourgeoisie) nicht direkt mit den Inhabern und Agenten des Staates zusammenfallen.

Das moderne Gesetz hat sich übrigens historisch folgendermaßen konstituiert: seine Ursprünge gehen auf den absolutistischen Staat zurück, also die europäischen Monarchien ab dem 17. Jahrhundert; dieser absolutistische Staat stellt sehr wohl einen Staat mit kapitalistischer Dominante dar, einen wahrhaften Staat des Übergangs zum Kapitalismus. Schon der absolutistische Staat sah sich mit spezifischen Organisationsproblemen konfrontiert, die das Verhältnis zwischen Grundadel und Bourgeoisie betrafen. Der Monopolisierung des Krieges durch den Staat entspricht die Befriedung, die er zwischen den sich ab dem 16. Jahrhundert gegenüberstehenden gesellschaftlichen Kräften (»Privatkriege«) bewirkt hat und die ihn darauf vorbereitet hat, diesen ersten großen Krieg siegreich zu bestehen, der ihn über seine Anfänge hinausgeführt hat: den blutigen Prozess der ursprünglichen Akkumulation des Kapitals zugunsten der Bourgeoisie.

Aber das kapitalistische Recht regelt ebenso die Ausübung der Macht in Bezug auf die beherrschten Klassen. Gegenüber dem politischen Kampf der Arbeiterklasse organisiert dieses Recht den Rahmen eines permanenten Kompromissgleichgewichts, das den herrschenden Klassen von den beherrschten Klassen aufgezwungen wird. Dieses Recht regelt auch die Formen, in denen die physische Repression ausgeübt wird. Muss man noch hervorheben, dass auch dieses Rechtssystem, diese »formalen« und »abstrakten« Freiheiten, Errungenschaften der Volksmassen sind? In diesem Sinne und nur in diesem Sinne *setzt* das moderne Gesetz der Machtausübung und der Intervention der Staatsapparate *Grenzen.* Diese Rolle des Gesetzes hängt vom Kräfteverhältnis zwischen den Klassen ab und deutet eine Grenze an, die der Macht der herrschenden Klassen von den beherrschten Klassen aufgezwungen wird; das kann man gut an den Fällen sehen, in denen diese Rolle des Rechts in den Formen des kapitalistischen Ausnahmestaates (Faschismus, Militärdiktaturen) aufgehoben wird. So hat das Gesetz im modernen Sinne nicht gegen die Gewalt des Staates (Gesetz gegen Terror) eingegriffen, vielmehr hat es in seinem Text die Ausübung der Gewalt unter Berücksichtigung des Widerstands der Volksmassen organisiert. Ich hatte gesagt, dass die juristische Axiomatik den herrschenden Klassen die politische Voraussicht ermöglicht, denn sie drückt zwar ein Kräfteverhältnis zwischen Klassen aus, stellt aber gleichzeitig den Träger eines strategischen Kalküls dar, weil sie in den Variablen ihres Systems den Widerstand und den Kampf der beherrschten Klassen als Faktor einkalkuliert.

Von der Seite der herrschenden Klassen und Fraktionen her gesehen drückt das Recht als Setzung von Grenzen schließlich die Kräfteverhältnisse innerhalb des Blocks an der Macht aus. Es konkretisiert sich vor allem durch die Begrenzung von Kompetenz- und Eingriffsfeldern der verschiedenen Apparate, in denen verschiedene Klassen und Fraktionen dieses Blocks dominieren.

4. Die Nation

Als letztes will ich auf das Problem der Nation eingehen. Dies ist ein höchst komplexes Problem, das gewissermaßen sämtliche Aporien eines bestimmten traditionellen Marxismus zusammenfasst. Man muss sich einfach mit der offenkundigen Tatsache abfinden, dass es keine marxistische Theorie der Nation gibt. Wenn man trotz der leidenschaftlichen Debatten innerhalb der Arbeiterbewegung sagt, dass der Marxismus die nationale Realität unterschätzt hat, so ist das noch viel zu schwach ausgedrückt.

1. Ein erster Hinweis scheint sich aus den marxistischen Überlegungen und den Debatten innerhalb der Arbeiterbewegung über die Nation[25] zu ergeben: die Nation ist nicht mit der modernen Nation und dem Nationalstaat identisch, wie man ihn bei der Entstehung des Kapitalismus im Westen antrifft. »Etwas«, das mit dem Ausdruck »Nation« bezeichnet wird, d.h. eine besondere Einheit für die Reproduktion des Ensembles der gesellschaftlichen Verhältnisse, gibt es schon lange vor dem Kapitalismus. Ihre Konstituierung fällt mit dem Übergang von den klassenlosen (linearen) Gesellschaften zu den Klassengesellschaften zusammen, insofern sie neue Grenzen, Orte und Zeiten der gesellschaftlichen Reproduktion angibt.

Aber die Frage nach den Ursprüngen ist auch in diesem Fall die uninteressanteste. Signifikanter ist, dass die Klassiker des Marxismus trotz ihres ständigen Beharrens auf dem Zusammenhang zwischen Nation und gesellschaftlichen Klassen klar und deutlich vom Weiterbestehen der Nation sogar nach dem Absterben des Staates in der klassenlosen »kommunistischen« Gesellschaft ausgehen. Es handelt sich hier um ein Kernproblem: eine Realität, die Nation, wird als ökonomisch-politischer und kultureller Gegenstand in seiner grundlegenden Beziehung zu den gesellschaftlichen Klassen untersucht, die permanent auf die wesentliche politisch-strategische Frage des proletarischen Internationalismus verweist, gleichzeitig geht man aber davon aus, dass diese Realität auch nach dem Absterben des Staates und dem Ende der Klassenspaltung weiterbestehen wird. Das Problem wird dadurch noch um so dorniger, dass man dafür dasselbe Argument der historischen Reversibilität wie für den Staat anführen könnte, aber man hutet sich wohl, sich darauf zu beziehen. In den klassenlosen Gesellschaften haben weder Nation noch Staat existiert, aber im Gegensatz zu dem, was man in Bezug auf den Staat macht, hütet man sich davor,

[25] In Frankreich unter anderem die Arbeiten von G. Haupt, M. Löwy, M. ReUrioux, M. Rodinson, P. Vilar usw.

dies für die Behauptung geltend zu machen, dass die Nation nach dem Ende der Klassenspaltung nicht mehr weiterbestehen würde. Man verweist natürlich darauf, dass es sich dann nicht mehr um dieselbe Nation handeln wird, aber es gibt hier nichts, das mit den Analysen über das Verschwinden des Staates vergleichbar wäre; denn der proletarische Internationalismus kann nach dem Ende der Klassenspaltung nicht so zum Verschwinden der Nation beitragen, wie die »an die Stelle der Regierung über Personen tretende Verwaltung von Sachen« auf das Absterben des Staates hinarbeitet. Wie soll man also diesen theoretischen und realen Gegenstand »Nation«, dessen transhistorische Irreduzibilität man annimmt, begreifen? Diese Frage muss auf jeden Fall über die Analyse der modernen Nation angegangen werden.

2. Der zweite Hinweis, der mit dem ersten zusammenhängt, betrifft die Dissoziation zwischen *Staat* und *Nation* innerhalb des Rahmens des Kapitalismus selbst. Der Gedanke, der sich besonders mit den Diskussionen über die Analysen des Austromarxismus (O. Bauer, K. Renner, usw.) zunehmend geltend macht, ist der, dass der Staat selbst im Rahmen des Nationalstaates sich nie vollständig mit der Nation deckt, denn ein und derselbe Staat kann mehrere Nationen umfassen (wie es im Vielvölkerstaat Österreich-Ungarn der Fall war). Umgekehrt ist eine Nation, der es (im Kapitalismus) noch nicht gelungen ist, sich einen eigenen Staat zu schaffen, deshalb nicht minder eine Nation, die genauso wie jede andere auch über das Selbstbestimmungsrecht verfügt. Darin liegt die Originalität und Radikalität von Lenins Prinzip des Selbstbestimmungsrechts der Völker und Nationen begründet. Dieses Selbstbestimmungsrecht ist bei Lenin nicht mehr wie bei den Austromarxisten auf ein einfaches Recht auf »kulturelle Autonomie« reduziert, sondern erstreckt sich auch auf das Recht dieser Nationen, ihren eigenen Staat zu gründen. Der eigene selbständige Staat ist nicht notwendig dafür, dass eine Nation besteht und als solche anerkannt wird, aber durch ihre Existenz hat sie das Recht auf einen eigenen Staat (Selbstbestimmung). Die Probleme fangen allerdings da an, wo die Anwendung dieses Prinzips – bei Lenin selbst, vor allem aber danach – den »Interessen der Weltrevolution« strikt untergeordnet wird, kurz von dem Zeitpunkt an, in dem das »Recht auf Scheidung« einer Nation von dem sie umfassenden Staat nicht die »Verpflichtung zur Scheidung« bedeutet, und man nur noch dann für dieses im Prinzip anerkannte Recht kämpfen darf, wenn es den Interessen der Arbeiterklasse und des »internationalen Proletariats« entspricht. Man kennt die Stalinsche Politik in dieser Frage, die kurz vor Lenins Tod (1923) zum Anlass seines dramatischen Bruchs mit Stalin wurde. Für uns ist hier aber nur

wichtig, dass das Prinzip und die relative Dissoziation anerkannt ist, die es zwischen Nation und Staat einführt.

3. Der dritte Hinweis betrifft die Analyse der modernen Nation. Die Spezifizität der Nation in den kapitalistischen Gesellschaftsformationen und die enge Beziehung zwischen dieser Nation und dem Staat ist allgemein anerkannt. Selbst wenn die Nation sich nicht genau mit dem Staat deckt, weist der kapitalistische Staat die Besonderheit auf, Nationalstaat zu sein; die nationale Modalität wird zum ersten Mal bedeutsam für die Materialität des Staates. Dieser Staat weist die *historische Tendenz* auf, sich mit ein und derselben Nation im modernen Sinne des Ausdrucks zu decken und arbeitet aktiv für das Zustandekommen der nationalen Einheit. Die modernen Nationen weisen selbst die historische Tendenz auf, ihre eigenen Staaten zu bilden. Die Orte und Knotenpunkte der erweiterten Reproduktion der gesellschaftlichen Verhältnisse, die Gesellschaftsformationen, haben die Tendenz, sich mit den Grenzen des Staates und der Nation zu decken und zu nationalen Gesellschaftsformationen zu werden. Die ungleiche Entwicklung, die von Anfang an für den Kapitalismus charakteristisch ist, ist in den Staaten und Nationen verankert, deren Beziehung sie gerade begründet.

Diese letzte Reihe von Hinweisen, die bekanntlich durch sämtliche aktuellen Forschungen auf dem Gebiet der Ökonomie, Politik und Geschichte bestätigt werden, wird mich an allererster Stelle beschäftigen. Die Erklärung dieser Tendenz (das Sich-Decken von Staat und Nation) verweist auf die Frage nach der Spezifizität der Nation im modernen Sinne. Gerade hier werden die Mängel der bisherigen marxistischen Forschung offenkundig.

Zuerst werden sie bei den sogenannten ökonomischen Grundlagen dieser historischen Realitäten sichtbar. Die Haupterklärung, die vorgebracht wurde und auch heute noch vertreten wird, verweist immer auf die berühmte Zirkulationssphäre des Kapitals und den Warenaustausch. Die ökonomische Einheit, die ein wesentliches Moment der modernen Nation darstellt, soll sich im Wesentlichen auf die Vereinheitlichung des sogenannten inneren Marktes erstrecken. Die Verallgemeinerung des Warenaustauschs und der Tauschwert, so wie er sich in der Zirkulationssphäre des Geldes realisiert, erfordern die Beseitigung innerer Hemmnisse – z.B. der Zölle – für die Warenzirkulation und die monetäre Einheit. Der Staat selbst arbeitet für die Konstituierung der modernen Nation, indem er unter der Ägide des Handelskapitals den Raum der Waren- und Kapitalzirkulation homogenisiert, worin sein wesentlicher Beitrag zur Herstellung der nationalen Einheit besteht. In derselben Richtung, wenn auch subtiler, werden auch die Beziehungen zwischen moderner Nation und Staat sowie die Besonderheiten des Nationalstaats untersucht. Die eigene Materialität des Staates soll darin bestehen, dass er die Waren Tauschenden und Kapitalbesitzer als formal freie und gleiche politische Individuen und Subjekte einsetzt und die Einheit dieser Individuen repräsentiert und kristallisiert. Die moderne Nation soll im Wesentlichen – zumindest in ihrer ökonomischen Dimension – auf der Homogenisierung des Raumes beruhen, in dem sich diese Individuen als Konkurrenten um und als Austauscher von Waren bewegen: dieser homogenisierte Raum ist »das Volk als Nation«. Die dazu gegebene Klassenanalyse läuft nach folgendem Muster ab: die Nation ist ganz wie der Staat die Schöpfung des Handelskapitals und geht auf die Handelsbourgeoisie in den Anfängen des Kapitalismus zurück.

Ich schematisiere zwar, aber nur ein wenig, denn hierbei handelt es sich um eine äußerst hartnäckige dominierende Tradition im Marxismus. Diese Erklärung ist aber nicht nur sehr partiell, sondern funktioniert auch als Hindernis für eine wirkliche Analyse der modernen Nation und führt zu einer Reihe schwerwiegender Konsequenzen:

a) Die Verallgemeinerung des Warenaustauschs kann die Entstehung der modernen Nation nicht erklären. Denn wenn sie auch die Notwendigkeit der Vereinheitlichung des sogenannten »inneren« Marktes und der Aufhebung der Hindernisse für die Waren- und Kapitalzirkulation deutlich macht, so *kann sie doch überhaupt nicht erklären, warum diese Vereinheitlichung gerade auf der Ebene der Nation stattfindet.* Vereinheitlichung des inneren Marktes, sicherlich, aber wodurch wird der Ausdruck »innen« definiert, was ermöglicht das Entstehen eines eigenen Raumes, dessen Grenzen ein Innen und ein Außen bezeichnen? Warum folgen diese Grenzen gerade dieser Aufteilung (der Nation) und nicht einer anderen, und mehr noch, warum und wie geht diese Zuweisung von Grenzen vor sich, dieses Abstecken eines Feldes, innerhalb dessen sich von nun an das Problem der Vereinheitlichung stellt? Diese Fragen stellen sich um so mehr, weil die Homogenisierung des inneren Marktes die Einfriedung eines Raumes voraussetzt, den es gerade zu vereinheitlichen gilt.

b) Dieser Bezug auf und diese Flucht hin zu den Koordinaten des Warenaustauschs ist allgemeiner gesagt Ausdruck einer zutiefst empirischen und positivistischen Konzeption des Ensembles der Elemente, die die Nation konstituieren sollen: das gemeinsame Territorium, die gemeinsame Sprache und die gemeinsame historische und kulturelle Tradition. Ich werde mich nicht an dem Streit darüber beteiligen, welche Elemente nun als konstitutiv für die Nation anzusehen sind. Dieser Streit hat zwar zu

Erschütterungen innerhalb der Arbeiterbewegung geführt, mir kommt es hier aber vor allem darauf an, die Konzeption klarzumachen, die dem Ensemble der im allgemeinen angeführten Elemente zugrunde liegt. Territorium, Sprache und Tradition werden gewissermaßen als unwandelbare transhistorische Wesenheiten betrachtet. Die Entstehung der modernen Nation und ihr spezifisches Verhältnis zum Staat werden dann als Konsequenz eines Prinzips (der Verallgemeinerung des Warenaustauschs) begriffen, dessen Auswirkung die Addition und Akkumulation dieser verschiedenen Elemente sein soll, die ein inneres Wesen besitzen (Territorium, Sprache, Tradition). Diese Akkumulation wird dann umschlossen vom Nationalstaat, der ihr Ergebnis sein soll. Diese Erklärung verfehlt natürlich die wesentliche Frage, die sich schon beim Problem des inneren Marktes stellte: warum und wie stellen Territorium, historische Tradition und Sprache vermittels des Staates diese neue Konfiguration »moderne Nation« dar? Was ermöglicht die Artikulation dieser scheinbar transhistorischen Elemente im Knotenpunkt »moderne Nation«? Warum funktionieren diese Elemente in verschiedener Weise, wenn sie zu den Grenzmarkierungen dieser Einfriedung »moderne Nation« werden? Wenn man diese Fragen nicht stellt, gelangt man notwendigerweise zur Unterschätzung der aktuellen Bedeutung der Nation. Wenn Territorium, Sprache und Tradition immer noch dasselbe Wesen aufweisen wie in der Vergangenheit, als die Rolle der Nation weniger wichtig war, und wenn dem Kapitalismus eine Tendenz zur Internationalisierung des Marktes und des Kapitals innewohnt, dann kann man daraus leicht einen Rückgang der Bedeutung der Nation in der gegenwärtigen Phase des Kapitalismus schlussfolgern (was auf zahlreiche zeitgenössische Autoren zutrifft) und zu einer Unterschätzung ihres Eigengewichts beim Übergang zum Sozialismus gelangen (was auf die herrschende Strömung innerhalb des Marxismus zutraf).

Die gegenwärtige Internationalisierung des Marktes und des Kapitals nimmt – wie ich an anderer Stelle gezeigt habe – dem Eigengewicht der Nation nichts von seiner Bedeutung. Denn die Elemente, die bei der Konstituierung der modernen Nation ins Spiel kommen, haben eine ganz andere Bedeutung als in der Vergangenheit. Hier sei nur darauf hingewiesen, dass Territorium und historisch-kulturelle Tradition – zwei scheinbar sehr »natürliche« Elemente – im Kapitalismus einen völlig anderen Sinn bekommen als in der Vergangenheit. Gerade dieser Unterschied macht die Frage des Marktes zum Problem der Einheit des »inneren« Marktes und produziert die ungleiche Entwicklung des Kapitalismus als Ungleichheit zwischen historischen Momenten und differenzierten, abgeteilten und unterschiedenen Räumen: den Nationen und den nationalen Gesellschaftsformationen. Dieser Unterschied erweist sich somit als Voraussetzung der kapitalistischen Entwicklung.

Ich will die These entwickeln; dass diese Elemente – Territorium und Tradition – hier deshalb einen völlig anderen Sinn als in der Vergangenheit bekommen, weil sie in noch viel grundsätzlichere Modifikationen eingeschrieben sind, nämlich in ihnen zugrundeliegende Raum- und Zeitmatrizes. Der kapitalistische Raum und die kapitalistische Zeit sind keineswegs dasselbe wie in der Vergangenheit. Das schließt beträchtliche Modifikationen in der Realität und dem Sinn von Territorium und Historizität ein, die die Konstituierung der modernen Nation zugleich ermöglichen und implizieren. Diese Modifikationen gestalten eine neue Organisation der Sprache und ein neues Verhältnis des Staates zu Territorium und Historizität und führen so zur modernen Nation und zum Nationalstaat.

Ich werde mich in dieser Untersuchung auf bestimmte Hinweise beziehen, die man bei den französischen Historikern der Annales-Schule finden kann: bei Fèbvre, Vidal-Naquet, Vernant, Lévèque, Braudel, Mandrou, Le Goff.[26] Aber diese Hinweise beziehen sich im Wesentlichen auf den Raum und besonders die Zeit in der Antike und im mittelalterlichen Feudalismus; sie werden nicht auf den Kapitalismus ausgeweitet und nicht mit der Konstituierung der Nation in Verbindung gebracht. Außerdem geben sie noch zu allgemeineren theoretischen Problemen Anlass.

Auch die Mehrheit dieser Historiker sucht die Produktion von Raum und Zeit meistens entweder im Stand des Warenaustauschs (mittelalterliche Subsistenz- und »geschlossene« Gesellschaften) oder aber in den technologischen (Stand der Techniken, Erfindungen und des Werkzeugbestands) oder demographischen Gegebenheiten. Wenn auf die Produktionsverhältnisse und die gesellschaftliche Arbeitsteilung (außer in ihrer einfachsten Form, der zwischen Stadt und Land) Bezug genommen wird, dann meistens nur am Rande.

Noch wichtiger ist aber, dass ihre Analysen oft in der Linie der sogenannten *Geistesgeschichte* liegen. Die gesellschaftliche Produktion des Raums und der Zeit wird als einfache Transformation des »geistigen Rah-

---

[26] L. Febvre, *La terre et l'évolution humaine*, 1922; P. Léveque und P. Vidal-Naquet, *Clistène l'Athénien*, 1964; P. Léveque, *L'aventure grecque*, 1964; J.P. Vernant, *Mythe et pensée chez les Grecs*, 1974; J. LeGoff, *La civilisation de l'Occident médiéval*, 1972; R. Mandrou, *Introduction à la France moderne*, 1961; F. Braudel, *Civilisation materielle et capitalisme*, 1967 (dtsch.: *Sozialgeschichte des 15.-18. Jahrhunderts*, 3 Bde., München 1985); schließlich weise ich noch hin auf die Arbeiten der Mitarbeiter der Zeitschrift *Hérodote* und das Werk von Fr. Chatelet, *La naissance de l'histoire*, 1975.

mens«, der »Weltanschauung« und der »geistigen Strukturen« aufgefasst und auf dieselbe Ebene mit den kulturellen Gegebenheiten wie z.B. der Religion gestellt. Einige dieser Analysen schließen sich so denen der kulturalistischen Strömung und den berühmten Analysen M. Webers über den Kapitalismus und die protestantische Ethik an. Die marxistische Forschung ist übrigens bis jetzt auch der Ansicht gewesen, dass die Transformationen des Raums und der Zeit im Wesentlichen das Geistige betreffen. Unter dem Vorwand, dass sie nur zum ideologisch-kulturellen Gebiet gehören, d.h. zu der Art und Weise, wie sich die Gesellschaften und Klassen Raum und Zeit *vorstellen,* hat auch sie ihnen nur eine Nebenrolle zugewiesen. Demgegenüber geht es bei den Transformationen der Raum- und Zeitmatrizes in Wirklichkeit um die Materialität der gesellschaftlichen Arbeitsteilung, des Staatsaufbaus und der ökonomischen politischen und ideologischen kapitalistischen Machttechniken. Diese Modifikationen sind das *reale Substrat* der mythischen, religiösen, philosophischen oder »gelebten« Vorstellungen von Raum und Zeit. Genauso wenig wie sich diese Modifikationen auf die Vorstellungen reduzieren lassen, zu denen sie Anlass geben, sind sie mit den wissenschaftlichen Begriffen von Raum und Zeit identisch, die es ermöglichen, sie zu begreifen.

Andererseits unterscheiden sich diese Raum- und Zeitmatrizes als wichtigster materieller Rahmen für die Institutionen und Praktiken der Macht vom »Diagramm« Foucaults, der sich dem vom Strukturalismus verwendeten Strukturbegriff in seiner epistemologischen Funktion anschließt (das Diagramm ist jeder Machtsituation immanent). Sie unterscheiden sich davon in dem Maße, wie sie – worauf ich bereits hingewiesen habe – ihre Grundlage in den Produktionsverhältnissen und der gesellschaftlichen Arbeitsteilung haben. Diese Grundlage darf nicht im Sinne einer mechanischen Kausalität verstanden werden, die schon vorhandene Produktionsverhältnisse bezeichnet, die dann später zu diesen Raum- und Zeitmatrizes führen. Diese in den Produktionsverhältnissen und der gesellschaftlichen Arbeitsteilung implizierten Matrizes entstehen gleichzeitig mit ihren *Voraussetzungen* in dem Sinne, den Marx dem Begriff *»Voraussetzung«*[27] im Unterschied zu den *»historischen Bedingungen«*[28] gab. Die Transformationen dieser Matrizes skandieren so die Transformationen der verschiedenen Produktionsweisen. Dadurch sind sie im materiellen Aufbau des Staates (dieses oder jenes Staates) anwesend und geben den Modalitäten seiner Machtausübung Gestalt. Es handelt sich also bei dieser Anwe-

[27] im Original deutsch. (A.d.Ü.).

[28] im Original deutsch. (A.d.Ü.).

senheit der Raum- und Zeitmatrizes im Staat nicht um eine einfache strukturelle Homologiebeziehung zwischen Staat und Produktionsverhältnissen. Als Spezifikum des kapitalistischen Staates kommt noch hinzu, dass er die gesellschaftliche Zeit und den gesellschaftlichen Raum an sich reißt und bei der Bereitstellung dieser Matrizes dadurch eingreift, dass er danach strebt, die Organisierungsverfahren des Raums und der Zeit zu monopolisieren, die so durch ihn zu Netzwerken der Herrschaft und der Macht werden. So erscheint auch die moderne Nation als ein Produkt des Staates denn die konstitutiven Elemente der Nation (ökonomische Einheit, Territorium und Tradition) werden durch das direkte Eingreifen des Staates in die materielle Organisation von Raum und Zeit modifiziert. Die moderne Nation fällt tendenziell mit dem Staat zusammen in dem Sinne, dass der Staat sich die Nation einverleibt und die Nation in den Staatsapparaten Gestalt annimmt, denn sie wird zur Verankerung seiner Macht in der Gesellschaft und umreißt ihre Grenzen. Der kapitalistische Staat funktioniert auf der Grundlage der Nation.

Die Raummatrix: das Territorium

Ich will mit dem Raum beginnen. Unter welchem Blickwinkel man das Problem auch angeht, man bemerkt schnell, dass es je nach Produktionsweise verschiedene Raummatrizes gibt, die von den historisch-sozialen Aneignungs- und Verarbeitungsformen des Raumes vorausgesetzt werden. Das Aufdecken dieser Matrizes kann nicht darauf reduziert werden, die Aufeinanderfolge der historischen Aneignungsformen des gesellschaftlichen Raumes nachzuzeichnen. Von den Städten und der Verstädterung zu den Grenzen und zum Territorium, über das Kommunikations- und Transportwesen, den militärischen Apparat und die militärische Strategie hat man es mit ebenso vielen Dispositiven zur Organisierung des gesellschaftlichen Raumes zu tun. Jedesmal wenn man versucht, die Geschichte dieser Dispositive und ihrer Transformationen zu schreiben, stößt man jedoch auf dasselbe Problem: diese Dispositive haben nämlich kein inneres Wesen, und ihre historischen Transformationen sind nicht einfache Variationen dieses Wesens. Entscheidend sind die Diskontinuitäten: Städte, Grenzen und Territorium haben in den vorkapitalistischen Produktionsweisen und im Kapitalismus keineswegs dieselbe Realität und dieselbe Bedeutung. Selbst wenn man die Klippe einer linearen und empirischen Geschichtsschreibung vermeidet, die die Entwicklung dieser Dispositive auf ihrer jeweils eigenen Ebene zurückverfolgt (die Entwicklung der Städte, der Grenzen und des Territoriums), bleibt die Frage: Wie soll man diese Diskontinuitäten erklären?

Man kennt die gegenwärtige Tendenz der am weitesten fortgeschrittenen Forschungen auf diesem Gebiet. Sie besteht darin, diese Dispositive der Aneignung und Verarbeitung des gesellschaftlichen Raumes in direkte Beziehung zu den Besonderheiten der verschiedenen Produktionsweisen zu setzen. Das wahre Problem liegt aber woanders, denn die Transformation dieser Dispositive ist in ein tieferliegendes Raster eingeschrieben. Man hat es nicht einfach mit verschiedenen Organisations-, Aneignungs- und Verarbeitungsweisen von etwas zu tun, das ein inneres Wesen – den »Raum« – hätte, und auch nicht mit dem verschiedenen Verlauf und verschiedenen Einfassungen ein und desselben Raumes. Die hier entscheidende Unterscheidung zwischen Stadt und Land ist je nach den verschiedenen Produktionsweisen eine ganz andere, nicht nur weil die historischen Gegebenheiten die beiden Terme des Verhältnisses modifizieren (Modifikation der Städte: antik, mittelalterlich, modern; Modifikation des Landes: antik, feudal, gemeinschaftlich, modern), sondern viel grundsätzlicher weil ihr Verhältnis selbst in den verschiedenen Produktionsweisen in einen anderen Ort eingeschrieben ist. Wenn diese Dispositive den Raum produzieren, dann nicht, weil sie ein und denselben Raum, den sie gesellschaftlich verarbeiten, verschieden einfassen oder quadrieren, sondern weil sie diese primären und differentiellen Raummatrizes materialisieren, die schon in ihrem Aufbau vorhanden sind. Die Genealogie der Produktion des Raumes geht der Geschichte seiner Aneignung voraus.

Wenn auch wichtige Unterschiede zwischen den Raummatrizes der antiken und feudalen Gesellschaften bestehen, so weisen sie doch auf der sehr allgemeinen Ebene, auf der ich mich hier befinde, Gemeinsamkeiten in ihrem Verhältnis zur Raummatrix des Kapitalismus auf. Ich werde hier nicht mehr auf die Besonderheit der vorkapitalistischen Produktionsverhältnisse und der vorkapitalistischen gesellschaftlichen Arbeitsteilung eingehen, wo der unmittelbare Produzent in den Besitzbeziehungen noch nicht von seinen Produktionsmitteln getrennt ist und wo die Arbeitsteilung nicht zu den Dissoziationen geführt hat, die für die kapitalistische Arbeitsteilung charakteristisch sind. Auch die Besonderheiten der vorkapitalistischen politischen Macht werde ich hier nicht mehr behandeln. Diese implizieren jedoch einen spezifischen Raum: *einen kontinuierlichen, homogenen, symmetrischen, reversiblen und offenen Raum.* Der antike Raum im Abendland ist ein Raum, der zwar ein *Zentrum* hat, die *Polis* (die selbst wieder ein Zentrum hat, die *Agora),* aber keine Grenzen im modernen Sinne. Dieser Raum ist konzentrisch, aber offen in dem

Sinne, dass er strenggenommen kein Außen hat. Dieses Zentrum (die *Polis* und ihr Mittelpunkt) ist in einen Raum eingeschrieben, dessen wesentliche Merkmale Homogenität und Symmetrie und nicht Differenzierung und Hierarchie sind. Diese geometrische Orientierung wird dann in der politischen Organisation der Stadt und der Struktur der »Isonomie« zwischen den Bürgern reproduziert.

Diese im Raum verstreuten Punkte (die Städte) sind nicht so sehr deshalb voneinander getrennt, weil sie nach außen hin abgeschlossen sind, sondern weil sie auf ihr eigenes Zentrum gerichtet sind, nicht weil sie Glieder einer Reihe sind, sondern weil sie Streuung an einem einzigen Ort sind.[29] L. Gernet schreibt: »Die Menschen ordnen (dieses Zentrum, den Mittelpunkt) nach Belieben an; die mathematische Aufteilung eines Territoriums kann irgendeine sein: das Zentrum ist willkürlich oder nur theoretisch«. In diesem Raum (der von Euklid und den Pythagoräern dargestellt wird) wechselt man nicht den Platz, sondern man kreist. Man geht immer an denselben Ort, jeder Punkt des Raumes ist die genaue Wiederholung des vorhergehenden. Man kolonisiert nicht, um Kopien von Athen oder Rom zu gründen, jede Reise ist immer nur eine Rückkehr zum ursprünglichen Zentrum, man kommt nicht wirklich von der Stelle. Die Städte sind zum Land hin »offen«, es gibt kein Territorium, dessen Grenzen in Bezug auf andere Segmente weiter oder enger werden könnten. Die Griechen und die Römer dehnen sich nicht aus, indem sie ihre Grenzen hinausschieben und Raumteile und -abschnitte darin einschließen, denn es handelt sich gar nicht darum, heterogene Segmente zu assimilieren. Sie breiten sich vielmehr in einem homogenen Feld aus, denn wenn es Begrenzungen sind, dann keine Einfriedung im modernen Sinne. Diese topographische Anordnung deckt sich bis in ihre kleinsten Windungen mit den Orten der Ausbeutung und den politischen Herrschaftsformen: dieser Raum ist homogen und undifferenziert, weil der Raum des Sklaven auch der des Herrn ist; die Punkte der Machtausübung sind Abzüge vom Körper des Souveräns. Dieser Körper vereinheitlicht den Raum und bringt den öffentlichen in den privaten Menschen hinein; dieser Körper selbst hat weder Stelle noch Grenzen. Alle Wege führen nach Rom in dem Sinne, dass Rom überall ist, wo der Souverän anwesend ist: in den Städten, auf dem Lande, in den Flotten und in den Heeren. Wenn dieser homogene Ort auch kein Außen hat, so hat er doch angrenzende Gebiete, die aber nur sein absolutes Gegenteil sind: die Barbaren. Aber diese Barbaren sind gerade ein Nicht-Ort. Sie sind nicht nur nicht ein

---

[29] M. Serres, Discours et parcours, in: *Critique,* April 1975.

wenn auch verschiedener Abschnitt desselben Raumes, sondern sie sind das radikale Ende eines jeden möglichen Raumes; sie sind kein Teil des Raumes, sie stehen vielmehr außerhalb des Raumes, sie sind kein *no-man's land,* sondern ein *no-land.*

Gehen wir zum mittelalterlichen Feudalismus über: Trotz der beträchtlichen Unterschiede zwischen den Raummatrizes der Antike und des Feudalismus weisen sie Gemeinsamkeiten auf. Wenn man sich vor dem in der Deleuze-Guattari-Schule[30] zur Zeit sehr beliebten, grob vereinfachenden Gegensatzpaar »Territorialisierung-Deterritorialisierung« in acht nimmt, kann man folgendes feststellen: Ihnen zufolge würden die feudalen persönlichen Bindungen und die »Bindung« der Bauern an den »Boden« eine Territorialisierung des Raumes und der gesellschaftlichen Verhältnisses auslösen, und umgekehrt würde die »Befreiung« des unmittelbaren Produzenten von diesen Bindungen eine Deterritorialisierung des Raumes im Kapitalismus bewirken. Diese Begriffe können aber keine invarianten Bezugspunkte für die Transformationen sein, denn sie ändern ihren Sinn mit den verschiedenen Raummatrizes. Das gilt auch für den Boden, der genau sowenig wie die anderen Produktionsmittel und -gegenstände ein inneres Wesen besitzt. Zwar schließen im Feudalismus die persönlichen ökonomisch-politischen Bindungen auf dem Lande und die Privilegien und Freiheiten in den Städten diese Orte nach außen ab. Die mittelalterlichen Stadtmauern (geschlossene Städte nach Braudel) begrenzen die Freiheiten, und die feudalen Bindungen auf dem Lande fesseln an den Boden, aber es handelt sich da um Grenzen, die in eine Raummatrix eingeschrieben sind, die in Bezug auf die Produktionsverhältnisse und die einfache Arbeitsteilung im Feudalismus nur relativ wenig modifiziert wird.

Auch hier handelt es sich um einen homogenen, kontinuierlichen, reversiblen und offenen Raum. In Wirklichkeit ist man nie so viel gereist wie im Mittelalter: die individuelle oder kollektive Emigration der Bauern ist eines der großen demographischen Phänomene der mittelalterlichen Gesellschaft. Ritter, Bauern in den Perioden zwischen zwei Wechseln der Bewirtschaftung und der Felder, Kaufleute, Geistliche auf Ordensreise oder nach der Auflösung eines Klosters, Studenten, Pilger aller Arten und Kreuzfahrer: alle diese Leute treffen auf den Straßen zusammen, es war die Zeit des ruhelosen Umherschweifens. Die Städte und die feudalen Domänen und Lehensgüter sind offen und durch eine Reihe von Epizentren auf Jerusalem als den Nabel der Welt gerichtet. Marx sagte, dass die feudalen Produktionsverhältnisse dazu führen, dass die Religion

[30] *Anti-Ödipus,* a.a.O., S. 259f.

in den feudalen Gesellschaftsformationen die dominierende Rolle einnimmt. Da sie in den Formen der Machtausübung direkt anwesend ist, kann sie den Raum gestalten und ihm den Stempel der Christenheit aufdrücken. Aber es handelt sich von Anfang an um die Matrix eines kontinuierlichen und homogenen Raumes. Auch hier wechselt man den Platz nicht: zwischen dem Lehensgut, dem Marktflecken, den Städten und Jerusalem sowie seinen verschiedenen weltlichen Verkörperungen, zwischen Sündenfall und Seelenheil gibt es keinen Bruch, keine Spaltung und keine Entfernung. Die Grenzen und die trennenden Zwischenorte, die Mauern, Wälder und Wüsten sind keine Öffnungen, durch die man hindurchgeht, um von einem Abschnitt zu einem anderen zu gelangen (von einer Stadt zur anderen), sondern Kreuzungen ein und derselben Straße. Der Pilger oder der Kreuzfahrer – und alle Reisenden sind auf ihre Weise Pilger oder Kreuzfahrer – reisen nicht zu den Heiligen Stätten oder nach Jerusalem, denn diese sind schon in ihren Körper eingezeichnet (das gilt ebenfalls für den Islam). Der politische Körper jedes Souveräns verkörpert die Einheit dieses Raumes als Körper des Christus/Königs, und der Raum ist durch die Wege des Herrn abgesteckt. Die Begrenzungen überkreuzen und überschneiden, krümmen und bewegen sich ständig. Die Subjekte wechseln ihren Ort mit dem Wechsel der Herren und Souveräne, an die sie persönlich gebunden sind, und bleiben dabei doch an Ort und Stelle. Die Pyramide der mittelalterlichen politischen Macht hat einen Sockel, der sich wie der Lichtkegel eines selbst beweglichen Scheinwerfers bewegt, und all diese Bewegungen finden auf einer Oberfläche mit reversibler Ausrichtung statt. Die antike und mittelalterliche Kartographie sind im Übrigen nicht grundsätzlich verschieden. Auch hier ist das, was die Stelle eines Territoriums einnimmt, durch einen Nicht-Ort definiert, obwohl sein Sinn nicht derselbe wie in der Antike ist: die Barbaren werden durch die Heiden und Ungläubigen ersetzt.

In Bezug auf den Kapitalismus gibt es jedoch deutliche Unterschiede. Aber es geht hier nicht darum, die historische Konstituierung des kapitalistischen gesellschaftlichen Raumes nachzuzeichnen. Das Problem ist immer noch das der Beziehungen zwischen der spezifisch kapitalistischen Raummatrix einerseits und den »spezifisch kapitalistischen« Produktionsverhältnissen und der »spezifisch kapitalistischen gesellschaftlichen Arbeitsteilung andererseits; konkret geht es jetzt um die Rolle des *Territoriums* in der Konstitution der modernen Nation.

Der gesellschaftlichen Arbeitsteilung in Maschinerie und großer Industrie liegt die totale Trennung des unmittelbaren Produzenten, des Arbeiters, von den Arbeitsmitteln zugrunde. Diese gesellschaftliche Arbeitsteilung impliziert eine völlig verschiedene Raummatrix, die so als ihre Voraussetzung erscheint. Es handelt sich um einen seriellen, fraktionierten, diskontinuierlichen, parzellierten, zellenförmigen und irreversiblen Raum, der für die tayloristische Teilung der Fließbandarbeit in der Fabrik charakteristisch ist. Wenn dieser Raum schließlich doch noch homogen wird, dann nur als Homogenität zweiten Grades, weil seine Homogenisierung problematisch ist und sich nur ausgehend von seinen Abschnitten und Entfernungen durchsetzt. Schon auf dieser Ebene hat dieser Raummatrix eine zweifache Dimension: Sie besteht aus einer Reihe von Distanzen, Lücken und Fraktionierungen, aus Einfriedungen und Grenzen, aber sie hat kein Ende, denn der kapitalistische ArbeitsProzess kann tendenziell auf die ganze Welt ausgedehnt werden (erweiterte Kooperation).

Man könnte sagen, dass die Trennung des unmittelbaren Produzenten von seinen Arbeitsmittel und seine Befreiung von den persönlichen Bindungen, die ihn an den Boden fesseln, deterritorialisieren, aber auch hier ist das naturalistische Bild, das diesem Ausdruck anhaftet, ungenau. Dieser Prozess ist in einen neuen Raum eingeschrieben, der gerade die seriellen Segmentierungen und die Einfriedung impliziert. Damit ist der moderne Raum geboren: ein Raum, in dem man durch das Überschreiten von Trennungslinien ad infinitum die Stelle wechselt, in dem jede Stelle durch ihren Abstand zu anderen definiert wird, ein Raum, in dem man sich ausdehnt durch Assimilierung neuer Segmente, die durch das Verschieben ihrer Grenzen homogenisiert werden müssen.

Wichtig ist nun nicht einfach dieser Verschiebung von Grenzen, sondern das Entstehen von *Grenzen im modernen Sinne,* d.h. von Grenzen, die auf einem seriellen und diskontinuierlichen Raster verschoben werden können, das überall ein *Innen* und ein *Außen* festlegt. In diesen Raum sind die Bewegungen des Kapitals und seine erweiterte Reproduktion, die Verallgemeinerung des Austauschs und die Geldströme eingeschrieben. Wenn diese sich von Anfang an nach außen ausdehnen, müssen sie Grenzen eines seriellen und diskontinuierlichen Raumes überschreiten, der in der gesellschaftlichen Teilung der Arbeitsprozesse verankert ist. Die kapitalistischen Produktionsverhältnisse, das ökonomische Eigentum und der Besitz des Kapitals an den Produktionsmitteln implizieren diesen Raum als Zerstückelung des Arbeitsprozesses in kapitalistische Produktions- und Reproduktionseinheiten. Die ungleiche Entwicklung des Kapitalismus ist in seiner verräumlichten Dimension mit dieser diskontinuierlichen Morphologie wesensgleich, die Expansion des Kapitals ist mit der irreversibel ausgerichteten Topologie wesensgleich, der moderne Imperialismus ist mit jenen Grenzen wesensgleich. *Die Anfänge des Territoriums als konstitutives Element der modernen Nation sind in diese kapitalistische Raummatrix eingeschrieben.*

Es muss jedoch noch ergänzt werden, dass dieses nationale Territorium nichts mit der Natürlichkeit des Bodens zu tun hat, es ist vielmehr wesentlich politisch, weil der Staat bestrebt ist, die Verfahren zur Organisierung des Raumes zu monopolisieren. Der moderne Staat materialisiert in seinen Apparaten (Armee, Schule, zentralisierte Bürokratie, Gefängnisse) diese Raummatrix. Der Staat seinerseits formt die Subjekte, über die er seine Macht ausübt. Denn die Individualisierung des politischen Körpers zu identischen, dem Staat gegenüber jedoch getrennten Monaden beruht auf dem Aufbau des Staates, der in die Raummatrix eingeschrieben ist, die der Arbeitsprozess impliziert. Die modernen Individuen sind die Bestandteile der modernen Staaten und Nationen. Volk und Nation des kapitalistischen Staates stellen die Zielscheibe eines Raumes dar, dessen Grenzen die passenden Konturen für die materiellen Eroberungen und Verankerungen der Macht bilden. Die segmentierte Kette dieser individualisierten Orte umschließt das Innen des nationalen Territoriums als staatlichen Abschnitt der Machtausübung. Das nationale Territorium ist nur die politische Form der Einfriedung auf der Ebene des totalen Staates, und die Städte werden zu diesen vom Staat »kontrollierten« und »disziplinierten« Städten, von denen Braudel spricht. Die unmittelbaren Produzenten werden nur vom Boden befreit, um eingerastert zu werden; in den Fabriken natürlich, aber auch in den Familien im modernen Sinne, in den Schulen, der Armee, den Gefängnissen, den Städten und Territorien der Nation. Das bewahrheitet sich bis hin zu den Modalitäten der Machtausübung im kapitalistischen Ausnahmestaat: Die *Konzentrationslager* sind auch in dem Sinne eine moderne Erfindung, dass sie dieselbe Raummatrix der Macht materialisieren wie das nationale Territorium. Diese Lager sind die Einschließungsform für diejenigen innerhalb des nationalen Territoriums, die außerhalb der Nation stehen, die »Antinationalen«; durch die Lager werden die Grenzen in den nationalen Raum selbst hinein genommen, was den modernen Begriff des »inneren« Feindes möglich macht. Dass dieses Territorium dieser oder jener genauen Konfiguration und Topographie folgt, hängt von einer ganzen Reihe historischer (ökonomischer, politischer, linguistischer, usw.) Faktoren ab. Wichtig ist hier aber nur die Entstehung dieses Territoriums und dieser Grenzen im modernen Sinne. Dieses Territorium wird zum nationalen Territorium und bildet dann vermittels des Staates ein Element der modernen Nation.

Zum Verständnis dieser zweiten Behauptung muss man die Tatsache, dass dieses Territorium nur eines der Elemente der modernen Nation ist, und das Verhältnis des kapitalistischen Staates zur historischen Tradition und zur Sprache berücksichtigen. Bemerken wir jetzt nur, dass dieser serielle, diskontinuierliche und segmentierte Raum als Territorium, da er Grenzen impliziert, auch das neue Problem seiner *Homogenisierung* und *Einigung* stellt; *auch darin wird die Rolle des Staates bei der nationalen Einheit bestehen.* Die Grenzen und das nationale Territorium gehen der Einigung dessen, was sie umschließen, nicht voraus, denn es gibt nicht zuerst etwas, das innen ist und danach geeint werden muss. Der kapitalistische Staat beschränkt sich nicht darauf, die nationale Einheit zu vollenden, er konstituiert sich vielmehr bei der Herstellung dieser Einheit, d.h. der Nation im modernen Sinne. Der Staat setzt die Grenzen dieses seriellen Raumes in demselben Prozess, in dem er das eint und homogenisiert, was diese Grenzen einschließen. So wird dieses Territorium zum nationalen Territorium, das tendenziell mit dem Staat und der Nation zusammenfällt und so deckt sich die moderne Nation tendenziell mit dem Staat, und zwar in einem doppelten Sinn: Entweder deckt sie sich mit dem bestehenden Staat *oder* sie erhebt sich zum autonomen Staat und konstituiert sich als moderne Nation, indem sie ihren eigenen Staat schafft (*Jakobinertum* und *Separatismus* sind zwei Aspekte desselben Phänomens, nämlich der besonderen Beziehung zwischen der modernen Nation und dem Staat). Der Nationalstaat verwirklicht die Einheit der Individuen des Volkes und der Nation in derselben Bewegung, in der er ihre Individualisierung gestaltet. Er setzt die politisch-öffentliche Homogenisierung (Staat und Nation) der »privaten« Dissoziation in derselben Bewegung durch, in der er zu ihrer Einführung beiträgt; das Gesetz wird dann zum Ausdruck des nationalen Willens und der nationalen Souveränität. Dieser Staat muss nicht einen schon vorher vorhandenen »inneren« Markt vereinheitlichen, sondern führt durch das Setzen von Grenzen einen einheitlichen nationalen Markt ein, wodurch ein Innen und ein Außen erst entsteht. Diesen Prozess kann man in sämtlichen Staatsapparaten (dem ökonomischen, militärischen, schulischen, usw.) verfolgen. Er gibt schon eine erste, sicherlich partielle Antwort auf ein sonst nicht einzukreisendes Problem, das Pierre Vilar besser als jeder andere formuliert hat: Warum hat die ungleiche Entwicklung des Kapitalismus gerade in den nationalen Gesellschaftsformationen ihre Verankerungspunkte und Hauptzentren?[31]

[31] In seinem Beitrag zu dem unter der Leitung von J. LeGoff und P. Nora entstandenen Gemeinschaftswerk *Faire l'Histoire*, 1974, Bd. 1.

Wenn der Staat zugleich die nationalen Grenzen setzt und das Innen vereinheitlicht, so wendet er sich in dieser Bewegung auch dem Außen dieser Grenzen in diesem irreversiblen und begrenzten Raum zu, der kein Ende und keinen äußersten Horizont hat: er ist durch die Ausdehnung der Märkte, des Kapitals und der Territorien gekennzeichnet. Das Setzen von Grenzen läuft darauf hinaus, sie auch verschieben zu können. Auf dieser Raummatrix kann man nur vorrücken durch Homogenisierung, Assimilierung und Vereinheitlichung, durch das Begrenzen eines Innen, das dennoch tendenziell bis ins Unendliche ausdehnbar bleibt. Diese Grenzen werden also erst von dem Augenblick an als Grenzen eines nationalen Territoriums gesetzt, in dem es (für das Kapital und für die Waren) darum geht, sie zu überschreiten. In diesem Raum kann man den Platz nur durch das Überqueren von Grenzen wechseln. Der Imperialismus ist mit der modernen Nation darin wesensgleich, dass er nur als *Inter*- oder vielmehr *Trans*nationalisierung der Arbeitsprozesse und des Kapitals existieren kann. Diese Raummatrix ist im Arbeitsprozess und der gesellschaftlichen Arbeitsteilung verankert. Das Kapital ist ein Verhältnis (Kapital/Arbeit), sagte Marx; so deterritorialisiert und anational es auch in seinen verschiedenen Formen erscheinen kann, so kann es sich doch nur durch *Trans*nationalisierung reproduzieren, weil es sich auf der Raummatrix der Arbeitsprozesse und der Ausbeutung bewegt, die selbst *inter*national ist.

So kann sich die tendenziell unendliche Ausdehnung des modernen Staates, der mit dem Setzen nationaler Grenzen zusammenfällt, nur mit einer Verschiebung von Grenzen decken, die Assimilierung und Homogenisierung bedeutet. Die modernen Eroberungen bekommen einen ganz anderen Sinn als in der Vergangenheit: Sie sind nicht mehr Ausbreitung in einen kontinuierlichen und homogenen Raum, den man sich hinzufügt, sondern Expansion durch Lücken, die man ausfüllt. Man weiß, was dieses Ausfüllen bedeutet: die Homogenisierung der Unterschiede durch den Staat, die Vernichtung der Nationalitäten »innerhalb« der Grenzen des Staats und der Nation und das Glätten der materiellen Unebenheiten des im nationalen Territorium eingeschlossenen Terrains. Auch die Völkermorde sind eine moderne Erfindung, die mit der spezifischen Verräumlichung der Staaten und Nationen zusammenhängt; sie sind die spezifische Ausrottungsform der Konstituierung und Säuberung des nationalen Territoriums, das durch Einfriedung homogenisiert wird. Die vorkapitalistischen Expansionen assimilieren und verarbeiten nicht: Griechen und Römer, Islam und Kreuzfahrer, Attila und Tamerlan töten, um sich in einem offenen, kontinuierlichen und schon homogenen Raum einen Weg zu bahnen; dabei handelt es sich um undifferenzierte Massaker, die für die Machtausübung der großen Wanderreiche spezifisch sind. Der Völkermord wird erst durch das Abschließen der nationalen Räume gegen diejenigen möglich, die durch dieses Abschließen zu Fremdkörpern innerhalb der Grenzen werden. Ist das symbolisch zu verstehen? Der erste Völkermord der modernen Geschichte – der an den Armeniern – ist verbunden mit der Gründung des jungen türkischen Nationalstaats durch Kemal Atatürk, mit der Konstituierung eines nationalen Territoriums auf den Trümmern des Osmanischen Reiches und der Schließung des Goldenen Horns. Die Völkermorde und die Lager sind in denselben totalitären Raum eingeschrieben. Auch hier sieht man die Wurzeln des spezifisch modernen Phänomens des *Totalitarismus* sich abzeichnen: Trennen und teilen um zu vereinigen, zerstückeln um einzurastern, atomisieren um einzuverleiben, segmentieren um zu totalisieren, einzufrieden um zu homogenisieren, individualisieren, um die Veränderungen und Unterschiede auszumerzen: die Wurzeln des Totalitarismus sind in die Raummatrix eingeschrieben, die der moderne Nationalstaat materialisiert und die schon in seinen Produktionsverhältnissen und der kapitalistischen gesellschaftlichen Arbeitsteilung anwesend ist.

Zeitmatrix und Historizität: die Tradition

Das zweite bei der Konstituierung der modernen Nation in Betracht kommende Element betrifft das, was man im allgemeinen mit dem Ausdruck »gemeinsame historische Tradition« bezeichnet. Ich werde darauf nur kurz eingehen, denn in Bezug auf die Transformationen der Zeitmatrix und des Begriffs der »Historizität« verfügen wir über wesentlich reichhaltigere Analysen von seiten der Historiker. Auch hier ist die Frage die nach der Verbindung zwischen diesen Transformationen und denen der Produktionsverhältnisse und der gesellschaftlichen Arbeitsteilung. Die Tradition ist in den vorkapitalistischen und kapitalistischen Gesellschaften keineswegs dieselbe, sie hat in ihnen weder denselben Sinn noch dieselbe Funktion.

Die antike Zeitmatrix unterscheidet sich zwar von der des mittelalterlichen Feudalismus, aber sie weisen auch grundsätzliche Gemeinsamkeiten auf. Diese Gesellschaften, in denen der unmittelbare Produzent immer auch Besitzer der Produktionsmittel ist und in denen die spezifisch kapitalistische Arbeitsteilung fehlt, nehmen in Produktionsweisen (Sklavenhalter- und Leibeigenengesellschaft) Gestalt an, *die eine einfache Re produktion und keine erweiterte Reproduktion aufweisen,* wie sie für die kapitalistische Produktionsweise charakteristisch ist. Ihre Zeitmatrizes sind die *der pluralen und singulären Zeiten,* aber jede dieser Zeiten ist kontinuierlich, homogen, reversibel und repetitiv. Ob es sich nun um die landwirtschaftliche, bürgerliche und politische, militärische, herrschaftliche oder geistliche Zeit handelt, alle diese vielfachen Zeiten weisen dieselben Matrixmerkmale auf: Sie sind flüssig und fließend, und ihre Maßeinheit ist nicht universalisierbar, weil diese Zeiten strenggenommen nicht messbar sind, da das Maß nur die Kodifizierung von Abständen zwischen Segmenten sein kann.

Wenn sich in diesem homogenen zeitlichen *Kontinuum* Sequenzen abheben und privilegierte Augenblicke auftreten (man ist nicht in den primitiven Gesellschaften mit linearer Abstammung), dann im Wesentlichen aufgrund des »Zufalls« (antike Gesellschaften) oder der Anwesenheit der Ewigkeit (mittelalterliche Christenheit). Es gibt keine Aufeinanderfolge, keine Verknüpfung und keine Ereignisse. Es sind Zeiten der Gegenwart, die dem Vorher und dem Nachher ihren Sinn gibt. In den antiken Gesellschaften handelt es sich um eine weitgehend zirkuläre Zeit der ewigen Wiederkehr des Gleichen: die Vergangenheit wird immer in der Gegenwart reproduziert, die nur ihr Nachklang ist; wenn man den Lauf der Zeit zurückverfolgt, entfernt man sich nicht von der Gegenwart, denn die Vergangenheit ist integraler Bestandteil des Kosmos. Sich durch die *Anamnesis* erinnern heißt, andere Regionen des Seins wiederzufinden, das Wesen, das im Gegenwärtigen erscheint. Die Gegenwart ist in dieser homogenen, reversiblen und kontinuierlichen Zeit in ihre Ursprünge eingeschlossen, so dass die Chronologie noch ein Abbild der Genealogie oder eine Wiederholung der Genese bleibt. Die Ursprünge wiederzufinden heißt nicht, den Abriss einer Ansammlung (von Erfahrungen, Wissen und Ereignissen) oder eines Fortschritts zu geben, die zur Gegenwart führen, sondern die höchste Allwissenheit zu erlangen. Zwar fehlt die Dimension einer Zukunft nicht, aber dieses *Telos* der Pythagoräer setzt der Spirale der immer wieder neu beginnenden Kreise nur dadurch ein Ende, dass es den Kreis schließt und Anfangs- und Endpunkt wieder miteinander verbindet.

Im mittelalterlichen Feudalismus verhält es sich nicht grundsätzlich anders. Wichtiger als die Abhängigkeiten der Zeitformen von der »natürlichen Zeit«, wie sie für die wesentlich agrarischen Gesellschaften spezifisch ist (die Jahreszeiten, die Feldarbeiten, usw.), ist die Raummatrix, die den verschiedenen Zeiten – der landwirtschaftlichen, handwerklichen, militärischen und geistlichen Zeit – zugrunde liegt, die als ebenso viele einzelne Zeiten auftreten. Wenn auch jede dieser Zeiten Datierungen beinhaltet, so sind diese Chronologien doch nicht an Zeiten entlang angeordnet, die in gleiche Segmente teilbar wären, und der Bezugsrahmen der verschiedenen Zeiten ist nicht die Zahl. Es handelt sich dabei um signifikante Chronologien einer kontinuierlichen Zeit, die unter der Ägide der Religion eine Zeit der Ewigkeit ist, die von den sakralen Bedeutungen, den Akten der Frömmigkeit und dem Ton der Glocken im Rhythmus der Messen skandiert wird. Zwar scheint sich daraus eine in dieser Zeitmatrix verankerte lineare Materialität der Zeit zu ergeben, die sich von der zyklischen der antiken Zeit unterscheidet; denn mit der Schöpfung und dem Jüngsten Gericht hat die Geschichte einen Anfang und ein Ende. Aber es handelt sich immer noch um eine Zeit der Gegenwart: der Anfang und das Ende, das *Vorher* und *Nachher* sind im immer gegenwärtigen Wesen des Göttlichen *vollständig kopräsent.* Ob die Wahrheit nun unwandelbar ist oder zunehmend geoffenbart wird, ob das individuelle Heil vorherbestimmt ist oder nicht, es handelt sich immer nur um eine Wiederholung oder Aktualisierung der Ursprünge. Ans Ende zu kommen heißt immer, an den Anfang zurückzukehren, und die Irreversibilität der Zeit ist hier nur eine trügerische Perspektive.

Die in den Formen und Techniken der vorkapitalistischen politischen Macht anwesenden Zeitmatrizes sind dem Körper des Souveräns nachgebildet. Dieser politische Körper macht keine Geschichte, er fließt vielmehr in einer kontinuierlichen und homogenen Historizität, an der die Subjekte der Macht durch seine Nachahmung teilhaben. Es gibt strenggenommen kein Aufeinanderfolgen dieser Souveräne als Verknüpfung ebenso vieler Ereignisse, sondern eine Zirkulation durch die Übertragung einer ununterbrochenen Regierungsgewalt und die beständige Reaktualisierung der Vergangenheit: die *translatio imperii.* Diese Geschichte als Erinnerung ist immer nur eine Abfolge von Genealogien – der der Gottheiten, der Helden und Dynastien – und die Repräsentation der Geschichte geschieht diesmal über die Chronik. Zwischen Vergangenheit und Gegenwart gibt es kein wirkliches Fortschreiten, sondern eine echohafte Ausbreitung, denn diese Gegenwart ist nur die ständige Ankündigung einer Zukunft, die wieder an die Anfänge anknüpfen wird. Diese Geschichte wird nicht gemacht, sie wird erinnert. Die politische Historizität kann keine konstitutiven Beziehungen zu einem Territorium im modernen Sinne haben, weil dieses Territorium mit Grenzen noch nicht existiert und die vorkapitalistischen Raummatrizes dieselbe Grundlage wie die vorkapitalistischen Zeitmatrizes haben; denn diese politische Historizität ist dem Körper des Souveräns nachgebildet, der sich selbst nicht Souverän eines

Territoriums mit Grenzen ist. Es gibt weder Historizität noch Territorium im modernen Sinne: die vorkapitalistischen Territorien haben keine eigene Historizität, denn die politische Zeit ist die des fürstlichen Körpers, der sich selbst in einem kontinuierlichen und homogenen Raum ausdehnen, zusammenziehen und bewegen kann. Anders ausgedrückt determinieren die spezifischen Merkmale der Raummatrix und der Zeitmatrix einer Produktionsweise, die von ihren Produktionsverhältnissen und ihrer gesellschaftlichen Arbeitsteilung impliziert werden, die Beziehungen dieser Matrizes untereinander, was man mit dem Terminus »Raum-Zeit« bezeichnet, wobei die Verbindung der beiden Wörter keine Lösung, sondern ein Problem ist.

Die kapitalistische Zeitmatrix ist ganz anders, da sie von neuen Produktionsverhältnissen vorausgesetzt wird und mit der kapitalistischen gesellschaftlichen Arbeitsteilung wesensgleich ist. Maschinerie und große Industrie und die Fließbandarbeit implizieren eine *segmentierte, in gleiche Momente unterteilte, kumulative und irreversible, da auf das Produkt orientierte* Zeit; durch das Produkt ist die Zeit auf die erweiterte Reproduktion, die Akkumulation des Kapitals gerichtet. Es handelt sich somit um einen Produktions- und Reproduktionsprozess, der eine Richtung und ein Ziel, aber kein Ende hat. Die Zeit wird messbar und streng kontrollierbar durch die Stechuhren, die Uhren der Werkmeister, die genauen Kontrollisten und Kalender. Auch hier stellt die Zeit durch ihre Segmentierung und Serialisierung das neue Problem ihrer Vereinheitlichung und Universalisierung. Die Zeit soll dadurch beherrscht werden, dass die vielfältigen Zeitformen auf ein einziges homogenes Maß bezogen werden, das die einzelnen Zeitformen (Arbeiterzeit und Bourgeoiszeit, ökonomische, gesellschaftliche und politische Zeit) nur reduziert, indem es ihre Abweichungen kodiert. Aber jede Zeitform bringt die Merkmale ein und derselben Matrix zum Ausdruck, mehr noch (das entgeht zahlreichen Autoren, die auf der »Universalisierung« der kapitalistischen Zeit beharren), diese Zeitmatrix setzt die *einzelnen Zeitformen* zum ersten Mal *als differentielle Zeitformen,* d.h. als Variationen des Rhythmus und der Skandierung einer seriellen, segmentierten, irreversiblen und kumulativen Zeit. Die Momente dieser Zeit sind miteinander verknüpft, sie folgen aufeinander und werden in einem Resultat totalisiert, weil die Gegenwart ein Übergang vom Vorher zum Nachher ist. Die moderne Historizität ist somit evolutiv und progressiv; sie ist die Historizität einer Zeit, die in dem Maße entsteht, wie sie durchlaufen wird, weil jedes Element jedes andere in irreversibler Richtung und in einer Verkettung von Ereignissen zu einer immer neuen Zukunft produziert.

Bevor ich in diesem Zusammenhang auf den Nationalstaat zu sprechen komme, will ich noch einen Zwischensatz einschieben. Hier ist von der materiellen Matrix der kapitalistischen Zeit die Rede und nicht von ihrer Repräsentation. Diese Matrix führt zu theoretisch-ideologischen Repräsentationen der Zeit und der Geschichte, speziell zur Theoretisierung der Zeit in der Geschichtsphilosophie (die im eigentlichen Sinne erst in der bürgerlichen Gesellschaft entsteht) und den sogenannten Humanwissenschaften. Das stellt seinerseits wieder ein doppeltes Problem.

1. Einerseits erzeugt die Zeitmatrix des Kapitalismus die verschiedenen ideologischen Repräsentationen der Geschichte und die unilineare, evolutionistische, progressive und teleologische Historizität der bürgerlichen Geschichtsphilosophie, andererseits ermöglicht sie jedoch zum ersten Mal die *Konstruktion eines wissenschaftlichen Begriffs der Geschichte,* was für das Denken von Marx und übrigens auch zahlreicher moderner Historiker charakteristisch gewesen ist. Man sieht hier schon ein wohlbekanntes Problem auftauchen: Ein in einer bestimmten historisch-sozialen Materialität begründetes epistemologisches Feld – hier die in den kapitalistischen Produktionsverhältnissen implizierte Zeitmatrix – ermöglicht das Auftauchen von wissenschaftlichen Elementen der Erkenntnis, die als solche dieses Feld transzendieren. Der Kapitalismus hat die Konstitution einer Wissenschaft der Geschichte ermöglicht, die nicht allein auf die Erkenntnis des Kapitalismus beschränkt ist. Der Marxismus ist nicht die einzige Theorie des Kapitalismus, genauso wenig wie die Psychoanalyse die einzige Theorie des Unbewussten der kapitalistischen Gesellschaft ist, denn die Elemente und der Gegenstand der Wissenschaft lassen sich nicht auf ihre wie auch immer gearteten Möglichkeits- und Konstitutionsbedingungen reduzieren. Warum hat gerade der Kapitalismus, der auf der Abpressung des Mehrwerts beruht, die Konstruktion des wissenschaftlichen Begriffs der Geschichte ermöglicht? Diese Frage ist schon oft genug behandelt worden, und ich werde hier nicht darauf eingehen. Es scheint mir jedoch, dass dabei der Rolle der Zeitmatrix des Kapitalismus – in dem Sinne wie ich sie hier verstehe, als Möglichkeitsbedingung der Wissenschaft der Geschichte – mehr Aufmerksamkeit geschenkt werden muss. Aber genauso wenig wie ich hier die theoretisch-ideologischen Repräsentationen der Geschichte behandle, werde ich den wissenschaftlichen Begriff der Geschichte behandeln, denn mir geht es hier um die Materialität dieser Zeitmatrix.

2. Begriff und Gegenstand der Geschichte als Wissenschaft und damit des Marxismus haben genauso wenig wie irgendeine andere Wissenschaft ein von ihren historischen Entstehungsbedingungen streng umschriebe-

nes Validitätsfeld, weil sie sich nicht auf die ideologischen Repräsentationen ihrer Umwelt – die Geschichtsphilosophie von der Aufklärung bis zu Hegel – reduzieren lassen, obwohl auch für sie dieselben Bedingungen gelten, sie also zur selben epistemologischen Konstellation gehören. Aber heute weiß man auch, dass *der Einschnitt zwischen Wissenschaft und Ideologie längst nicht so radikal ist, wie wir noch vor einigen Jahren meinten.* Die Theorie der Geschichte weist selbst beim Marx der »Reifezeit« bestimmte gemeinsame Elemente mit der ideologisch-philosophischen Repräsentation der Geschichte zu seiner Zeit auf. Denn die Einbeziehung der kapitalistischen Zeitmatrix in einen eschatologischen Evolutionismus, eine rationalisierende Fortschrittsmethode, eine eindeutige Linearität, einen humanistischen Historizismus, usw., ist nicht nur einfach um den Kern der Marxschen Theorie der Geschichte herum vorhanden; es handelt sich dabei auch nicht um Abweichungen und Entstellungen dieser Theorie durch die Epigonen (die II. und III. Internationale); all das ist vielmehr in der Marxschen Theorie selbst vorhanden.

Die Frage geht noch weiter: Problematisch ist nicht nur, wie es Marx gelingt, vom epistemologischen Feld seiner Zeit ausgehend seine Theorie der Geschichte aufzustellen, sondern auch, wie man im Kernstück seiner Theorie selbst das Funktionieren und die Artikulation der Wissenschaft der Geschichte von den ideologischen Repräsentationen unterscheiden kann.

Denn hier liegt ein Problem, und zwar ein beträchtliches. Das muss gesagt werden gegen die aktuelle Tendenz, die (wie die »Neuen Philosophen«) in Marx nur eine Kopie des Rationalismus und Positivismus der Aufklärung sieht; die mit Foucault die Validität, den Gegenstand und das Feld jeder Wissenschaft auf ihre wie auch immer gearteten Entstehungsbedingungen reduziert – im Falle des Marxismus auf bestimmte Modalitäten der Machtausübung, die Disziplinen, die bei Foucault an die Stelle von »Bedingungen« treten; und schließlich die alten Hüter des marxistischen Dogmas, die sich weigern, das Problem in der Marxschen Theorie selbst zu sehen.

Kommen wir auf unser Problem zurück: Die kapitalistische Zeitmatrix, diese segmentierte, serielle und aufgeteilte Zeit, ist schon im institutionellen Aufbau des Staates und seiner verschiedenen Apparate (Armee, Schule, Bürokratie, Gefängnisse) impliziert. Der moderne Staat materialisiert diese Matrix ebenso in der Formierung der Subjekte, über die er seine Macht ausübt, und in den Techniken der Machtausübung, besonders in den Verfahren zur Individualisierung von Volk und Nation. Diese segmentierte, serielle und aufgeteilte Zeit stellt nun das neue Problem ihrer *Vereinheitlichung;* auch diese Rolle fällt dem Staat zu. Der moderne Staat muss sich die Herrschaft und Kontrolle über die Zeit sichern, indem er Norm und Maß setzt und so den Bezugsrahmen für die Variationen der einzelnen Zeitformen schafft; er regelt Vorlauf und Verspätungen und rastert ihre Unterschiede. Die ungleiche Entwicklung des Kapitalismus ist an die Stockungen angekuppelt, die die verschiedenen staatlichen Formationen bilden, so wie die für jede Formation (im Ökonomischen, Politischen, Ideologischen und untereinander) spezifischen Rhythmen der ungleichen Entwicklung ihrerseits an Momente des Staates angekuppelt sind. Der Staat einigt die Sektoren der kapitalistischen Formation auch in dem Sinne, dass er den Kode für ihre ungleichzeitige Entwicklung bildet. Die kapitalistische Gesellschaftsformation – Staat und Nation – ist somit auch ein vom Staat homogenisierter Prozess.

Man versteht so den neuen Sinn der historischen Tradition bei der Konstituierung der modernen Nation, das Verhältnis dieser Tradition zum Staat und die Tatsache, dass diese Nation tendenziell mit dem modernen Staat zusammenfällt, aber immer in einem doppelten Sinn: Entweder fällt sie mit dem bestehenden Staat zusammen *oder* sie erhebt sich zum autonomen Staat und konstituiert sich als moderne Nation, indem sie sich ihren eigenen Staat schafft; Jakobinertum und Separatismus sind auch hier zwei Aspekte ein und derselben Realität, des besonderen Verhältnisses der modernen Nation zum Staat. Die »Tradition« hat hier keineswegs denselben Sinn wie im Vorkapitalismus, denn das *Vorher* und *Nachher* liegen in ganz verschiedenen Matrizes. Die historische Gegenwart ist hier nur Übergang zwischen Vorher und Nachher, die Vergangenheit ist nicht Kopräsenz im Gegenwärtigen. Sie besteht aus kumulierten Abschnitten in Richtung auf das, was zu einem neuen Sinn der Zukunft wird. Die Tradition ist nicht mehr Erinnerung einer Vergangenheit, die das Nachher einschließt, sie ist nicht mehr Wahrheit einer reversiblen, auf den großen Anfang ausgerichteten Historizität, nicht mehr Wiederholung und Neuanfang der Ursprünge. Die Tradition wird entweder zu dem, was beschleunigt, oder zu dem, was bremst. Sie deckt sich mit einer Aufeinanderfolge von Momenten, die eine irreversible, vom Staat skandierte Geschichte produzieren. Die Einheit dieser historischen Momente und die Ausrichtung ihres Aufeinanderfolgens werden vom modernen Staat an sich gerissen, der seine Legitimation nicht durch den Ursprung im souveränen Körper begründet, sondern eine Reihe von sukzessiven Gründungakten in Volk und Nation, deren Schicksal er repräsentiert. Dieser Staat verwirklicht Individualisierungs- und Einigungsmaßnahmen und konstituiert Volk und Nation auch in dem Sinne, dass er ihre historische Orientierung repräsentiert, ihm sein Ziel zuweist und das vorzeichnet, was zu einem Weg wird. In dieser gerichteten Historizität ohne Ende repräsentiert der Staat eine Ewigkeit, die er durch Selbstzeugung produziert. Dieser Staat organisiert die sich entwickelnde Nation und monopolisiert so tendenziell die nationale Tradition, indem er die Erinnerung von Volk und Nation einlagert. Im kapitalistischen Zeitalter ist eine Nation ohne eigenen Staat eine Nation, die ihrer Tradition und Geschichte verlustig geht, denn moderner Nationalstaat heißt auch Auslöschung der Tradition, der Geschichte und der Erinnerung der beherrschten Nationen, die in seinen Prozess eingeschlossen sind. So muss man auch die (sicherlich zweideutigen) Bemerkungen von Engels verstehen, nach denen die Nationen ohne eigenen Staat im Zeitalter des Kapitalismus zu »Völkern ohne Geschichte«[32] werden. Dieser Staat führt die moderne Nation ein, indem er die anderen nationalen Vergangenheiten eliminiert und aus ihnen Variationen seiner eigenen Geschichte macht: der moderne Imperialismus ist auch Homogenisierung der Zeitsequenzen und Assimilierung der Geschichten durch den Nationalstaat. Die Forderungen nach nationaler Autonomie und eigenem Staat im modernen Zeitalter bedeuten in der kapitalistischen Historizität die Forderung nach einer eigenen Geschichte.

Natürlich *ist der Staat nicht das Subjekt der realen Geschichte,* denn diese ist ein Prozess ohne Subjekt, der Prozess des Klassenkampfs. Man kann dadurch aber verstehen, warum die reale Geschichte die modernen Staaten und Nationen als grundlegende Zentren und Momente hat, obwohl diese Geschichte im Kapitalismus universalisierbar und auf die ganze Welt ausdehnbar wird; man kann verstehen, warum die Geschichte des internationalen Proletariats durch die Geschichten der nationalen Arbeiterklassen segmentiert und skandiert wird. All das beruht nicht auf ideologischen Mechanismen, sondern auf der Rolle dieser Staaten und Nationen bei der materiellen Organisierung der kapitalistischen Historizität. Auf diese Weise kann man die Wurzeln dieses spezifisch modernen Phänomens Totalitarismus nachzeichnen: Die Beherrschung und Vereinheitlichung der Zeit und ihre Erhebung zum Machtinstrument, die Totalisierung der Historizitäten durch die Vernichtung der Unterschiede, die Serialisierung und Segmentierung der Momente, um sie auszurichten und zu kumulieren, die Entsakralisierung der Geschichte, um sie in Beschlag

---

[32] Die Polendebatte in Frankfurt, in: *Neue Rheinische Zeitung,* 3. Sept. 1848. Aus dem literarischen Nachlass von K. Marx, Fr. Engels und F. Lassalle, hrsg. von Fr. Mehring (1902), III, S. 238.

zu nehmen, die Homogenisierung von Volk und Nation durch das Fälschen und Auslöschen der eigenen Vergangenheit: all diese Prämissen des modernen Totalitarismus existieren in der in die modernen Staaten eingeschriebenen Zeitmatrix, die schon von den Produktionsverhältnissen und der kapitalistischen gesellschaftlichen Arbeitsteilung impliziert wird.

Das wird noch deutlicher, wenn man feststellt, dass dieser Staat eine besondere Beziehung zwischen *Geschichte* und *Territorium* einführt und eine besondere Beziehung zwischen der Raummatrix und der Zeitmatrix zustande bringt, deren Überschneidung und Kreuzung die moderne Nation darstellt. Der kapitalistische Staat setzt die Grenzen, indem er das konstituiert, was innen ist – Volk und Nation –, und das Vorher und Nachher des Inhalts dieser Einfriedung homogenisiert. Die nationale Einheit, die moderne Nation, wird so zur *Historizität eines Territoriums und zur Territorialisierung einer Geschichte,* zur nationalen Tradition eines Territoriums, die sich im Nationalstaat materialisiert. Die Grenzmarkierungen des Territoriums werden zu Orientierungspunkten der Geschichte, die im Staat vorgezeichnet sind. Die in der Konstituierung der modernen Volksnation implizierten Einfriedungen sind nur deshalb so schrecklich, weil sie gleichzeitig Fragmente einer vom Staat totalisierten und kapitalisierten Geschichte sind. Die Völkermorde beseitigen das, was zu »Fremdkörpern« im nationalen Territorium und in der nationalen Geschichte wird, zu Ausschließungen aus dem Raum und der Zeit. Die große Einschließung geschieht nur, weil sie auch Ausschnitt und Vereinheitlichung einer seriellen und segmentierten Zeit ist. Die Konzentrationslager sind auch in dem Sinne eine moderne Erfindung, dass die nach allen Seiten geschlossene Grenze sich hinter »Anationalen« schließt, die außerhalb der nationalen Zeit und Historizität stehen. Die nationalen Forderungen des modernen Zeitalters nach einem eigenen Staat sind Forderungen nach einem eigenen Territorium, die so die Forderungen nach einer eigenen Geschichte ausdrücken. Die Prämissen des modernen Totalitarismus existieren nicht nur in der Raum- und Zeitmatrix, die im modernen Staat verkörpert ist, sondern auch und gerade in ihrem vom Staat zusammengefassten Verhältnis.

Die Konstituierung der modernen Nation hängt schließlich noch mit der Beziehung zwischen modernem Staat und *Sprache* zusammen. Hier möge der Hinweis genügen, dass die Schaffung einer Nationalsprache durch den Staat sich weder reduzieren lässt auf das Problem des gesellschaftlichen und politischen Gebrauchs dieser Sprache und das ihrer Normierung und Reglementierung durch den Staat, noch auf das Problem der von ihr implizierten Zerstörung der beherrschten Sprachen innerhalb des Nationalstaats. Die Nationalsprache ist eine vom Staat in ihrer Struktur selbst grundlegend reorganisierte Sprache. Diese Sprache ist in die kapitalistische Raum- und Zeitmatrix neu eingegliedert und in die institutionelle Form des Staates gegossen worden, die die intellektuelle Arbeit in ihrer kapitalistischen Trennung von der manuellen Arbeit zusammenfasst. Die gemeinsame Sprache als konstitutives Element für die moderne Nation ist nicht das einfache Übernehmen einer Sprache durch den Staat, wodurch ihr einfache instrumentelle Verzerrungen zugefügt würden, sondern eine »Neuschöpfung« der Sprache durch den Staat. Der für die offizielle Sprache einer Nation spezifische linguistische Imperialismus beruht nicht nur auf den Formen ihres Gebrauchs, er ist vielmehr schon in ihrer Strukturierung vorhanden.

Nation und Klassen

Es handelt sich jetzt darum, diese Analysen wie in den vorhergehenden Fällen mit einer Analyse der Nation zu verknüpfen, die sie auf den Klassenkampf bezieht.

Aber auch in diesem Fall handelt es sich nicht um zwei unterschiedliche Vorgehensweisen, die zwei real verschiedene Gegenstände behandeln. Denn die Raum- und Zeitmatrizes sind nur Voraussetzungen der Produktionsverhältnisse, weil sie sich in diesen als Klassenkampf materialisieren: sie erscheinen historisch als Produkt dieses Kampfes. Unter diesem Gesichtspunkt sind die Matrizes jedoch nicht das Produkt einer Klasse als Subjekt der Geschichte, sondern die Folge eines Prozesses, denn die Geschichte ist der Prozess des Klassenkampfs. Die moderne Nation ist also nicht die Schöpfung der Bourgeoisie, sondern das Ergebnis eines Kräfte*verhältnisses* zwischen den »modernen« gesellschaftlichen Klassen, in dem sie gleichzeitig die Stelle eines *Einsatzes* der verschiedenen Klassen einnimmt.

Hinzu kommt noch ein zweites Problem: Die konkrete historische Konstellation dieser oder jener modernen Nation und dieses oder jenes modernen Staates und die Formen ihres Verhältnisses hängen von den historischen Besonderheiten dieses oder jenes Klassenkampfprozesses und Kräfteverhältnisses ab. Sie treten als ebenso viele Varianten des modernen Staates und der modernen Nation und damit auch ihrer Raum- und Zeitmatrix auf. In all diesen Fällen handelt es sich allerdings nicht um ein real präexistentes und in seinen einzelnen Erscheinungen einfach unterschiedlich gestaltetes Wesen und auch nicht um einen unterschiedlich konkretisierten Idealtyp. Diese Matrizes existieren ganz wie der moderne Staat und die moderne Nation nur materialisiert in konkreten Gesellschaftsformationen. Diese Formationen und Klassenkampfprozesse weisen nur deshalb etwas Gemeinsames (dieselbe Raum- und Zeitmatrix) auf, weil sie bis zum Punkt des Bruchs auf dem Boden ein und derselben Produktionsweise angesiedelt sind, deren Modifikationen ebenso viele Momente ihrer erweiterten Reproduktion darstellen.

Daher nehmen diese Raum- und Zeitmatrizes ebenso wie im Fall der modernen Nation nicht nur eine je nach den unterschiedlichen kämpfenden Klassen verschiedene *Bedeutung* an, sondern sie existieren als ebenso viele Varianten in den differentiellen Praxisformen dieser Klassen. Es gibt eine Räumlichkeit und Historizität der Bourgeoisie, und es gibt eine Räumlichkeit und Historizität der Arbeiterklasse. Dennoch stellen sie Varianten ein und derselben Matrix dar, diesmal in dem Sinne, dass diese Matrix als die historische Folge des Klassenkampfprozesses und des Kräfteverhältnisses erscheint, und dass dieser Prozess ein Kampfprozess in einer kapitalistischen Gesellschaft ist. Es ist natürlich ausreichend bekannt, dass die Produktionsverhältnisse und die gesellschaftliche Arbeitsteilung die Arbeiterklasse zu einer Klasse machen, von der man gemeinhin sagt, sie sei der »Trager« der Positivitat und der historischen Zukunft. In ihren Praxisformen im Kapitalismus sind schon die »Keime« anderer gesellschaftlicher Verhältnisse, anderer Raum und Zeitmatrizes und einer anderen Nation enthalten, und die Geschichte schreitet immer auf der Seite der Arbeiterklasse vorwärts. Hier ist aber ein anderes Problem wichtig: Der Kampf der Arbeiterklasse ist keine Selbstentfaltung im luftleeren Raum, sondern er existiert nur als Glied eines Verhältnisses, nämlich seines Verhältnisses zur Bourgeoisie. Die Geschichte der Arbeiterklasse ist die Geschichte ihres Kampfes gegen die Bourgeoisie; sich auf den Standpunkt der Arbeiterklasse stellen heißt, sich auf den Standpunkt ihres Kampfes gegen die Bourgeoisie zu stellen.

All dies ermöglicht zunächst die Erklärung des konstitutiven Verhältnisses jeder Bourgeoisie zur Nation, das zugleich den Rhythmen und Phasen der Akkumulation und erweiterten Reproduktion des Kapitals und den großen Linien der Modifikation der Politik der Bourgeoisie folgt. Die moderne Nation ist von der Entwicklung der Bourgeoisie und den Beziehungen zwischen ihren Fraktionen geprägt. Das betrifft sowohl den Übergang zum Kapitalismus in der ursprünglichen Akkumulation des Kapitals und die Rolle der Handelsbourgeoisie bei der Entstehung der Nation als auch das Stadium des Konkurrenzkapitalismus und das Stadium des Imperialismus einschließlich seiner gegenwärtigen Phase der Internationalisierung des Kapitals. Die Transformationen der kapitalistischen

Produktionsverhältnisse prägen die Transformationen der Nation und auch die des bürgerlichen Nationalismus. Obwohl die gegenwärtige Phase durch die Internationalisierung des Kapitals gekennzeichnet ist, bleibt die Nation in transformierter Form für die Bourgeoisie dennoch der Brennpunkt ihrer Reproduktion, die heute die Form einer Inter- oder Transnationalisierung annimmt. Dieser harte Kern der modernen Nation liegt im unveränderlichen Kern der Produktionsverhältnisse als spezifisch kapitalistischer begründet.

Die Beziehung der Bourgeoisie zur Nation ist je nach ihren verschiedenen Fraktionen (nationale Bourgeoisie, internationalisierte Bourgeoisie und innere Bourgeoisie) unterschiedlich und stellt sich über den Staat her. *Dieser Staat ist nicht irgendein Staat,* sondern ein Klassenstaat, ein bürgerlicher Staat, der die Bourgeoisie als herrschende Klasse konstituiert. Aber auch in diesem Fall gibt es nicht zwei Staaten, einen ersten Staat ohne Klassencharakter, der eine moderne Nation organisiert, die dem Verhältnis dieser Nation zur Bourgeoisie vorausgeht, zu dem dann ein zweiter Klassenstaat, der bürgerliche Staat, hinzukäme, der diese Nation zugunsten der Bourgeoisie in Beschlag nehmen würde. Wenn man die Grundlagen dieses Staates und der modernen Nation in den Produktionsverhältnissen und der gesellschaftlichen Arbeitsteilung ansiedelt, kann man zeigen, dass dieser Staat eine eigene Materialität besitzt und dadurch eine Klassennatur hat. Dieser Nationalstaat ist nicht nur einfach deshalb ein bürgerlicher Staat, weil die Bourgeoisie ihn benutzt, um die Nation für ihre Zwecke zu instrumentalisieren, sondern weil die moderne Nation, der Nationalstaat und die Bourgeoisie sich auf demselben Terrain konstituieren, das ihr Verhältnis determiniert. Es besteht kein Zweifel darüber, dass die bürgerliche Politik in Bezug auf die Nation den Zufällen dieser oder jener ihrer spezifischen Interessen unterliegt. Die Geschichte der Bourgeoisie schwankt ständig zwischen Identifizierung mit und Verrat an der Nation, denn diese Nation hat für sie nicht denselben Sinn wie für die Arbeiterklasse und die Volksmassen. Aber die moderne Nation ist nicht etwas, das die Bourgeoisie durch »ihren« Staat nach Belieben preisgeben oder zurückgewinnen kann. Diese Nation ist in diesen Staat eingeschrieben, und der Nationalstaat organisiert die Bourgeoisie als herrschende Klasse.

Das wirkliche Problem ist aber natürlich das Verhältnis der Arbeiterklasse zur modernen Nation. Dieses tiefgreifende Verhältnis wurde vom Marxismus weitgehend unterschätzt, weil er ständig die Tendenz hatte, es entweder unter dem Gesichtspunkt der einfachen ideologischen Herrschaft der Bourgeoisie zu untersuchen (dies traf besonders auf die III. Internationale zu), oder aber unter dem Gesichtspunkt der Mitwirkung jeder Arbeiterklasse an der nationalen Kultur (Austromarxismus). Die ideologischen Auswirkungen des bürgerlichen Nationalismus auf die Arbeiterklasse sollen hier zwar nicht in Zweifel gezogen werden, sie sind jedoch nur ein sehr partieller Aspekt des Problems. Wenn die Existenz und die Praxisformen der Arbeiterklasse in sich schon eine historische Überwindung der Nation im modernen Sinne beinhalten, dann können sie sich im Kapitalismus nur als Arbeitervariante dieser Nation materialisieren. Die Räumlichkeit und Historizität jeder Arbeiterklasse sind eine Variante ihrer eigenen Nation, weil sie 1. in die Raum- und Zeitmatrix eingelassen sind und 2. einen integralen Bestandteil dieser Nation als Ergebnis des Kräfteverhältnisses zwischen der Arbeiterklasse und der Bourgeoisie bilden. Internationalisierung der Arbeiterklasse und auch Internationalismus der Arbeiterklasse gibt es nur in dem Maße, wie es nationale Arbeiterklassen gibt. Man fängt gerade an, das einzusehen, und diese Behauptung muss in einem radikalen Sinne verstanden werden: Es gibt keinen ursprünglichen Internationalismus und keine ursprüngliche Internationalisierung der Arbeiterklasse, die dann später nationale Formen annehmen; es gibt kein supra- oder anationales Wesen, das dann in einem nationalen Rahmen erscheint oder sich einfach in nationalen Besonderheiten konkretisiert. Der kapitalistische Arbeitsprozess, der die erweiterte Kooperation (die Internationalisierung der Arbeiterklasse) impliziert, setzt die nationale Materialität voraus und legt so die objektiven Grundlagen für diese Kooperation als *Inter*nationalismus der Arbeiterklasse. Die gegenwärtige Tendenz zur weltweiten Ausbreitung der Arbeitsprozesse und der gesellschaftlichen Arbeitsteilung ist – wie auch beim Kapital, das darin eingegliedert ist – immer nur Inter- oder Transnationalisierung. Es kann nur *einen nationalen Übergang zum Sozialismus* geben, nicht einfach im Sinne eines allgemeinen Modells, das den nationalen Besonderheiten angepasst würde, sondern im Sinne einer Pluralität von eigenen Wegen zum Sozialismus, für die die aus der Theorie und Erfahrung der weltweiten Arbeiterbewegung abgeleiteten allgemeinen Prinzipien nur Hinweisschilder sein können.

Man trifft hier auf grundsätzliche und folglich sehr schwierige politische Probleme. Sie betreffen die Organisationsformen, die die Arbeiterbewegung lange angenommen hat, nämlich die Arbeiterinternationalen, die auf einer beträchtlichen Unterschätzung der nationalen Realität gründeten und schließlich alle die nationale Unterdrückung und Herrschaft innerhalb der Arbeiterbewegung reproduzierten. Diese Probleme betreffen jedoch auch die politische Position der III. Internationale und des »orthodoxen Marxismus« gegenüber der nationalen Frage: Im besten Fall

(Lenin) muss das nationale Selbstbestimmungsrecht zwar immer anerkannt werden, es muss aber nur dann unterstützt werden, wenn es mit den Interessen des »internationalen Proletariats« übereinstimmt.

Diese zutiefst instrumentalistische Konzeption der Nation, die die nationale Materialität außer Acht lässt, hat zu all den bekannten Missbräuchen beigetragen, denn sie setzt die ursprüngliche Existenz eines substantialisierten internationalen Proletariats voraus und stellt so die Frage, *wer* seine Interessen definiert und *wer* sein Wesen am besten zum Ausdruck bringt und in seinem Namen sprechen kann (seine Avantgarde, die dieses Wesen – die Revolution – verwirklicht hat). Diese Frage kann schon deshalb nur zu Missbräuchen führen, weil sie mit den falschen Begriffen gestellt wird.

Aber es geht noch weiter: Der Staat, der eine entscheidende Rolle bei der Organisierung der modernen Nation spielt, ist auch kein Wesen, kein Subjekt der Geschichte oder einfaches Objekt oder Instrument der herrschenden Klasse, sondern unter dem Gesichtspunkt seiner Klassennatur die Verdichtung eines Kräfteverhältnisses, das ein Klassenverhältnis ist. Das Territorium und die Geschichte, die der Staat zusammenfasst, bestätigen die Herrschaft der bürgerlichen Variante der Raum- und Zeitmatrix über ihre Arbeitervariante, die Herrschaft der bürgerlichen Historizität über die Historizität der Arbeiterklasse. Aber die Geschichte der Arbeiterklasse drückt dem Staat ohne sich hierin jedoch zu erschöpfen – gerade in seinem nationalen Aspekt ihren Stempel auf. Auch der Staat ist in seinem institutionellen Aufbau das Ergebnis des nationalen Klassenkampfprozesses, d.h. des Kampfes der Bourgeoisie gegen die Arbeiterklasse, aber auch des Kampfes der Arbeiterklasse gegen die Bourgeoisie. Der Staat ist genauso wie die nationale Kultur, Sprache und Geschichte ein strategisches Feld, das durch und durch von dem darin wenn auch deformiert eingeschriebenen Kampf und Widerstand der Arbeiter und des Volkes zerfurcht ist; trotz des Mantels des Schweigens, den der Staat über die Erinnerung der Arbeiterklasse deckt, kommen diese Kämpfe in diesem strategischen Feld immer wieder zum Durchbruch. Der Nationalstaat als Einsatz und Ziel der Arbeiterkämpfe stellt auch die Wiederaneignung ihrer Geschichte durch die Arbeiterklasse dar. Das kann natürlich nicht ohne Transformation des Staates geschehen, damit ist aber auch die Frage eines gewissen Weiterbestehens dieses Staates unter seinem nationalen Aspekt beim Übergang zum Sozialismus gestellt. Dabei darf dieses Weiterbestehen nicht nur im Sinne eines bedauerlichen Überbleibsels verstanden werden, sondern auch im Sinne einer positiven Notwendigkeit für den Übergang zum Sozialismus.

Diese Bemerkungen können die Probleme bei weitem nicht erschöpfend behandeln, deshalb bleiben hier noch zahlreiche Fragen offen, vor allem: a) das ganz besondere Verhältnis, das die anderen gesellschaftlichen Klassen einer kapitalistischen Formation (alte und neue Kleinbourgeoisie, die Klassen der Bauernschaft) und die gesellschaftlichen Kategorien wie die Staatsbürokratie gegenüber der Nation haben; b) die konkrete politische Bedeutung, die die Nation je nach den Stadien und Phasen des Kapitalismus und auch je nach den verschiedenen Konjunkturen für die Arbeiterklasse und ihren Kampf bekommt, besonders die entscheidende Rolle, die dem Kampf für die nationale Unabhängigkeit in den herrschenden Ländern und dem nationalen Befreiungskampf in den beherrschten Ländern in der gegenwärtigen Phase des Imperialismus zufällt; c) die nationale Ideologie der Arbeiterklasse als zugleich richtiger Ausdruck des Internationalismus und als Auswirkung des bürgerlichen Nationalismus auf die Arbeiterklasse; dieser bürgerliche Nationalismus hätte dennoch nicht die massiven und fürchterlichen Auswirkungen auf die Arbeiterklasse haben können, die er gehabt hat – er führte sie in die Blutbäder der national-imperialistischen Kriege –, wenn er nicht auf der Materialität der Konstituierung und des Kampfes der Arbeiterklasse beruhte und mit dem authentischen Arbeiteraspekt der nationalen Ideologie verknüpft wäre.

Ich werde diese Fragen hier nicht weiter untersuchen, die vorangehenden Bemerkungen geben jedoch den für ihre Behandlung einzuschlagenden Weg an. Sie ermöglichen es, die außergewöhnliche Beständigkeit und Widerstandskraft der modernen Nation durch alle Modifikationen der verschiedenen Systeme zur Organisierung des politischen Raumes hindurch zu erklären. Die moderne Nation kann aufgrund ihrer Verankerung in materiellen Matrizes nur durch das radikale Umstürzen der Produktionsverhältnisse und der gesellschaftlichen Arbeitsteilung, die zu diesen Matrizes führen, überwunden werden. Damit wird auch ein Beitrag zur Erklärung der Formen geleistet, die die nationale Frage in den Ländern des Ostens annimmt. Zwar kann oder soll die Nation im Sozialismus nicht abgeschafft werden, die außergewöhnlichen Formen *nationaler Unterdrückung* sowohl in den Beziehungen zwischen diesen Ländern (zwischen der UdSSR und den anderen Volksdemokratien) als auch innerhalb jedes einzelnen dieser Länder (Unterdrückung ihrer nationalen Minderheiten) verweisen jedoch – nur zum Teil, aber zweifellos grundsätzlich – auf die »kapitalistischen Aspekte« ihrer Produktionsverhältnisse, ihrer gesellschaftlichen Arbeitsteilung und ihrer Staaten.

Teil 2
Die politischen Kämpfe: Der Staat als Verdichtung eines Kräfteverhältnisses

Wir haben bis hierher die Notwendigkeit festgestellt, den institutionellen Aufbau des Staates mit den kapitalistischen Produktionsverhältnissen und der gesellschaftlichen Arbeitsteilung in Beziehung zu setzen. Damit wurde bereits eine erste Beziehung zwischen dem Staat, den sozialen Klassen und dem Klassenkampf hergestellt.

Diesen letzten Punkt werde ich jetzt durch eine Analyse des Staates unter den Gesichtspunkten der *politischen Herrschaft* und des *politischen Kampfes* weiterentwickeln. Eine Theorie des kapitalistischen Staates kann ihren Gegenstand nicht allein durch den Bezug auf die Produktionsverhältnisse konstruieren, wobei die Klassenkämpfe in den sozialen Formationen nur als simpler Variations- und Konkretisierungsfaktor dieses – idealtypischen – Staates in irgendeinem konkreten Staat intervenieren. Wenn diese Theorie auch nicht eine bloße Nach- oder Aufzeichnung der Genealogie des kapitalistischen Staates sein soll, ist sie doch nur möglich, wenn sie die historische Reproduktion dieses Staates bewusst macht: den Staat in den verschiedenen Phasen oder Stadien des Kapitalismus (liberaler Staat, interventionistischer Staat, gegenwärtiger autoritärer Etatismus), die Ausnahmeformen (Faschismen, Militärdiktaturen, Bonapartismen) und Regierungsformen dieses Staates. Eine Theorie des kapitalistischen Staates muss die Metamorphosen ihres Gegenstandes kennen.

Daher sollen zuerst die Transformationen der Produktionsverhältnisse betrachtet werden. Den Staat auf die Produktionsverhältnisse zu beziehen, bedeutet bereits, dass die Transformationen des Staates in seiner grundlegenden historischen Periodisierung (Stadien und Phasen des Kapitalismus, Konkurrenz- und imperialistische Stadien, monopolkapitalistische Stadien und Phasen) auf die substantiellen Veränderungen der Produktionsverhältnisse und der gesellschaftlichen Arbeitsteilung im Kapitalismus hinweisen. Auch wenn der harte Kern der Produktionsverhältnisse weiterbesteht – der Staat bleibt eben kapitalistisch –, sind sie dennoch während der gesamten Reproduktion des Kapitalismus wesentlichen Transformationen unterworfen.

Aber diese Transformationen verweisen auch auf Veränderungen in der Konstitution und Reproduktion der sozialen Klassen, ihres Kampfes und ihrer politischen Herrschaft. Das gilt bereits für die grundlegende Periodisierung nach Stadien und Phasen des Kapitalismus: diese Transformationen beinhalten wichtige Modifikationen auf dem Gebiet der politischen Herrschaft. Das gilt auch für die genauen Formen und Regierungsformen, die der Staat in ein und demselben Stadium oder in ein und derselben Phase des Kapitalismus den sozialen Formationen entsprechend annimmt: diese oder jene Form des Parlamentarismus, des Präsidialsystems, des Faschismus oder der Militärdiktatur. Die Klassenverhältnisse sind also sowohl in den Transformationen des Staates je nach den Stadien und Phasen des Kapitalismus präsent, d.h. in den Transformationen der Produktionsverhältnisse und damit der gesellschaftlichen Arbeitsteilung, als auch in den differenzierten Formen, die der Staat in einem Stadium oder einer Phase annimmt, die durch die gleichen Produktionsverhältnisse gekennzeichnet sind.

So entsteht das Problem, eine Theorie des kapitalistischen Staates zu entwickeln, die von den Produktionsverhältnissen ausgehend durch die *Struktur ihres Gegenstandes selbst* seine differenzierte, vom Klassenkampf abhängige Reproduktion aufdecken kann. Ich betone diese Punkte nicht rein zufällig, denn der formalistische Theorizismus kann in der Staatstheorie mehrere Formen annehmen. Bis jetzt haben wir eine davon beiseite gelassen: diejenige, die den Gegenstand einer Theorie des kapitalistischen Staates konstruiert, indem sie einen Zusammenhang zwischen Staat und allein den Produktionsverhältnisse im Sinne einer ökonomischen Struktur herstellt. Klassenkampf und politische Herrschaft werden dabei erst nachträglich eingebaut, um die sekundären Konkretisierungen und Besonderheiten dieses Staates in der historischen Wirklichkeit erklären zu können. Diese Konzeption führt dazu, die spezifischen Formen dieses Staates unberücksichtigt zu lassen.

Der formalistische Theorizismus kann aber auch eine andere Form annehmen, die jedoch zu demselben Ergebnis führt. Diese Form interessiert uns hier ganz besonders, da sie diesmal die Beziehung von Staat und politischer Herrschaft betrifft. Sie behandelt die allgemeinen Aussagen der Klassiker des Marxismus über den Staat als »allgemeine Theorie« des Staates (die »marxistisch-leninistische« Theorie) und reduziert den kapitalistischen Staat auf eine bloße Konkretisierung des »Staates im Allgemeinen«. In bezug auf die, politische Herrschaft kommen dabei dogmatische Banalitäten ungefähr folgenden Stils heraus: Jeder Staat ist ein Klassenstaat; jede politische Herrschaft ist Klassendiktatur; der kapitalistische Staat ist ein Staat der Bourgeoisie; der kapitalistische Staat im Allgemeinen und jeder kapitalistische Staat im Besonderen sind Diktaturen der Bourgeoisie. Wir haben das kürzlich noch in der Auseinandersetzung in der KPF um die Diktatur des Proletariats und den von einigen »Befürwortern« dieses Begriffs vorgebrachten Argumenten verfolgen können, vor allem bei E. Balibar in seinem neuen Buch *Über die Diktatur des Proletariats*. Es liegt auf der Hand, dass eine solche Analyse die Untersuchung keinen einzigen Schritt weiterbringen kann. Sie ist vollkommen unbrauchbar für die Analyse konkreter Situationen, da sie nicht in der Lage ist, eine Theorie des kapitalistischen Staates und ihrer differenzierten Formen und historischen Transformationen anders als in der Form von »Es ist doch alles Jacke wie Hose« zu entwickeln.

Das Fehlen einer solchen Analyse hat unübersehbare politische Konsequenzen: Sie hat als Ergebnis und Auswirkung der stalinistischen Dogmatisierung und Simplifizierung der Frage des Staates zu politischen Katastrophen geführt, vor allem durch die in der Zwischenkriegszeit angesichts des aufkommenden Faschismus eingeschlagene Strategie. Sie hat sich in der Komintern-Strategie des sogenannten »Sozialfaschismus« niedergeschlagen, die auf genau diese Staatskonzeption begründet wurde, und die nicht in der Lage war, zwischen demokratisch parlamentarischen Staatsformen und der ganz spezifischen Form des faschistischen Staates zu unterscheiden. Diese Frage habe ich schon an anderer Stelle behandelt. Deshalb möchte ich nur beiläufig darauf hinweisen, dass noch vor kurzem diese stalinistische Staatskonzeption bei A. Glucksmann in seinem Text *Le fascisme qui vient d'en haut*[1] zu finden war, in dem der französische Staat von 1972 mit einem Faschismus neuen Typs gleichgesetzt wurde. Bekanntlich ist Glucksmann ja vom Neostalinismus zum abgedroschensten Antimarxismus übergegangen, wobei er vermutlich dachte, an seinen damaligen Hirngespinsten sei Marx schuld. Ich möchte trotzdem darauf hinweisen, dass eine Theorie des kapitalistischen Staates, die in der Lage ist, die differenzierten Formen des Staates zu erklären, nicht nur zur Unterscheidung zwischen demokratisch parlamentarischem Staat und Ausnahmestaat notwendig ist, sondern noch viel weiter reicht. Es ist notwendig, die Unterschiede im kapitalistischen Notstandsstaat selbst sichtbar zu machen. Ich habe in *Die Krise der Diktaturen*[2] versucht zu zeigen,

---

[1] »Nouveau fascisme, nouvelle democratie« – eine Sondernummer der Temps Modernes, Februar 1972.

[2] Vgl. N. Poulantzas: *Die Krise der Diktaturen*. Portugal, Griechenland, Spanien, Frankfurt a.M. 1977.

dass die Unterscheidung zwischen Faschismus und Militärdiktatur für die politische Strategie entscheidend ist. Diese Frage war von zentraler Bedeutung für Spanien, Portugal und Griechenland. Nach der Diskussion in der südamerikanischen Linken zu urteilen, ist sie es auch noch für einige lateinamerikanische Regime. Es ist aber auch notwendig, die Unterschiede zwischen den parlamentarisch demokratischen Formen selbst herauszustellen: Wer erinnert sich nicht an die politischen Misserfolge, zu denen die Unfähigkeit geführt hat, die Spezifität des gaullistischen Staates in Frankreich zu erfassen.

Es ist also theoretisch zu erklären, wie *der Klassenkampf, spezieller der politische Kampf und die politische Herrschaft, im institutionellen Gerüst des Staates eingeschrieben sind* (im vorliegenden Fall die der Bourgeoisie im materiellen Gerüst des kapitalistischen Staates), *und zwar so, dass die unterschiedlichen Formen und historischen Transformationen diese Staates erklärt werden können.* Auch hier, im politischen Kampf und in der politischen Herrschaft, hat der Staat eine organische Rolle: Der kapitalistische Staat konstituiert die Bourgeoisie als politisch herrschende Klasse. Sicherlich behält der Klassenkampf das Primat gegenüber den Apparaten, d.h. hier dem Staatsapparat. Aber es handelt sich nicht um eine Bourgeoisie, die als politisch herrschende Klasse außerhalb des Staates oder früher als er existierte, so dass sie ihn nach eigenem Belieben gestalten könnte, und der Staat nur noch als bloßer Anhängsel dieser Herrschaft fungierte. Diese Rolle des Staates ist in seine institutionelle Materialität eingeschrieben: es geht um den Klassencharakter des Staates. Um ihn ernsthaft zu untersuchen, muss die Rolle des Staates gleichzeitig in Bezug auf die herrschenden und auf die beherrschten Klassen beleuchtet werden.

Dies werde ich jetzt versuchen, wobei ich durchweg auf einer relativ allgemeinen Ebene bleibe. Die folgenden Aussagen erhalten ihre volle Anschaulichkeit in der späteren Analyse der gegenwärtigen Staatsform, d.h. des autoritären Etatismus.

1. Der Staat und die herrschenden Klassen

Die Rolle des Staates besteht besonders im Hinblick auf die herrschenden Klassen, speziell im Hinblick auf die Bourgeoisie, in der *Organisation.* Er repräsentiert und organisiert die herrschende oder die herrschenden Klassen, er organisiert also das langfristige politische Interesse des *Blocks an der Macht,* der sich aus den verschiedenen Fraktionen der bürgerlichen Klasse zusammensetzt (denn die Bourgeoisie ist in Klassenfraktionen gespalten), und an dem hin und wieder die herrschenden Klassen anderer, in der kapitalistischen Gesellschaftsformation vorhandenen Produktionsweisen partizipieren. Klassisches und noch aktuelles Beispiel dafür sind die Großgrundbesitzer in den beherrschten und abhängigen Ländern. Es handelt sich um eine staatlich vermittelte Organisation der konfliktuellen Bündniseinheit des Blocks an der Macht und des instabilen Kompromissgleichgewichts zwischen seinen Teilen, die sich in diesem Block unter der Hegemonie und Führung einer seiner Klassen oder Fraktionen realisiert, der hegemonialen Klasse oder Fraktion.

Der Staat konstituiert also die politische Einheit der herrschenden Klassen: Er etabliert diese Klassen als herrschende Klassen. Diese grundsätzliche Organisationsrolle erstreckt sich im übrigen nicht auf einen einzigen Apparat oder Zweig des Staates (die politischen Parteien), sondern in unterschiedlichem Maße und in mehrfacher Hinsicht auf sämtliche Apparate- einschließlich der par exellence repressiven Apparate (Armee, Polizei, usw.), die ebenfalls an dieser Rolle partizipieren. Der Staat kann diese Rolle der Vereinheitlichung und Organisierung der Bourgeoisie und des Blocks an der Macht nur dann erfüllen, wenn er gegenüber dieser oder jener Fraktion oder Komponente des Blocks und gegenüber ihren Partikularinteressen eine *relative Autonomie* behält. Dies ist eine für den kapitalistischen Staat konstitutive Autonomie: Sie verweist auf die Materialität dieses Staates in seiner relativen Trennung von den Produktionsverhältnissen und auf die durch diese Trennung implizierte Spezifität der Klassen und des Klassenkampfes.

Diese These beruht auf Analysen, die ich an anderer Stelle gemacht habe, und auf die ich nicht weiter eingehen werde. Ich möchte nur daran erinnern, dass diese Analysen nicht, wie es manchmal gesehen wird, auf eine bestimmte kapitalistische Staatsform, vor allem auf den »liberalen Staat« des Konkurrenzkapitalismus anwendbar sind. Sie betreffen den strukturellen Kern dieses Staates, also auch seine Form in der jetzigen Phase des Monopolkapitalismus. Dieser Staat soll, heute wie in der Vergangenheit, langfristig das politische Interesse der gesamten Bourgeoisie (ideeller Gesamtkapitalist) unter der Hegemonie einer ihrer Fraktionen, gegenwärtig unter der Hegemonie des Monopolkapitals, repräsentieren:

a) Die Bourgeoisie ist immer konstitutiv in Klassenfraktionen gespalten: Monopolkapital und nichtmonopolistisches Kapital (denn das Monopolkapital ist keine integrierte Einheit, sondern Ausdruck für einen widersprüchlichen und ungleichen »Fusionierungsprozess« zwischen verschiedenen Kapitalfraktionen). Diese Fraktionierungen verstärken sich im Hinblick auf die aktuellen Konstellationen der Internationalisierung des Kapitals.

b) Diese bürgerlichen Fraktionen sind in ihrer Gesamtheit, obwohl in immer unterschiedlicherem Maße, auf dem Terrain der politischen Herrschaft angesiedelt, und gehören somit immer zum Block an der Macht. Im Gegensatz zu bestimmten Analysen des staatsmonopolistischen Kapitalismus der KPF ist es nicht nur das Monopolkapital, das das Terrain der politischen Herrschaft besetzt.

c) Der Staat behält immer gegenüber dieser oder jener Fraktion des Blocks an der Macht (einschließlich dieser oder jener Fraktion des Monopolkapitals) eine relative Autonomie, um so die Organisierung des Allgemeininteresses der Bourgeoisie unter der Hegemonie einer ihrer Fraktionen sicherzustellen. Wiederum im Gegensatz zu bestimmten Analysen des Stamokap handelt es sich weder um eine »Fusion« von Staat und Monopolen (diese Analyse hat die KPF jetzt aufgegeben), noch um ihre (selbst widersprüchliche) »Wiedervereinigung« zu einem »einheitlichen Mechanismus«.

d) Diese Analysen stimmen auch dann, wenn die gegenwärtigen Formen des Monopolisierungsprozesses und die spezielle Hegemonie des Monopolkapitals über die gesamte Bourgeoisie unbestreitbar der Autonomie des Staates gegenüber dem Monopolkapital und seinem Kompromissfeld mit anderen Fraktionen der Bourgeoisie Restriktionen auferlegen.

Wie kommt es konkret zu dieser Politik des Staates zugunsten des bürgerlichen Blocks an der Macht?

Ich präzisiere einige meiner vorhergehenden Analysen, indem ich sage, dass der Staat, in diesem Fall der kapitalistische Staat, nicht als ein in sich abgeschlossenes Wesen begriffen werden darf, sondern, wie auch das »Kapital«, *als ein Verhältnis, genauer als die materielle Verdichtung eines Kräfteverhältnisses zwischen Klassen und Klassenfraktionen, das sich im Staat immer in spezifischer Form ausdrückt.*[3]

Alle Begriffe der vorangegangenen Formulierungen sind von besonderer Wichtigkeit, deshalb müssen wir bei ihnen haltmachen. Zuallererst bei dem Aspekt des Staates als Verdichtung eines *Verhältnisses:* Wenn man den Staat so begreift, vermeidet man die Sackgassen des ewigen Pseudodilemmas der Diskussion zwischen der Konzeption des Staates als einer

[3] Ich habe bereits im Vorwort dieses Textes gesagt, dass ich nur in meinem eigenen Namen spreche. Allerdings gehen zahlreiche Arbeiten in diese Richtung. Ich nenne – aus Frankreich – nur die Arbeiten von Chr. Buci-Glucksmann und M. Castells.

Sache bzw. einem Instrument und der Konzeption des Staates als einem Subjekt. Der Staat als *Sache:* Dies ist eine alte instrumentalistische Konzeption vom Staates als einem passiven, wenn nicht sogar neutralen Werkzeug, das von einer einzigen Klasse oder Fraktion total manipuliert wird. In diesem Fall gesteht man dem Staat keinerlei Autonomie zu. Der Staat als *Subjekt:* Hier wird die absolut gesetzte Autonomie des Staates durch seinen Willen als Vernunftinstanz der bürgerlichen Gesellschaft begründet. Diese Konzeption geht bis auf Hegel zurück und wird von Max Weber und der herrschenden Strömung der politischen Soziologie (die »institutionalistisch-funktionalistische« Richtung) wieder aufgegriffen. Sie bezieht diese Autonomie auf die angebliche Macht des Staates und auf die Träger dieser Macht und der staatlichen Rationalität: auf die Bürokratie und speziell auf die politische Elite.

Aber der Staat ist nicht bloß einfach ein Verhältnis oder die Verdichtung eines Verhältnisses: Er ist die materielle und spezifische Verdichtung eines Kräfteverhältnisses zwischen den Klassen und Klassenfraktionen.

Diese Frage ist von großer Bedeutung und verdient Beachtung: Sie betrifft die jüngsten theoretisch-politischen Entwicklungen der Französischen Kommunistischen Partei. Die Analyse des Staates als der materiellen Verdichtung eines Klassenverhältnisses habe ich der gegenwärtigen Staatskonzeption der kommunistischen Analysen in der Theorie des staatsmonopolistischen Kapitalismus, entgegengesetzt. An dieser Konzeption kritisierte ich vor allem, dass sie zu der Vorstellung des mit dem Monopolkapital »fusionierten« Staates führt, einem Staat, der im Dienste der Monopole steht und keinerlei Autonomie besitzt; dass diese Konzeption also eine instrumentalistische Staatskonzeption vertrat. Aber ich kritisierte noch etwas anderes. Ich versuchte aufzuzeigen, dass diese Vorstellung von einem durch die Monopole beliebig manipulierbaren Staat sich völlig in eine Konzeption einfügt, die die eigenständige Materialität des Staates übersieht. Diese Materialität eines Staates, der als Werkzeug oder Instrument angesehen wird, hat keine eigene politische Bedeutung. Diese Bedeutung wird auf die Staatsmacht beschränkt, d.h. auf die Klasse, die dieses Instrument manipuliert. Das würde im Extremfall implizieren, dass das gleiche Instrument (das verschiedenen, allerdings zweitrangigen Modifikationen unterliegt) durch eine Veränderung in der Staatsmacht, also durch die Macht der Arbeiterklasse, für den Übergang zum Sozialismus anders eingesetzt werden könnte.

Im ersten Punkt haben sich die Analysen der KPF weiterentwickelt. Das lässt sich in dem Sammelband von J. Fabre, Fr. Hineker und L. Sève:

»Les communistes et l'Etat« sowie in einer Reihe von Artikeln von F. Hincker in der »Nouvelle Critique« verfolgen.

Diese Positionen lassen eine beträchtliche Entwicklung erkennen, denn sie brechen nach einem vor längerer Zeit eingeschlagenen Weg mit einer instrumentalistischen Staatskonzeption, die der stalinistische Dogmatismus hinterlassen hat. Der Staat wird als Verdichtung eines Verhältnisses begriffen: »Der Staat, seine Politik, seine Formen und Strukturen drükken also die Interessen der herrschenden Klasse nicht mechanisch, sondern durch ein Kräfteverhältnis vermittelt aus, das ihn zum verdichteten Ausdruck des sich entwickelnden Klassenkampfes macht!«[4] Obwohl die Bedeutung dieser Entwicklung unterstrichen werden muss, muss man dennoch feststellen, dass die Analysen der KPF im zweiten Punkt weiterhin hartnäckig die Materialität des Staates als »spezieller« Apparat außer acht lassen.

Das zeigt auch die Artikelserie von F. Hincker,[5] die die gründlichsten theoretischen Anmerkungen aufweist. Ich beziehe mich auf diese Artikel exemplarisch, da sie Fragen behandeln, die im Mittelpunkt der Diskussionen des europäischen Kommunismus stehen (in Italien, in Spanien, aber auch in Großbritannien). Hincker bezieht sich auf zwei Staatskonzeptionen, die sich, wie er meint, in der gesamten Geschichte der marxistischen Bewegung kreuzen. Und zwar eine »enge« Konzeption, die den Staat in seinem Wesen als Apparat betrachtet, und eine von Hincker als richtig akzeptierte »weite« Konzeption, die den Staat einfach als Ausdruck eines Klassenverhältnisses sieht. Allerdings ist der Gegensatz zwischen beiden Konzeptionen nicht richtig formuliert. Es geht nicht darum, den Gegensatz einer Konzeption, die den Staat als Apparat begreift, zu einer anderen Konzeption herauszustellen, die ihn als bloße Klassenbeziehung fasst. Es geht um den Widerspruch zwischen einer instrumentalistischen Konzeption des Staates als Sache (l'Etat-Chose) und einer Konzeption, die ihn als materielle Verdichtung eines Kräfteverhältnisses zwischen Klassen begreift. Ganz im Gegensatz zu dem, was die Analysen von Hincker zu implizieren scheinen, fällt der materielle Aspekt des Staates als Apparat aus der Konzeption des Staates als Verdichtung eines Klassenverhaltnisses nicht heraus. Das materielle Gerüst seiner Institutionen

[4] Les communistes et l'Etat, 1977, S. 13.

[5] Zur kritischen Aufnahme der Theorie vgl. La Nouvelle Critique, Nr. 93, 1976, sowie Artikel in France Nouvelle. Über diese Themen habe ich anlässlich des Sammelbandes La Crise de l'Etat (1976) in France Nouvelle vom 1. November 1976, und in der Nouvelle Critique vom Februar 1977 mit Hincker und Boccara diskutiert. Vgl. dazu auch die Diskussion in der Zeitschrift Repères vom Januar 1977.

wird durch die Beziehung des Staates zu den Produktionsverhältnissen und der gesellschaftlichen Arbeitsteilung konstituiert, die sich in der kapitalistischen Trennung des Staates von diesen Verhältnissen konzentriert. Dies habe ich im ersten Teil dieses Textes zu zeigen versucht. Der Staat hat eine eigene Dichte und Widerstandskraft und reduziert sich nicht auf ein Kräfteverhältnis. Eine Veränderung des Kräfteverhältnisses zwischen Klassen hat sicherlich immer Auswirkungen innerhalb des Staates, sie überträgt sich jedoch nicht direkt und unmittelbar. Sie passt sich der Materialität der verschiedenen Apparate an und kristallisiert sich im Staat nur in gebrochener und differenzierter, den Apparaten entsprechender Form. Eine Veränderung der Staatsmacht allein transformiert die Materialität des Staatsapparates nicht. Wie man weiß, hängt diese Transformation von spezifischen Handlungen und Maßnahmen ab.

Kommen wir auf die Beziehung von Staat und sozialen Klassen zurück. Sowohl in der Konzeption des Staates als einer Sache als auch in der Konzeption des Staates als einem Subjekt, d.h. des Staates als eines in sich selbst begründenden Ganzen, wird die Beziehung Staat-gesellschaftliche Klassen, und zwar besonders die Beziehung zwischen dem Staat und den herrschenden Klassen und Fraktionen, als *äußerliche Beziehung* begriffen. Entweder unterwerfen sich die herrschenden Klassen den Staat (als Sache) durch ein Spiel von »Einflussnahmen« und pressure groups oder aber der Staat (als Subjekt) unterwirft sich die herrschenden Klassen. In dieser äußerlichen Beziehung werden Staat und herrschende Klassen immer als in sich geschlossene Wesenheiten gesehen, die sich frontal gegenüberstehen und von denen jede soviel Macht besitzt wie der anderen fehlt. Dies entspricht einer traditionellen Konzeption, die die Macht in einer Gesellschaft als gegebene *Menge* ansieht, der Konzeption der *Macht als einer Nullsumme*. Entweder absorbiert die herrschende Klasse den Staat, indem sie ihn seiner Macht beraubt (Staat als Sache), oder aber der Staat widersteht der herrschenden Klasse und entzieht ihr die Macht zu seinem eigenen Nutzen (Staat als Subjekt und Schiedsrichter zwischen den gesellschaftlichen Klassen, eine von der Sozialdemokratie sehr geschätzte Auffassung).

Mehr noch: Nach der ersten These (der These vom Staat als Sache) etabliert sich die Politik des Staats zugunsten der Bourgeoisie durch die bloße Beschlagnahme des Staates als Instrument durch eine einzige Fraktion der Bourgeoisie, gegenwärtig das Monopolkapital, die selbst angeblich eine in gewissem Sinn dem staatlichen Handeln vorgeordnete politische Einheit besitzt. Der Staat spielt in der Organisation des Blocks an der Macht der Bourgeoisie keine eigene Rolle und besitzt *keinerlei Auto-*

nomie im Verhältnis zur herrschenden oder hegemonialen Klasse bzw. Fraktion. In der These vom Staat als Subjekt ist dagegen der Staat mit Vernunftwillen, eigener Macht und einer gegenüber den sozialen Klassen *tendenziell absoluten Autonomie* ausgestattet. Er existiert außerhalb der Klassen und zwingt den konkurrierenden und divergierenden Interessen der bürgerlichen Gesellschaft »seine« Politik auf, die Politik der Bürokratie oder der politischen Eliten.

Diese beiden Thesen können die Etablierung der staatlichen Politik zugunsten der herrschenden Klassen nicht erklären; genauso wenig erfassen sie ein sehr entscheidendes Problem, das Problem der *internen Widersprüche des Staates.* In ihrem gemeinsamen Hintergrund, der äußerlichen Beziehung zwischen dem Staat und den sozialen Klassen, scheint der Staat notwendigerweise ein monolithischer Block ohne Risse zu sein. In der Konzeption des Staates als Sache, in der der Staat mit einer ihm innewohnenden instrumentellen Einheit ausgestattet zu sein scheint, existieren die Widersprüche in seinem Innern nur als externe Reibungen (Einflüsse, Pressionen) der Teile und Getriebe der Staatsmaschinerie oder des Staatsinstruments. Jede herrschende Fraktion oder jede Sonderinteressengruppe möchte sich den besten Anteil sichern. Sie sind letztlich also zweitrangige Widersprüche, bloße Misserfolge der quasi metaphysischen Einheit des Staates und ohne Einfluss auf den Ablauf seiner Politik. In der Konzeption des Staates als Subjekt ist die Einheit des Staates notwendiger Ausdruck seines Vernunftwillens und angesichts der Fraktionierungen in der bürgerlichen Gesellschaft Teil seines Wesens. Die inneren Widersprüche des Staates bleiben zweitrangige, zufällige und episodische Erscheinungen und werden hauptsächlich durch Reibungen und Antagonismen zwischen verschiedenen politischen Eliten und bürokratischen Gruppen verursacht, die seinen vereinheitlichenden Willen verkörpern. In einem Fall liegen die Klassenwidersprüche außerhalb des Staates; im anderen liegen die Widersprüche des Staates außerhalb der gesellschaftlichen Klassen.

Die Etablierung der staatlichen Politik zugunsten des Blocks an der Macht sowie das konkrete Funktionieren der staatlichen relativen Autonomie und seiner organisatorischen Rolle sind organisch mit diesen Spaltungen, Teilungen und inneren Widersprüchen des Staates verbunden und können nicht bloß dysfunktionale Unfälle sein. *Die Etablierung der staatlichen Politik muss als Resultante der in die Struktur des Staates (der Staat als Verhältnis) selbst eingeschriebenen Klassenwidersprüche verstanden werden.* Betrachtet man den Staat als Verdichtung eines Kräfteverhältnisses zwischen Klassen und Klassenfraktionen, wie sie sich immer im *In-*

nern des Staates in spezifischer Form ausdrücken, bedeutet dies, dass der gesamte Staat durch Klassenwidersprüche konstituiert und gespalten ist. Das heißt, dass eine Institution, der Staat, dazu bestimmt ist, die Klassenteilungen zu reproduzieren, und nicht, wie in den Konzeptionen des Staates als Sache oder Subjekt angenommen wird, ein monolithischer Block ohne Spaltungen ist (es auch niemals sein kann), der seine Politik in gewisser Hinsicht trotz seiner Widersprüche durchsetzt: Der Staat selbst ist gespalten. Es genügt nicht, bloß zu sagen, dass die Widersprüche und Kämpfe den Staat durchziehen. Es geht nicht darum, in eine bereits konstituierte Substanz einzudringen oder ein schon vorhandenes Terrain zu durchschreiten. Die Klassenwidersprüche konstituieren den Staat: Sie liegen in seinem materiellen Gerüst und bauen so seine Organisation auf: Die Politik des Staates ist die Auswirkung ihrer Funktionsweise im Innern des Staates.

Beschränken wir uns im Augenblick auf die Klassenwidersprüche zwischen den Fraktionen des Blocks an der Macht: Sie nehmen im Innern des Staates die Form von internen Widersprüchen zwischen den verschiedenen staatlichen Zweigen und Apparaten an, sowie die Form von Widersprüchen innerhalb dieser Zweige und Apparate sowohl in vertikaler wie in horizontaler Richtung. Denn die verschiedenen Klassen und Fraktionen des Blocks an der Macht partizipieren nur in dem Maße an der politischen Herrschaft, wie sie *innerhalb* des Staates präsent sind. Sämtliche Zweige oder Apparate bzw. Teilbereiche des Staates (denn unter ihrer zentralisierten Einheit sind sie oft gespalten und skotomisiert) sind zumeist Sitz der Macht und spezielle Vertretung irgendeiner Fraktion des Blocks an der Macht oder eines konflikthaften Bündnisses dieser Fraktionen gegen andere. Sie konzentrieren oder kristallisieren also in sich dieses oder jenes Interesse oder den Zusammenschluss von Sonderinteressen. Exekutive und Parlament, Armee, Justizbehörden, verschiedene Ministerien, kommunale Apparate, der zentrale Apparat sowie die ideologischen Apparate, die alle selbst in bestimmte Kreise, Netze und Bahnen eingeteilt sind, repräsentieren zumeist – je nach Formationen – par excellence die divergierenden Interessen aller oder einzelner Teile des Blocks an der Macht: Großgrundbesitzer (in zahlreichen beherrschten und abhängigen Gesellschaftsformationen), nichtmonopolistisches Kapital (und einzelne Fraktionen: Handels-, Industrie-, Bankkapital), Monopolkapital (und einzelne Fraktionen: vornehmlich Bank- oder Industriekapital), die internationale oder die innere Bourgeoisie.

Die Widersprüche innerhalb der herrschenden Klassen sowie die Kräfteverhältnisse innerhalb des Blocks an der Macht, die die staatliche Organisation der Einheit dieses Blocks notwendig machen, existieren also als im *Innern des Staates verknotete widersprüchliche Verhältnisse.* Der Staat als materielle Verdichtung eines widersprüchlichen Verhältnisses organisiert die politische Einheit des Blocks an der Macht nicht von außen, indem er mittels seiner bloßen Existenz – und auf Distanz – die Klassenwidersprüche löst. Ganz im Gegenteil: Das Spiel dieser Widersprüche innerhalb der Materialität des Staates ermöglicht die Organisationsrolle des Staates, so paradox das auch scheinen mag. Deshalb muss man endgültig das Bild von einem Staat aufgeben, der ein von oben nach unten einheitlich organisiertes Dispositiv darstellt und auf einer hierarchischen und homogenen Aufteilung der Machtzentren begründet wird, die gleichmäßig und stufenförmig von der Spitze der Pyramide zur Basis verläuft. Die Homogenität und Einheitlichkeit der Machtausübung wäre in diesem Bild durch staatsinterne juristische Regelungen, sowie durch Verwaltungs- und Verfassungsgesetze, die die Kompetenz- und Handlungsbereiche der verschiedenen Apparate eingrenzen, abgesichert. Dies ist eine völlig falsche Vorstellung. Dies soll selbstverständlich nicht bedeuten, dass der gegenwärtige Staat weder ein hierarchisch-bürokratisches Raster noch einen charakteristischen Zentralismus aufweist. Aber sie entsprechen keinesfalls ihrem juristischen Erscheinungsbild, weder in Frankreich, dem Land des zentralistischen Jakobinismus in der Tradition der absolutistischen Monarchie, noch woanders.

So werden die Etablierung des allgemeinen langfristigen politischen Interesse des Blocks an der Macht durch den Staat (seine organisatorische Rolle im instabilen Kompromissgleichgewicht) unter der Hegemonie dieser oder jener Fraktion des Monopolkapitals, sowie das konkrete Funktionieren seiner relativen Autonomie und deren Grenzen gegenüber dem Monopolkapital begreiflich. Die gegenwärtige Politik des Staates ist die Resultante der innerstaatlichen Widersprüche zwischen den staatlichen Zweigen und Apparaten, aber auch der Widersprüche innerhalb dieser Zweige und Apparate selbst. Es geht also im Prinzip um:

1.) einen Mechanismus struktureller Selektivität von Seiten eines bestimmten Informationsapparates, und um anderswo ergriffene Maßnahmen. Diese Selektivität resultiert sowohl aus der Materialität und die Geschichte jedes Apparates (Armee, schulischer Apparat, Justizbehörden) als auch aus der spezifischen Vertretung von Sonderinteressen innerhalb der Apparate, also aus ihrer Stellung in der Konfiguration des Kräfteverhältnisses.

2.) einen widersprüchlichen Entscheidungsprozess, aber auch »Nichtentscheidungen« seitens der Zweige und Apparate des Staates. Diese Nichtentscheidungen – d.h. in einem gewissen Umfang unterbleibt staat liches Handeln systematisch – sind keine konjunkturellen Erscheinungen, sondern in seine widersprüchliche Struktur eingeschrieben und stellen eines der Resultate dieser Widersprüche dar. Sie sind für die Einheit und Organisation des Blocks an der Macht genauso notwendig wie die positiven staatlichen Maßnahmen.

3.) eine Prioritätendetermination, die in dem organisatorischen Aufbau des einen oder anderen Apparats oder Zweigs des Staates in ihrer eigenen Materialität und entsprechend den von ihnen repräsentierten verschiedenen Interessen präsent ist, aber auch um eine Determination von »Gegenprioritäten«. Und zwar in einer für jeden Zweig oder Apparat, jedes Netz oder jede Ebene unterschiedlichen, ihrer Stellung in der Konfiguration des Kräfteverhältnisses entsprechenden Rangordnung: eine Reihe von unter sich widersprüchlichen Prioritäten und Gegenprioritäten.

4.) eine während der Entscheidungsprozesse in jedem Zweig oder Apparat abgestufte Filtrierung entweder der – von anderen vorgeschlagenen – Maßnahmen oder aber der tatsächlichen Ausführung der von anderen ergriffenen Maßnahmen nach den verschiedenen Modalitäten.

5.) einen Komplex punktueller, konflikthafter und kompensatorischer Maßnahmen, die je nach den gegebenen Problemen ergriffen werden.

Die staatliche Politik etabliert sich auf diese Weise durch einen realen Prozess innerstaatlicher Widersprüche und genau deshalb erscheint sie kurzfristig und auf erstem Blick, also von einer mikropolitischen Physiologie her betrachtet, als völlig chaotisch und inkohärent. Wenn sich im Verlauf des Prozesses eine gewisse Kohärenz etabliert, wird die dem Staat zukommende Organisationsrolle durch strukturelle Grenzen genau abgesteckt. Diese Grenzen zeigen vor allem den illusorischen Charakter der Konzeptionen eines »organisierten« Kapitalismus, d.h. eines Kapitalismus, der seine Widersprüche erfolgreich mittels des Staates überwunden hätte. Die Illusionen hinsichtlich der realen Möglichkeiten einer kapitalistischen Planung bestätigen das. Diese Grenzen der Organisationsrolle des Staates *sind ihm nicht erst von außen auferlegt.* Sie entstehen nicht nur aus den dem Prozess der Kapitalakkumulation und -reproduktion inhärenten Widersprüchen, sondern auch aus der Struktur und dem materiellen Gerüst des Staates, die ihrerseits wiederum den Staat zum Organisationsort des Blocks an der Macht machen, und ihm eine relative Autonomie gegenüber den einzelnen Fraktionen des Blocks verleihen.

Diese Autonomie ist daher keine Autonomie des Staates *gegenüber* den Fraktionen des Blocks an der Macht, sie ist nicht von seiner Fähigkeit abhängig, außerhalb dieser Fraktionen zu stehen. Sie ist Resultat dessen, was sich im Staat abspielt. Diese Autonomie manifestiert sich konkret in den verschiedenen widersprüchlichen Maßnahmen, die jede dieser Klassen und Fraktionen mittels ihrer spezifischen Präsenz im Staat und der daraus resultierenden Widersprüchlichkeit erfolgreich in die staatliche Politik einbringen kann, und sei es auch nur in Form von *Negativmaßnahmen*, d.h. mittels Oppositionen und Widerständen gegenüber der Planung oder effektiven Ausführung von Maßnahmen zugunsten anderer Fraktionen des Blocks an der Macht (das gilt gegenwärtig besonders für die Widerstände des nicht-monopolistischen Kapitals gegenüber dem Monopolkapital). Diese Autonomie des Staates hinsichtlich einzelner Fraktionen des Blocks an der Macht existiert also konkret als relative Autonomie dieses oder jenes Zweiges, Apparats oder Netzes des Staates gegenüber anderen.

Sicherlich bedeutet das weder, dass es keine kohärenten politischen Projekte seitens der Repräsentanten und des politischen Personals der herrschenden Klassen gibt oder dass die Staatsbürokratie keine eigene Rolle in der Kursbestimmung der staatlichen Politik spielt. Aber die Widersprüche im Block an der Macht durchziehen – nach komplexen Trennungslinien und entsprechenden verschiedenen staatlichen Zweigen und Apparaten (Armee, Verwaltung, Justiz, politische Parteien, Kirche usw.) – die Bürokratie und das Personal des Staates. Wir haben es hier weniger mit einem einheitlichen und durch einen eindeutigen politischen Willen verbundenen Beamtentum und staatlichem Personal zu tun, sondern eher mit Cliquen, Hochburgen und Gruppierungen, also mit einer Vielzahl zerstreuter Mikropolitiken. Wie kohärent diese, jede für sich genommen, auch scheinen mögen, so widersprüchlich sind sie untereinander, so dass die Politik des Staates hauptsächlich Resultat ihres Aufeinanderprallens ist und nicht die mehr oder weniger gelungene Anwendung eines Globalplans der Spitzen des Staates. Das erstaunliche und beständige Phänomen der plötzlichen Schwenkungen in der Regierungspolitik, die aus Beschleunigung und Bremsen, Rückschritten, Zögern und ständigen Kursänderungen bestehen, ist nicht durch eine gewissermaßen charakterbedingte Unfähigkeit der Repräsentanten und des Spitzenpersonals bedingt, sondern notwendiger Ausdruck der Struktur des Staates.

Kurz, den Staat als materielle Verdichtung eines Kräfteverhältnisses begreifen, heißt, ihn auch als *strategisches Feld und strategischen Prozess zu* fassen, in dem sich Machtknoten und Machtnetze kreuzen, die sich sowohl verbinden als auch Widersprüche und Abstufungen zeigen. Daraus ergeben sich bewegliche und widersprüchliche Taktiken, deren Allgemeinziel und institutionelle Kristallisierung in den Staatsapparaten Form annehmen. Dieses strategische Feld ist oft von durchaus expliziten Taktiken durchzogen und zwar auf der eingegrenzten Ebene, auf der sie sich in den Staat einschreiben; Taktiken, die sich kreuzen, sich bekämpfen, den Durchbruch zu bestimmten Apparaten finden, sich durch andere »kurzschließen« lassen, und schließlich das umreißen, was man »die Politik« des Staates nennt. Sicher bleibt auf dieser Ebene die Politik als strategisches Kalkül durchschaubar, aber mehr als Resultat einer konfliktuellen Koordinierung von expliziten und divergierenden Mikropolitiken, denn als rationale Formulierung eines globalen und kohärenten Projekts.

Der Staat ist allerdings ebensowenig ein einfacher Verband von abtrennbaren Einzelteilen. Er besitzt einen *einheitlichen Apparat*, was man gewöhnlich mit dem Terminus Zentralisation oder *Zentralismus* bezeichnet; eine Einheitlichkeit bzw. *Einheit*, die sich diesmal auf die *Staatsmacht*, über ihre Risse hinweg, bezieht. Diese Staatsmacht drückt sich in seiner globalen und massiven Politik zugunsten der hegemonialen Klasse oder Fraktion, gegenwärtig das Monopolkapital, aus. Sie entsteht jedoch nicht aus dem kohärenten Willen der Träger des Monopolkapitals und ihrem Zugriff auf den Staat. Die zentralisierte Einheit ist in das hierarchisch bürokratisierte Gerüst des kapitalistischen Staates eingeschrieben und ist Auswirkung sowohl der im Innern des Staates reproduzierten gesellschaftlichen Arbeitsteilung (einschließlich der Trennung von manueller und intellektueller Arbeit) als auch seiner spezifischen Trennung von den Produktionsverhältnissen. Sie resultiert aber auch aus seiner Struktur als Verdichtung eines Kräfteverhältnisses, also aus der in seinem Innern entscheidenden Stellung der hegemonialen Klasse oder Fraktion gegenüber den anderen Klassen und Fraktionen des Blocks an der Macht. Aber nicht nur diese Hegemonie innerhalb des Kräfteverhältnisses ist im Staat präsent. Ebenso wie der Block an der Macht langfristig nur unter der Hegemonie und Leitung eines seiner Teile, der ihn gegenüber dem Klassenfeind zusammenschweißt, funktionsfähig bleibt, spiegelt der Staat diese Situation wider. Seine strategische Organisation bestimmt ihn dazu, unter der Hegemonie einer Klasse oder Fraktion in seinem eigenem Innern zu funktionieren. Die privilegierte Stellung dieser Klasse oder Fraktion im Staat ist zugleich konstitutives Element ihrer Hegemonie in der Konstellation des Kräfteverhältnisses.

Die Einheit und Zentralisation des Staates gegenwärtig zugunsten des Monopolkapitals entsteht also in einem komplexen Prozess institutioneller Transformationen des Staates, durch die bestimmte dominante Entscheidungszentren, Dispositive und Knoten ausschließlich für die monopolistischen Interessen durchlässig werden. Sie werden dann entweder zu Stellwerken der staatlichen Politik oder zu abschnürenden Verengungen für die an anderer Stelle (aber im Staat) zugunsten anderer Kapitalfraktionen ergriffenen Maßnahmen. Die Kausalbeziehung besteht hier übrigens in zweifacher Richtung: Die hegemoniale Klasse oder Fraktion macht nicht nur den Apparat, in dem sich bereits par excellence ihre Interessen konzentrieren, zum dominanten Apparat. Jeder dominante Apparat des Staates (eine Dominanz, die mehrere Ursachen haben kann, vor allen Dingen die früheren Hegemonieverhältnisse sowie die Geschichte des konkreten Staates, um den es geht) strebt langfristig danach, privilegierter Sitz der Interessen der hegemonialen Fraktion zu werden und die Modifikationen der Hegemonie zu verkörpern. Diese Einheit gründet sich auf eine ganze Kette der Unterordnung bestimmter Apparate unter andere und auf die Herrschaft eines Apparates oder Zweiges des Staates (die Armee, eine politische Partei, ein Ministerium, usw.), der par excellence die Interessen der hegemonialen Fraktion kristallisiert, über andere Zweige und Apparate, die als Widerstandszentren anderer Fraktionen des Block an der Macht fungieren. Dieser Prozess kann so die Form einer ganzen Reihe von Nebendeterminationen und Ersetzungen einiger Apparate durch andere annehmen; also die Form von Verschiebungen von Funktionen und Kompetenzbereichen zwischen den einzelnen Apparaten sowie von konstanten Verlagerungen zwischen der *realen und formalen Macht;* die Form eines überstaatlichen Netzes, das auf allen Ebenen die verschiedenen Apparate abdeckt und »kurzschließt« (gegenwärtig gilt das in Frankreich für die DATAR[6]), d.h. eines Netzes, in dem sich schon von seinem Wesen her par excellence die Monopolinteressen konzentrieren; und schließlich durch die Umwälzung der traditionellen hierarchischen Organisation der staatlichen Verwaltung, die Form von Ausbildungskreisen und des Einsatzes von speziellen Organen und Abordnungen von höheren Staatsbeamten, die einen hohen Grad an Mobilität – und nicht nur innerhalb des Staates, sondern auch zwischen dem Staat und den Monopolen (Ecole Polytechnigue, ENA[7]) -besitzen, und die mit Hilfe entscheidender Transformationen (vgl. die gegenwärtige Rolle der berühmten Ministerialbürokratie und der Planungskommissionen) mit der Durchführung einer Politik zugunsten der Monopole beauftragt sind.

Diese Analysen erlauben bereits jetzt die Formulierung eines wichtigen Problems, nämlich das Problem der Machtergreifung der Volksmas-

[6] Délégation à l'aménagement du territoire et à l'action regionale: Struktur und Regionalausschuss. (A.d.Ü).

[7] Ecole Nationale d'Administration. Eine der Eliteschulen Frankreichs. (A.d.Ü.).

sen und ihrer politischen Organisationen in der Perspektive des Übergangs zum Sozialismus. Dieser Prozess kann sicher nicht bei der Übernahme der Staatsmacht haltmachen: Er muss auf die Transformation der Staatsapparate ausgedehnt werden. Aber dies setzt immer schon die Übernahme der Staatsmacht voraus.

a. Angesichts der komplexen Verkoppelung der Staatsapparate und ihrer Zweige, die sich oft in der Unterscheidung von realer und formaler Macht niederschlägt, bedeutet eine Regierungsübernahme durch die Linke nicht notwendigerweise automatisch die reale Kontrolle der oder auch nur einiger Staatsapparate. Und zwar um so weniger, weil durch die institutionelle Organisation des Staates der Bourgeoisie im Fall einer Machtübernahme durch die Volksmassen die Bereiche der formalen und der realen Macht vertauscht werden können.

b. Selbst wenn die Linke an der Macht wäre und über die Regierungsbesetzung hinaus Zweige und Staatsapparate kontrollierte, stünden damit nicht zwangsläufig auch diejenigen Apparate unter ihrer Kontrolle, die die dominante Rolle im Staat einnehmen und damit zentraler Angelpunkt der realen Macht sind. Die zentralisierte Einheit des Staates hat nicht die Form einer Pyramide, die man sicher kontrolliert, wenn man nur ihre Spitze besetzt. Mehr noch: Die institutionelle Organisation des Staates ermöglicht es der Bourgeoisie, die dominante Rolle eines Apparates einem anderen zuzuordnen, falls es der die Regierung stellenden Linken gelänge, denjenigen Apparat zu kontrollieren, der bis dahin die dominante Rolle spielte.

Mit anderen Worten: Die Organisation des bürgerlichen Staates gestattet ihm, durch sukzessive Verlagerungen und Verschiebungen die Macht der Bourgeoisie von einem zum anderen Apparat zu verlagern. Der Staat ist kein monolithischer Block, sondern ein strategisches Feld. Dieser Austausch der dominanten Rolle unter den Apparaten geschieht angesichts der Unbeweglichkeit der Staatsapparate, die sich einer einfachen Manipulation der Bourgeoisie widersetzen, sicher nicht von heute auf morgen, sondern in einem mehr oder weniger langen Prozess. Diese Unbeweglichkeit und die fehlende Anpassungsfähigkeit der Apparate können sich aber auch zuungunsten der Bourgeoisie auswirken und der Linken an der Macht einen Aufschub gewähren. Aber dieser Austausch zielt dennoch auf die Reorganisation der zentralisierten staatlichen Einheit um einen neuen dominanten Apparat hin, dem Fluchtzentrum par excellence der bürgerlichen Macht im Innern des Staates. Dieser Mechanismus ist, während die Linke an der Macht ist, ständig in Kraft. Dieser komplexe Mechanismus kann verschiedene Formen, teilweise scheinbar paradoxe Formen annehmen: z.B. die entscheidende Rolle, die plötzlich einige Institutionen und Apparate annehmen, denen bis dahin eine gänzlich zweitrangige, wenn nicht sogar bloß dekorative Rolle zukam. So brachte kürzlich das englische Oberhaus die Verstaatlichungspläne der Labourregierung zum Scheitern, und Rechtsorgane und verschiedene Verfassungsgerichte erkennen ganz plötzlich ihre, unabweisbare Berufung zu Garanten der »Legalität« (Allende).

Das ist nicht alles. Die inneren Widersprüche und die Verlagerungen von realer und formaler Macht bestehen nicht nur zwischen den verschiedenen Staatsapparaten und Zweigen, sondern liegen auch in ihnen selbst: Das reale Machtzentrum, um das sich jeder Apparat organisiert, bildet nicht mehr die Spitze der Hierarchie wie sie auf dem Schauplatz des öffentlichen Diensts erscheint. Dies gilt auch für die Verwaltung, die Polizei oder Armee. Wie bei den vertikal zentralisierten Apparaten muss man hier mit Begriffen wie »Knoten« und »Brennpunkten« der realen Macht operieren. Sie liegen in den strategischen Punkten der verschiedenen Apparate und Zweige des Staates. Selbst wenn es der Linken an der Macht gelänge, die Spitze eines oder mehrerer dominanter Apparate in ihrer formalen Hierarchie zu kontrollieren, heißt das noch nicht, dass sie damit auch wirklich die Knotenpunkte der realen Macht kontrolliert.

2. Der Staat und die Volkskämpfe

Die inneren Spaltungen des Staates, die konkrete Funktionsweise seiner Autonomie und die Etablierung seiner Politik über die ihn kennzeichnenden Einschnitte hindurch lassen sich nicht auf die Widersprüche innerhalb der Klassen und Fraktionen des Blocks an der Macht reduzieren: *sie hängen ebenfalls, und zwar hauptsächlich von der Rolle des Staates in bezug auf die beherrschten Klassen ab.* Die Staatsapparate begründen und reproduzieren die Hegemonie, indem sie ein (variables) Spiel von vorläufigen Kompromissen zwischen dem Block an der Macht und bestimmten beherrschten Klassen inszenieren. Sie organisieren und vereinheitlichen den Block an der Macht, indem sie die beherrschten Klassen ständig desorganisieren und spalten. Sie polarisieren sie gegenüber dem Block an der Macht und schließen ihre politischen Organisationen aus. Die relative Autonomie des Staates gegenüber einzelnen Fraktionen des Blocks an der Macht ist auch zur Organisierung der langfristigen und einheitlichen Hegemonie des Blocks an der Macht gegenüber den beherrschten Klassen notwendig. Deshalb legt er dem Block an der Macht, bzw. einzelnen seiner Fraktionen oft materielle Kompromisse auf, die für diese Hegemonie unerlässlich sind.

Aber diese Rolle des Staates in Bezug auf die beherrschten Klassen hängt ebensowenig wie seine Rolle gegenüber dem Block an der Macht von seiner eigengesetzlichen Rationalität als eine den beherrschten Klassen gegenüber »äußerliche« Ganzheit ab. Diese Rolle ist auch in das organisatorische Gerüst des Staates als einer materiellen Verdichtung eines Kräfteverhältnisses zwischen den Klassen eingeschrieben. Der Staat konzentriert in sich nicht nur das Kräfteverhältnis zwischen Fraktionen des Blocks an der Macht, *sondern auch das Kräfteverhältnis zwischen diesem Block und den beherrschten Klassen.*

Auch wenn die vorausgehenden Analysen der Beziehung zwischen dem Staat und den herrschenden Klassen leicht einsehbar erscheinen, neigt man allgemein meistens dazu, den Staat in seiner Beziehung zu den beherrschten Klassen als einen monolithischen Block zu begreifen, der ihnen von außen aufgezwungen wird, und auf den die beherrschten Klassen einwirken können, wenn sie ihn wie eine undurchlässige und ihnen gegenüber isolierte Festung von außen angreifen und umzingeln. Die Widersprüche zwischen herrschenden und beherrschten Klassen blieben so Widersprüche zwischen dem Staat und dem außerhalb des Staates stehenden Volksmassen. Die internen Widersprüche des Staates wären nur durch Widersprüche zwischen den herrschenden Klassen und Fraktionen bedingt. Der Kampf der beherrschten Klassen könnte kein Kampf innerhalb des Staats sein, er könnte lediglich die Ausübung von Druck auf den Staat sein. Tatsächlich jedoch verlaufen die Volkskämpfe quer durch den Staat, und zwar nicht in der Weise, dass sie von außen in ein in sich geschlossenes Ganzes eindringen. Die politischen Kämpfe, die auf den Staat zielen, durchziehen seine Apparate, weil sie bereits in das Raster des Staates eingeschrieben sind, dessen strategische Konfiguration sie vorzeichnen. *Sicherlich gehen die Volkskämpfe und allgemeiner die Mächte weit über den Staat hinaus:* Aber wenn sie wirklich politische Kämpfe sind, stehen sie nicht außerhalb des Staates. Deutlicher ausgedrückt: Die Volkskämpfe sind in den Staat eingeschrieben, nicht weil sie sich in ihrer Eingliederung in einen allumfassenden Moloch-Staat erschöpfen, sondern weil der Staat innerhalb der Kämpfe steht, die ihn ununterbrochen überfluten. Dennoch stehen natürlich auch die Kämpfe (und nicht nur die Klassenkämpfe), die über den Staat hinausgehen, nicht »außerhalb der Macht«: Sie sind immer in Machtapparate eingeschrieben, die die Kämpfe materialisieren und ebenfalls ein Kräfteverhältnis verdichten (Fabriken und Unternehmen, in gewisser Hinsicht auch die Familie, usw.). Wegen der komplexen Verkettung des Staates mit der Gesamtheit der Machtdispositive wirken diese Kämpfe immer – diesmal »aus der Distanz« – innerhalb des Staates.

So drücken das materielle Gerüst des Staates in seiner Beziehung zu den Produktionsverhältnissen, seine hierarchisch-bürokratische Organisation, die in seinem Innern die gesellschaftliche Arbeitsteilung reproduziert, die spezifische Präsenz der beherrschten Klassen und ihrer Kämpfe in seiner Struktur aus. Diese Struktur soll den beherrschten Klassen nicht einfach frontal gegenüberstehen; ihr Ziel ist vielmehr, das Verhältnis von Herrschaft-Unterordnung im Innern des Staates aufrechtzuerhalten und zu reproduzieren: Der Klassenfeind steht immer im Staat. Die genaue Konfiguration der Gesamtheit der Staatsapparate und die Organisation einzelner Zweige und Apparate eines konkreten Staates (Armee, Justiz, Verwaltung, Schule, Kirche, usw.) hängen nicht nur von dem internen Kräfteverhältnis des Blocks an der Macht ab, sondern auch von dem Kräfteverhältnis zwischen dem Block und den Volksmassen, also von der Rolle, die die Konfiguration und die Organisation im Hinblick auf die beherrschten Klassen erfüllen müssen. Dies erklärt auch die differenzierte Organisation der Armee, der Polizei und der Kirche in den verschiedenen Staaten und erhellt ihre Geschichte – eine Geschichte, in deren Gerüst auch die Volkskämpfe ihre Spuren hinterlassen haben.

Und zwar um so mehr, als der Staat, der auf die Organisation der Hegemonie, also auf die Spaltung und Desorganisation der Volksmassen hinarbeitet, Teile der Volksmassen, vor allem das Kleinbürgertum und die ländlichen Volksklassen zu wirklichen Klassenstützen des Blocks an der Macht macht und ihr Bündnis mit der Arbeiterklasse abblockt. Diese Bündnisse und Kompromisse und dieses Kräfteverhältnis verkörpern sich in dem Gerüst des Staatsapparates, der diese Aufgabe par excellence erfüllt. Zum Beispiel kann der schulische Apparat in Frankreich nicht ohne dieses in ihm konzentrierte Verhältnis von Bourgeoisie und Kleinbourgeoisie, die Armee nicht ohne das Verhältnis von Bourgeoisie und ländlichen Volksklassen begriffen werden. Wenn schließlich irgendein Apparat die dominante Rolle im Staat spielt (politische Parteien, Parlament, Exekutive, Verwaltung, Armee), geschieht dies nicht allein deshalb, weil er in sich die Macht der hegemonialen Fraktion konzentriert, sondern weil es ihm gleichzeitig auch gelingt, die politisch-ideologische Rolle des Staates gegenüber den beherrschten Klassen auszufüllen. Allgemeiner formuliert, die internen Widersprüche und Spaltungen des Staates im Innern der verschiedenen Zweige und Apparate und zwischen ihnen, sowie die Widersprüche und Spaltungen im Personal des Staates sind auch durch die Existenz von Volkskämpfen im Staat bedingt.

Allerdings materialisiert sich die Existenz der Volksklassen im Staat nicht ebenso wie die Existenz der herrschenden Klassen und Fraktionen, *sondern in ganz spezifischer Art und Weise.*

Die herrschenden Klassen und Fraktionen existieren im Staat vermittels Apparaten und Zweigen, die ihnen natürlich neben der Einheit der Staatsmacht der hegemonialen Fraktionen eine eigene Macht verleihen. Dagegen existieren die beherrschten Klassen nicht mit Hilfe von Apparaten, die ihnen eine *eigene Macht* geben, sondern im Wesentlichen in Form von Oppositionszentren gegenüber den herrschenden Klassen.

Es wäre falsch – ein Fehler mit politisch schwerwiegenden Konsequenzen –, aus der Präsenz der Volksklassen im Staat zu schließen, dass sie *ohne eine radikale Transformation dieses Staates* dort Macht besitzen oder auf lange Sicht behalten könnten. Die internen Widersprüche des Staates implizieren kein, wie vor allem einige italienische[8] Kommunisten meinen, »widersprüchliches Wesen« in dem *Sinne,* dass der Staat gegenwärtig eine Situation von *Doppelherrschaft in seinem Innern* aufweist; nämlich die herrschende Macht der Bourgeoisie und die Macht der Volksmassen. Die Macht der Volksklassen in einem unverändert kapitalistischen Staat ist nicht nur wegen der Einheit der staatlichen Macht der herrschenden Klassen unmöglich, die das reale Machtzentrum eines Apparates verlagern, sobald das Kräfteverhältnis in einem Apparat zugunsten der Volksmassen schwankt. Sie ist auch aufgrund des materiellen Aufbaus des Staates unmöglich. Dieser Aufbau besteht aus internen Reproduktionsmechanismen des Verhältnisses von Herrschaft und Unterordnung. Die beherrschten Klassen sind in seinem Aufbau präsent – aber eben nur als beherrschte Klasse. Selbst wenn sich das Kräfteverhältnis und die Staatsmacht zugunsten der Volksklassen verändern sollten, tendiert der Staat mehr oder weniger langfristig dahin, das Kräfteverhältnis, manchmal in anderer Form, zugunsten der Bourgeoisie wiederherzustellen. Das Heilmittel dagegen kann nicht einfach, wie oft behauptet wird, die »Besetzung« der Staatsapparate durch die Volksmassen sein, als ginge es für sie darum, nun endlich Zugang zu etwas zu bekommen, zu dem sie bis dahin keinen Zugang hatten, und es nun bloß dank ihrer plötzlichen Präsenz im

---

[8] Ich nenne nur den Aufsatz von L. *Gruppi, Über Demokratie und Sozialismus*, in: Sozialismus für Italien, Hamburg/Westberlin 1977 und erinnere daran, dass die Positionen der PCI in dieser Frage bei P. Ingrao und G. Vacca bis zu U. Cerroni, A. Reichlin und G. Amendola beträchtlich divergieren. Vgl. zu diesen Punkten die Interviews bestimmter führender Politiker der PCI mit *H. Weber* in seinem neuen Buch *Parti communiste italien: aux sources de l'euro-communisme*, 1977, sowie die Sondernummer der Zeitschrift *dialectiques*: »L'Italie et nous«, Nr. 18-19, 1977.

Innern der Festung zu verändern. Die Volksklassen sind schon immer im Staat präsent gewesen, ohne dass das jemals etwas an dem harten Kern dieses Staates verändert hätte. Die Aktion der Volksmassen im Innern des Staates ist die notwendige, aber nicht hinreichende Bedingung seiner Transformation.

Wenn die Volkskämpfe konstitutiv in den Spaltungen des Staates in der mehr oder weniger unmittelbaren Form des Widerspruchs von herrschender Klasse und beherrschten Klassen präsent sind, so sind sie es auch in *vermittelter* Form: in den Auswirkungen der Volkskämpfe auf die Widersprüche zwischen den herrschenden Klassen und Fraktionen selbst. Die Widersprüche zwischen dem Block an der Macht und den beherrschten Klassen greifen direkt in die internen Widersprüche des Blocks an der Macht ein. Nur ein Beispiel dafür: Der tendenzielle Fall der Profitrate, das wesentlichste Element der Spaltung der Kapitalistenklasse (besonders, wenn die Gegentendenz zum Fall der Profitrate in der Entwertung bestimmter Kapitalfraktionen besteht), ist letzten Endes nur Ausdruck des Kampfes der beherrschten Klassen gegen die Ausbeutung.

Die einzelnen Kapitalfraktionen (Monopolkapital, nichtmonopolistisches Kapital, Industrie-, Bank-, oder Handelskapital) stehen also zu den Volksklassen nicht in denselben Widersprüchen, und ihr politisches Verhalten gegenüber den Volksklassen ist nicht immer identisch. Die unterschiedlichen Taktiken und sogar die politische Strategie, die konjunkturell oder längerfristig gegenüber den Volksmassen gewählt wird, sind *einer der Hauptfaktoren für die internen Spaltungen des Blocks an der Macht.* Das zeigt die gesamte Geschichte des Kapitalismus; man braucht sich nur einmal die unterschiedliche Politik der verschiedenen Staaten angesichts derselben Probleme anzusehen. Wenn auch ein grundsätzliches Einverständnis unter den herrschenden Klassen und Fraktionen in bezug auf die Aufrechterhaltung und Reproduktion der Klassenherrschaft und Ausbeutung besteht, wäre es doch falsch zu glauben, dieses Einverständnis bestünde darin, gegenüber den Volksmassen zu jedem Zeitpunkt dieselbe Politik zu verfolgen. Es ist ebenso falsch anzunehmen, die Wendepunkte in der Politik der Bourgeoisie ließen sich hier nur auf die Frage der historischen Periodisierung reduzieren, als wenn sich die Bourgeoisie je nach Periode und Konjunktur gemeinsam für diese oder jene politische Lösung in Reih und Glied aufstellte. Die Widersprüche im Block an der Macht bestehen immer: sie betreffen sowohl relativ zweitrangige Probleme als auch die großen politischen Optionen, einschließlich der Wahl des gegenüber den Volksmassen zu errichtenden Staates, die Entscheidung für bestimmte Ausnahmeformen des Staates (die offene Kriege gegen die Volksmassen sind: Faschismen, Militärdiktaturen, Bonapartismen) oder für Formen der »parlamentarischen Demokratie, sowie die Wahl zwischen ihren verschiedenen Formen (z.B. klassische rechte oder sozialdemokratische Regierungsformen). Auch in diesen Fällen schließt sich die Bourgeoisie bei irgendeiner dieser Lösungen nicht gleichmäßig zu einem Block zusammen (Faschismus oder parlamentarische Demokratie, eine klassisch rechte Regierungsform oder die Sozialdemokratie).

Dies geschieht – diesmal in umgekehrten Sinn – um so weniger, als die verschiedenen Fraktionen des Blocks an der Macht – und entsprechend ihren eigenen Widersprüche zu den Volksmassen – oft mit Hilfe wechselnder Politiken versuchen, deren Unterstützung gegen die anderen Fraktionen des Blocks zu erhalten; d.h. sie versuchen, sich die Volksmassen für ihre Kräfteverhältnisse gegenüber den anderen Fraktionen zunutze zu machen, um entweder für sich selbst günstigere Lösungen durchzusetzen oder aber wirksamer Lösungen widerstehen zu können, die sie gegenüber den anderen Fraktionen benachteiligen würden. Kompromisse des Monopolkapitals mit einigen Teilen der Arbeiterklasse oder der neuen Kleinbourgeoisie (die mittleren Einkommensschichten) gegen das nichtmonopolistische Kapital, Kompromisse des nicht-monopolistischen Kapitals mit der Arbeiterklasse oder der traditionellen Kleinbourgeoisie (Handwerk, Gewerbe) gegen das Monopolkapital. All dies verdichtet sich in den internen Spaltungen und Widersprüchen des Staates, in deren verschiedenen Zweigen, Netzen und Apparaten sowie in den Widersprüchen in ihrem Innern.

Wir können ein Resümee ziehen: Die Volkskämpfe sind in die institutionelle Materialität des Staates eingeschrieben, erschöpfen sich allerdings nicht darin. Diese Materialität ist von diesen unerbittlichen und vielgestaltigen Kämpfen gezeichnet. Die politischen Kämpfe, die sich auf den Staat richten, stehen genauso wenig wie jeder gegen die Machtapparate im Allgemeinen gerichteter Kampf dem Staat äußerlich gegenüber. Sie hängen von seiner strategischen Konfiguration ab: Der Staat ist, wie jedes Machtdispositiv, die materielle Verdichtung eines *Verhältnisses.*

3. Eine Theorie der Macht?

In dem allgemeinerem Kontext der Problematik der Macht lassen sich nun sowohl die Übereinstimmungen als auch die Widersprüche zwischen diesen Analysen und denen, die aus einem anderen Lager, speziell von Foucault, stammen, feststellen. Als Foucault seine eigene Machtkonzeption entwickelte, nahm er als Zielscheibe entweder irgendeinen Marxismus, an dem er nach Belieben herumschneiderte, wobei er ihn karikierte, oder aber den speziellen Marxismus der III. Internationale und die stalinistische Konzeption, die viele von uns bereits seit langem kritisiert haben. Ich spreche hier jetzt für mich: Die bis jetzt vorgelegten Bemerkungen greifen Analysen wieder auf, und entwickeln sie und systematisieren sie wieder, die, in ihren verschiedenen Entwicklungsstadien, bereits in meinen Texten vorlagen, die vor Foucaults »Überwachen und Strafen« (1975) und »Sexualität und Wahrheit« (1976) erschienen sind. Einige von uns haben nicht auf Foucault gewartet, um Analysen der Macht vorzulegen, die in einigen Punkten mit seinen heutigen Analysen übereinstimmen, worüber man sich nur freuen kann.

Ich werde hier nur (ich habe zuvor eine Reihe anderer Punkte deutlich angesprochen) auf diejenigen Analysen von Foucault eingehen, die die *Macht* betreffen. Die groben Umrisse dieser Analysen sind bekannt. Foucault schlägt eine Konzeption der Macht vor, die als strategische Situation der Kräfteverhältnisse in einer gegebenen Gesellschaft angesehen wird: »Die Macht ist nicht etwas, was man erwirbt, wegnimmt, teilt, was man bewahrt oder verliert (...) Zweifellos muss man Nominalist sein: die Macht ist nicht eine Institution, ist nicht eine Struktur, ist nicht eine Mächtigkeit einiger Mächtiger. Die Macht ist der Name, den man einer komplexen strategischen Situation in einer Gesellschaft gibt. (...) Wo es Macht gibt, gibt es Widerstand. Und doch oder vielmehr gerade deswegen liegt der Widerstand niemals außerhalb der Macht.«[9]

Diese Positionen erscheinen mir teilweise richtig zu sein:

1. Meine Analysen zeigen bis jetzt, dass die Macht selber weder Quantität noch Besitztum ist, und auch keine an das Wesen einer Klasse, d.h. an ein Klassensubjekt (die herrschende Klasse) gebundene Eigenschaft. Diese Punkte habe ich schon in *Politische Macht und gesellschaftliche Klassen*, besonders in dem Kapitel über den Machtbegriff, betont. Dort war mein Ziel lediglich, den Aspekt zu prüfen, ob Macht und das Feld des Klassenkampfs sich überlappen. Wichtig war jedoch das, was ich über die Macht innerhalb dieses Feldes gesagt habe. Wenn man den Terminus »Macht« auf die sozialen Klassen anwendet, muss man darunter die Fähigkeit einer oder mehrerer Klassen verstehen, ihre Interessen zu realisieren. So gesehen ist »Macht« ein Begriff, der das Terrain der Klassenkämpfe, d.h. die *Kräfteverhältnisse* und die *Beziehungen* der Klassen un-

[9] *Sexualität und Wahrheit. Der Wille zum Wissen*, a.a.O., S. 114ff.

tereinander bezeichnet. Die Klasseninteressen legen den Aktionsradius einer Klasse gegenüber allen anderen Klassen fest. Die Fähigkeit einer Klasse, ihre Interessen durchzusetzen, steht im Gegensatz zu der Fähigkeit (und den Interessen) anderer Klassen: *Das Machtfeld ist also strikt relational.* Die Macht einer Klasse (der herrschenden Klasse z.B.) ist keine Substanz, die diese Klasse in den Händen hält; sie ist keine quantifizierbare Größe, die die verschiedenen Klassen gegenseitig tauschen oder untereinander nach der alten Konzeption der Macht als Nullsumme aufteilen könnten. Die Macht einer Klasse ist zuerst ein Ausdruck ihrer objektiven Stellung innerhalb der ökonomischen, politischen und ideologischen Beziehungen. Diese Stellung umfasst die Praktiken der kämpfenden Massen, d.h. ungleiche Beziehungen von Herrschaft und Unterordnung, die in der gesellschaftlichen Arbeitsteilung verankert sind und immer schon Machtverhältnisse waren. Die Stellung jeder Klasse und damit ihre Macht ist begrenzt, d.h. bestimmt und eingegrenzt durch die Stellung der anderen Klassen. Die Macht ist also keine an eine Klasse »an sich« im Sinne einer Vereinigung von Agenten gebundene Eigenschaft, sondern ergibt sich aus einem relationalen System von materiellen Stellungen, die von diesen oder jene Agenten besetzt werden.

Besonders aber die politische Macht, die sich par excellence auf den Staat bezieht, drückt die Machtorganisation einer Klasse und ihre konjunkturelle Klassenposition (unter anderem in den Parteiorganisationen) sowie in den Beziehungen der Klassen, die zu gesellschaftlichen Kräften werden, aus, also ein strategisches Feld. Die politische Macht einer Klasse, d.h. ihre Fähigkeit, ihre politischen Interessen zu realisieren, hängt nicht nur von ihrer Klassenstellung (ihrer Determination) ab, sondern auch von ihrer Position und Strategie den anderen Klasse gegenüber. Dies habe ich als die Strategie des Gegners bezeichnet.

2. Entgegen der Konzeption, die Foucault und Deleuze dem Marxismus unterstellen, habe ich betont, dass der Staat weder ein Ding noch eine ihrem Wesen nach in sich abgeschlossene und instrumentartige Entität ist, sondern auf Klassenverhältnisse und gesellschaftliche Kräfte verweist. Unter Staatsmacht ist nur die Macht bestimmter Klassen (der herrschenden Klassen), d.h. ihre Stellung in Machtbeziehungen gegenüber anderen Klassen (den beherrschten Klassen) zu verstehen; und darüber hinaus, insofern es sich um politische Macht handelt, das strategische Kräfteverhältnis zwischen diesen Klassen und ihren Positionen. Der Staat ist weder der instrumentartige Verwalter (das Objekt) einer Machtessenz, über die die herrschende Klasse verfügt, noch ein Subjekt, das genauso viel Macht besitzt, wie sie den Klassen gewaltsam wegnimmt: Der Staat

ist der Ort der strategischen Organisation der herrschenden Klasse in ihrem Verhältnis zu den beherrschten Klassen. Er ist ein *Ort und ein Zentrum* der Machtausübung, besitzt jedoch selbst keine eigene Macht. Ich habe also betont, dass die politischen Kämpfe, die den Staat betreffen und sich auf ihn richten (denn Volkskämpfe zielen nie allein auf den Staat), ihm nicht äußerlich, sondern in sein Gerüst eingeschrieben sind. Daraus habe ich politische Schlüsse gezogen. Diese Analysen haben ebenfalls bezüglich der Frage des Übergangs zum Sozialismus erhebliche Implikationen. Dies ist übrigens auch der Grund, warum ich mich damit aufhalte.

Trotzdem bestehen zwischen dem Marxismus und den Foucaultschen Analysen auch hier grundsätzliche Unterschiede:

1. Wenn das Konstitutionsfeld der Macht eine ungleiche Beziehung von Kräfteverhältnissen ist, so erschöpft sich ihre Materialität nicht in den Modalitäten ihrer Ausübung. Die Macht hat immer eine bestimmte *Grundlage:* Im Fall der Klassenspaltung und in bezug auf den Klassenkampf: a) *die Ausbeutung,* d.h. die Abpressung des Mehrwerts im Kapitalismus; b) die Stellung der Klassen nicht nur im Staat, sondern auch in den verschiedenen Apparaten und Machtdispositiven; diese Stellung ist für die Organisierung der außerstaatlichen Apparate äußerst wichtig. c) Auch wenn der Staatsapparat nicht die Gesamtheit der Machtapparate und Machtdispositive umfasst, bleibt er doch gegenüber denjenigen Apparaten und Dispositiven, die außerhalb seines eigenen Raumes angesiedelt sind, nicht abgeschottet. Das relationale Machtfeld der Klassen verweist so auf ein materielles System der Aufteilung von Stellungen in der gesamten gesellschaftlichen Arbeitsteilung und ist grundsätzlich (wenn auch nicht ausschließlich) durch die Ausbeutung determiniert. Daraus resultieren die Klassenspaltung, der *Klassenkampf* und die *Volkskämpfe.* Man kann deshalb sagen, dass *jeder Kampf,* auch wenn er kein eigentlicher Klassenkampf ist (der Kampf zwischen Männern und Frauen z.B.), in einer Gesellschaft, in der der Staat jede Macht als Relais der Klassenmacht benutzt, sich zweifellos nur dann entfalten kann, wenn Klassenkämpfe existieren, die dadurch anderen Kämpfen die Möglichkeit geben, sich zu entwickeln (dies lasst die Frage ihrer tatsächlichen oder wünschenswerten Verbindung mit den Klassenkämpfen außer acht).

Für Foucault jedoch hat die Machtbeziehung immer nur sich selbst zur Grundlage, sie wird zur bloßen »Situation«, der die Macht schon immer immanent ist. Die Frage *welche Macht* und *wozu diese Macht* scheint bei ihm völlig ihre Gültigkeit verloren zu haben. Dies führt bei Foucaults Analysen zu einer unausweichlichen Grundaporie: Die berühmten Widerstände, die notwendiges Element jeder Machtsituation sind, bleiben bei ihm, da ihnen jede Grundlage fehlt, willkürliche Beteuerung: *Sie sind bloß prinzipielle Behauptungen.* Von Foucaults Konzept aus lassen sich nicht nur bloß, wie oft behauptet wird, Guerillakämpfe und vereinzelte Unruhen gegenüber der Macht ableiten. Von Foucault aus ist überhaupt kein Widerstand möglich. Wenn die Macht immer schon da ist, wenn jede Machtsituation in sich selbst begründet ist, *warum sollte es Widerstand geben, woher* käme dieser Widerstand, und *wie wäre er nur möglich?* Diese alte Frage beantwortete bekanntlich die traditionelle politische Philosophie mit dem Naturrecht und dem Gesellschaftsvertrag; und uns zeitlich näher Deleuze mit dem »Begehren«. Dies ist sicher nicht die richtige Antwort, aber es ist wenigstens eine. Bei Foucault bleibt diese Frage unbeantwortet.

Diese Verabsolutierung der Macht, die immer auf sich selbst verweist, führt trotz allem unweigerlich zur Vorstellung einer »Meister-Macht«, die jeden Kampf und jeden Widerstand begründet. Die Kämpfe werden also in ihrem Ursprung und in ihrer Konstitution durch die Macht pervertiert; sie werden zur bloßen Auskleidung der Macht oder ihrer Legitimation. Zwischen der unmöglichen Natürlichkeit des Widerstandes bei Foucault und der gegenwärtigen Konzeption der Macht (des Staates) als einem ewigen Grundübel ist der Unterschied kleiner, als es den Anschein hat. Denn jeder Kampf kann zur Macht beitragen, ohne jemals subversiv zu werden, da dieser Kampf niemals eine andere Begründung als seine eigene Machtbeziehung, ja sogar keine andere Begründung als die Macht selber hat. Unsere »Neuen Philosophen«, vor allem z.B. Lévy, können sich mit vollem Recht auf Foucault berufen; denn sie scheinen nicht nur seine äußerste Konsequenz, sondern seine letzte Wahrheit zu sein.

2. Obwohl die Kämpfe sich in die institutionellen Machtapparate einschreiben, behalten sie in ihrer materiellen Begründung immer das Primat gegenüber den Institutionen und Machtapparaten (besonders dem Staat gegenüber) bei. Auf der anderen Seite muss man sich davor hüten, in eine essentialistische Konzeption der Macht (einschließlich des Staates) zu verfallen, den die sozialen Kämpfe nur zersetzen könnten, wenn sie ihm äußerlich blieben. Das behaupteten jedoch, ich erinnere daran, kürzlich C. Lefort und die Autoren der Zeitschrift »Libre«,[10] als sie Foucault und den Marxismus mit abgegriffenen Geschichten vom Typ eines Sozialgebildes kritisierten, das gegenüber der errichteten Macht grundsätzlich *äußerlich bleibt.*

---

[10] A.a.O.

In Wirklichkeit können die Kämpfe die Macht untergraben, ohne ihr jemals wirklich äußerlich zu sein. Wenn diese Subversion in der Konzeption von Foucault unmöglich ist, so nicht weil er nach und mit dem Marxismus die Auffassung vertritt, dass das Wesen der Macht relational ist, und dass die Kämpfe und Widerstände der Macht gegenüber niemals absolut äußerlich sind, sondern aus anderen Gründen. Die Mächte und Widerstände treten bei Foucault als zwei völlig gleichwertige Pole der Machtbeziehung auf. Die Widerstände haben keine Grundlage. Deshalb gewinnt schließlich der Pol »Macht« die Oberhand. Dies verursacht – in seiner suggestiven, also approximativen und analogen Sprache – eine ständige Verschiebung des Machtbegriffs. Dieser Begriff bezeichnet einmal eine *Beziehung*, die Machtbeziehung, ein anderes Mal, und oft auch beides gleichzeitig, einen der Pole der Beziehung Macht-Widerstände. Da den Widerständen eine Begründung fehlt, wird die Macht schließlich essentialisiert und verabsolutiert, d.h. sie wird zu einem Pol »gegenüber« den Widerständen, zu einer Substanz, die diese durch Übertragung ansteckt, zu einem den Widerständen gegenüber ursprünglichen und determinierenden Pol. So entsteht bei Foucault das Problem, wie man in diesem Fall eine immer unvermeidbare Herrschaft umgehen kann, d.h. eine Macht, die ein absolutes Privileg gegenüber den Widerständen besitzt, denen sie immer Fallen stellt.

Nur eine Antwort ist möglich: Man muss von der wieder zur Substanz gewordenen Macht loskommen und etwas anderes als die in die Macht eingeschriebenen Widerstände wiederentdecken, also etwas, das schließlich außerhalb der Macht steht, die zum grundsätzlich essentialisierten und verabsolutierten Pol der Beziehung geworden ist. Und zwar ohne dass man damit die Errungenschaften der Analyse der Macht als Beziehung in Frage stellt. Dieses »etwas« hat Foucault in dem, was er »Plebs« nennt, wiederentdeckt: Es ist das Etwas »in dem gesellschaftlichen Körper, in den Klassen, in den Gruppen, in den Individuen selbst, (...) das in gewisser Weise den Machtbeziehungen entgeht (...) Es ist ihre Grenze, ihre Kehrseite, ihre indirekte Folge. Es ist dasjenige, was auf jedes Vorrücken der Macht mit einer Bewegung antwortet, um von ihr sich zu befreien.«[11]

Auch hier ist die »Plebs« natürlich eine genauso unbegründete Affirmation wie es die Widerstände waren. Aber wenn Foucault darin Zuflucht sucht als etwas, das die Macht nur dann begrenzt, wenn es ihr »entwischt« oder sich von ihr »befreit«, weil es außerhalb der Machtbezie-

[11] M. Foucault, *Dispositive der Macht*, Westberlin 1978, S. 204.

hung steht, so weil die Macht inzwischen aus der Beziehung, die sie einmal war, zu einem Wesen und einem der Pole der Beziehung geworden ist. Eine Substanz, die man nur einschränken kann, indem man sich ihr entzieht, eine Substanz, die eine sich selbst reproduzierende und verschlingende Maschine nach sich zieht, die man nur auslöschen kann, wenn man sich außerhalb ihres Bereichs begibt. Für Foucault folgt ganz natürlich daraus, dass die »Plebs«, d.h. die Widerstände, unmittelbar in die Macht integrierbar und eingeschränkt werden, wenn sich an eine Strategie heften. Dies ist eine Flucht vor der Macht, aber sie ist grundsätzlicher nur eine Flucht nach vorn. Dieses »Etwas«, das die Allmacht einer so verabsolutierten Macht aufhalten sollte, trifft schließlich nur auf die Leere. Nachdem er Widerstände unbegründet lässt und die Macht substantialisiert hat, schafft er einen Nullpunkt gegenüber einer Macht, die nicht immer schon eine Beziehung oder ein Verhältnis, sondern eine phagozytische Substanz ist.

Man braucht gar nicht auf etwas der Macht und ihren Dispositiven vollkommen äußerliches zurückzugreifen, um ihre angebliche in sich begründete Allmacht einzuschränken. Sie haben immer ihre eigenen Grenzen. Im Staat (aber auch in den Dispositiven der Klassenmacht, die in diesen Begriff nicht mit einbezogen sind) sind diese Grenzen die in den Staat hinein gebrachte Reproduktion der Klassenstellungen und -positionen: sie verweisen auf ihre materiellen Grundlagen. Die Macht, auch in der Form des Staates, ist niemals bloße Immanenz. Der Staat und allgemeiner die Macht sind in den Kämpfen kein Pol oder Wesen. Die Kämpfe haben immer das Primat über die Apparate, weil die Macht eine Beziehung zwischen Kämpfen und Praktiken ist (Ausbeuter-Ausgebeutete, Herrschende-Beherrschte), weil vor allen Dingen der Staat die Verdichtung eines Kräfteverhältnisses, eben das der Kämpfe ist. Der Staat findet ebensowenig wie die anderen Machtdispositive seine Grenzen in einem radikalen Äußeren. Nicht weil er ein allmächtiges Ganzes gegenüber einem ihm äußerlichen Vakuum ist, sondern, weil die inneren Grenzen seines Feldes immer schon in seinem materiellen Gerüst eingeschrieben sind und ihm von den Kämpfen der Beherrschten aufgezwungen wurden. Wenn die Kämpfe der Beherrschten immer schon in einem Staat (und allgemeiner in den Machtdispositiven) existieren, ist trotzdem weder der Staat noch die Macht die erste *ratio* dieser Kämpfe. Die politischen Kämpfe, die sich auf den Staat in seinem eigenen strategischen Feld beziehen, sind in das strategische Feld der Machtdispositive und Machtapparate eingeschrieben, ohne damit zwangsläufig in die Macht der herrschenden Klassen »integriert« zu sein.

Dies gilt nicht nur für den Staat, sondern für alle Machtapparaturen, die weit über den Staat (im weiten Sinne) hinausgehen. Die Kämpfe, die sich diesseits oder jenseits des staatlichen Terrains ansiedeln, lokalisieren sich so nicht an einem Ort, der vollkommen außerhalb der Macht liegt, sondern sind immer Teil der Machtapparaturen und haben im Übrigen auch wegen der komplexen Verkettung des Staates mit der Gesamtheit der Machtdispositive Auswirkungen im Staat. Aber diese Einschreibung der Kämpfe in die anderen Machtdispositive bedeutet keineswegs zwangsläufig ihre »Integration« in diese. Sich nicht in den Staat einzuschreiben (wenn man z.B., keine Politik macht, ein alter Schlager, der jetzt wieder neu heraus kommt) reicht auf alle Fälle noch nicht aus dafür, dass man sich nicht in die Macht integriert. Man kann sich eben nicht außerhalb der Macht stellen und den Machtbeziehungen entkommen. Das Problem, der Macht nicht in die Falle zu gehen, wird nicht dadurch gelöst, dass man außerhalb des Staates bleibt. Dieses Problem ist viel allgemeiner und stellt sich für alle Machtdispositive und alle Kämpfe, welche sie auch immer sind, und wo sie auch immer liegen.

Ohne die politischen Konsequenzen, die sich daraus ergeben, vorwegnehmen zu wollen, schließe ich hier mit zwei Bemerkungen, die speziell den Staat betreffen.

1. Diese Einschreibung der Volkskämpfe in den Staat erschöpft nicht das spezielle Problem der *Modalitäten* und der *wirklichen* und *eigenen Präsenz* der Volksmassen in dieser oder jener Form im *physischen Raum* irgendeines seiner Apparate. Der Staat ist nicht bloß ein Verhältnis, sondern die *materielle* Verdichtung eines Kräfteverhältnisses. Er besitzt ein spezifisches Gerüst, das für einige seiner Apparate den Ausschluss der physischen und direkten Präsenz der Volksmassen impliziert. Wenn die Volksmassen in solchen Apparaten wie der Schule, der Armee mit einer allgemeinen Wehrpflicht oder mittels ihrer Repräsentanten in Wahlinstitutionen vertreten sind, so werden sie von Apparaten wie der Polizei, der Justiz und der Verwaltung *physisch ferngehalten.*

Aber auch in diesem Fall bleiben die Volkskämpfe dem strategischen Feld des Staates nicht wirklich äußerlich. Selbst wenn die Massen physisch von bestimmten Apparaten ausgeschlossen sind, haben diese Kämpfe immer Auswirkungen im Innern der Apparate, obwohl sie sich gewissermaßen aus der Distanz und durch Mittelsmänner (das staatliche Personal) manifestieren. Diese Konturen des physischen Ausschlusses der Volksmassen aus dem Staat dürfen auch hier nicht als Schützengräben und Mauern zur Isolierung des Festungsstaates, der nur von außen belagert werden kann, begriffen werden, d.h. als Absperrung, als eine reale

Abschottung des Staates gegenüber den Volkskämpfen – alles zweifelhafte topographische Metaphern. Es handelt sich eher um eine Reihe von Abschirmmaßnahmen, die *Schutz vor den Rückwirkungen* der Volkskämpfe auf den Staat gewähren sollen.

Diese Wirkungen zeigen sich deutlich, heute mehr denn je, in Apparaten wie der Polizei, der Justiz und der Verwaltung, die von dem Volkskämpfen aus der Distanz durchdrungen und gespalten werden. Noch deutlicher sieht man dies in bestimmten Staatsformen, die, wenn man nicht berücksichtigt, dass die Volkskämpfe immer und in jedem Fall in den Staat eingeschrieben sind, ein scheinbar paradoxes und unerklärliches Phänomen zeigen. Diese Kämpfe zeigen sich besonders heftig im Innern des Staates im Fall solcher Staatsformen, die die Abschirmvorrichtungen verstärken, um die Massen von seinem physischen Raum fernzuhalten. Diese Schutzwände erweisen sich in diesen Fällen sogar als wahre Resonanzkörper und Verstärker der Volkskämpfe im Staat. Man konnte das am Beispiel der Militärdiktaturen, die vor einiger Zeit noch in Spanien, Portugal und Griechenland wüteten, feststellen. Sie blieben im Gegensatz zu den traditionellen faschistischen Regimen, die bestimmte Volksklassen mittels Parteien und faschistischen Massengewerkschaften inkludiert hatten, immer auf Distanz gegenüber den Volksmassen oder wurden von diesen auf Distanz gehalten. Sie standen jedoch nicht bloß nicht außerhalb der Volkskämpfe, sondern wurden auf andere Weise sogar stärker affiziert als die faschistischen Systeme. Sie brachen schließlich nicht unter den Schlägen frontaler, offener und massiver Angriffe zusammen, die von den Widerstandsbewegungen dieser Regime lange propagiert wurden, sondern unter den Schlägen ihrer *Widersprüche und inneren Spaltungen,* deren zentraler Faktor, allerdings aus der Distanz, die Volksmassen waren.

2. Ob man das Machtspiel spielen und sich in den Staat integrieren soll oder nicht, hängt also von der eingeschlagenen *politischen Strategie* ab, während es für Foucault von der »Plebs« abhängt, sich eine Strategie zu geben, die sie in die substantialisierte Macht integriert und sie aus der absoluten Außenmacht, faktisch einem *»Nicht-Ort«*, herausführt, und sie wieder in ihre Maschen treibt. Aber:

a) Es ist bekannt, dass die Strategie auf der Autonomie der Organisationen der Volksmassen begründet sein muss. Aber um diese Autonomie zu erreichen, brauchen die politischen Organisationen nicht das strategische Feld des Kräfteverhältnisses, den Staat und die Macht, zu verlassen. Auch andere Organisationen (gewerkschaftliche z.B.) brauchen sich nicht außerhalb der entsprechenden Machtdispositive zu begeben, als wäre das entsprechend der alten anarchistischen Illusion die einzige Möglichkeit.

Sich auf dem Terrain der Macht zu organisieren, bedeutet in beiden Fällen nicht, dass diese Organisationen sich direkt in den physischen Raum der Institutionen (das hängt von den Konjunkturen ab) einfügen oder sich gar deren Materialität anpassen müssen (ganz im Gegenteil).

b) Es ist ebenso bekannt, dass die Volksmassen, parallel zu ihrer eventuellen Präsenz im physischen Raum der Staatsapparate, ständig Netze und Zentren außerhalb dieser Apparate aufrechterhalten und ausbreiten müssen: Bewegungen der direkten Basisdemokratie und der Selbstverwaltungsnetze. Aber diese Netze und Zentren stehen, wenn sie politische Ziele anstreben, nicht außerhalb des Staates und nicht außerhalb der Macht. Dies wären naive Illusionen eines anti-institutionellen Purismus. Mehr noch: Sich um jeden Preis außerhalb des Staates zu plazieren und zu meinen, von daher auch außerhalb der Macht zu stehen (was ja unmöglich ist) könnte das beste Mittel sein, *dem Etatismus das Feld zu räumen,* also dieses strategische Terrain angesichts des Feindes zu verlassen.

4. Das Staatspersonal

Diese Analysen werden noch deutlicher werden, wenn wir uns mit dem Personal des Staates beschäftigen. An ihm wird deutlich, dass die Klassenkämpfe den Staat durchziehen und ihn gleichzeitig konstituieren, dass die Kämpfe dabei eine spezifische Form annehmen und dass diese Form von dem materiellen Gerüst des Staates abhängig ist.

Die Klassenwidersprüche schreiben sich auch mittels *interner Spaltungen innerhalb des staatlichen Personals im weitesten Sinne* (verschiedene staatliche und administrative Bürokratien, Justiz, Militär, Polizei usw.) in den Staat ein. Auch wenn dieses Personal wegen der Organisation des Staates und seiner relativen Autonomie eine eigene soziale Kategorie darstellt, nimmt es trotzdem eine Klassenstellung ein (es ist keine neben oder über den Klassen stehende soziale Gruppe), es ist also ebenfalls gespalten. Eine klare Klassenstellung, die sich von der Klassenherkunft unterscheidet (d.h. von den Klassen, aus denen dieses Personal stammt), und die auf der Situation dieses Personals in der gesellschaftlichen Arbeitsteilung, wie sie sich in dem Aufbau des Staates kristallisiert, beruht (auch in Form der spezifischen Reproduktion der Arbeitsteilung von intellektueller und manueller Arbeit innerhalb der im Staat konzentrierten intellektuellen Arbeit): eine bürgerliche Klassenstellung oder -zugehörigkeit für die höheren Ebenen des Personals, eine kleinbürgerliche für die mittleren und untergeordneten Ebenen der Staatsapparate.

Die Widersprüche und Spaltungen im Block an der Macht wirken also auf die höheren Ebenen des staatlichen Personals ein. Da weite Teile dieses Personals der kleinbürgerlichen Klasse angehören, *wird es zwangsläufig von den Volkskämpfen betroffen.* Die Widersprüche zwischen den herrschenden Klassen und den beherrschten Klassen wirken sich als Distanzierungen dieser Teile des staatlichen Personals von den eigentlich bourgeoisen Spitzen aus und manifestieren sich in Spaltungen, Rissen und Brüchen im Innern des Personals und der Staatsapparate. Selbstverständlich beruhen diese Spaltungen nicht nur auf dem allgemeinen Kräfteverhältnis, sondern auch auf den Forderungen dieses Personals in der staatlichen Arbeitsteilung. Und selbstverständlich spiegeln sich auch die Widersprüche zwischen den herrschenden und den beherrschten Klassen im Innern des staatlichen Personals wegen der Spezifität dieses Personals als einer distinkten sozialen Kategorie in komplexer Form wider. Dennoch wird es in jedem Fall von eigenen Klassenwidersprüchen durchzogen. Die Kämpfe der Volksmassen durchziehen das staatliche Personal nicht nur, weil die Massen physisch in den Staatsapparaten bzw. in einigen Staatsapparaten vertreten sind.

Dies wäre nur dann der Fall, wenn es darum ginge, Gruppen und Gruppenverbände, die neben oder über den Klassen stünden, durch bloße Kontakte oder durch Druck auf die Seite der Volksmassen zu ziehen. Der Klassenkampf ist in den Staatsapparaten präsent, auch wenn er sich hier nur »aus Distanz« ausdrückt. Das Personal des Staates nimmt schon wegen seiner Klassenzugehörigkeit am Klassenkampf teil. Der Kampf der verschiedenen Volksklassen durchzieht den Staat im übrigen in differenzierter Form: Da das staatliche Personal auf den mittleren und unteren Ebenen der Klasse der Kleinbourgeoisie angehört, betreffen sie deren Widersprüche und Positionen in ihren Verhältnissen zur herrschenden Klasse ganz unmittelbar. Die Kämpfe der Arbeiterklasse wirken sich dort im allgemeinen durch ihre Beziehungen (Konflikt oder Bündnis) zur Kleinbourgeoisie aus.

Auf diese Weise stellen die Kämpfe der Volksmassen beständig die Einheit des staatlichen Personals, das im Dienst der Macht und der hegemonialen Fraktion steht, in Frage. Diese Kämpfe nehmen spezifische Formen an: Sie formen sich in dem materiellen Gerüst des Staates, erfolgen im Rahmen seiner relativen Autonomie und entsprechen nicht eindeutig und vollständig den Spaltungen im Klassenkampf. Oft nehmen sie die Form von »Streitereien« zwischen Angehörigen der verschiedenen Apparate und Zweige des Staates an, die durch Risse die Reorganisation des Staates im allgemeinen Kontext der Klassenwidersprüche verursacht werden, d.h. die Form von Reibereien zwischen Cliquen, Gruppierungen oder verschiedenen Vertretern des Staates in jedem Zweig und Apparat. Auch wenn die Klassenpositionen innerhalb des staatlichen Personals eine unmittelbare und deutlichere Politisierung dieses Personals zur Folge haben, verläuft sie immer in ganz besonderen Bahnen, da sich die gesellschaftliche Arbeitsteilung in den jeweiligen Staatsapparaten auf eigene Art reproduziert (dieser Prozess nimmt z.B. unterschiedliche Formen in der Armee, im Schulsystem, bei der Polizei oder der Kirche an). Eine zweite Ursache dafür sind die ideologischen Mechanismen in den Apparaten selbst.

Die herrschende Ideologie, die der Staat reproduziert und indoktriniert, übernimmt auch die Funktion der *Zementierung* der Staatsapparate nach innen und der Einheit ihres Personals. Diese Ideologie ist die Ideologie des neutralen Staates als dem Vertreter des Allgemeininteresses und Allgemeinwohls, als dem Schiedsrichter im Klassenkampf: Verwaltung und Justiz stehen über den Klassen, die Armee ist der Stützpfeiler der Nation, die Polizei Garant der bürgerlichen Freiheiten und Hüter der Republik, die Wirtschaft Antriebskraft des Wachstums und des allgemeinen Wohlstands. So sieht die herrschende Ideologie in den Staatsapparaten aus. Aber sie herrscht dort nicht ungeteilt, denn es bilden sich unter ihrer Vorherrschaft in den Apparaten ideologische Teilkomplexe der beherrschten Klassen heraus. Häufig begreifen ganze Teilbereiche des staatlichen Personals diese Themen der herrschenden Ideologie als ihre eigene Aufgabe: die Herstellung von »sozialer Gerechtigkeit« und »Chancengleichheit«, sowie die Wiederherstellung eines »Gleichgewichts« zugunsten der »Schwachen«, usw. Die Volkskämpfe, die den aufgrund ihrer Klassenzugehörigkeit dazu bereits disponierten Agenten zwangsläufig die Augen über die wirkliche Natur des Staates öffnen, verschärfen so ganz beträchtlich die Teilungen, Widersprüche und Spaltungen innerhalb des staatlichen Personals. Und zwar besonders, wenn sich – wie meistens – dieser Kampf mit den Forderungen des staatlichen Personals verbindet.

Dies gilt trotz bestimmter Grenzen der Politisierung des staatlichen Personals, die sich aus der Art und Weise ergeben, wie sie in den Klassenkampf einbezogen sind.

Die Agenten des staatlichen Personals, die sich den Volksmassen anschließen, artikulieren ihren Widerstand in der Terminologie der herrschenden Ideologie, wie sie sich in dem Gerüst des Staates verkörpert. Was sie oft in Opposition zu den herrschenden Klassen und den höheren Ebenen des Staates setzt, ist der Zugriff der mächtigen ökonomischen Interessen auf den Staat, so dass seine Rolle als Garant der »Ordnung« und des sozio-ökonomischen »Wachstums« in Frage gestellt sowie seine staatliche »Autorität« und der Aufbau seiner traditionellen »Hierarchien« zerstört wird. Zum Beispiel interpretieren sie oft den Plan einer Demokratisierung des Staates nicht als Einflussnahme des Volkes auf die öffentlichen Angelegenheiten, sondern als Restaurierung ihrer eigenen über den Klassen stehenden Schiedsrichterrolle. Sie fordern eine »Entkolonisierung« des Staates von den mächtigen Wirtschaftsinteressen. In ihren Augen bedeutet dies die Rückkehr zu einer angeblich möglichen Jungfräulichkeit des Staates, die ihnen die Wahrnehmung ihrer eigenen Rolle, nämlich die der politischen Führung erlauben würde.

Auf diese Weise stellt selbst eine große Anzahl von den Volksmassen nahestehendem staatlichem Personal weder die Reproduktion der gesellschaftlichen Arbeitsteilung im Staatsapparat – die hierarchische Bürokratisierung – in Frage, noch grundsätzlich die im Staat verkörperte politische Spaltung in »Leitende« und »Geleitete«. Anders ausgedrückt: Sie stellen ihre eigene Rolle und Stellung gegenüber den Volksmassen nicht radikal in Frage. So ist das tiefe Misstrauen ganz offensichtlich, das solche Masseninitiativen wie die Selbstverwaltung und die direkte Demokratie bei dem Staatspersonal – das im übrigen die Demokratisierung des Staates unterstützt – hervorrufen.

Diese Grenzen der Politisierung sind also nichts anderes als die Wirkung des materiellen Gerüstes des Staates auf das staatliche Personal. Sie sind infolgedessen immanenter Teil der Stellung dieses Personals in der gesellschaftlichen Arbeitsteilung. Die den Praktiken des staatlichen Personals inhärenten Grenzen können also nur unter der *Bedingung einer radikalen Transformation dieses institutionellen Gerüstes* erweitert werden. Entgegen einer Reihe von Illusionen ist eine Umorientierung eines Teils des staatlichen Personals nach links bei weitem nicht ausreichend für eine Transformation des Verhältnisses von Staat und Volksmassen. Die Lösung dieses Problems liegt auch nicht einfach in der Ersetzung des Personals, sei es in Form der Besetzung staatlicher Schlüsselpositionen durch politisch Engagierte aus den Volksmassen, die »sich der Sache des Volkes gewidmet haben«, oder sei es in der mehr prosaischen Form der Demokratisierung der Personalrekrutierung zugunsten der Agenten, die aus den *Volksklassen* stammen. Solche Maßnahmen sind nicht unwichtig, aber doch zweitrangig gegenüber dem fundamentalen Problem der Transformation des Staates in seinen Beziehungen zu den Volksmassen. Man könnte wetten, dass ohne eine solche Transformation das neue Personal schließlich – oder von Anfang an – hochdienen und die Praxis, die sich aus der Struktur des Staates ergibt, reproduzieren würde. Dafür gibt es zahlreiche historische Beispiele.

Man muss den Staat transformieren, um die Praxis seines Personals verändern zu können. *Aber in wieweit kann man sich während dieser Transformation des Staatsapparates auf das Personal, das sich den Volksmassen anschließt, verlassen?* Selbstverständlich muss man auch hier die Widerstände dieses Personals betonen, von jenem Personal ganz zu schweigen, das seiner Rolle als Wachhund des Blocks an der Macht treu bleibt. Wegen seiner Stellung in der durch den Staat verkörperten gesellschaftlichen Arbeitsteilung tendiert dieses Personal zumindest am Anfang meistens nur unter der Bedingung einer gewissen *Kontinuität* des Staates zu den Volksmassen. Mehr noch: Oft tendiert es zu den Volksmassen, um diese staatliche Kontinuität sicher zu stellen, die ihnen durch den Zugriff der mächtigen Wirtschafts- oder »Feudalinteressen« auf den Staat und die dadurch in den sozialen oder nationalen Organen verursachten Brüche und Revolten in Frage gestellt zu sein scheint. Diese immer wieder festzustellende Haltung hängt nicht nur von der Verteidigung der offensichtlich ständischen Privilegien ab.

Dass die Staatsbürokratie ebenfalls eigene Interessen, die ihrer Stellung, zu verteidigen hat, so dass man von einem eigenen »Interesse an staatlicher Stabilität«[12] bei der Gesamtheit des staatlichen Personals sprechen konnte, ist nicht das Wesentliche. Parallel zur gegenwärtig beträchtlichen Ausdehnung dieses staatlichen Personals sind die Privilegien des Öffentlichen Dienstes für einen wesentlichen Teil des Personals in Frage gestellt. Wenn diese Situation auch unbestreitbar seine Politisierung nach links hin begünstigt, scheint diese doch immer durch das materielle Gerüst des Staates begrenzt zu sein. Wie soll man sich bei all den möglichen politischen Zwischenfällen im Übergang zu einem demokratischen Sozialismus auf diesen gegenwärtig entscheidenden Faktor der Politisierung weiter Teile des staatlichen Personals nach links stützen können, wenn man diese Grenzen in Betracht zieht? Außerdem muss man die Befürchtung haben, dass dieses Personal jederzeit nach rechts umschwenken kann. Bei all dem darf man die notwendigen Transformationen des Staates nicht aus den Augen verlieren. Wie man sieht, verweist dies auf das Problem der Formen, der Mittel und des Rhythmus der Transformation dieses Apparates.

Schließen wir diesen Teil: Nur diese theoretische Staatskonzeption, nur diese Theorie des kapitalistischen Staates kann seine unterschiedlichen Formen und Transformationen bewusst machen. Nur sie kann die Aus-

[12] Claus Offe, Strukturprobleme des kapitalistischen Staates, 1973, und J. Habermas Legitimationsprobleme im Spätkapitalismus, 1973

wirkungen wiedergeben, die die Veränderungen der Produktionsverhältnisse und der gesellschaftlichen Arbeitsteilung und zugleich die Veränderungen in den Klassenkämpfen, besonders in den politischen Kämpfen, auf den Staat haben. Man bricht nur mit dem dogmatischen Formalismus in der Art »jeder kapitalistische Staat ist ein Staat der Bourgeoisie« und kann die komplexe Rolle des politisches Kampfes in der historischen Reproduktion dieses Staates nur begreifen, wenn man die Eingliederung der politischen Herrschaft in das materielle Gerüst des Staates als Verdichtung eines Kräfteverhältnisses konzipiert. Ich begnüge mich hier, an die weiter oben durchgeführten Analysen zu erinnern:

1. Zuallererst an die Spezifität des Staates und seiner verschiedenen Zweige und Apparate während seiner Transformationen und historischen Reproduktion in einem gegebenen Land, etwa der französische Staat. Wenn dieser Staat auch in seinen Beziehungen zu den Produktionsverhältnissen und ihren Transformationen die Grundzüge des kapitalistischen Staates realisiert, weist er trotzdem eigene Besonderheiten auf, die ihn durch alle Transformationen hindurch kennzeichnen. Diese Besonderheiten wiederum können nur erfasst werden, wenn man sein institutionelles Gerüst und das seiner Apparate als Verdichtung der politischen Verhältnisse begreift, die die französische Gesellschaftsformation geprägt haben. Wenn die Schule, die Armee oder die ideologischen Apparate des französischen Staates in ihrer Konstitution und Transformation eine an die Produktionsverhältnisse und an die gesellschaftliche Arbeitsteilung und deren Veränderungen gebundene Materialität aufweisen (kapitalistische Schule, kapitalistische Armee, kapitalistische ideologische Apparate), wird diese Materialität dennoch von diesen politischen Verhältnissen affiziert. Man kann den spezifischen Aufbau der französischen Schule nicht erfassen, wenn man sie nicht als Verdichtung der besonderen Beziehung von Bourgeoisie und Kleinbourgeoisie (der alten und der neuen) betrachtet. Das gleiche gilt für die Armee (Beziehungen von Bourgeoisie und Bauernschaft) und für die ideologischen Apparate (Beziehungen von Bourgeoisie und Intellektuellen). Ganz zu schweigen von jenem berüchtigten jakobinischen Staatszentralismus, der auf die institutionelle Spezifität der staatlichen Verwaltung und der Bürokratie (und ihrer Stellung innerhalb der Apparate) zurückgeht, deren eigene Materialität eine analoge Analyse erfordert. Dies wiederum weist nicht nur auf die besonderen Beziehungen zwischen Bourgeoisie und Arbeiterklasse in Frankreich hin, sondern auch auf die Französische Revolution und darüber hinaus sogar auf die spezifischen Beziehungen von Bourgeoisie und Landadel im absolutistischen Staat.

2. Sodann an die Transformationen des Staates je nach den Stadien und Phasen des Kapitalismus sowie an die unterschiedlichen Staats- und Regierungsformen. Zum Beispiel die Differenzierungen im Block an der Macht und die Kräfteverhältnisse zwischen seinen Teilen, die Verschiebungen der Hegemonie von einer Klasse oder Fraktion zu einer anderen; die Veränderungen der gesellschaftlichen Klassen und ihrer Repräsentation, die Veränderungen der Beziehungen des Blocks an der Macht zu den ihn unterstützenden Klassen (Kleinbourgeoisie, Bauernschaft) sowie die Veränderung der Organisation der Arbeiterklasse und ihrer strategischen Beziehungen zur Bourgeoisie, die sich im Staat verdichten. Seine Transformationen prägen sich in jeden seiner Apparate ein: Sie manifestieren sich in der relativen Autonomie des Staates gegenüber den herrschenden Klassen, in der Funktionsweise und der Form der internen Widersprüche des Staates, in der Konfiguration seines organisatorischen Gerüstes und in der Herrschaft eines spezifischen Apparates über die anderen, in den Grenzverschiebungen zwischen repressiven, ideologischen und ökonomischen Apparaten, im Wechsel in den verschiedenen Staatsämtern, in der Organisierung des staatlichen Personals, etc. Diese Verdichtung des politischen Kampfes im Staat prägt auf diese Weise die Unterschiede:

a) Zwischen den Staatsformen nach Stadien und Phasen des Kapitalismus: Liberaler Staat des Konkurrenzkapitalismus, interventionistischer Staat des imperialistischen Monopolkapitalismus, Staat gegenwärtigen Phase des Monopolkapitalismus.

b) Zwischen dem demokratisch-parlamentarischem Staat und Notstandsstaat (Faschismen, Militärdiktaturen, Bonapartismen) entsprechend den Stadien und Phasen.

c) Zwischen den verschiedenen Formen dieses demokratisch-parlamentarischen Staates (Präsidialsystem, Parlamentarismus) und zwischen den verschiedenen Formen des Notstandsstaates.

3. Nur diese Forschungsrichtung erlaubt es, die gegenwärtige Staatsform in den entwickelten kapitalistischen Ländern zu analysieren: den *autoritären Etatismus*. Er wird Gegenstand des letzten Teils dieses Textes sein.

Teil 3
Staat und Ökonomie heute

Die ökonomische Rolle des gegenwärtigen Staates sieht und erfährt man, immer wieder weist man auf sie hin. Trotzdem befassen sich gewisse Theoretiker der Macht weiterhin nicht mit diesen in ihren Augen höchst abstoßenden Dingen, was sie jedoch nicht daran hindert, emphatisch über »Prinzen«, »Despoten« und »Meister« zu reden. Zwar sind Inflation, Arbeitslosigkeit und Krisen Erscheinungen, die sie gegebenenfalls flüchtig bejammern; sie haben natürlich mit den höheren Sphären, mit denen sie sich beschäftigen, nichts zu tun: der Macht, dem Staat, der Politik. Lassen wir sie weiter träumen: die ökonomische Rolle des Staates ist erschreckend real.

Deshalb darf die Analyse der konstitutiven Beziehungen des kapitalistischen Staats (und der kapitalistischen Macht) zur Ökonomie nicht bei seiner Verbindung mit den Produktionsverhältnissen und der kapitalistischen gesellschaftlichen Arbeitsteilung im Allgemeinen haltmachen. In ihrer Reproduktion während der Stadien und Phasen des Kapitalismus schlagen sie sich als ökonomische Funktionen dieses Staates nieder: Alle seine Handlungen, ob es sich um repressive Gewalt, ideologische Indoktrination, disziplinarische Normalisierung, die Gestaltung von Raum und Zeit oder um die Herstellung des Konsensus handelt, sind mit diesen ökonomischen Funktionen im engeren Sinne verbunden. Mehr als je gilt dies für den gegenwärtigen außerordentlichen *Etatismus*.

Will man über bloße Banalitäten hinausgehen, kann man den Etatismus, denn um ihn geht es, nur verstehen, wenn man die ökonomischen Funktionen des gegenwärtigen Staates untersucht. Damit werde ich in diesem Teil beginnen. Ich werde dabei schrittweise vorgehen (was mir notwendig zu sein scheint, wenn man nicht alles durcheinander bringen will). Ich werde mich also zunächst auf die Rolle des Staates bei der Überakkumulation/Entwertung des Kapitals und in der Verwaltung/Reproduktion der Arbeitskraft beschränken. Der Etatismus ist jedoch im Wesentlichen eine politische Realität: in seiner ganzen Tragweite lässt er sich nur in dem folgenden Kapitel begreifen. Dort werde ich auf ihn selbst eingehen, sowie auf die Besonderheiten der Klassentransformation und der Klassenverhältnisse, die politischen Kämpfe, die jüngste ökonomische Krise, die zu einer politischen Krise und Krise des Staates wird, schließlich auf die eigentlich politischen Auswirkungen der ökonomischen Interventionen des Staates. Die ökonomische Rolle des Staates kann in ihrer ganzen Bedeutung und in ihrem Einsatz nur beschrieben werden, wenn man sie bis in diese Merkmale hinein erfasst.

Aber warum untersucht man dann diese Rolle gesondert? Wie man auch immer vorgeht, diese Rolle ist sehr spezifisch und enthält bemerkenswerte Aspekte. Sie stellt damit der Linken wirkliche Probleme sowohl im Rahmen ihrer allgemeinen Politik als auch, wie man ahnen kann, für die eventuelle Machtergreifung – in Frankreich und anderswo. Wenn dieses staatliche Handeln sehr spezifisch ist, bedeutet das nicht, dass es nicht schon immer einen politischen Inhalt besitzt. Nur wenn man bereit ist, dieses Handeln in seiner ursprünglichen Materialität zu untersuchen, kann man diesen Inhalt darlegen. Man kann den *Technokratismus der Linken,* der gegenwärtig beachtliche Dimensionen annimmt, nicht bekämpfen, indem man in den Politizismus flüchtet.

Wenn ich mich auch schließlich in diesem Teil auf die ökonomische Funktionen des Staates beschränke, so werde ich sie doch nicht ausführlich untersuchen. Die marxistische Forschung verfügt in dieser Frage über strenge Analysen, die ich hier nicht wiederholen werde. In der gegenwärtigen ideologischen Konjunktur muss man darauf insistieren, dass wir die Erkenntnis einer Reihe von Punkten bezüglich des Monopolkapitalismus und des aktuellen ökonomischen Engagements des Staates, die heute fast selbstverständlich geworden sind, ausschließlich der marxistischen Theorie und ihrem früheren und gegenwärtigen Kampf gegen die offizielle »Wirtschaftswissenschaft« einschließlich ihrer neo-liberalen Variante verdanken (dieses Wort muss man verwenden). Ich möchte noch weiter gehen: Trotz aller Einwände, die man, wie ich, gegen die Theoretisierung des Staates durch die III. Internationale erheben kann, kann man ihr doch nicht das wichtige Verdienst abstreiten, bestimmte wesentliche Aspekte der ökonomischen Rolle des Staates aufgeklärt zu haben.

Auch dazu hat man seit langem erklärt, dass der Marxismus durch die »gegenwärtige« Realität des Kapitalismus überholt sei. Diese Erklärungen, die sich auf das kapitalistische Wachstum der Nachkriegszeit stützen, haben im Wesentlichen immer das gleiche Leitmotiv: Der Marxismus, der die ökonomische Rolle des Staates unterstrichen hat, hätte diese Rolle selbst unterschätzt. Dem Staat wäre die harmonische Reproduktion eines organisierten und geplanten Kapitalismus ohne größere Krisen gelungen. Diese Argumentation, die in Frankreich von Raymond Aron vulgarisiert wurde, findet man noch vor kurzem bei C. Castoriadis wieder, der 1974 ganz ernsthaft zu schreiben wagte: »Die Erfahrung der letzten zwanzig Jahre jedoch überzeugt uns davon, dass im modernen Kapitalismus periodische Überproduktionskrisen nicht unvermeidbar sind, außer in der sehr abgemilderten Form von kleineren und vorübergehenden ›Rezessionen‹. (...) Die ökonomische Theorie von Marx ›ignoriert‹ die Auswirkungen der fortschreitenden Organisierung der Klasse der Kapitalisten, die die ›spontanen‹ Tendenzen der Ökonomie beherrschen soll.«[1] Man weiß seitdem, woran man ist und was man davon zu halten hat!

1. Die ökonomischen Funktionen des Staates

Nicht nur im Kontext der marxistischen Diskussion ist es heute ziemlich banal geworden, auf die Dispositionen des Staates im Hinblick auf die Akkumulation und Reproduktion des Kapitals hinzuweisen. Diese Tätigkeit des Staates beginnt jedoch nicht mit dem Staat des Monopolkapitalismus: Auch der sogenannte »liberale« Staat des Stadiums des Konkurrenzkapitalismus besaß eine wichtige ökonomische Rolle. Die ökonomische Rolle des gegenwärtigen Staates ist nun nicht das bloße Ergebnis einer linearen Anhäufung verschiedener ökonomischer Funktionen, die sich im Verlauf der Geschichte des Kapitalismus nacheinander summiert hätten. Aufgrund einer Reihe von Brüchen unterscheidet sich der gegenwärtige Staat qualitativ sowohl vom liberalen Staat als auch vom Staat der vorhergehenden Phasen des Monopolkapitalismus.

Um diese Differenz herauszuarbeiten, müssen die aktuelle Verbindung der gegenseitigen Räume der Politik (Staat) und der Reproduktion des Kapitals, die Ökonomie, sowie die Auswirkungen dieser Verbindung in der *Abgrenzung der jeweiligen Räume* des Staats und der Ökonomie untersucht werden. Es geht also nicht um zwei aneinandergrenzende Orte oder Räume, die im Verlauf der Geschichte des Kapitalismus eigentlich gleich geblieben wären, wobei der einzige Unterschied darin läge, dass einer der beiden Räume, der Staat, mehr und mehr in den anderen Raum (die Ökonomie) »interveniert« hätte. Anders gesagt, die Differenz liegt nicht in der bloßen allmählichen und wachsenden Durchdringung zweier Räume, deren Umrisse quasi identisch geblieben wären.

---

[1] *L'institution imaginaire de la société*, a.a.O., S. 22.

Raum, Gegenstand und damit der jeweilige Inhalt der Politik und der Ökonomie ändern sich je nach den verschiedenen Produktionsweisen. Dies gilt auch für die verschiedenen Stadien und Phasen des Kapitalismus in dem Maße, wie er eine Produktionsweise mit einer erweiterten Reproduktion konstituiert. Die gegenwärtige Veränderung der Räume des Ökonomischen und des Politischen konstituiert die »transformierte Form« ihrer Trennung im Kapitalismus. Diese relative Trennung wird durch das gegenwärtig ausschlaggebende Engagement des Staates in der Ökonomie also nicht aufgehoben. Dies könnte man nur behaupten, wenn man die gegenwärtigen Transformationen als bloße wachsende Durchdringung zweier Bereiche mit je eigenen Grenzen ansieht. Wenn sich die Konfiguration dieser Bereiche (Staat und Ökonomie) ändert, reproduziert sich diese Trennung in neuen Formen.

Man muss also jeder topologischen und bildhaften Darstellung der Beziehungen zwischen Staat und Ökonomie misstrauen. Vor allem Engels war dafür verantwortlich, als er die Wirkungen der Interventionen des damaligen Staates als Aufrechterhaltung und Reproduktion der »allgemeinen äußern Bedingungen« beschrieb.[2] Während diese Beschreibung vermuten lässt, dass zumindest in einer bestimmten Periode des Kapitalismus die Beziehungen zwischen Staat und Ökonomie äußerliche Beziehungen waren, ist die kapitalistische Trennung von Staat und Ökonomie tatsächlich immer nur die spezifische Form der Präsenz des Staates in den Produktionsverhältnissen während des Kapitalismus. So kann man auch nur unter diesem ausdrücklichen Vorbehalt weiterhin den gebräuchlichen Terminus »Intervention« des Staates in die Ökonomie benutzen, da man sonst Gefahr läuft, dieses Bild der Äußerlichkeit zu reproduzieren. Denn wenn man diesen Ausdruck von Engels wörtlich nimmt, riskiert man immer, die Differenz zwischen dem liberalen und dem gegenwärtigen Staat allein darin zu sehen, dass der liberale Staat nur an den Randflächen der Ökonomie interveniert, während er heute in deren Zentrum ziele. Damit hätten sich zwar die Interventionspunkte des Staats in der Ökonomie geändert, der ökonomische Raum selbst wäre jedoch gleichgeblieben.

Die gegenwärtige Rolle des Staats in der Akkumulation und Reproduktion des Kapitals schreibt sich jedoch in die Veränderung der jeweiligen Räume von Staat und Ökonomie selbst ein. Weil sich (wegen Veränderungen der Produktionsverhältnisse, der Arbeitsteilung, der Reproduktion der Arbeitskraft, der Abpressung des Mehrwerts und der Aus-

---

[2] S. MEW, Bd. 20. S. 260 (Anti-Düring).

beutung) eine Reihe von früher peripheren Bereichen (Qualifikation der Arbeitskraft, Städtebau, Verkehrs- und Gesundheitswesen, Umwelt usw.) direkt in den Raum und Prozess der Reproduktion und der Verwertung des Kapitals integrieren, und sie dabei erweitern und modifizieren, erhält die Rolle des Staates in diesen Bereichen eine neue Bedeutung. Diese Transformation des ökonomischen Raums und Prozesses verändert die Interventionspunkte des Staates und lässt ihn zunehmend in der Kapitalreproduktion tätig werden. Gleichzeitig erweitert und modifiziert sich der Raum des Staates: Ganze Sektoren der Kapitalverwertung und der Reproduktion der Arbeitskraft (u. a. öffentliches und nationalisiertes Kapital) sind nun direkt mit dem Staat verflochten. Wenn der Staat gegenwärtig diese Rolle in der Ökonomie einnimmt, so auch deshalb, weil er nicht mehr der Staat von früher ist.

Wenn die ökonomischen Tätigkeiten des Staates eine Veränderung seines eigenen Raumes implizieren, kann man sie nicht isoliert betrachten, so als ob sie sich von außen auf eine im übrigen unveränderte staatliche Realität aufpfropften: Man muss diese Tätigkeiten in ihrer spezifischen Stellung innerhalb der gesamten Reorganisation des Staates erfassen. Dies gilt jedoch auch umgekehrt: Sämtliche Funktionen des Staates, seien sie repressiver, ideologischer oder anderer Natur, können wegen seiner neuen ökonomischen Rolle nicht mehr isoliert betrachtet werden.

Mehr noch: Im Stadium des Konkurrenzkapitalismus und auch noch in den ersten Phasen des Monopolkapitalismus waren die im strengen Sinne ökonomischen Funktionen des Staates seinen repressiven und besonders seinen ideologischen Funktionen *untergeordnet* (ohne dass man ihn deswegen auf diese Funktionen reduzieren könnte). Die Grunddispositionen des Staates bestanden darin, den politisch-gesellschaftlichen Raum der Kapitalakkumulation materiell zu organisieren; seine eigenen ökonomischen Interventionen im engeren Sinne konnten diesen Notwendigkeiten leicht angepasst werden. Auf Grund der gegenwärtigen Rolle des Staates, die den gesamten politischen Raum verändert, nehmen diese ökonomischen Funktionen innerhalb des Staates nun eine *dominante Stellung* ein. Die globale Veränderung des politischen Raums erstreckt sich nicht nur auf die Dominanz der ökonomischen Funktionen innerhalb des gegenwärtigen Staats, sie bestimmt auch die Bedeutung dieser Dominanz. Es handelt sich nicht bloß um neue ökonomische Aktivitäten, die als solche über die anderen (unverändert gebliebenen) Aktivitäten dominieren. *Sämtliche Maßnahmen des Staates werden gegenwärtig in Bezug auf seine ökonomische Rolle reorganisiert.* Dies gilt über ideologisch-repressive Maßnahmen des Staates hinaus für seine Tätigkeiten in der disziplinierenden Normalisierung, der Strukturierung von Raum und Zeit, der Einführung neuer Prozesse der Individualisierung und der kapitalistischen Körperlichkeit sowie der Ausarbeitung strategischer Diskurse und der Wissenschaftsproduktion. Dies ruft beträchtliche institutionelle Transformationen sämtlicher Staatsapparate hervor, deren Richtung die neue ökonomische Rolle des Staates angibt.

Man kann also heute noch weniger als früher die ökonomischen Funktionen des Staates von den Funktionen der Ausübung legitimer Gewalt und der Reproduktion-Indoktrinierung der herrschenden Ideologie trennen. Diese ökonomischen Funktionen sind unmittelbar mit dem Rhythmus der Akkumulation und Reproduktion des Kapitals verknüpft. Sie bleiben jedoch weiterhin spezifische Funktionen; und dies führt dazu, dass gegenwärtig bestimmte Hauptwidersprüche im Innern des Staates sich zwischen seiner ökonomischen Rolle und seiner Rolle zur Aufrechterhaltung der Ordnung und der Organisation des Konsenses abspielen. Bis zu einem gewissen Grade folgen diese Funktionen einer eigenen Logik und können mit den Erfordernissen zur Aufrechterhaltung der öffentlichen Ordnung nicht länger verbunden werden: die ökonomischen Maßnahmen schaffen nun selbst vom Staat nur schwer zu beherrschende Unruhen. Sie können auch nicht mehr der Organisation des Konsenses unterstellt werden: Da sie die Abhängigkeit des Staates von den Interessen des Kapitals verraten, stellen sie das Bild des Staates als ein Garant von Wohlstand und Allgemeinwohl in Frage.

Denn bis zu einem gewissen Maße ist dieses ökonomische Engagement des Staates heute absolut *unumgänglich:* Der Staat kann die Auswirkungen dieser ökonomischen Funktionen nicht vermeiden, indem er sie nicht erfüllt. Der Rhythmus der Kapitalakkumulation zwingt dem Staat heute – je nach den Umständen und der Konjunktur mehr oder weniger – diese Funktionen direkt auf. Damit wird es für den Staat zunehmend schwieriger, sich in seiner ökonomischen Strategie nach seiner allgemeinen Politik zur Organisierung der Hegemonie zu richten. Er muss weiterhin die für die Kapitalreproduktion notwendigen Dispositionen treffen, auch wenn dies für die Hegemonie große Probleme schafft. Deshalb verschärfen diese Dispositionen die Widersprüche im Innern des Blocks an der Macht und die Widersprüche zwischen diesem und den beherrschten Massen. Sie werden damit Hauptfaktor von Krisen, die dadurch mehr als bloß ökonomische Krisen sind. Diese *Unbeweglichkeit* des gegenwärtigen Staates, die mit der grundsätzlich wechselseitigen Ausweitung von staatlichem Raum und dem Raum/Prozess der Kapitalreproduktion verbunden ist, begrenzt den Umfang der politischen Alternativen und des taktischen Feldes zur Reproduktion der Klassenhegemonie ganz beträchtlich. Die Ausweitung des Staates ist keine Ausweitung seiner Macht gegenüber der Wirtschaft. Sie vergrößert ganz im Gegenteil seine Abhängigkeit von ihr: Diese Ausweitung entspricht einer Unterordnung aller sozio-ökonomischen Bereiche unter den Akkumulationsprozess des Kapitals. Lässt man sämtliche ökonomischen Handlungen des Staates ausschließlich von dieser oder jener von seinen Führern gewollten »politischen« Taktik oder Wahl abhängen, »überpolitisiert« man das staatliche Handeln.

Wenn auch der Akkumulationsprozess des Kapitals nun unmittelbar den Rhythmus des staatlichen Handelns bestimmt, übersetzt er sich ins Innere des Staates nur als mit dessen gesamter Politik artikuliert und verflochten. Jede ökonomische Maßnahme des Staates hat also eine politische Bedeutung, und zwar nicht nur im allgemeinen Sinn eines Beitrags zur Kapitalakkumulation und zur Ausbeutung, sondern auch im Sinne einer notwendigen Anpassung an die politische Strategie der hegemonialen Fraktion. Die politisch-ideologischen Funktionen des Staates sind seiner ökonomischen Rolle nicht nur untergeordnet: Die ökonomischen Funktionen haben nun unmittelbar die Aufgabe, die herrschende Ideologie zu reproduzieren, d.h. besonders die Aufgabe, die herrschende Ideologie zum Technokratismus zu verschieben, zum Bild des Staates als dem Garant von Wachstum oder Wohlstand, kurz, zur Ideologie des Wohlfahrtsstaats.

Die inneren Widersprüche des gegenwärtigen Staats liegen deshalb nicht nur zwischen seinen ökonomischen Handlungen und seinen ideologischen Maßnahmen; sie liegen auch in diesen ökonomischen Handlungen selbst; und zwar besonders zwischen den Handlungen, die unmittelbarer mit der Notwendigkeit der monopolistischen Akkumulation verbunden sind und jenen Handlungen, die durch die Realisierung instabiler Kompromisse auf die Organisierung des Konsenses der beherrschten Klassen zielen. Anders gesagt: Es handelt sich um eine in sich selbst außerordentlich widersprüchliche *Wirtschaftspolitik.*

Man muss also zwei Klippen vermeiden: Entweder auf idealistische Weise die ökonomische Aktivität des Staates »überzupolitisieren«, indem man sie allein auf den politischen Willen der hegemonialen Fraktion und seiner Führer zurückführt; oder aber diese Aktivität auf ökonomistische Weise zu betrachten, indem man sie von der Gesamtpolitik des Staates trennt, und sie nur auf die inneren Notwendigkeiten der »Produktion« oder der »zunehmenden technologischen Komplexität« der gegenwärtigen Gesellschaft zurückführt.

Die Funktionen des Staates sind in der institutionellen Materialität seiner Apparate verkörpert: Die Besonderheit ihrer Funktionen erfordert die *Spezialisierung der Apparate*, die diese Funktionen erfüllen und besondere Formen der gesellschaftlichen Arbeitsteilung innerhalb des Staates selbst hervorrufen.

Aufgrund dieser Spezialisierung entstand eine Konzeption, die diese Apparate in repressive und ideologische Staatsapparate aufteilte. Der grundsätzliche Irrtum dieser Konzeption lag darin, den Bereich des Staates auf die Ausübung von Repression und auf die Reproduktion der herrschenden Ideologie zu beschränken. Es gibt jedoch eine Reihe von Staatsapparaten, die par excellence andere Funktionen als die der Repression und der Reproduktion der herrschenden Ideologie erfüllen. Obwohl diese Staatsapparate keine ökonomische Intervention bezwecken, spielen sie trotzdem auch eine ökonomische Rolle, z.B. die Verwaltung, die Justizbehörden, die Armee, die Schule, die Kirche, die Medien, usw. Diese ökonomische Rolle des Staates wurde zusammen mit einer Reihe anderer staatlicher Aktivitäten zugunsten der Repression und Reproduktion der herrschenden Ideologie total vernachlässigt.

Mehr noch: Selbst in den früheren Formen des kapitalistischen Staates, in denen das ökonomische Engagement des Staates speziell der Ausübung der Repression und der Reproduktion der herrschenden Ideologie untergeordnet war, stand dies der Existenz eines realen *spezialisierten ökonomischen Apparats* innerhalb des Staates nicht entgegen. Heute jedoch stellt sich die Frage noch viel deutlicher: Die Ausübung der ökonomischen Funktionen des Staates und ihre dominante Stellung innerhalb des Staates führen zu neuen Formen der Spezialisierung bestimmter Dispositive des Staates. Die Reorganisation, die Ausweitung und die Konsolidierung dieser wirklich ökonomischen Staatsapparatur – also das Restrukturierungsprinzip des staatlichen Raums – lassen sich denn auch nur begreifen, wenn man mit einer analogischen Vorstellung bricht, die die Staatsapparate in einem in sich geschlossenen Feld differenziert. Sichtbar wird diese Reorganisierung sowohl in der verstärkten Spezialisierung der Apparate und der spezifischen Teilbereiche des Staates (vom Planungsamt zum INSEE,[3] über den Wirtschafts- und Sozialrat bis hin zu verschiedenen ökonomischen Institutionen), als auch in der Herstellung von einheitlichen Verbindungsnetzen zwischen den verschiedenen Staatsapparaten (gegenwärtig z.B. die DATAR, in der Einführung verschiedener Re-

[3] INSEE: Institut National de la Statistique et des Etudes Economiques. Vergleichbar etwa mit dem Statistischen Bundesamt. (A.d.Ü.)

gelkreise innerhalb der diversen Staatsapparate (direkt ökonomische Ausschüsse und Gremien in jedem Staatsapparat bzw. jedem staatlichen Teilbereich, von der Armee bis zur Schule und zur Justiz) auf der Ebene zentraler, regionaler und lokaler Apparate, und schließlich der Spezialisierung einiger Dispositive verschiedener Staatsapparate (vom Finanzausschuss des Parlaments im Bereich der Nuklearbewaffnung der Armee bis zu den verschiedenen Zweigen des Fachunterrichts und der Umschulung/Weiterbildung innerhalb des schulischen Apparats).

Dieser Apparat nimmt einen besonderen institutionellen Aufbau an, denn er konzentriert zunehmend in sich die ökonomischen Funktionen des Staates, auch die, die vorher auf seine verschiedenen Apparate verteilt waren. Da er am unmittelbarsten an den Akkumulations- und Reproduktionsprozess des Kapitals angeschlossen ist, ist er vom Rhythmus und den Widersprüchen dieses Prozesses am meisten betroffen. Weil er damit am deutlichsten durch die dem Staat vom gegenwärtigen Produktions- und Reproduktionsprozess des Kapitals aufgezwungene Unbeweglichkeit gekennzeichnet ist, zeigt er zugleich die Grenzen und Einschränkungen des Umfangs der politischen Alternativen und der möglichen Taktiken zur Organisierung der Klassenhegemonie. Dieser Apparat, der den Zufällen der Konjunkturpolitik der verschiedenen Regierungen am wenigsten unterworfen ist, folgt deshalb häufig einer eigenen Logik, die in relativem Widerspruch zur allgemeinen Politik des Staates steht – dies beweist die Situation der letzten beiden Jahrzehnte sowohl in den Vereinigten Staaten als auch in den größten europäischen Ländern. Da dieser Apparat am direktesten sowohl mit den inneren Widersprüchen des Blocks an der Macht als auch mit den Widersprüchen zwischen diesem und den beherrschten Klassen verzahnt ist, beweist er am deutlichsten die *Kontinuität* des Staates in diesen Widersprüchen.

Selbstverständlich ist dieser ökonomische Staatsapparat gegenwärtig einer der privilegierten Sitze der monopolistischen Fraktion, die im Block an der Macht die Hegemonie besitzt – und dies ist kein Zufall. Aber die Wirkung dieses Apparats hängt nicht nur von seiner Stellung der Konfiguration der Staatsmacht ab: Dieser Apparat spielt eine organische Rolle in der Reproduktion des *Kreislaufs des Gesamtkapi*tals in *allen* seinen Aspekten und in *allen* Bereichen, auf die sich dieser Kreislauf erstreckt. Deshalb sind auch die anderen Fraktionen des Kapitals in ihm repräsentiert. Das Monopolkapital ist hier bevorzugt auch deshalb vertreten, weil dieser Apparat die allgemeinen ökonomischen Funktionen des Staates in der gegenwärtigen Phase des Kapitalismus erfüllt. Im Augenblick möchte ich dazu nur sagen, dass sich – und dies steht im Gegensatz zu einer ganzen Reihe von Illusionen – Veränderungen in der Staatsmacht (besonders die Infragestellung der monopolistischen Hegemonie) in diesem Apparat ebensowenig wie in jedem anderen Apparat automatisch oder mechanisch in Transformationen seiner eigenen Materialität niederschlagen.

So wie man die ökonomischen Handlungen des Staates nicht »rein« und gewissermaßen von seinen anderen Aufgaben abgelöst betrachten kann, ist es unmöglich, den ökonomischen Staatsapparat als gegenüber anderen Apparaten und Dispositiven abgesondert und getrennt zu begreifen. Wozu diese Apparate und Dispositive auch immer gehören mögen, auch sie erfüllen ökonomische Funktionen und restrukturieren sich – im Innern der Reorganisation des politischen Raums – *in Bezug auf* die Formation und die Funktionsweise dieses ökonomischen Apparats: Die Dominanz der ökonomischen Staatsfunktionen, die in seinem ökonomischen Apparat konzentriert sind, über die anderen staatlichen Funktionen materialisiert sich in der institutionellen Sphäre. Auch der überstürzte und beschleunigte Verfall des Parlaments und der Institutionen der repräsentativen Demokratie zugunsten der Exekutive sowie der Rückgang der Rolle der politischen Parteien gegenüber der Staatsbürokratie und Verwaltung ergeben sich aus der gegenwärtigen Rolle dieses Apparats. Im Zusammenhang mit der Formation und der Konsolidierung des ökonomischen Staatsapparats lässt sich eine ganze Geschichte der Transformationen von Armee, Schule, Verwaltung oder Justizbehörden schreiben.

Dieser Apparat partizipiert also – und zwar vollständig – am gesamten politischen Mechanismus des Staates; er konstituiert ein politisches Dispositiv – nicht nur weil er zugunsten der Kapitalakkumulation eingesetzt wird, sondern auch weil er in spezifischer Form die politischen Kompromisse und Konflikte ausdrückt, die innerhalb des Staates ausgefochten werden. Dieser politische Charakter durchzieht – natürlich in unterschiedlichem Maße – *den gesamten ökonomischen Staatsapparat und sämtliche seiner Funktionen.* Es wäre grundfalsch zu glauben, dass dieser Apparat (und seine Funktionen) in zwei verschiedene Teile gespalten wäre: nämlich in einen *technisch-administrativen Unterapparat*, der mehr oder weniger politisch neutral wäre und die für jeden »Produktionsprozess« notwendigen technisch-ökonomischen Maßnahmen ausführen würde; und in einen *politisch-ökonomischen Super-Apparat*, der in sich, und zwar ausschließlich in sich, die staatlichen Maßnahmen zugunsten der hegemonialen Fraktion des Monopolkapitals konzentrieren würde.

Ich muss auf dieser außerordentlich hartnäckigen Illusion über die *doppelte Natur* des Staates, wie sie sich hier in der Analyse seines ökonomischen Apparats niederschlägt, beharren, und erinnere daran, dass diese Illusion ihre Grundlagen in einer ökonomistisch-technizistischen Konzeption des Produktionsprozesses hat: Die Produktivkräfte werden auf einer quasi autonomen, von den Produktionsverhältnissen getrennten Ebene erfasst, wobei sich der Klassenkampf in der Ökonomie nur hinter den Produktionsverhältnissen verschanzt. Der Grundwiderspruch wäre der Widerspruch zwischen der Entwicklung – der berühmten »Vergesellschaftung« – der Produktivkräfte und den privaten Produktionsverhältnissen. Man nimmt also zuerst eine Spaltung von Produktivkräften und Produktionsverhältnissen an und dann entdeckt man diese Spaltung in einem gewissermaßen verdoppelten Staat, der seinerseits den ökonomischen Apparat *teilen* soll: nämlich zum einen in einen »erweiterten« ökonomischen Apparat, der der Entwicklung der Produktivkräfte entspricht, und nicht nur diejenigen Funktionen erfüllt, die man für die Funktionen jedes Staats in Bezug auf die Produktivkräfte hält, sondern bereits sozialistische Funktionen, die deren »Vergesellschaftung« entsprächen, und damit ein im Wesentlichen technisch-administrativer Apparat ist, der im Übergang zum Sozialismus nicht zu transformieren, sondern zu entwickeln ist; zum anderen in einen politisch-ökonomischen Apparat, der den Produktionsverhältnissen und den Klassenkämpfen entspricht – und allein dieser Super-Staat der Monopole müsste transformiert werden. Der Hauptwiderspruch innerhalb des ökonomischen Apparats läge zwischen diesen beiden Teilen.

Diese Analysen treffen nicht zu: auch wenn die Produktivkräfte eine eigene, nicht zu vernachlässigende Materialität besitzen, existieren sie doch immer nur verbunden mit bestimmten Produktionsverhältnissen und unter deren Primat. Der Klassenkampf findet immer schon im Zentrum des Arbeitsprozesses statt: Der Grundwiderspruch des Kapitalismus ist ein Widerspruch zwischen Klassen, zwischen der ausbeutenden Klasse und den ausgebeuteten Klassen. Ökonomische Funktionen, die jeder Staat im Hinblick auf die »Produktion im allgemeinen« erfüllen muss, gibt es nicht. Diese Funktionen werden immer schon im Klassenkampf eingesetzt und haben also politischen Charakter und Bedeutung. Der ökonomische Staatsapparat besitzt in seiner gesamten Konstitution politischen Charakter. Der Grundwiderspruch dieses Apparats liegt zwischen den Taktiken, die sich im Wesentlichen um die Kapitalinteressen und die seiner hegemonialen Fraktion, dem Monopolkapital, und um die durch den Kampf der ausgebeuteten Klassen durchgesetzten Interessen polarisieren: Dieser Widerspruch zieht sich, in unterschiedlichem Maße, durch *alle* Netze und Teilbereiche des Staatsapparats hindurch.

Im Weiteren müssen wir noch die verschiedenen und scheinbar sehr heterogenen ökonomischen Funktionen des Staates *in ihrer organischen Artikulation* – und nicht nur in Form einer deskriptiven Addition und Anhäufung – begreifen.

Richtschnur dieser Untersuchung sollte der *tendenzielle Fall der Profitrate* sein. Die staatlichen Interventionen müssen im Wesentlichen als *Einsatz von Gegentendenzen zu* diesem tendenziellen Fall in Bezug auf die neuen Koordinaten der gegenwärtigen Festsetzung der Durchschnittsprofitrate begriffen werden. Letzten Endes sind alle ökonomischen Interventionen des Staates mit dieser grundsätzlichen Rolle verbunden. Man muss allerdings – was unter den Wissenschaftlern der Linken nicht immer unumstritten ist – anerkannt haben, dass in den kapitalistischen Formationen diese Tendenz zum Fall des Profits immer vorhanden ist. Ich möchte dies jetzt hier nicht diskutieren und bloß darauf hinweisen, dass eine Reihe von Einwänden gegenüber der marxistischen Theorie vom tendenziellen Fall der Profitrate ganz generell ihren Gegenstand verfehlt, da sie sich auf die konkrete empirische und messbare Realisierung dieses Falls beziehen, während es sich in Wirklichkeit um eine Tendenz handelt. Auch wenn sich diese Tendenz nicht konkret realisiert, ist sie doch immer wirksam und erklärt den Einsatz von Gegentendenzen, die sie konterkarieren, indem sie verhindern, dass sie sich konkret manifestiert.

Zur Richtschnur lässt sich dieser tendenzielle Fall jedoch nur nehmen, wenn man sich darüber im Klaren ist, dass er, weil er nicht direkt die Abpressung des Mehrwerts, d.h. die Ausbeutung bezeichnet, sondern die Verteilung des Mehrwerts (den Profit), nur als *Indiz* und *Symptom* tiefer Transformationen der Produktionsverhältnisse und der Arbeitsteilung, also der Klassenkämpfe um die Ausbeutung, einen Wert besitzt. Anders gesagt: Die Maßnahmen des Staates zur Etablierung von Gegentendenzen betreffen den Produktions- und Reproduktionsprozess, für die der tendenzielle Fall der Profitrate ein Indiz ist. Denn letzten Endes ist er nur Ausdruck der Volkskämpfe gegen die Ausbeutung. Wenn man dieser These zustimmt, ist es nicht nur legitim, sondern absolut unumgänglich, den tendenziellen Fall als zentralen Bezugsrahmen zu wählen.

Da es mehrere Gegentendenzen gibt, beginnen die Probleme jetzt erst richtig. Zwei dieser Gegentendenzen sind entscheidend: die *Entwertung* eines Teils des konstanten Kapitals, die die Durchschnittsprofitrate erhöht, sowie die *Erhöhung des Exploitationsgrads und der Profitrate* speziell durch die Erhöhung der Arbeitsproduktivität (Qualifikation der Arbeitskraft, technologische Innovationen usw.) was man als *relativen Mehrwert* bezeichnet. Es tauchen also zwei Fragen auf: a) ist es überhaupt legitim, sich auf diese beiden Gegentendenzen besonders auf die erste – zu beziehen, wenn die Entwertung die Abpressung von Mehrwert nicht direkt betrifft, sondern vermittels des Profits bloße Transfers und Redistributionen des Mehrwerts innerhalb des Kapitals? b) Wenn man sich auf beide Gegentendenzen beziehen muss, sind sie beide gleich wichtig? Und wenn nicht, welche von beiden spielt die *Hauptrolle?*

Wie ich schon oft dargelegt habe, glaube ich, dass das zweite Problem das wichtigere Problem ist. Bekanntlich ist die Rolle des Staates beider Entwertung bestimmter Fraktionen des konstanten Kapitals von einigen Forschern um die Zeitschrift »*Economie et Politique*« hervorgehoben worden, darunter von P. Boccara und Ph. Herzog, Forschern die unsere Erkenntnis der gegenwärtigen ökonomischen Realität beträchtlich erweitert haben.[4] Grundsätzlich würden die gegenwärtigen staatlichen Interventionen (verschiedene Subventionen und staatliche Investitionen, sowie das öffentliche und nationalisierte Kapital) darauf abzielen, einen Teil des Kapitals mit einer unterdurchschnittlichen, ja sogar mit einer Profitrate von Null oder sogar einer negativen Profitrate weiter arbeiten zu lassen, um dem tendenziellen Fall – zugunsten des Monopolkapitals im gegenwärtigen Kontext der Überakkumulation – entgegenzuwirken. Häufig wird man diesen Analysen nicht gerecht, wenn man nämlich erwidert, dass selbst wenn sie die Funktionsweise des öffentlichen Kapitals richtig beschreiben (was im übrigen außer Frage steht), dies doch nur die Redistribution und die Transfers des Mehrwerts zwischen den Teilen der Kapitalistenklasse betrifft. Das ist zwar richtig, ändert jedoch nichts daran, dass es sich dabei um eine sehr reale und wichtige Gegentendenz (die vor allem auf heftige Kämpfe innerhalb der Klasse der Kapitalisten und auf Risse im Block an der Macht verweist) zum tendenziellen Fall handelt. Die wirklichen Probleme liegen jedoch woanders:

1.) Das erste Problem liegt in der Notwendigkeit, den genauen Stellenwert dieser Gegentendenzen zu beschreiben. Zunächst muss man sich vor der Illusion hüten, nach der das verstaatlichte Kapital durch seinen öffentlichen Charakter in der Reproduktion des gesellschaftlichen Gesamtkapitals »kurzgeschlossen« und neutralisiert und damit in gewisser Hinsicht kein, oder nicht mehr, Teil des Kapitals wäre. Dieses Kapital beutet

[4] Für Frankreich verweise ich nur – neben den Arbeiten von P. Boccara und von Ph. Herzog auf die Arbeiten von J.-P. Delilez, H. Claude und J. Lojkine; und andererseits auf die Untersuchungen von Ch. Bettelheim, E. Mandel, Chr. Palloix, J. Vallier, A. Granou, Ph. Brachet, A. Emmanuel, H. Brochier, Chr. Goux; schließlich noch auf das Buch von J. Attali und M. Guillaume, *Le capital et son double,* 1976.

weiterhin aus (öffentliche Unternehmen beuten ihre Arbeiter aus) und produziert also Mehrwert. Seine Abwertung erlaubt – also den Transfer dieses Mehrwerts auf andere Sektoren des Kapitals. Obwohl dieses Kapital also öffentlich und verstaatlicht ist, hängt es weiterhin – im Rahmen eines kapitalistischen Systems und Staates und in Form des Staatskapitalismus – vom ökonomischen Eigentum der Kapitalistenklasse ab (das, anders als das juristische Eigentum, für die Produktionsverhältnisse konstitutiv ist), selbst wenn dieses Kapital juristisch nicht diesem oder jenen Kapitalisten gehört. Darin liegt die Bedeutung der gegenwärtigen Diskussionen innerhalb der Linken über Sinn und Grenzen von Nationalisierungen in einem kapitalistischen Regime. Eine Diskussion, deren wirklicher Einsatz über die Alternative *Verstaatlichungen – Nationalisierungen* hinausgeht. Dass Nationalisierungen nicht bloße Verstaatlichungen bleiben dürfen und zu Eingriffsformen der Arbeiter in die Verwaltung der verstaatlichten Unternehmen führen müssen, darüber scheinen sich innerhalb der Linken alle einig zu sein, oder sie behaupten es zumindest. Mehr noch: Man kann zwar zwischen Verstaatlichungen und Nationalisierungen unterscheiden, aber die Erhabenheit des letzten Begriffs kann nicht darüber hinweg täuschen, dass sich jede Nationalisierung in einem kapitalistischen Regime von einer echten *Vergesellschaftung* unterscheidet, sie ist der wirkliche Gegenpol. Die Vergesellschaftung, die die Produktionsmittel dem ökonomischen Eigentum und Besitz des Kapitalisten entreißt, um sie der realen Kontrolle der Arbeiter zu unterstellen, erfordert nicht nur eine Veränderung der Staatsmacht, sondern ebenfalls substanzielle Veränderungen der Produktionsverhältnisse und des Staatsapparats. Wie uns das Beispiel der Staaten des Ostens zur Genüge zeigt, kann langfristig nur die Vergesellschaftung eine reale Alternative zur Verstaatlichung sein.

Außerdem muss man berücksichtigen, dass das Engagement des Staates zur Entwertung des Kapitals, um die Durchschnittsprofitrate zu erhöhen, nicht ausschließlich zugunsten der Extraprofite des Monopolkapitals wirkt, auch wenn es sich den Löwenanteil nimmt. Das Handeln des Staates würde den tendenziellen Ausgleich der Profitrate innerhalb aller Fraktionen des Kapitals, einschließlich des nicht-monopolistischen Kapitals, nicht vollständig infragestellen können. Auch bestimmte Fraktionen des nicht-monopolistischen Kapitals profitieren von der auf die Entwertung folgenden Erhöhung der durchschnittlichen Profitrate (das nicht-monopolistische Kapital bleibt weiterhin Teil des kapitalistischen Blocks an der Macht). Und zwar auch, wenn sich der Staat dafür einsetzt, diesen tendenziellen Ausgleich zu verhindern, indem er global die ungleichen

Profite zwischen Monopol- und nicht-monopolistischem Kapital aufrechterhält.

2.) Wenn die Verstaatlichung – Entwertung des Kapitals im Wesentlichen die Redistribution und die Transfers des gesamten Mehrwerts zwischen den Teilen des Kapitals betrifft, so beruht *die grundsätzliche und dominante Gegentendenz* zum tendenziellen Fall der Profitrate langfristig *in der Erhöhung der Mehrwertrate und des Exploitationsgrads durch den Staat.* Sicherlich hängt die jeweilige Bedeutung der einen oder der anderen Gegentendenz auch von der Konjunktur der Klassenkämpfe in jeder sozialen Formation ab (besonders von den Widerständen der Arbeiterklasse). Die zweite Gegentendenz dominiert jedoch tendenziell, weil wir gegenwärtig – besonders in den entwickelten kapitalistischen Ländern – eine deutliche Verschiebung von der extensiven Ausbeutung der Arbeit und dem absoluten Mehrwerts (Lohnniveau und Arbeitsdauer) zur intensiven Ausbeutung und zum relativen Mehrwert erleben. Diese Verschiebung, die korrelativ zur Internationalisierung der Arbeitsprozesse (die extensive Ausbeutung der Arbeit konzentriert sich auf die beherrschten Länder) und zur erweiterten Unterordnung der Arbeitskraft unter die kapitalistischen Verhältnisse, sowie zum wachsenden Primat der »toten Arbeit« über die »lebendige Arbeit« stattfindet, beinhaltet die Erhöhung der Arbeitsproduktivität sowie technologische Innovationen. Diese Verschiebung weist dem Staat nun eine entscheidende Rolle *in der erweiterten Reproduktion der Arbeitskraft zu.* Diese Reproduktion geht weit über den Qualifizierungsprozess der Arbeitskraft hinaus. Eine Reihe von Aktivitäten des Staates in der wissenschaftlichen Forschung, bei technologischen Innovationen und industriellen Umstrukturierungen, im Schulwesen und der Berufsausbildung, aber auch in Bereichen wie dem Wohnungs-, Gesundheits- und Verkehrswesen, der Fürsorge, der Raumordnung und der kollektiven Konsumtion werden gegenwärtig außerordentlich wichtig, weil sich diese scheinbar sehr heterogenen Aktivitäten um die Rolle des Staates in der erweiterten Reproduktion der Arbeitskraft drehen. Diese Reproduktion ist nicht mehr bloße »Bedingung« der Ausbeutung, sondern steht wegen der gegenwärtigen Tendenz zur Verschiebung der extensiven Ausbeutung und vom absoluten Mehrwert zur intensiven Ausbeutung und zum relativen Mehrwert (Arbeitsproduktivität) im Zentrum des Verwertungsprozesses. Dass diese Maßnahmen – mehr noch als auf die Entwertung bestimmter Fraktionen des Kapitals – auf die Erhöhung des Exploitationsgrads durch die erweiterte Reproduktion-Reglementierung der Arbeitskraft zielen, hat wichtige politische Konsequenzen. Dies erlaubt erstens, den direkten politischen Aspekt dieser

Interventionen festzustellen. Zweitens lassen sich so ihre ideologisch-politischen Einsätze kennzeichnen.

Wir können nun zuerst die Frage klären, auf welche Bereiche sich die entscheidende Aktivität des Staates richtet. Die Reproduktion der Arbeitskraft findet in Grenzen statt, die durch die Produktionsverhältnisse erzwungen werden: Es geht nie um die bloße technische Qualifikation; die erweiterte Reproduktion verweist vielmehr auf die gesellschaftliche Arbeitsteilung. Das Engagement des Staates muss also in erster Linie in den Produktionsverhältnissen selbst liegen, um sie so zu verändern, dass die Steigerung der Produktivität der Arbeitskraft und die Erhöhung des relativen Mehrwerts möglich werden.

Diese Frage, die ich bereits in »Klassen im Kapitalismus – heute« behandelt habe, werde ich hier nicht detailliert erörtern. Ich möchte nur daran erinnern, dass eine Reihe von staatlichen Interventionen, ob es sich nun um industrielle Umstrukturierungen, vielfältige und direkte Hilfen für bestimmte Fraktionen des Kapitals oder um die Raumordnung handelt, die natürlich auch auf die Aufteilung des Mehrwerts und seine Transfers zielen, grundlegender die Produktionsverhältnisse verändern sollen. Diese Veränderung wird im Zusammenhang mit der Erhöhung der Ausbeutungsrate eine notwendige Bedingung zur Reproduktion der Arbeitskraft. Diese Maßnahmen machen aus dem Staat den direkten Drahtzieher der Kapitalkonzentration und Zentralisierung. Dieser Prozess ist selbstverständlich weder bloß technischer noch bloß juristischer Natur. Er umfasst vielmehr wichtige Veränderungen der Produktionsverhältnisse: differentielle Verbindungen von Machtbefugnissen sowie Besitz- und ökonomischen Eigentumsgraden innerhalb der vom Kapital und seinen verschiedenen Trägern zugleich in nationalen und im Weltmaßstab eingenommenen Stellung (Internationalisierung des Kapitals, multinationale Unternehmen, usw.). Wenn dieser Prozess zwangsläufig die Entwertung bestimmter Teile des Kapitals (die von anderen Teilen übernommen oder expropriiert werden) und den Transfer des Mehrwerts des nicht-monopolistischen Kapitals zum Monopolkapital, aber auch vom europäischen zum amerikanischen Kapital nach sich zieht, impliziert er prinzipiell eine Umgliederung der Produktionsverhältnisse im Sinne einer Reorganisation des Arbeitsprozesses: z.B. die Veränderung von Gestalt und Grenzen der verschiedenen Produktionseinheiten durch die Bildung komplexer Produktionseinheiten auf nationalem und internationalem Niveau, die sogenannten »integrierten« Arbeits- und Produktionsprozess ermöglichen. Diese »integrierten« Prozesse sind eine notwendige Bedingung zur Erhöhung der Arbeitsproduktivität sowie zur Beschleunigung technologischer Innovationen und ihrer Anwendung im ArbeitsProzess (die verschiedenen »technologischen Revolutionen« setzen immer Veränderungen der Produktionsverhältnisse voraus). Kurz, sie sind notwendig zur Erhöhung der Ausbeutung der Arbeit.

Wenn man sich auf die Reproduktion der Arbeitskraft bezieht, kann man nicht nur das Handeln des Staates im grundlegenden Bereich der Produktionsverhältnisse begreifen, sondern auch ganz präzise seine Bedeutung in den Bereichen der *Zirkulation* und der *Konsumtion* erfassen. Obwohl die Produktion (die Produktionsverhältnisse) nicht den Kreislauf der erweiterten Kapitalreproduktion ausmacht – er umfasst ebenfalls die Aufteilung, die Zirkulation und die Konsumtion – nimmt sie eine determinierende Stellung im Gesamtkreislauf der Produktion ein: Die Produktion determiniert die Tauschverhältnis auf dem Markt (die Zirkulation) sowie die Konsumtion – und nicht umgekehrt. Entgegen einer Reihe neo-marginalistischer Konzeptionen betrifft das entscheidende Handeln des Staates nicht die Koordinaten des Marktes, den Bereich der Zirkulation, den Warentausch oder die Festsetzung der Preise, noch weniger den Bereich des individuellen Konsums (wie es das gegenwärtige Gefasel von der »Konsumgesellschaft« will), sondern die Produktionsverhältnisse.

Trotzdem ist die gegenwärtige Verflechtung des Staates mit der Konsumtionssphäre weitaus wichtiger als in der Vergangenheit; nicht wegen irgendeiner Wiedereinführung des Primats des Marktes in den Konsumgesellschaften, sondern wegen der gegenwärtigen Formen der Rolle des Staates in der Reproduktion der Arbeitskraft. Die Mittel dieser Reproduktion liegen heute im Bereich der *kollektiven Konsumtion,* die, wie das beträchtliche Ansteigen der Rolle der indirekten Löhne (Preis und Qualität öffentlicher Konsumgüter, Sozialleistungen) gegenüber dem unmittelbar vom Unternehmer bezahltem Lohn zeigt, immer maßgeblicher wird: Wohnungs-, Gesundheits-, Verkehrs- und Unterrichtswesen, sowie öffentliche Dienstleistungen und Einrichtungen.[5] Die massiven Interventionen des Staates in die Konsumtionssphäre liegen in diesen Bereichen, die für die erweiterte Reproduktion der Arbeitskraft notwendig geworden sind. Zweifellos greift der Staat auch, wie immer schon, in die Zirkulation und Konsumtion ein, um die Realisierung des Profits durch den Absatz der Waren zu transformieren (individuelle Konsumtion) und die Absatzmöglichkeiten und die Kaufkraft zugunsten der monopolistischen

---

[5] In Frankreich besonders die Arbeiten von M. Castells, J. Lojkine, A. Chauvenet, Cl. Liscia, Fr. Godard, D. Mehl, P. Grevet, E. Preteceille, M. Freyssinet, Chr. Baudelot, R. Establet, D. Bertaux, Chr. Topalov, Cl. Quin und R. Dulong.

Extraprofite zu erhöhen (Interventionen im Bereich der Preise und Löhne, des Steuer- und Kreditwesens, der Absatzmöglichkeiten usw.). Entscheidend wichtig wird das Engagement des Staates in diesem Bereich jedoch, weil die kollektive Konsumtion öffentlich finanziert wird, damit sich der relative Mehrwert durch die Steigerung der Arbeitsproduktivität erhöht.

Darüber hinaus kann man nun zeigen, dass der Staat, der mit der Zirkulation und Konsumtion im Hinblick auf die Reproduktion der Arbeitskraft eng verflochten ist, dazu gezwungen wird, immer stärker die Verbindung von Produktionszyklus (Produktionsverhältnisse – Arbeitskraft) und Zirkulations- und Konsumtionszyklus einzugreifen – was mit Hilfe der Geldpolitik geschieht. Wir können nun ebenfalls verstehen, warum die Interventionen im Bereich der kollektiven Konsumtion auch hier nicht bloß technisch-ökonomische Maßnahme sind, sondern einen wesentlichen politischen Inhalt besitzen, der von weitaus größerer Tragweite ist, als man oft glaubt. Auch hier handelt es sich nicht um bloße, irgendeinem Stand der Produktivkräfte als solche entsprechende Maßnahmen, die an sich neutral sind und erst *a posteriori* von der Staatsmacht (vom Platz der Monopole im Block an der Macht) zugunsten der monopolistischen Extraprofite entstellt und umgewandelt würden. Selbstverständlich zwingt die Hegemonie des Monopolkapitals der Strategie des Staates eine bestimmte Richtung auf. Insofern diese Interventionen jedoch die Reproduktionen der Gesamtheit der Arbeitskraft betreffen und auf eine strukturelle Reorganisation der Arbeitsprozesse verweisen, bewirken sie eine nachhaltige Reproduktion der kapitalistischen gesellschaftlichen Arbeitsteilung. Diese effektive *Verwaltung-Reglementierung* der Arbeitskraft, einschließlich der neuen Formen der disziplinarischen Normalisierung und der Unterwerfung-Subjektivierung unter und durch die kapitalistischen politisch- ideologischen Verhältnisse, scheint in ihrem politischen Inhalt über die einfache monopolistische Hegemonie weit hinauszugehen und immanenter Bestandteil des Kerns der kapitalistischen Produktionsverhältnisse zu werden. Damit entsteht eine Frage: Kann eine Infragestellung allein der kapitalistischen Hegemonie – ohne eine radikale Subversion dieser Verhaltnisse selbst – in der Lage sein, diese neuen Formen der Reproduktion-Abrichtung der Arbeitskraft, kurz, diesen wichtigen Aspekt des Staates erfolgreich zu verändern?

Dies erlaubt es uns, die Tragweite der gegenwärtigen Tendenz zum Etatismus zu beschreiben: Es handelt sich nicht um eine gleichförmige und lineare Tendenz, und ebensowenig handelt es sich um ein konjunkturelles Phänomen, das sich aus den Zufällen des Marktes ergibt oder auch nur durch die Infragestellung allein der monopolistischen Hegemonie zu überwinden wäre. Der wachsende Einfluss des Staates in allen Bereichen des sozio-ökonomischen Lebens scheint in großem Maße über den Rhythmus der Entwertung des Kapitals hinauszugehen und immanenter Bestandteil der neuen Formen der gesamten Reproduktion der Arbeitskraft zu werden.

Dies soll nun durch eine genauere Untersuchung der politischen Inhalte dieser ökonomischen Funktionen erläutert werden.

2. Ökonomie und Politik

Um den politischen Inhalt dieser Funktionen im Hinblick auf den Block an der Macht zu begreifen, muss man sich folgende grundsätzlich Frage stellen: *Warum werden diese oder jene ökonomischen Maßnahmen vom Staat übernommen und nicht unmittelbar vom Kapital selbst?* Liegt das nur an »ökonomischen Gründen?«

Dies wird erst recht zur Schlüsselfrage, als genaue Untersuchungen verschiedener kapitalistischer Formationen eine bemerkenswerte Tatsache zeigten: Es gibt praktisch keine ökonomischen Funktionen, die der Staat nicht erfüllen kann.[6] Mit Ausnahme solcher Funktionen wie dem Steuerwesen z.B. wurden oder werden sie je nach den verschiedenen sozialen Formationen und historischen Perioden entweder vom Staat, unmittelbar vom Kapital selbst oder von beiden erfüllt. Die Liste dieser Funktionen wäre lang: von der Errichtung der Infrastruktur oder allgemeiner materieller Produktions»bedingungen« (Eisenbahnen, Verkehrs- und Fernmeldewesen usw.), der Geldpolitik, Wohnungs-, Gesundheits- und Unterrichtswesen, öffentlichen Einrichtungen und der Qualifikation der Arbeitskraft bis zu den konkreten Formen, die die Kapitalkonzentration und Zentralisierung annimmt. Die Geschichte des staatlichen Interventionismus in den verschiedenen sozialen Formationen ist weder eine homogene Geschichte noch die lineare Geschichte eines Staates, der in sich nach und nach diese oder jene eigentlich ökonomischen Aktivitäten oder Bereiche summiert und sich aneignet: Sie ist eine Geschichte von Vorstößen und Rückzügen, die sich in den verschiedenen Formationen ungleich entwickelt.[7] Und dies kann nicht nur durch ökonomische Gründe erklärt werden.

---

[6] Suzanne de Brunhoff, *L'Etat et le capital,* 1976.

[7] Vgl. die Untersuchungen von J. Bouvier, Fr. Morin, M. Beaud u.a.

Welche Gründe sollten das sein? Diese Funktionen werden vom Staat erfüllt, weil sie diejenigen Bereiche betreffen, die im allgemeinen dem Kapital selbst als *unrentabel* erscheinen, d.h. dass die Profitrate des in diese Bereiche investierten Kapitals unter dem Durchschnittsprofit liegt.

Man muss noch einmal präzisieren, dass es sich dabei um einen *historischen* Sachverhalt handelt. Diese Bereiche erscheinen dem Kapital nur in bestimmten sozialen Formationen und in bestimmten historischen Perioden als unrentabel, da die staatlichen Interventionen hier für das Kapital noch keine Rentabilitätsbedingungen geschaffen hatten. Es handelt sich also um ein Phänomen, das sich in den verschiedenen sozialen Formationen und Konjunkturen ändert, was bis zu eine gewissen Maße erlauben würde, die ungleiche Entwicklung der staatlichen Interventionen zu erklären.

Allerdings nur *bis zu einem gewissen Maße,* denn der Rückgriff auf diesen ökonomischen Grund, den man oft benutzt, um die Totalität des staatlichen Interventionismus zu erklären, besitzt nur einen eingeschränkten Gültigkeitsbereich. Denn da sich dieser ökonomische Grund nur auf den Kontext der Internationalisierung des Kapitals bezieht, die die gegenwärtige Phase des Imperialismus und die Koordinaten zur Errichtung der Durchschnittsprofitrate im internationalen Maßstab kennzeichnet (zumindest in der Zone der herrschenden Staaten), kann er die beträchtlichen Unterschiede des Interventionismus in den verschiedenen führenden kapitalistischen Ländern nicht erklären. Man kann nicht gleichzeitig behaupten, dass der Bau von Autobahnen oder die Errichtung des Fernmeldewesens dort, wo sie vom Privatkapital übernommen werden, gegenwärtig rentabel sind (in Italien oder den Vereinigten Staaten), während sie in Frankreich, wo sie zur gleichen Zeit vom Staat betrieben werden, unrentabel sind. Außerdem ist der Staat in Bereichen tätig, die für das Kapital äußerst rentabel sind; das gleiche gilt für Nationalisierungen (der Staat nationalisiert nicht nur unrentable Kapitalsektoren oder Unternehmen am Rande des Bankrotts) und für eine Reihe staatlicher Interventionen (Forschung, Energie usw.).

Auch wenn der Staat also in Sektoren tätig wird, die für das Kapital unrentabel sind, besitzen seine Interventionen immer und in jedem Fall einen politischen Kontext, und sind damit in ihren Formen und ihrem Umfang durch die Politik des Staates gekennzeichnet. Zudem betrifft dies nur Bereiche, die für das Kapital unrentabel sind. Aber warum übernimmt er auch Sektoren, die für das Kapital vollkommen rentabel wären?

Zunächst kann man feststellen, dass diese Interventionen häufig von allgemeinen Koordinaten der Kapitalreproduktion abhängen und zur

Reproduktion des gesellschaftlichen Gesamtkapitals notwendig sind. Wenn in dem Ausdruck von Engels, demzufolge der Staat interveniert, um die allgemeinen Bedingungen der Produktion zu sichern und aufrechtzuerhalten, der Terminus »Bedingungen« heute ungültig geworden ist, weil der Staat in das Zentrum des Produktionsprozesses eingreift, so behält der Terminus »allgemein« seine ganze Gültigkeit. Diese »Bedingungen« sind für die Gesamtheit der Bourgeoisie unentbehrlich (Energieforschung, Kommunikationsnetze, erweiterte Reproduktion der Arbeitskraft). Übernimmt irgendein individuelles Kapital oder eine Fraktion des Kapitals diese Funktionen, so bringt dies beachtliche Risiken mit sich: Es kann sie zu ihrem eigenen kurzfristigen Profit auf unkontrollierte Weise umlenken (dies wird z.B. bei den Ölgesellschaften sehr deutlich, sowie den Reaktionen, die sie bei der Gesamtheit des Kapitals hervorrufen. Dies zwingt den Staat dazu, den Energiebereich selbst in die Hand zu nehmen – siehe Carter in den Vereinigten Staaten.). Sie können auch, was die inneren Widersprüche des Blocks an der Macht beträchtlich steigert, rücksichtslos zu einer Restrukturierung des gesamten produktiven Apparats zum ausschließlichen Nutzen dieser Kapitale und zum schweren Schaden anderer Fraktionen des Kapitals oder individueller Kapitale umgelenkt werden. Dass der Staat diese Funktionen übernimmt, die für die *Gesamtheit* der Bourgeoisie von *Allgemeininteresse* sind, wird somit zu einer politischen Notwendigkeit.

Selbstverständlich werden auch in diesem Fall die vom Staat getroffenen Dispositionen vorwiegend zum Nutzen der hegemonialen Fraktion des Kapitals getroffen, d.h. gegenwärtig zum Nutzen des Monopolkapitals. Die Natur dieses Kapitals und seine massive Vorherrschaft in der Ökonomie haben auf einen Etatismus, der auf der monopolistischen Überakkumulation basiert, spezielle Auswirkungen. Aber sie stehen immer innerhalb einer komplexen politischen Ausarbeitung einer Kompromissstrategie des Blocks an der Macht von Seiten des Staates. Ganz zu schweigen von der Tatsache, dass das Monopolkapital selbst keine fusionierte Einheit ist, sondern von wichtigen Widersprüchen durchzogen wird. Genau dies macht die politische Inangriffnahme dieser Maßnahmen durch den Staat erforderlich – zum überwiegenden Vorteil der Gesamtheit des Monopolkapitals.

Dieser in Hinblick auf die Klassen und dominanten Fraktionen politische Charakter der staatlichen Interventionen betrifft in unterschiedlichem Maße sämtliche Funktionen. Bei der erweiterten Reproduktion und Verwaltung der Arbeitskraft, den allgemeinen Koordinaten der Reproduktion des Gesamtkapitals, wird dies sehr deutlich, aber auch bei den Dispositionen des Staates zur Entwertung bestimmter Fraktionen des

Kapitals. Auch hier gibt es keinen eigentlich ökonomischen Grund dafür, dass diese Entwertung nur vermittels des Staates vor sich geht. Und tatsächlich findet diese Entwertung – gleichzeitig mit der Entwertung durch den Staat – permanent im ökonomischen Prozess selbst statt; entweder durch ökonomische Krisen, oder aber durch den unmittelbaren Kampf bestimmter Kapitale (vor allem des Monopolkapitals) gegen andere Kapitale (die im Wesentlichen dem nicht-monopolistischen Kapital, aber auch dem Monopolkapital entstammen): Konkurse, Übernahmen, Konzentrationen. Ganze Teile des Kapitals (Unternehmen, Produktionseinheiten) müssen sterben (für das Privatkapital bedeutet eine Profitrate von Null den Tod), damit die anderen leben können. Dieser Prozess verläuft im Wesentlichen vermittels des Staates, weil es weder im Gesamtkapital noch auch nur innerhalb des Monopolkapitals eine Instanz gibt, die in der Lage wäre anzuordnen, wer sich für den Aufschwung der anderen zu opfern hat. Die Vermittlung des Staates ist aber auch erforderlich, weil dieser Prozess, würde das ökonomische Feld sich selbst überlassen, eine unkontrollierte und rücksichtslose Formen annehmen würde, wie sie für die Anfänge des Konzentrationsprozesses des Kapitals charakteristisch sind. Die Ausarbeitung von Taktiken im Innern des Staats ermöglicht dem Engagement des Staates eine gewisse politische Regulierung (die jedoch immer relativ bleibt: es handelt sich um ein instabiles Kompromissgleichgewicht). Dies gilt auch für die vielfältigen Formen der direkten Hilfe des Staates für das Monopolkapital zum Nachteil des nicht-monopolistischen Kapitals (Subventionen, öffentliche Aufträge, Vorzugstarife). Auch diese Maßnahmen schreiben sich in den allgemeinen Rahmen der politischen Kräfteverhältnisse zwischen den Fraktionen des Kapitals ein: sie stoßen auf Widerstände von Seiten des nicht-monopolistischen Kapitals. Die Existenz dieser Widersprüche – als Ausdruck des Kräfteverhältnisses – schlägt sich in Schranken nieder, die dem Staat in seinem Handeln zugunsten des Monopolkapitals gesetzt werden. Über sein Vorgehen muss also mit dem nicht-monopolistischen Kapital hart verhandelt werden (verschiedene »Palliative« und »Gegenmaßnahmen«).

Man erkennt bereits, dass die gegenwärtige Ausweitung des öffentlichen Sektors nicht nur ökonomischen Notwendigkeiten entspricht. Aber auch wenn es sich dabei um ein im Wesentlichen politisches Phänomen handelt, kann man es nicht durch eine schlichte Beschlagnahmung des Staates durch ein Monopolkapital erklären, das sich geeinigt hätte, und dem der Ausschluss des nicht-monopolistischen Kapitals aus dem Terrain der politischen Hegemonie gelungen wäre. Wenn auch diese Ausweitung selbstverständlich mit der Hegemonie verbunden ist, betrifft sie doch grundsätzlicher die Herrschaftsformen des gesamten Kapitals, denn sie ist ebenfalls eine Antwort auf die gegenwärtige Verschärfung der Widersprüche auf dem gesamten Terrain der politischen Herrschaft.

An erster Stelle jedoch betrifft dieser politische Inhalt die *Volksmassen*. Damit stehen wir einer Reihe anderer Probleme gegenüber.

Erörtern wir zunächst das erste, in gewisser Hinsicht einfachste Problem: die offensichtlichsten repressiven und ideologischen Aspekte des Staates. Das direkte Engagement des Staates zugunsten des Kapitals wird jedesmal dann notwendig, wenn die Durchsetzung des Ökonomischen den Rückgriff auf den Gebrauch organisierter Gewalt erfordert, für die der kapitalistische Staat das einzige Monopol hat, nämlich bei verschiedenen Formen der Ausbeutung, bestimmten Aspekten der Reproduktion-Verwaltung der Arbeitskraft usw.

Weitaus bedeutsamer scheinen die ideologischen Prozesse zu sein: Indem der Staat eine Ideologie materialisiert, die ihn zum Repräsentanten des Allgemeinwohls und des Wohlstands über allen Klassen macht, übernimmt er unmittelbar ökonomische Funktionen, deren realen Klasseninhalt er den Volksmassen verschleiert. Je mehr sich diese Maßnahmen auf die Erhöhung der Ausbeutungsrate (den relativen Mehrwert) beziehen, um so mehr wird es vom politisch-ideologischen Standpunkt aus erforderlich, dass der Staat sie unmittelbar übernimmt. Zunächst in unmittelbarem Bezug auf die Überakkumulation des Kapitals: z.B. durch die Nationalisierungen kapitalistischen Typs, über deren Charakter sich die Volksmassen täuschen. Durch sie lassen sich die Entwertung des Kapitals und ihre Auswirkungen auf die Arbeitskräfte leicht als technische Notwendigkeiten darstellen (s. Renault), während Übernahmen und Konkurse weitaus schwerere Probleme stellten (s. Lip). Noch notwendiger wird das Eingreifen des Staates bei Dispositionen, die die Arbeitskraft betreffen: Weil sie öffentlich sind – vom Verkehrswesen bis zu den verschiedenen Stufen des Ausbildungs- und Unterrichtswesens – reproduzieren sie die Arbeitskraft zugunsten des Kapitals weitaus wirksamer, als wenn das Kapital sie selbst unmittelbar oder ausschließlich übernehmen würde.

Ebensowenig, wie sich die Rolle des Staates gegenüber den Volksmassen auf einen Betrug, eine schlichte und bloße ideologische Mystifizierung reduzieren lässt, kann man sie auf einen Wohlfahrtsstaat mit rein »sozialen« Funktionen beschränken. Der Staat organisiert und reproduziert die Klassenhegemonie, indem er einen variablen Kompromissbereich zwischen herrschenden und beherrschten Klassen absteckt, und dabei den herrschenden Klassen häufig sogar gewisse kurzfristige materielle Opfer aufzwingt, um langfristig die Reproduktion ihrer Herrschaft zu sichern. Ein klassisches Beispiel dafür war im ersten Stadium des Kapitalismus die berühmte Fabrikgesetzgebung (vgl. auch die Aufhebung der Sklaverei), die bereits die Aufmerksamkeit von Marx erweckte. Sie war eine staatliche Intervention zum Schutz und zur Reproduktion einer Arbeitskraft, die das Kapital gegen sein eigenes langfristiges Interesse physisch auszulöschen drohte; eine Intervention, die ebenfalls neben dem Bereich des absoluten Mehrwerts den Bereich des relativen Mehrwerts organisieren sollte. Man darf nie vergessen, dass eine Reihe ökonomischer Maßnahmen des Staates zur erweiterten Reproduktion der Arbeitskraft *ihm durch den Kampf der beherrschten Klassen* für das, was man mit dem gesellschaftlich und historisch determinierten Begriff »Bedürfnisse« des Volkes bezeichnen kann, *aufgezwungen wurden:* von der Sozialversicherung und der Arbeitsmarktpolitik bis zu sämtlichen Bereichen besonders der kollektiven Konsumtion. Zahlreiche neuere Untersuchungen zeigen,[8] dass die berühmten sozialen Funktionen des Staates sowohl in ihre Existenz als auch in ihren Rhythmen und Formen unmittelbar von der Intensität des Einsatzes des Volkes abhängen: entweder von den Auswirkungen der Kämpfe, oder aber vom Versuch von Seiten des Staates, diese Kämpfe vorzeitig zu entschärfen.

Dies zeigt, dass es sich nicht um »reine« soziale Maßnahmen eines Wohlfahrtsstaats handelt; es beweist jedoch auch, dass es nicht *auf der einen Seite* staatliche Funktionen zugunsten der Volksmassen gibt, die diese durchgesetzt haben, und *auf der anderen Seite* ökonomisch Funktionen zugunsten des Kapitals. Alle vom Staat getroffenen Dispositionen, auch die, die die Volksmassen durchgesetzt haben, sind letzten Endes und langfristig in eine Strategie zugunsten des Kapitals eingeflochten oder mit seiner erweiterten Reproduktion vereinbar. Der Staat ergreift die entscheidenden Maßnahmen zugunsten der erweiterten Akkumulation des Kapitals und setzt sie politisch um, indem er das Kräfteverhältnis gegenüber den beherrschten Klassen und ihre Widerstände berücksichtigt. Sie können so bei bestimmten Konzessionen gegenüber den beherrschten Klassen (den Errungenschaften des Volkes) die Reproduktion der Klassenhegemonie und die Herrschaft der gesamten Bourgeoisie über die Volksmassen sichern. Der Staat sichert diesen Mechanismus nicht nur, er ist der einzige, der ihn sichern kann: Bleiben die herrschenden Klassen und Fraktionen sich selbst und ihren kurzfristigen und widersprüchlichen ökonomisch-ständischen Interessen überlassen, erweisen sie sich

[8] Besonders die von F. Fox-Piven und R. Cloward: *Regulierung der Armut. Die Politik der öffentlichen Wohlfahrt*, Frankfurt am Main 1977.

dazu als unfähig. Dass schließlich der Staat bestimmte materielle Forderungen des Volkes aufgreift, die in dem Augenblick, in dem sie durchgesetzt werden, eine sehr weitgehende Bedeutung haben können (freies und kostenloses Unterrichtswesen, Sozialversicherung, Arbeitslosenunterstützung, usw.), kann langfristig der Klassenhegemonie dienen. Diese »Errungenschaften des Volkes« können bei einer Veränderung des Kräfteverhältnisses allmählich ihrer ursprünglichen Inhalte und Bedeutungen auf verdeckte und arglistige Weise beraubt werden. Würde das Kapital selbst diese sozio-ökonomischen Funktionen unmittelbar erfüllen, liefen diese Rückzüge und Rückschritte Gefahr, weitaus heftigere soziale Erschütterungen hervorzurufen.

Damit sind die allgemeinen Umrisse des Problems jedoch nur abgegrenzt. Wir können nun mit der Analyse des politischen Inhalts der ökonomischen Funktionen des Staates fortfahren, wenn wir als Richtschnur dieser Funktionen die Rolle des Staates in der Reproduktion-Verwaltung der Arbeitskraft beibehalten. Wir werden dann noch besser verstehen, warum es keine rein »technisch-sozialen« Funktionen des Staates gegenüber den Volksmassen gibt. Umgekehrt können wir dann die ökonomische Relevanz aller Funktionen des Staates, einschließlich der Funktionen, die scheinbar mit der Ökonomie sehr wenig zu tun haben, beschreiben, um die gegenwärtige Unterordnung aller Aktivitäten des Staates unter seine so definierte ökonomische Rolle zu verifizieren.

Da es sich immer um eine Reproduktion der gesellschaftlichen Arbeitsteilung handelt, ist die Reproduktion der Arbeitskraft eine politische Strategie, bei der politisch-ideologische Elemente immer konstitutiv mitwirken. Zuerst einmal im repressiven Aspekt der Reproduktion, der Ausübung organisierter Gewalt. Man kann nie genug betonen, dass die verschiedenen »sozialen« Dispositionen des Wohlfahrtsstaats im Hinblick auf die Reproduktion der Arbeitskraft und in den Bereichen der kollektiven Konsumtion immer auch Interventionen zur *politisch-polizeilichen* Kontrolle und Verwaltung dieser Arbeitskraft sind. Die Fakten sind bekannt: Die Netze der Sozialfürsorge, die Regelkreise der Arbeitslosenhilfe und der Arbeitsvermittlungsbüros, die materielle Organisierung der Planung sogenannter »Sozial«wohnungen (vgl. die Durchgangslager), die spezifischen Ausbildungsstufen (berufsbildender Unterricht bzw. Übergangsklassen,[9] Heime und Hospitäler sind ebenfalls politische Orte der juristisch-polizeilichen Kontrolle der Arbeitskraft.

---

[9] Classes de transition (fr.): Zweijährige Eingangsstufe des 1. Zyklus der Sekundarschule (Hauptschulzweig). (A.d.Ü.)

Es ist richtig, dass wir augenblicklich wichtige Veränderungen erleben: Die Konfiguration dieser Orte ändert sich im Sinn einer gewissen Entinstitutionalisierung der alten »konzentrationslagerhaften« Dispositive der Isolierung und Zucht/Dressur, in denen die Kontrolle stattfand (das klassische Beispiel der *workhouses*, aber auch die diversen Ghettos und die Welt der Heime). Also im Sinne einer »Öffnung« zur Bildung eines Etatismus neuen Typs: dem der flexiblen und breitgestreuten Netze und Regelkreise in der Tiefe der gesellschaftlichen Textur (Sozialfürsorge, komplexe Dispositive der Betreuung in Stadtteilen und Familien, Erziehungsheime, C.A.T.'s,[10] Nacht- und Tageskliniken,[11] Schützende Werkstätten[12]). Wenn diese Entwicklung auch zugleich die disziplinierende Normalisierung betrifft, die sich zu diesen neuen Dispositiven hin verschiebt, so impliziert sie nicht, wie R. Castel, dem wir die besten Analysen dieses Prozesses verdanken, behauptet, den Übergang von einer Herrschaft in Form von Autorität/Zwang zu einer Herrschaft in der Form von Überzeugung/Manipulation, d.h. den Übergang von offener Gewalt zu verinnerlichter Repression.[13] Ebenfalls bekannt ist, dass dieser Prozess einer bemerkenswerten Wiederentfaltung des *juristisch-polizeilichen* Netzwerkes entspricht, das in neuer Form die fein verästelten Regelkreise der sozialen Kontrolle verdoppelt, trägt, unterstützt und weiter hinausschiebt: die Sektorisierung der Polizei, administrative Voruntersuchungen, Kontrolle der diversen Hilfs- und Überwachungsmaßnahmen durch die Gerichte, gegenseitige Weitergabe von Informationen zwischen diesen Regelkreisen und der Polizeiapparatur (zwischen Übergangsklassen und Jugendgerichten z.B.), die Zentralisierung – die Elektronik verpflichtet! – von Erkennungs- und Nachrichtendiensten, Verdoppelung der offiziellen Polizei durch Netzwerke von Bürgerwehren. Dieser Prozess impliziert gewissermaßen eine Aufhebung der traditionellen Schranken zwischen dem Normalen und dem Anormalen (den sogenannten »asozialen« Elementen), und eine Verschiebung der Kontrolle von der kriminellen Handlung zur kriminogenen Situation, vom pathologischen Fall, den man einschließt, zur pathogenen Situation, die man überwacht: In gewisser Hinsicht wird jeder Bürger *a priori* verdächtig, denn er ist po-

[10] Centres d'aide par le travail (fr.): Beschäftigungszentren für Schwerstbehinderte. (A.d.Ü.)

[11] Spezielle Nachversorgungszentren zur Nacht- bzw. Tageshospitalisierung. (A.d.Ü.)

[12] Eigentlich: Beschützte Werkstätten (Ateliers protégés). Häufig mit einer psychiatrischen Heilanstalt verbundene Einrichtungen zur Readaptation Schwerbehinderter unter ärztlicher Aufsicht. (A.d.Ü.)

[13] Psychoanalyse und gesellschaftliche Macht, a.a.O., S. 186ff.

tentiell kriminell. Verdoppelt wird dieser Mechanismus durch die Unterstützung der Polizei von Seiten der Bevölkerung: Durch eine Reihe fortwährender Zeugenaussagen und Denunzierungen (vgl. die diversen moralischen Nachforschungen, die der Sozialhilfe vorangehen) wird jeder Bürger seinerseits zum Überwacher und potentiellen Polizisten. »Symbolische« Repression? Von wegen!

Dazu kommt natürlich noch der politisch-ideologische Inhalt der Reproduktion der herrschenden Ideologie und der Teilung der Volksmassen, der diese Funktionen des Staates quer durchzieht. Die Maßnahmen, die der Staat im Unterrichtswesen und in der Bildung der Arbeitskraft im allgemeinen im Hinblick auf die Qualifikation-Entqualifizierung dieser Arbeitskraft trifft, sind zugleich durch die Verschärfung der Teilung von intellektueller und manueller Arbeit in jeder politisch-ideologischen Dimension dieser Teilung gekennzeichnet: Die Teilungen innerhalb der Volksklassen sollen vertieft werden (Angestellte, mittlere Angestellte, Techniker, Arbeiter). Die Raumorganisation im Verkehrs- und Wohnungswesen reproduziert nicht nur die Ideologie von der Familie als einer Keimzelle sowie die Isolation, sondern bestimmt auch ganz planmäßig die Teilung zwischen den Klassen des Volks (lohnarbeitendes Kleinbürgertum, Arbeiterklasse, ausländische Arbeiter, usw.). Die Gesundheitspolitik folgt der gleichen Richtung, und eine Institution wie die Sozialversicherung bildet längst keinen einheitlichen Apparat, sondern wird je nach den Klassen und Kategorien, an die sie sich wendet, in sehr unterschiedliche Rangstufen eingeteilt. Die Politik der Arbeitslosenhilfe basiert unmittelbar auf der Reproduktion der Ideologie kapitalistischer Arbeit: Die Beschränkungen der Arbeitslosenhilfe entstammen nicht nur den ökonomischen Belangen des Kapitals. Sie darf den Empfängern keinesfalls den erniedrigenden und unwürdigen Charakter der Arbeitslosigkeit vergessen lassen. Dasselbe ließe sich schließlich von der staatlichen Organisierung des kulturellen-, aber auch des Freizeit- und Sportbereichs sagen.

Umgekehrt erlaubt die Rolle der Bildung-Verwaltung-Reproduktion der Arbeitskraft ebenfalls, die ökonomische Tragweite sämtlicher Aktivitäten des gegenwärtigen Staates genau zu erklären – einschließlich der Disziplinen der Normalisierung (die dazu beitragen, die kapitalistische Körperlichkeit und die Individualisierung des politischen Körpers, auf den Macht ausgeübt wird, zu gestalten), und seine Transformationen zu erklären. Man kann sich dabei kaum, wie es Foucault bisher gemacht hat, auf den vagen Begriff einer »Maximierung des Ertrags« der Arbeit beziehen. Wie soll man mit diesem abgedroschenen Begriff die seit den Anfängen des Jahrhunderts zu erkennende, heute jedoch beschleunigte Entwicklung von der »Einschließung« zur »Öffnung« erklären? Um diese Entwicklung zu erklären, muss man sich auf den zentralen Kern dieser Transformationen beziehen, auf die gegenwärtigen Veränderungen des Arbeitsprozesses und der Verwaltung/Reproduktion der Arbeitskraft, und damit die Disziplinen der Normalisierung mit der kapitalistischen Arbeitsteilung verbinden. Dies erkennt R. Castel seinerseits an, d.h., er gesteht es ein: »Ich bin außerstande, eine vertretbare Erklärung für die Gründe einer solchen Bewegung (von der Einschließung zur Öffnung, N.P.) zu liefern und insbesondere zu deuten, welchen Antrieben innerhalb der sozialen Arbeitsteilung, der Aufteilung und Wiederherstellung der Arbeitskraft sie ihre Existenz verdankt.«[14]

Wenn man den zentralen Kern dieser Transformationen erkannt hat, lässt sich bereits die Richtung für weitere Präzisierungen anzeigen Die allgemeine Einschließung scheint die vorherrschende Form des Dressur-Normierung, d.h. der Ausbildung der Arbeitskraft während der dominanten extensiven Ausbeutung der Arbeitskraft und der Produktion des absoluten Mehrwerts zu sein, die ein relativ niedriges Niveau der Produktivität und der Arbeitsqualifikation importieren. Die Arbeitskraft von Arbeitern, die in der Bevölkerung eine relative Minderheit bilden und isoliert sind, passt zu einer brutalen Umsiedlung vom Land in die Städte: Die Ausbeutung war im Wesentlichen auf dem rapiden physischen Verfall einer Arbeitskraft begründet, die man sich leicht neu beschaffen konnte.

Dies ist bei der Verschiebung zur intensiven Ausbeutung der Arbeit und zum relativen Mehrwert, also der verstärkten Unterwerfung der Arbeitskraft unter das Kapital, der Ausweitung der Arbeiterklasse, der Erhöhung der Arbeitsproduktivität und der Verstärkung der Qualifikation im permanenten Prozess von Qualifikation-Entqualifizierung der Arbeitskraft, sowie der erweiterten Reproduktion der Teilung von manueller und intellektueller Arbeit in neuen Formen, der Restrukturierung der Arbeitsprozesse in bestimmten Industriebranchen und schließlich der gegenwärtigen Form technologischer Innovationen nicht mehr möglich. Zahlreiche Wissenschaftler haben zur Genüge bewiesen, dass diesen Transformationen prinzipiell und im allgemeinen die neuen »sozialen Funktionen« des Wohlfahrtsstaats unter ihrem Aspekt der Bildung-Verwaltung-Reproduktion der Arbeitskraft entsprechen. Ich möchte dies zwar nicht weiter ausführen, aber mir scheint, dass die neuen Formen der Dressur und Normierung auf die gleichen Transformationen verweisen: nämlich auf die weiche und kapillare Verbreitung disziplinierender Dispositive

[14] Ibid., S. 186.

unter einer Bevölkerung, die dem Kapital massiv unterworfen ist (die erweiterte »reelle Subsumtion« der Arbeit unter das Kapital); die Transformationen der schulischen Prozesse der Ausbildung und die Öffnung-Permeabilität der Familie als Ort einer neuen Arbeitsqualifikation; der Bruch der Barrieren zwischen Normalität und Anormalität in einer Bevölkerung, die einer permanenten strukturellen Arbeitslosigkeit schutzlos ausgesetzt und also potentiell asozial ist; die Reproduktion der Spaltung von Autorität/Entscheidung und Ausführung in der erweiterten intellektuellen Arbeit (neue Kleinbourgeoisie) in – gegenüber dem rigiden Despotismus der traditionellen »geschlossenen« Organisationen – neuen Formen, die sich auf die Spaltungen zwischen einer eingeschränkten intellektuellen Arbeit und der manuellen Arbeit erstreckt; schließlich die Ausweitung und Ausbreitung der Immigrantenarbeit auf alle industriellen Branchen und Sektoren, in denen sich entqualifizierte Arbeit konzentriert, sowie die Einsetzung zweckdienlicher Kontroll- und Überwachungsnetze, usw.

Sicherlich sind dies nicht die einzigen Ursachen für den gegenwärtigen Übergang von der Einschließung zur Öffnung. Auch hier verweisen die Transformationen auf Veränderungen der Klassenverhältnisse und auf neue Volkskämpfe. Ihre Unterordnung unter die ökonomische Rolle des Staates zeigt jedoch bereits ihren wesentlich politischen Inhalt.

Ich hatte gesagt, dass der politische Inhalt der diversen Funktionen des Staates nicht nur von der gegenwärtigen Hegemonie des Monopolkapitals abhängt. Wir können nun noch weiter gehen. Er hängt nicht nur von der Staatsmacht ab – auch wenn man diese Macht auf die ganze Kapitalistenklasse ausdehnt. Der politische Inhalt dieser Funktionen ist in *die institutionelle Materialität und in den organisatorischen Aufbau des Staatsapparats eingeschrieben.* Dies bewahrheitet sich bis in die berühmten technisch-sozialen Maßnahmen des Staates. Die institutionelle Apparaturen des Gesundheitswesens (Sozialversicherung, Medizin, Krankenhäuser, Heime), der Fürsorge, des Städtebaus, der öffentlichen Einrichtungen und der Freizeit sind von der Bourgeoisie geprägt. Diese Maßnahmen wirken an der kapitalistischen Reproduktion der Arbeitskraft und der gesellschaftlichen Arbeitsteilung mit, auch wenn sie teilweise Errungenschaften der Volkskämpfe sind. Wir stehen immer vor dem gleichen Problem: nicht nur eine Infragestellung der monopolistischen Hegemonie, sondern auch eine radikalere Infragestellung der Staatsmacht würde nicht ausreichen, die Politik dieser Apparate *an sich* grundsätzlich zu ändern. Auch dann nicht, wenn es sich um das für »sozial« gehaltene Dispositiv oder das Allgemeinwohl des Staates handelt, das par excellence der Vergesellschaftung der Produktivkräfte entsprechen soll.

3. Die Grenzen des Ungeheuers

Die gegenwärtige Rolle des Staates kann nicht die Tatsache verdecken, dass er immer Schranken aufweist, die man als *strukturelle Grenzen der Intervention des Staates in die Ökonomie* bezeichnen kann. Wenn diese Grenzen auch in den verschiedenen Phasen des Kapitalismus, den Klassenverhältnissen und den Staatsformen (parlamentarische Demokratie, Faschismus, usw.) unterschiedlich sind, so ändert dies nichts daran, dass sie über einen bestimmten Grad hinaus im Kapitalismus, wie er in den westlichen Gesellschaften existiert und sich reproduziert, einfach nicht zu überschreiten sind. Auch hier muss man dem üblichen Bild von einem allmächtigen Staat Misstrauen, der sich unausweichlich allmählich auf das hin bewege, was Henri Lefèbvre mit dem Terminus »staatliche Produktionsweise« bezeichnet.[15] Vor allem muss man der häufig mit einem linken Technokratismus verbundenen Anwendung dieses Bildes auf die Beziehungen zwischen Staat und Ökonomie Misstrauen (was bei H. Lefèbvre sicher nicht zutrifft); nämlich dem Glauben an solche dem rationalisierenden-verwaltenden Staat wesentlich innewohnenden Fähigkeiten, den Übergang zum Sozialismus bewirken zu können, wenn jener von den Experten der Linken nur intelligent gelenkt würde. Diese Grenzen sind während der letzten Jahrzehnte und noch vor kurzem deutlich geworden. Diese Erkenntnis war das Ende der keynesianischen und von Shonfield und Galbraith wiederaufgenommenen Illusion eines rationalisierten, organisierten und geplanten Kapitalismus, dem es u.a. mittels eines tendenziell unbegrenzten staatlichen Engagements in der Ökonomie gelungen wäre, seine eigenen Krisen einzudämmen und zu verwalten.

Die Grenzen der staatlichen Intervention in die Ökonomie sind immanenter Bestandteil der relativen Trennung der Räume des Politischen (des Staates) und der Ökonomie im Kapitalismus, einer Trennung, die sich gegenwärtig in einer neuen Form reproduziert. Zunächst einmal hängen diese Grenzen von der Natur des Produktions-, Reproduktions- und Akkumulationsprozesses des Kapitals ab. Dieser widersprüchliche Prozess, der teilweise einer eigenen Logik folgt, begrenzt den Handlungsspielraum des Staates, der nun nicht mehr in der Lage ist, die Auswirkungen seines eigenen Handelns in der Ökonomie wirklich zu beherrschen. Heute wird extrem deutlich, dass diese Interventionen selbst zu unmittelbaren Ursachen dieser Krise werden. Ich möchte jetzt nur soviel sagen,

15 *De l'Etat*, a.a.O., Teil 3: Le mode de production étatique. 1971.

dass die Funktionen eine erste grundsätzliche Grenze haben, unterhalb derer sie absolut notwendig sind. Dies kennzeichnet die Unbeweglichkeit des Staates und den beschränkten Umfang seiner strategischen Wahlmöglichkeiten. Vor allem jedoch haben diese ökonomischen Funktionen eine zweite Grenze, die der Staat nicht überschreiten kann. In gewisser Hinsicht ist der Staat heute *in seiner eigenen Falle gefangen* – und diese Metapher ist nicht übertrieben: Der Staat kann heute weder vor noch zurück, er kann sich vom zentralen Kern der Ökonomie nicht fernhalten, er kann ihn aber auch nicht kontrollieren. Er muss gleichzeitig sowohl zuviel (Interventionen, die die Krise produzieren) und zuwenig tun (er kann an die tiefen Ursachen der Krise nicht herankommen). So schwankt der gegenwärtige Staat andauernd zwischen dem Rückzug und dem verstärkten Engagement. Er ist also weniger ein allmächtiger Staat, als vielmehr ein Staat, der mit dem Rücken an der Wand und vor einem Abgrund steht.

Die Grenzen des Handlungsspielraums des Staates in der Ökonomie weisen auf die kapitalistischen Produktionsverhältnisse hin. Sicher wirkt der Staat mit an der Reorganisation der Produktionsverhältnisse, die die Stellung des Kapitals strukturieren, also an der Redistribution der Mächte – die sich aus den ökonomischen Eigentums- und Besitzverhältnissen einschließlich der verschiedenen Kapitalfraktionen ableiten – insbesondere zugunsten des Monopolkapitals. Das ändert jedoch nichts daran, dass der Staat nur dann existiert, wenn der harte Kern der kapitalistischen Produktionsverhältnisse gesichert ist, der die Ausbeutung der Arbeiterklasse und der Volksmassen, d.h. ihren Ausschluss aus der realen Macht über die Produktionsmittel garantiert. Die Eingriffe des Staates in die Produktionsverhältnisse selbst zielen auf ihre Reproduktion als kapitalistische Produktionsverhältnisse. Man kann dies folgendermaßen ausdrücken: Der kapitalistische Staat wird durch eine *allgemeine negative Begrenzung* seiner Interventionen konstituiert, d.h. durch eine *spezifische Nicht-Intervention* in den »harten Kern« der kapitalistischen Produktionsverhältnisse.

Diese prinzipielle Grenze schafft eine Reihe von *Grenzen zweiten Grades:* Die fundamentale Nicht-Intervention setzt einer staatlichen Herrschaft über Bereiche und Felder, deren Widersprüche Auswirkungen der Produktionsverhältnisse selbst sind, strukturelle Grenzen, ob dies nun die Zirkulation, die Aufteilung, die Konsumtion oder die Währungspolitik ist. Das Handeln des Staates ist größtenteils (natürlich innerhalb einer globalen hegemonialen Strategie) ein reaktives und punktuelles Zusammenbasteln von Maßnahmen gegenüber Bedingungen, die der vom Staat nicht zu beherrschende Verwertungsprozess des Kapitals bereits fixiert hat. Die Reproduktion kann nicht ohne eine Intervention in den harten Kern der Produktionsverhältnisse wirklich kontrolliert werden: Man kann die Auswirkungen nicht beherrschen, wenn man nicht die Ursachen in den Griff bekommt. Die staatlichen Maßnahmen sind also im Wesentlichen Interventionen *a posteriori*, die sich gewissermaßen mit den Konsequenzen und Symptomen des ökonomischen Prozesses auseinandersetzen und durch Reaktionen und Reflexe die ökonomischen Widersprüche regulieren sollen. Die häufig ins Schwarze hinein getroffenen Interventionen *a priori* können nicht über bestimmte elementare Maßnahmen hinausgehen, die für den Verwertungsprozess des Kapitals im Allgemeinen und die kapitalistischen Extraprofite unumgänglich sind. Darin liegen die Grenzen der *kapitalistischen Planung*, die selbst in Form einer Programmierung oder Planung der großen Orientierungslinien eher aus einer Projektion der großen dominanten Tendenzen eines bestimmten Zeitpunkts auf die Zukunft, als aus einer echten Planung besteht. Meistens kann sie uns in groben Umrissen die Kompatibilitätsbedingungen zwischen den materiellen Grundlagen der Produktion (Bevölkerungsstatistik, Einsatz der natürlichen und technischen Gegebenheiten, usw.) und der Kapitalakkumulation als Akkumulation letztlich finanzieller Reichtümer aufzeigen. Bestenfalls spielt sie die Rolle einer riesigen Marktforschung. Nach den Illusionen, die sich die Planungsexperten in den fünfziger Jahren machten und die sich auch innerhalb der Linken auswirkten, beginnen sie allmählich selbst, dies einzusehen und ihre Ansprüche herabzuschrauben.

Mehr noch: dieses Verhältnis des Staates zu den Produktionsverhältnissen bewirkt, dass die *materiellen Ressourcen*, über die er verfügt, strukturell begrenzt sind. Die vom Staat mit Hilfe der Besteuerung fixierte Grenze der Einkommensaneignung verläuft im Wesentlichen im Bereich des Kapitalprofits, den man nicht über bestimmte Grenzen hinaus angreifen kann, wenn man nicht Gefahr laufen will, den Reproduktionsprozess, grob gesagt also die kapitalistische Funktionsweise der Wirtschaft, ernsthaft in Frage zu stellen. Die Finanzmittel des Staates sind, den Schwankungen der Profitrate entsprechend, Veränderungen unterworfen, mit denen er nur schwer fertig wird. Er kann diese Ressourcen kaum planen und ist damit nicht in der Lage, den Einsatzbereich seiner Interventionen zu bestimmen. Dies drückt sich in einer permanenten Steuerkrise aus, die heute mehr oder weniger alle kapitalistischen Staaten erfasst hat.

Die Grenzen der staatlichen Intervention verweisen so auf die unmittelbare Auswirkung des Klassenkampfes; auf die Kämpfe der Volksmassen, dieser oder jener Klassen des Volks (Arbeiterklasse, Kleinbourgeoisie, ländliche Volksklassen) gegen die Maßnahmen des Staates zugunsten des Kapitals, aber auch auf Kämpfe innerhalb der Bourgeoisie selbst und des Blocks an der Macht gegen diese oder jene Maßnahme, die überwiegend zugunsten dieser oder jener Fraktion der Bourgeoisie oder diesem oder jenem Teil des Blocks an der Macht wirkt. *Die Grenzen sind also keine bloß äußeren Hindernisse für das Handeln des Staates.* Da diese Kämpfe den Staat als materielle Verdichtung eines Kräfteverhältnisses zwischen den Klassen konstituieren, handelt es sich um Grenzen, die von der Struktur *des Staates selbst,* und von der Gestaltung seiner Politik als dem Resultat innerer Teilungen, die Ausdruck von Klassenwidersprüchen sind, *abhängen.* Selbst in denjenigen Perioden, in denen es dem kapitalistischen Staat gelingt, den offenen und frontalen Klassenkampf gegen ihn zu unterdrücken und abzublocken, schafft er es nicht in gleichem Maße, alle Hindernisse für seine Interventionen beiseite zu räumen, denn der immer wirksame Klassenkampf durchzieht ihn auf spezifische Weise. Diese Grenzen wurden nie so deutlich wie zwischen den beiden Weltkriegen als sie die faschistischen Staaten gekennzeichnet haben und auch heute noch bestimmte Militärdiktaturen auszeichnen.

Die strukturellen Grenzen betreffen also nicht nur den Kampf und den Widerstand der beherrschten Klassen, sondern auch die der Fraktionen der Bourgeoisie. Speziell darin wird man die Grenzen von Nationalisierungen und öffentlichem Kapital sehen müssen. Im Unterschied zur Vergesellschaftung entziehen die Nationalisierungen als solche, und dazu noch in einem kapitalistischen Rahmen, der Bourgeoisie nicht das ökonomische Eigentum an öffentlichem Kapital. Wie weit man die Verstaatlichung der Wirtschaft auch treibt, ja selbst wenn das ganze oder fast das ganze Kapital juristisch nationalisiert ist, man bricht nicht grundsätzlich mit den kapitalistischen Produktionsverhältnissen (dem Ausschluss der Arbeiter aus der realen Kontrolle über die Produktionsmittel und der Herrschaft über den Arbeitsprozess). Die Verstaatlichung führt zum Staatskapitalismus. Dass ein solches Vorgehen im Rahmen eines Staates, der von einer Privatbourgeoisie konstituiert ist, auf strukturelle Hindernisse stößt, ändert daran nichts. Man kann sich kaum, wie Henri Lefèbvre und viele andere, vorstellen, dass sich eine solche kontinuierlich und notwendig fortschreitende Transformation ohne beträchtliche politische Brüche vollzieht. Denn dieser Prozess stößt wegen der damit verbundenen notwendigen Veränderungen, besonders wegen des Austauschs des bourgeoisen Personals und der radikalen Ersetzung der Privatbourgeoisie durch die Staatsbourgeoisie, auf den erbitterten Widerstand der ersteren. Allerdings bewegt sich dieser innerhalb gewisser Grenzen, denn ein

Bereich des öffentlichen Kapitals ist zur Aufrechterhaltung der Profitrate und zur Reproduktion des Privatkapitals notwendig (Entwertung von Teilen des Kapitals). Deshalb koexistieren gegenwärtig in den kapitalistischen Ländern eingeschränkte Bereiche der Staatsbourgeoisie (im weitesten Sinne die Leitung öffentlicher Unternehmen) osmoseartig mit der Privatbourgeoisie. Aus diesem Grund existiert ein Staatskapitalismus in großem Maßstab im allgemeinen in den Ländern, die durch das Fehlen einer einheimischen Privatbourgeoisie charakterisiert sind und in denen eine Staatsbourgeoisie direkt die Nachfolge einer ausländischen imperialistischen Bourgeoisie antritt (z.B. bei den Entkolonisierungsprozessen zahlreicher afrikanischer Länder); oder aber in Ländern, die während eines gescheiterten oder fehlgeschlagenen Übergangsprozesses zum Sozialismus tiefe Umwälzungen mitgemacht haben.

Die Handlungsgrenzen des Staates, die sich aus seiner Struktur als Verdichtung von Klassenverhältnissen herleiten, betreffen schließlich die institutionelle Materialität seiner Apparate. Und zwar die berüchtigte *bürokratische Schwerfälligkeit* oder *administrative Unbeweglichkeit* – die Art und Weise, wie die herrschenden Klassen oder das führende politische Personal bestimmte Aspekte des Staates, die aus seiner Materialität herrühren, als dysfunktional begreifen.

Die Grenzen der staatlichen Intervention sind im Aufbau seiner Apparate, Netzwerke und Dispositive eingeschrieben. Die Selektivität von Informationen und auszuführenden Handlungen resultiert aus einem Prozess der *Nicht- Entscheidungen,* der sich nicht nur auf den harten Kern der Produktionsverhältnisse erstreckt, sondern auch auf weit darüber hinausgehende Bereiche. Die fundamentalen Determinationen der gesellschaftlichen Entwicklung können nicht einmal als politische Resultate ausgegeben, im Grenzfall können sie nicht einmal erkannt und verstanden werden. Ich will nur ein Beispiel herausgreifen: diesen Prozess kennt man seit langem in der statistischen Apparatur (in Frankreich in der INSEE), deren Kategorien – neben ihrer expliziten Manipulation durch die Macht – auf der impliziten Annahme einer Erkenntnisschranke beruhen, die der Grenze der Nicht-Entscheidung und Nicht-Intervention von Seiten des Staates nachgebildet ist. Das gleiche gilt für den Aufbau der Verordnungen des Fiskus oder des (sogar nationalisierten) Bankwesens: die Unkenntnis über solche Bereiche wie das berühmte Volksvermögen der Franzosen oder die Unternehmensprofite resultiert nicht bloß aus der freiwilligen Geheimhaltung bestimmter Bereiche von Seiten des Staates, in die man nicht eindringen möchte, so dass es also genügen würde, diese Geheimnisse zu lüften, damit alles ans Tageslicht kommt. Es beruht auch auf den materiellen Gerüsten und den Praktiken der Apparate. Als Raymond Barre in der Diskussion über die Vermögenssteuer erklärte, dass das »französische Steuersystem außerordentlich empfindlich und kompliziert« ist, und dass man es »umwälzen« müsste, um diese Steuer einzuführen, enthielten diese Erklärungen ein Stück Wahrheit.

Mehr noch: die Struktur des Staates als Verdichtung von Klassenverhältnissen sowie seine inneren Widersprüche materialisieren sich durch die Reproduktion der gesellschaftlichen Arbeitsteilung in seinem Innern, in einem komplexen Dispositiv von Entscheidungsprozessen. Die Bürokratien werden relativ autonom und besitzen eigene Kompetenzen, Klientelen und ein spezifisches Problembewusstsein. Daraus resultiert eine politische Konzeption, die zumeist die Thematisierung fundamentaler gesellschaftlicher Verhältnisse und des Klassencharakters der verschiedenen administrativen Taktiken verbietet. Auf vielen Ebenen wird dies zum Feilschen zwischen den administrativen pressure groups und den Brükkenköpfen der Interessenvertretung, das als *negative Koordinierung mit dem status quo* durch das Prinzip des kurzsichtigen bürokratischen *muddling through* gekennzeichnet ist. Dieser Apparat kann deshalb auch von der Bourgeoisie kaum »gehandhabt« werden.

4. Vorläufige Schlussfolgerungen

Diese Analysen haben politische Konsequenzen für das allgemeinere Problem der Transformation des Staates im Übergang zum Sozialismus. An dieser Stelle möchte ich nur auf diejenigen Konsequenzen hinweisen, die den ökonomischen Staatsapparat betreffen.

Welche Grenzen kann die Intervention des Staates in die Ökonomie im Falle einer Machtergreifung der Linken haben?

Diese Grenzen hängen nicht nur von der Staatsmacht ab. Veränderungen in den Kräfteverhältnissen schlagen sich im ökonomischen Staatsapparat noch weniger automatisch nieder als in jedem anderen: dieser Apparat besitzt eine Materialität, die in hohem Maße durch die Kontinuität des Staates gekennzeichnet ist. Die radikale Transformation des ökonomischen Apparats scheint hier nicht nur unerlässlich zu sein, wenn man die Widerstandsdispositive der bürgerlichen Macht innerhalb des Staates unterlaufen will. Sie ist auch die notwendige Bedingung für staatliche Interventionen im Falle der Machtergreifung der Linken, wenn sich diese nicht denaturiert und ihren sozialistischen Charakter behält. Diese Transformation ist selbst dann wichtig, wenn große Teile der Angehörigen dieses Apparats tatsächlich Anhänger des Experiments der Linken sind. Man kann wetten, dass die in den Aufbau des Staates und ganz besonders in seinen ökonomischen Apparat eingeschriebene Unbeweglichkeit, die sich auch gegenüber der Bourgeoisie selbst zeigt, nicht zufällig stärker auf der Linken an der Macht lasten wird, auch wenn man die Führungskräfte des Staats auswechselt. Die Struktur dieses Apparats selbst verhindert, muss verhindern, dass man über gewisse Grenzen hinaus in die Ökonomie intervenieren kann, Grenzen, die das Experiment der Linken überschreiten muss.

Über den Umfang und die Natur der ökonomisch-gesellschaftlichen Maßnahmen hinaus, die die Linke für den Übergang zum Sozialismus ergreifen muss, stellt sich also die Frage der Transformation des ökonomischen Apparats noch bevor man wirklich den harten Kern der kapitalistischen Produktionsverhältnisse angreift. Kann man zu einer wirklichen Planung gelangen, vermeiden, dass die Nationalisierungen bloße Verstaatlichungen bleiben, die Kapitalflucht verhindern, die Preise wirklich kontrollieren und die Inflation drosseln sowie Vermögen und Kapitale besteuern, wenn man die gegenwärtigen Dispositive intakt lässt und ausschließlich auf eine Änderung der politischen Richtung und auf einen Austausch des Staatspersonals vertraut? Enthalten die Dispositive in dieser Richtung potentielle Ressourcen, die von der jetzigen bürgerlichen Macht bloß blockiert oder nicht genutzt werden, die man also nur einzusetzen brauchte?

Das Problem der Rolle des Staates stellt sich auch gegenüber der ökonomischen Krise. Die gegenwärtige Konjunktur zeigt ganz klar die Schwierigkeiten der Bourgeoisie, mit Hilfe des Staates diese Krise einzudämmen. Aber für die Linke an der Macht besteht das Problem nicht nur in der Ausarbeitung einer Politik, die über die bloße Verwaltung der ökonomischen Krise des Kapitalismus hinausgeht. Wie kann man den ökonomischen Staatsapparat transformieren, um eine andere Politik machen zu können?

Offensichtlich sollte dieser Prozess nicht unter dem Vorzeichen des Etatismus vollzogen werden, d.h. sich nicht ausschließlich, oder auch nur grundsätzlich, auf den Staat stützen. Er muss sich auch im ökonomischen Bereich auf die Aktivität der Volksmassen, auf Formen der direkten Demokratie und auf Selbstverwaltungszentren zurückgreifen. Ebenso offensichtlich ist jedoch, dass man dem Etatismus nicht ohne eine radikale Transformation des Staates selbst entgeht. Ob man nun will oder nicht, in der Ausarbeitung einer Wirtschaftspolitik der Linken wird der Staat seine eigene Rolle spielen. Man muss daher einem linken Technokratismus Miss trauen, der sich, wie man augenblicklich sieht, mit einer gewissen Perspektive der Selbstverwaltung vertragen kann, deren Sinn jedoch total verändert. Die Grundmerkmale dieses Technokratismus sind bekannt. Die gegenwärtige Rolle des Staates ergäbe sich aus der wachsenden Komplexität seiner Aufgaben in den »technologischen nachindustriellen« Gesellschaften, sein ökonomischer Apparat wäre deshalb zu wichtigen Transformationen im Rahmen des Übergangs zum Sozialismus nicht in der Lage. Darum sollte er weiterhin von Experten verwaltet werden, von linken Experten natürlich. Die einzige Möglichkeit, den Etatismus zu vermeiden, bestünde darin, ihn von außen durch die Volksmassen und die Dispositive der direkten Basisdemokratie kontrollieren zu lassen. Der ökonomische Apparat, der im Wesentlichen unverändert bliebe, sollte durch *Gegenmächte* der Selbstverwaltung flankiert, die Techniker und Bürokraten sollten durch die Massen kontrolliert werden. Das Volk denkt, der Staat lenkt. Wie viele Experten der Linken schwören im Augenblick auf die Selbstverwaltung nur deswegen, weil sie wissen, was in gegebenen Fall aus den Selbstverwaltungsplänen, die sie links beiseite lassen können, werden würde?

Zweifellos erzeugt die direkte Demokratie ganz besonders im ökonomischen Bereich reale Schwierigkeiten, man sollte dabei auf keine leichtfertige Demagogie hineinfallen. Will man jedoch einen bürokratischen Etatismus, d.h. einen bürokratischen Kapitalismus vermeiden, wird sich um diese Demokratie alles Entscheidende abspielen. Den Etatismus zu vermeiden und wirklich die direkte Basisdemokratie zu fördern, impliziert ebenfalls für den ökonomischen Staatsapparat – noch mehr als für jeden anderen –, eine Transformation dieses Apparats: eine Transformation des gesamten Staates, einschließlich der Branchen und Netze, die par excellence »sozial« oder für das »Allgemeinwohl« sind. Kann man überhaupt eine Politik der sozialen Gerechtigkeit mit Hilfe von Apparaten wie der Sozialversicherung oder der Fürsorge, so wie sie augenblicklich sind, führen, wenn man sich damit begnügt, sie mit verschiedenen Bürgerausschüssen oder Ausschüssen der Betroffenen zu verknüpfen?

Aber diese Medaille hat auch eine Kehrseite, nämlich die Spezifität des ökonomischen Staatsapparats. Die Transformationen dieses Apparats stellen besondere Probleme, denn sie können weder den Rhythmus noch die Formen der Transformationen der anderen Apparate annehmen.

1.) Tatsächlich ist dieser Apparat nicht in einen technischen Apparat und einen monopolistischen Super-Apparat gespalten, obwohl sich in bestimmten Zweigen und Dispositiven Monopolinteressen konzentrieren. Er bleibt in seiner Einheit ein entscheidender Faktor der Kapitalreproduktion. Deshalb sollten die Transformationen den gesamten Apparat betreffen. Dies hat jedoch noch eine andere Konsequenz. Wenn dieser Apparat Funktionen erfüllt, die zur Reproduktion der Produktionsverhältnisse und zur kapitalistischen Akkumulation *in ihrer Gesamtheit* entscheidend sind, also Funktionen, die, solange die Produktionsverhältnisse selbst nicht radikal umgewälzt sind, absolut notwendig bleiben, dann können die Transformationen des ökonomischen Apparats nur eng den Rhythmus der Transformationen der Produktionsverhältnisse selbst *annehmen.* Der demokratische Weg zum Sozialismus ist jedoch ein *langer Prozess,* dessen erste Phase zwar die Infragestellung der Hegemonie des Monopolkapitals beinhaltet, jedoch nicht die abrupte Subversion des Kerns der Produktionsverhältnisse. Zwar setzt auch die Infragestellung der monopolistischen Hegemonie bereits eine wichtige Veränderung des gesamten ökonomischen Apparats voraus, aber diese Transformation kann während dieser Phase bestimmte Grenzen nicht überschreiten, oder aber man nimmt das Risiko eines Zusammenbruchs der Wirtschaft auf sich. Über die Brüche hinaus, die die antimonopolistische Phase mit sich bringen wird, sollte der Staat immer noch den Fortbestand der Wirtschaft gewährleisten, eine Wirtschaft, die in einem gewissen Maße noch lange Zeit kapitalistisch bleiben wird.

Man muss also wählen können und eindeutig die Konsequenzen aus der eingeschlagenen Strategie ziehen. Die Zweideutigkeit bestimmter aktueller Analysen der Linken entstammt der Flucht vor dieser »widerspenstigen« Tatsache. Die Analysen besagen, dass die antimonopolistische Phase darin bestehen wird, den Super-Staat der Monopole, in dem sich der politische Charakter des Staats konzentrieren soll, zu »zerschlagen«, während der technische (angeblich neutrale) Staat im gesamten Übergang zum Sozialismus als solcher bestehen bleiben sollte. Aber das heißt, es mit keinem verderben zu wollen. Denn in der antimonopolistischen Phase kann man nicht einen Teil des ökonomischen Apparats radikal zerstören, und einen anderen Teil dieses Apparats ewig weiterbestehen lassen. Im Rahmen einer globalen Transformation, die für den Aufbau des Sozialismus notwendig ist, werden in dieser Phase zwangsläufig bestimmte Strukturen dieses gesamten Apparats weiterbestehen: Die Transformation ist eine *etappenweise* Transformation *des gesamten* ökonomischen Staatsapparats, die in verschiedenen Branchen, Netzen und Zweigen dieses Apparats sicherlich verschiedene Formen und unterschiedliche Rhythmen annehmen wird. Die Bastionen des Monopolkapitals (dessen Existenz man nicht abstreitet, wenn man die Konzeption vom monopolistischen Super-Staat angreift) müssen je nach den verschiedenen Fraktionen des Kapitals, deren Interessen sie ganz besonders vertreten, an erster Stelle abgebaut werden, und zwar zunächst nach dem Grad ihrer Übereinstimmung mit den Bedürfnissen der Volksmassen. Selbstverständlich kann man die Sozialversicherung, die auch transformiert werden sollte, nicht auf die gleiche Weise transformieren wie z.B. das Industrieministerium. Sodann nach der Rolle dieser Zweige und Netze im ökonomischen Prozess und ihrem bestimmten politischen Gewicht. Denn es ist ebenso selbstverständlich, dass auch wenn die INSEE eine politische Bedeutung besitzt, sie doch eine vergleichsweise »technische« Rolle spielt und deshalb nicht auf die gleiche Weise wie zum Beispiel DATAR transformiert werden dürften.

2. Schließlich schützt der demokratische Weg zum Sozialismus die Freiheiten. Er bietet, und das ist die Kehrseite der Medaille, der Bourgeoisie vermehrte Möglichkeiten zur ökonomischen Sabotage des Experiments der Linken an der Macht. Auch wenn die Transformation des ökonomischen Apparats notwendig scheint, um dieser Sabotage wirksam zuvorzukommen und ihr entgegenzutreten, muss man wissen, dass sie ein Balanceakt ist. Zu keinem Zeitpunkt sollte diese Transformation zu einem effektiven Abbau des ökonomischen Apparats führen, der ihn paralysiert. Die Chancen für einen Boykott von Seiten der Bourgeoisie würden damit steigen. Auch hier, bei der Transformation des ökonomischen Staatsapparats, wird das Dilemma deutlich: entweder macht man nicht genug (Chile) oder zuviel. Zuviel machte man in Portugal zwischen 1974 und 1975, als ganze Zweige des ökonomischen Apparats wie das Landwirtschafts- und Industrieministerium, obwohl sie von der Linken vollständig kontrolliert wurden und dem radikalsozialistischen Experiment nahestanden, total paralysiert wurden. Nicht wegen der Widerstände der Bourgeoisie, sondern wegen der Formen und Rhythmen der »Zerschlagung«, die man zu ihrer Transformation eingeschlagen hatte. Diese Zerstörung und Paralyse hinderten die Experimente der Landwirtschaftskommunen und der Selbstverwaltung von Fabriken daran, auch nur die geringste Unterstützung oder Hilfe bei diesen Apparaten zu finden, obwohl sie den Experimenten äußerst wohlwollend gegenüberstanden. Unter diesen Umständen konnte der Boykott der Bourgeoisie voll wirksam werden.

Teil 4
Der Verfall der Demokratie: Autoritärer Etatismus

1. Autoritärer Etatismus und Totalitarismus

I.

Gewisse zeitgenössische Theoretiker der Macht haben soeben die Existenz des Gulag entdeckt. Man kann sie dazu nur beglückwünschen. Auch wenn sie dazu lange gebraucht haben, ist es doch nie zu spät, noch etwas dazuzulernen. Sieht man sich jedoch die Funktion an, die dieser Begriff augenblicklich annimmt, beginnt man zu glauben, dass man den Gulag erfinden müsste, würde er nicht existieren. Wie wäre es sonst auch nur möglich gewesen, den Mut aufzubringen, über unsere gegenwärtigen westlichen Gesellschaften nichtssagende Platitüden von »fortgeschrittener liberaler Demokratie« und »permissiver Gesellschaft« – Gesellschaften, aus denen einige unserer »neuen Philosophen« stammen – von sich zu geben, und zugleich, was äußerst opportun erscheint, ihre Tugenden zu entdecken?

Nur Vergleiche zu ziehen ist wenig sinnvoll. Die totalitären Aspekte der Macht im Osten sollten jedoch, obwohl sie sehr real sind und man sie tatsächlich nicht mit der Funktionsweise unserer Gesellschaften vergleichen kann (nicht in normativer, sondern in wissenschaftlicher Hinsicht), nicht bloß die totalitären Regime des Westens (Pinochet oder Videla), sondern auch die viel prosaischere Situation unserer Gesellschaften mit demokratischen Regierungsformen nicht vergessen lassen – wie es heute häufig der Fall ist. In den westlichen kapitalistischen Staaten erleben wir beachtliche Veränderungen. Man musste blind sein (und die Leidenschaft blendet immer, auch wenn sie den edelsten Motiven entspringt), wollte man nicht wahrhaben, dass sich allmählich eine neue Staatsform durchsetzt. Eine Staatsform, die ich in Ermangelung eines besseren Terminus, als *autoritären Etatismus* bezeichnen werde, ein Terminus, der die allgemeine Tendenz dieser Transformation anzuzeigen vermag: ein gesteigertes Ansichreißen sämtlicher Bereiche des ökonomisch-gesellschaftlichen Lebens durch den

Staat artikuliert sich mit dem einschneidenden Verfall der Institutionen der politischen Demokratie sowie mit drakonischen und vielfältigen Einschränkungen der sogenannten »formalen« Freiheiten, die man erst wirklich schätzen lernt, wenn sie einem genommen werden. Obwohl einige dieser Veränderungen seit langem im Gange sind, stellt der gegenwärtige Staat verglichen mit seinen früheren Formen, einen eindeutigen Wendepunkt dar.

Ich werde mich nur mit dem Staat der herrschenden, vornehmer ausgedrückt, der entwickelten kapitalistischen Länder vor allem in Europa und in den Vereinigten Staaten beschäftigen. Insoweit diese Transformationen durch die gegenwärtige Phase des Kapitalismus und seiner internationalen Reproduktion bedingt sind, betreffen sie sicherlich sämtliche Länder. Die gegenwärtige Vertiefung der Kluft zwischen den herrschenden und den beherrschten Ländern der imperialistischen Kette durch die Internationalisierung der kapitalistischen Verhältnisse verbietet jedoch eine allgemeine Theoretisierung des gegenwärtigen Staates, die die Veränderungen in allen diesen Ländern umfasst. Wenn wir in der Zone der beherrschten Länder, in Lateinamerika zum Beispiel, das Entstehen einer *neuen abhängigen Staatsform* erleben (die selbst wiederum in verschiedenen Regierungsformen auftritt), so zeigt sie doch beachtliche Besonderheiten, die sie von der neuen Staatsform der herrschenden Länder unterscheidet.

Grundsätzlich baut der autoritäre Etatismus auf der Periodisierung des Kapitalismus in Stadien und Phasen auf. Er scheint dabei der gegenwärtigen Phase des Imperialismus und des Monopolkapitalismus in den herrschenden Ländern zu entsprechen, so wie der liberale Staat dem Konkurrenzstadium des Kapitalismus und der interventionistische Staat in seinen verschiedenen Formen den vergangenen Phasen des Monopolkapitalismus entsprach.

Der autoritäre Etatismus verweist also auf strukturelle Veränderungen, die diese Phase in ihren Produktionsverhältnissen, den Arbeitsprozessen sowie der gesellschaftlichen Arbeitsteilung weltweit wie auch auf nationaler Ebene kennzeichnen. Wenn auch die ökonomische Rolle des Staates, die von ihrem politischen Inhalt nicht zu trennen ist, als Richtschnur einer Analyse des autoritären Etatismus dienen soll, so reicht sie doch bei weitem nicht aus. Es handelt sich um eine institutionelle Realität, die nur an dem ihr eigenen Ort untersucht werden kann. Der autoritäre Etatismus verweist auf zugleich weltweit wie auf nationaler Ebene stattfindende Transformationen der gesellschaftlichen Klassen, der politischen Kämpfe und der Kräfteverhältnisse, die die gesamte Phase kennzeichnen.

Zweifellos nimmt der autoritäre Etatismus, und das ist wichtig, gemäß den eigenen Konjunkturen der je betroffenen Länder, unterschiedliche Regimeformen an. Unterstreicht man jedoch seine Beziehung zur aktuellen Phase des Kapitalismus, so weist man bereits darauf hin, dass es sich nicht bloß um ein Oberflächen»phänomen« handelt. Im Kapitalismus, wie er sich heute zeigt und reproduziert, scheint eine bestimmte Form der politischen und repräsentativen Demokratie inzwischen überholt zu sein. Will man den autoritären Etatismus in Frage stellen und die übriggebliebenen Freiheiten nicht nur retten, sondern ausbauen und erweitern und also das verwirklichen, was die Linke anstrebt, muss man jene Faktoren, die diese neue Staatsform herbeiführen, real verändern.

Der autoritäre Etatismus verweist zugleich auf die *politische* Krise und auf die *Krise des Staats*. Diese Einsicht wird heute allmählich selbstverständlich, was bis vor kurzem jedoch noch nicht der Fall war. Zunächst denke ich dabei natürlich an die meisten Vertreter der offiziellen Politischen Wissenschaften in Frankreich und anderswo, von den Vertretern des traditionellen Funktionalismus bis zu denen der verschiedenen »Systemtheorien«, für die die politische Krise und die Krise des Staats im strikten Sinne undenkbar sind. Krisen bleiben für sie geheimnisvolle dysfunktionale Momente, die abrupt mit dem »natürlichen Gleichgewicht« eines »politischen Systems« brechen, das ansonsten harmonisch durch innere Selbstregulierungsmechanismen funktionieren soll. Wie viele Lobreden auf den Pluralismus der Macht in der liberalen Gesellschaft haben wir doch über uns ergehen lassen müssen! Lobreden auf eine liberale Gesellschaft, die einen (endlich!) bereits überholten Marxismus Lügen strafe, da es ihr gelungen sei, ihre Widersprüche, also ihren Klassenkampf zu überwinden. Ich denke jedoch vor allem an eine andere, von der ersten eindeutig zu unterscheidende und weitaus interessantere Richtung. Ich meine jene streitbaren Denker von der Frankfurter Schule bis zu den radikalen Amerikanern, die uns das Schreckensbild eines totalitären und allmächtigen Moloch-Staates zeichneten, dem es durch einen manipulativen Kapitalismus gelungen wäre (Oh weh! Gegen die Voraussagen von Marx), die Volksmassen zu integrieren und der unausweichlich daran ginge, die einzelnen Subjekte zu vernichten.

Dieses Bild ist falsch, nicht nur wegen der strukturellen Grenzen, die jedem kapitalistischen Staat, auch dem Staat der gegenwärtigen Phase, gesetzt sind. Der autoritäre Etatismus ist mit der politischen Krise und der Krise des Staates artikuliert. Er ist zugleich eine Antwort auf Elemente dieser Krise, einschließlich seiner eigenen Krise. Deshalb ist der Etatismus keine eindeutige Verstärkung des Staates. Er resultiert vielmehr aus einer Tendenz, deren Pole sich ungleichmäßig auf eine *Stärkung und Schwächung* des Staates hin entwickeln. So bleibt der gegenwärtige Staat, obwohl sein autoritärer Etatismus erschreckend real ist, ein Koloss auf tönernen Füßen, der sich bei seiner Flucht auf schwankendem Boden bewegt, was auf der politischen Ebene noch deutlicher wird. Man denke jedoch daran, dass verwundete Tiere am gefährlichsten sind.

Es ist nicht einfach, zwischen dem Staat und der politischen Krise eine Verbindung herzustellen. Als wir uns jüngst in dem Sammelband »La crise de l'Etat«[1] an dieses Thema wagten, waren wir zu mehreren; auch will ich mich hier darauf beschränken, dieses Problem lediglich zu benennen. Selbst wenn die gegenwärtige ökonomische Krise keine vorübergehende Erscheinung, sondern in bestimmten Aspekten eine strukturelle Krise wäre, wäre es doch falsch, sie als allgemeine Krise einzustufen und ihr die ganze gegenwärtige Phase des Kapitalismus zuzuordnen. Mehr noch, es wäre verfehlt zu glauben, dass sich diese Krise, die mehr oder weniger alle kapitalistischen Länder, die uns hier interessieren, erfasst, sich notwendigerweise in allen diesen Ländern als echte politische Krise und darüber hinaus als Krise des Staates niederschlägt.

Die politische Krise lässt sich niemals auf die ökonomische Krise reduzieren, die Krise des Staates nicht auf eine politische Krise. Es gehört zum Wesen des kapitalistischen Staats, dass er politische Krisen auffangen kann, ohne dass sie zu wirklichen politischen Staatskrisen führen. Man sollte also den gegenwärtigen Staat, der einer bestimmten Phase des Kapitalismus entspricht, nicht pauschal als Krisenstaat oder als Staat in der Krise charakterisieren. Dies hieße, nach Art der III. Internationale die Besonderheit des Krisenbegriffs zu verwässern und zu behaupten, der Kapitalismus beschleunige in dem Maße, in dem er sich reproduziert, automatisch sein »Verfaulen« und mache gegenwärtig die letzte Phase seiner unvermeidlichen Agonie durch. Man kommt so zu der Annahme, dass eine Phase seiner Reproduktion (die wie zufällig immer diejenige Phase ist, in der man lebt) tatsächlich eine permanente und in der einen oder anderen Weise immer vorhandene Krise ausdrückt. Schließlich wäre man versucht, den gegenwärtigen Staat als »Krisenstaat« zu begreifen, der notgedrungen die letztmögliche Form des bürgerlichen Staats vor dem notwendigen Sieg des Sozialismus darstellte. Demgegenüber ist evident, dass man die Begriffe »politische Krise« und »Staatskrise« im Zusam-

[1] A.a.O., 1976. Ich möchte ebenfalls auf Sammelbände aus der BRD hinweisen, z.B.: Urs Jäggi (Hrsg.): Sozialstruktur und politische Systeme, 1976; M. Jänicke (Hrsg.): Politische System-Krisen, 1973.

menhang einer besonderen Konjunktur der Verdichtung der Widersprüche zuweisen muss, einer Konjunktur, die sich in besondere Merkmale der staatlichen Institutionen übersetzt.

Weil die politische Krise kein Blitz aus heiterem Himmel ist, muss man sich sicherlich zunächst den *generischen, d.h. dem Kapitalismus überhaupt eigentümlichen Elementen* der politischen Krise und der Krise des Staats zuwenden. Diese Elemente sind im Unterschied zur tatsächlichen Krise in der Reproduktion der politischen kapitalistischen Formen immer durchgängig vorhanden. *Die gesamte gegenwärtige Phase ist durch das bemerkenswerte Anwachsen der generischen Elemente der politischen Krise und der Krise des Staates gekennzeichnet,* ein Anwachsen, das mit der ökonomischen Krise des Kapitalismus verbunden ist.

Das Anwachsen der generischen Elemente der politischen Krise und der Krise des Staates bildet ein strukturelles und permanentes Merkmal der gegenwärtigen Phase. Der autoritäre Etatismus scheint zugleich ein Resultat des Anwachsens dieser Krisenelemente, als auch eine Antwort darauf zu sein. In bestimmten europäischen Ländern jedoch erleben wir eine tatsächliche politische Krise, die sich zudem noch in einer Krise des Staats niederschlägt. *In diesen Ländern* ist deshalb der autoritäre Etatismus durch eine Staatskrise gekennzeichnet: in unterschiedlichem Ausmaß gilt das für Spanien, Portugal und Griechenland, aber auch für Italien und Frankreich.

Diese Staatskrise eröffnet auch der Linken objektive neue Möglichkeiten für den demokratischen Weg zum Sozialismus. Es gibt mehrere Arten der politischen Krise. Die gegenwärtige Krise verweist die Linke im Zusammenhang mit diesem möglichen Übergang auf ein bestimmtes Feld. Es handelt sich weder um eine Krise der doppelten Macht und noch weniger um eine Faschisierungskrise.

II.

Gleicht dieser autoritäre Etatismus einem Totalitarismus, d.h. einem Faschismus neuen Typs? Nebenbei gesagt, behaupteten genau dies noch kürzlich viele unserer »neuen Philosophen« in ihrer »maoistischen« Phase. Sie lagen uns mit dem »neuen Faschismus« in den Ohren, gegenüber dem sie den »neuen Widerstand«[2] predigten, und verglichen die Regierenden im Frankreich von 1972 mit den Nazibesetzern unseligen Ange-

[2] »Nouveau fascisme, nouvelle démocratie«, eine bereits zitierte Sondernummer der *Temps modernes.* Vgl. auch die Diskussion dieser Fragen in der Zeitschrift *Kursbuch,* Mai *1973.*

denkens – bevor einige von ihnen sich den Tugenden der fortgeschrittenen liberalen Demokratie verpflichteten. Ich habe mich dazu in *Faschismus und Diktatur* geäußert: ebensowenig wie ich heute in Giscard den aufgeklärten Romantiker eines neuen Liberalismus sehe, konnte ich in ihm damals irgendeinen Schüler Goebbels' im Dienst eines künftigen Pompidou-Hitler erkennen.

Zweifellos reichen die Wurzeln des in der Tat modernen Phänomens »Totalitarismus« bis ins Innere der kapitalistischen Produktionsverhältnisse und der gesellschaftlichen Arbeitsteilung, in die Machttechniken des modernen Staats (der Individualisierungsprozess, das Gesetz), sowie in die von diesen Verhältnissen implizierten und in die Nation und das staatliche Gerüst eingeschriebenen raum-zeitlichen Matrizes. Diese Wurzeln sind aber keine sich allmählich entwickelnde Keime, die sich mit Hilfe der List der Geschichte den Weg zu ihrer endlichen Verwirklichung im universellen Totalitarismus bahnen.

Ich möchte unmittelbar mit einer Zwischenbemerkung über die Länder des Ostens beginnen und daran erinnern, dass bestimmte totalitäre Charakteristika der Macht in diesen Ländern meines Erachtens unter anderem (denn der Kapitalismus ist nicht die Wurzel allen Übels), allerdings zweifellos grundsätzlich in den »kapitalistischen Aspekten« dieser Staaten liegen, d.h. in den Produktionsverhältnissen und der gesellschaftlichen Arbeitsteilung, die ihn tragen. Aber auch hier stehen wir nicht vor der bloßen Entfaltung totalitärer Keime. Die diese Staaten kennzeichnenden totalitären Merkmale entstammen einer Reihe bestimmter historischer Faktoren (ökonomische, politische u.a. Faktoren), die ihnen eine besondere Staatsform geben, die in diesen Ländern übrigens nicht die Ausnahme, sondern die Regel ist. Selbst wenn diese Staaten bei weitem keine bloße Variante des autoritären Etatismus sind, wie wir ihn gegenwärtig in unseren Gesellschaften kennen, so sind sie andererseits doch mit ihm verwandt. So beziehen sich einige der folgenden Analysen, besonders die Analyse der Rolle der Staatsbürokratie, auch auf sie. Jedoch immer nur unter dem Vorbehalt ihrer besonderen Natur. Die Ursachen für diese Verwandtschaft liegen nicht in irgendeiner einheitlichen Tendenz zur »Technisierung-Bürokratisierung« der gegenwärtigen »technologisch-industriellen« Welt. Die Merkmale des Staates, die in den Produktionsverhältnissen und der gesellschaftlichen Arbeitsteilung begründet liegen, sind immer in Klassenverhältnisse und politische Verhältnisse eingeflochten, die in diesen Ländern ganz anders sind.

Kommen wir zu dem Problem zurück, wie es sich augenblicklich in unseren westlichen Gesellschaften stellt. Selbst wenn der Totalitarismus auf eine Reihe von Faktoren zurückgeht, die sich bis heute einer umfassenden Erklärung entziehen (und die der Marxismus alleine nicht erklären kann), so ist dies doch kein Grund, mit Hilfe terroristischer Begriffe in den abgedroschensten Irrationalismus zu fallen. Der autoritäre Etatismus ist nicht die erfolgreiche Realisierung totalitärer Keime, auch wenn sie jeder kapitalistische Staat in sich trägt. Der Totalitarismus, sei es nun der Faschismus, die Militärdiktatur oder der Bonapartismus, nimmt in den Gesellschaften, mit denen wir es hier zu tun haben (die herrschenden Länder des Westens), eine spezifische Form an und bildet ein selbständiges politisches Phänomen, das ich – die Begründung dafür habe ich gegeben – eine Form des Ausnahmestaats genannt habe. Er entspricht einer bestimmten Konjunktur der Klassenverhältnisse in ihrer Komplexität sowie institutionellen Merkmalen des Staates. Er bricht dabei mit den regulären Formen der Reproduktion der bürgerlichen politischen Herrschaft, kurz, er bricht mit der »republikanischen Demokratie«. Besonders der Faschismus, und zwar sowohl der etablierte Faschismus als auch der Faschisierungsprozess, ist durch eine *ganz spezielle Krise* gekennzeichnet. Er kann also nicht den Staat einer *Phase* des Kapitalismus charakterisieren, wie er in unseren Gesellschaften existiert und sich reproduziert. Dies gilt auch dann, wenn der Ausnahmestaat, als faschistischer Staat, bestimmte Gemeinsamkeiten mit der demokratischen Staatsform derjenigen Phase, in der er erscheint, aufweist. Der Rooseveltsche Staat oder die französische Republik besaßen während der historischen Epoche des Faschismus bestimmte Merkmale des Interventionsstaates (z.B. die ökonomische Rolle des Staates und die Stärkung der Exekutive), die auch der deutsche und italienische Faschismus zeigten, ohne dass man behaupten könnte, dass der Ausnahmestaat (der Faschismus) während dieser Phase die notwendige Staatsform gewesen wäre. Die Transformationen der damaligen Staaten entsprachen nicht ohne weiteres einer Faschisierung aller dieser Staaten (wie die III. Internationale lange geglaubt hat).

Das Auftreten des autoritären Etatismus kann also weder mit einem neuen Faschismus noch mit einem Faschisierungsprozess gleichgesetzt werden. Dieser Staat ist weder die neue Form eines echten Ausnahmestaats, noch ist er selbst die Übergangsform zu einem solchen Staat: *er repräsentiert die neue »demokratische« Form der bürgerlichen Republik in der gegenwärtigen Phase.* Und dies ist, wenn ich so sagen darf, zugleich besser (er behält eine bestimmte demokratische Realität) und schlechter. Er ist nicht Produkt einer bloßen Konjunktur, die man nur umzustürzen brauchte, um die eingeschnürten Freiheiten wiederherzustellen. Der faschistische Staat dagegen entspricht einer politischen Krise und darüber hinaus einer wirklichen Staatskrise. Dies trifft für zahlreiche Länder, in denen sich der autoritäre Etatismus durchsetzt, ohne dass er einem Krisenstaat entspricht, nicht zu. Und selbst in den Ländern, in denen diese Staatsform mit einer Staatskrise einhergeht, kann man im Augenblick nicht von einem Faschisierungsprozess oder einer Faschisierungskrise sprechen. Der faschistische Staat, der außerdem niemals auf »kaltem Weg« entsteht, sondern als Ausnahmestaat eben einen echten *Bruch* innerhalb des Staates impliziert, setzt eine historische Niederlage der Massenbewegung und der Arbeiterklasse voraus. Diese Niederlage öffnet der Faschisierung den Weg. Der Faschismus ist also niemals eine direkte und unmittelbare Reaktion auf die Zunahme der Volksbewegungen. Dort wo es heute eine echte Staatskrise gibt, existiert eine solche Niederlage nicht – ganz im Gegenteil.

Das soll jedoch nicht heißen, dass in Europa ein solcher Ausnahmestaat (in Form des Faschismus, der Militärdiktatur oder eines verstärkten Bonapartismus) in Zukunft unmöglich wäre. Angesichts der gegenwärtigen politischen Situation besonders in Frankreich ist dies eine Möglichkeit, mit der man über kurz oder lang sicherlich rechnen muss. Dies führt mich zum zweiten Teil der Frage. Er betrifft nicht bloß die Grenzen der repräsentativen Demokratie und der Freiheiten, die der gegenwärtige Staat selbst in seiner regulären »demokratischen« Ordnung zieht, sondern ganz besonders die Faschisierungselemente jedes kapitalistischen Staates. Gegenüber denjenigen, die einen grundsätzlichen Unterschied zwischen den verschiedenen demokratischen Formen (dem »liberalen Staat«) und dem Totalitarismus sehen, meine ich, dass beide, als kapitalistische Staaten, bestimmte gemeinsame Merkmale besitzen. Ganz abgesehen von der möglichen Zugehörigkeit dieser Staaten zu ein und derselben Phase des Kapitalismus (die Stärkung der Exekutive im »new deal« Roosevelts und dem damaligen faschistischen Staat), hängen diese Merkmale von den Wurzeln des Totalitarismus ab. Jede kapitalistische demokratische Staatsform enthält totalitäre Tendenzen.

Den gegenwärtigen Staat kennzeichnet eine gewisse Besonderheit. In einer demokratischen Staatsform während einer Phase der strukturellen Verschärfung der generischen Elemente dieser Krise, die in manchen Ländern eine echte politische Krise und Staatskrise ist, treten die faschisierenden Elemente oder Tendenzen weitaus deutlicher als vorher zu Tage. Der autoritäre Etatismus besteht auch darin, dass man angesichts zunehmender Volkskämpfe und der Gefahr, die sie für die Hegemonie darstellen, ein institutionelles Präventivdispositiv aufbaut. Dieses effektive Arsenal, das nicht bloß Teil der juristisch-verfassungsmäßigen Ordnung ist, wird nicht immer an vorderster Front der Machtausübung eingesetzt. Zumindest gegenüber der großen Mehrheit der Bevölkerung (und mit Ausschluss der verschiedenen »Asozialen«) zeigt es sich vor allem in Rückschlägen, die von Fehlern seines Funktionierens zeugen. Aber auch wenn dieses Arsenal unter Verschluss gehalten wird, steht es der Republik jederzeit für einen Faschisierungsprozess zur Verfügung.

Vielleicht zum ersten Mal in der Existenz und Geschichte der demokratischen Staaten enthält der gegenwärtige Staat nicht nur vereinzelte und verstreute Elemente des Totalitarismus, sondern kristallisiert ihre organische Anordnung als ein permanentes Dispositiv neben dem offiziellen Staat. Diese Verdopplung de Staats, die ein strukturelles Merkmal des autoritären Etatismus zu sein scheint, stellt jedoch keine reale Abdichtung des offiziellen Staates von diesem Dispositiv oder eine Dissoziation beider dar, sondern ihre funktionale Überlagerung und ständige Osmose. Deshalb wird der mögliche Ausbruch eines Faschisierungsprozesses zweifellos nicht die gleiche Form wie früher annehmen. Zwar kann dieser Prozess nicht allmählich und unbemerkt auf »kaltem Weg« einsetzen, denn heute wie damals impliziert dieser Übergang immer einen Bruch. Aber statt um eine Infiltration von außen oder um eine Beschlagnahme des Staatsapparats durch den Faschismus, wie dies bei den historischen Faschismen der Fall war, wird es sich um einen Bruch im Innern des Staates an Nahtlinien handeln, die in seiner gegenwärtigen Konfiguration längst vorgezeichnet sind.

III.

Der autoritäre Etatismus weist durch die Transformationen der Produktionsverhältnisse, des Arbeitsprozesses und der gesellschaftlichen Arbeitsteilung auf beträchtliche Veränderungen der Klassenverhältnisse hin, die wir bei der Analyse der institutionellen Veränderungen des Staates werden beachten müssen.

Veränderungen zunächst bei den Volksmassen und der Arbeiterklasse. Die Verschärfung der gesellschaftlichen Arbeitsteilung sowohl im Weltmaßstab zwischen den Vereinigten Staaten und Europa als auch innerhalb jedes europäischen Landes, die der langen »Wachstumsperiode« und den Veränderungen im Arbeitsprozess selbst entspricht, hat die Ungleichheiten und Disparitäten zwischen der Arbeiterklasse und den herrschenden Klassen vertieft. Die Ausbeutung durch Steigerung des relativen Mehrwerts hat, verglichen mit früher, komplexere und versteckte Formen angenommen: Intensivierung der Arbeitsrhythmen, Steigerung der Arbeitsproduktivität, Verschlechterung der Lebensbedingungen. Die allgemeine

Zunahme der Arbeitskämpfe in Europa, die den massiven Auswirkungen der ökonomischen Krise vorausgegangen waren, signalisierte das Ende einer langen Kampfpause, die im Großen und Ganzen mit der Periode des Kalten Krieges zusammenfiel. Ökonomische Krise, Inflation und vor allem Arbeitslosigkeit, deren spektakuläres Anwachsen ein strukturelles Merkmal der gegenwärtigen Phase zu sein scheint, haben ihrerseits zur Auflösung eines relativen gesellschaftlichen Konsens, der auf Wachstum und Wohlstand begründet war, beigetragen. Auch die immigrierten Arbeiter haben begonnen, sich aktiv an den Kämpfen der sogenannten Gastländer zu beteiligen. All dies hat das Anwachsen und die Politisierung dieses Kampfes sowie neue Forderungen und Kampfformen in der europäischen Arbeiterbewegung hervorgerufen.

Dieser allgemeine Trend beschränkt sich jedoch nicht auf die Arbeiterklasse. Die Phase der Kapitalakkumulation, auch beschleunigte Industrialisierung genannt, hat bei bestimmten Teilen der Bevölkerung zu massiven Ungleichheiten geführt – bei den Alten, den Jugendlichen und den Frauen. Sowohl bei den Bauern als auch bei der traditionellen Kleinbourgeoisie (Handwerker, kleine Geschäftsleute) lassen sich die in diesem Prozess »links liegengelassenen« und »Ausgeschlossenen« nicht mehr zählen. Noch bedeutsamer ist das, was mit dem beträchtlich angewachsenen Kleinbürgertum geschieht, den Technikern, Büro und Geschäftsangestellten, den leitenden Angestellten und Beamten.

Für die überwältigende Mehrheit von ihnen verschlechtern sich zunehmend die Lebensbedingungen, Aufstiegschancen, Einkommensverhältnisse und die Arbeitsplatzsicherheit, also die mit ihrem Beruf traditionell verbundenen Privilegien; es verschlechtert sich aber auch ihre Arbeitssituation (Vertiefung der gesellschaftlichen Arbeitsteilung innerhalb der intellektuellen Arbeit). In den europäischen Ländern wird derzeit das klassische Bündnis zwischen der Bourgeoisie und dem (alten und neuen) Kleinbürgertum in Frage gestellt. Dazu kommen Konflikte, die vor allem aufgrund der ideologischen Krise entstehen, die zugleich Ursache und Wirkung der neuen Bewusstwerdung der Volksklassen in einer Reihe von Fragen ist, die man nun nicht mehr der sogenannten zweiten Front zurechnen kann – Studentenbewegung, Befreiungsbewegung der Frauen, ökologische Bewegung.

Ein weiteres permanentes und strukturelles Merkmal der gegenwärtigen Phase ist die Verschärfung der Widersprüche innerhalb der herrschenden Klasse: Widersprüche zwischen dem Monopolkapital und dem nichtmonopolistischen Kapital, die sich aus den Formen und Rhythmen der Kapitalkonzentration und den Transformationen, die sie in dieser Phase in den Produktionsverhältnissen nach sich ziehen, ergeben, sowie verschärfte Widersprüche innerhalb des Monopolkapitals. Im Kontext der ökonomischen Krise steigern sich diese Widersprüche, die man im vollem Ausmaß nur begreifen kann, wenn man die gegenwärtigen Bedingungen der Internationalisierung des Kapitals berücksichtigt. Die induzierte Reproduktion ausländischen (vor allem amerikanischen) Kapitals in den verschiedenen europäischen Ländern und ihre komplexe Interiorisierung in das einheimische Kapital produziert bei diesem wichtige innere Verlagerungen. Damit entsteht eine neue Teilung zwischen dem, was ich an anderer Stelle *innere Bourgeoisie* genannt habe, die, obwohl sie eng mit dem ausländischen Kapital, verflochten ist (sie ist keine wirkliche Nationalbourgeoisie), wichtige Widersprüche gegenüber diesem aufweist, und einer Bourgeoisie, die vollständig von diesem Kapital abhängig ist. Die tendenzielle Trennungslinie fällt nicht immer mit der Spaltung in Monopolkapital und nicht-monopolistischem Kapital zusammen, sondern läuft oft quer durch beide Kapitale. Nach einer Periode relativen Friedens unter der unbestrittenen amerikanischen Hegemonie wirken sich die wiederaufgelebten Widersprüche direkt innerhalb des Blocks an der Macht der verschiedenen Länder aus. Alle diese Faktoren stecken ein strukturelles Merkmal dieser Phase ab: *eine verdeckte, aber anhaltende hegemoniale Instabilität der Bourgeoisien der herrschenden Länder.*

All dies ist bekannt. Und es ist aufschlussreicher, bestimmte neuartige Merkmale dieser Phase kurz zu überprüfen, die diesmal von der besonderen Rolle des Staates abhängen. Die ökonomische Rolle des Staates nimmt ihre gegenwärtigen autoritären Formen nur aufgrund eines scheinbar paradoxen Sachverhalts an. Diese unterhalb gewisser Grenzen notwendige Rolle wirkt nicht nur im stabilisierenden Sinne, sondern ist ganz im Gegenteil auch ein wichtiger Faktor der Destabilisierung. Ein paradoxer Sachverhalt: der autoritäre Etatismus ist nicht bloß die Antwort des Staates auf eine Krise, die er mit seinen Mitteln zu bewältigen sucht, sondern auch Antwort auf eine Krise, die er selbst mitverursacht. Die Rolle des Staates beschleunigt also die generischen Elemente der politischen Krise, ja verursacht diese Krise selbst. Die staatlich eingesetzten Gegentendenzen zum tendenziellen Fall der Profitrate werden Faktoren einer Krise, die dadurch mehr wird als eine bloß ökonomische Krise.

1.) Die für diese Phase typische Vertiefung der Widersprüche innerhalb des Blocks an der Macht erfordert ein zunehmendes politisches Engagement des Staates, das diesen Block zusammenhalten und seine Hegemonie reproduzieren soll. Gegenwärtig jedoch wirken die ökonomischen Maßnahmen des Staates (Entwertung bestimmter Teile des Kapitals, industrielle Umstrukturierung zur Erhöhung der Rate des relativen Mehrwerts, verstärktes Eingreifen des Staates zugunsten der Kapitalkonzentration, selektive Hilfen für bestimmte Kapitale, die entscheidende Stellung des Nationalstaats in der Internationalisierung des Kapitals) massiv und stärker als je zuvor direkt zugunsten der »ökonomisch-korporativen« Interessen bestimmter Fraktionen oder bestimmter individueller Kapitale zum Schaden anderer. Diese direkte Verzahnung des Staats mit den ökonomischen Widersprüchen vertieft, wie ein Schneeballsystem, die Risse im Block an der Macht. Sie gibt diesen Widersprüchen politische Bedeutung und wird so zum direkten Faktor der politischen Krise, indem sie anhaltend die Organisierung der Hegemonie und des Allgemeininteresses der Bourgeoisie durch den Staat in Frage stellt.

2.) Die Intervention des Staates in eine Reihe von Bereichen, die, so peripher sie früher auch waren, sich heute ausweiten und allmählich in die Kapitalreproduktion und Akkumulation eingliedern (Städtebau, Verkehrs- und Gesundheitswesen, Umwelt, öffentliche Einrichtungen usw.) führt in diesen Bereichen zu einer beachtlichen Politisierung der Kämpfe der Volksmassen. Die Massen sind nun unmittelbar mit dem Staat konfrontiert. Dies ist ein wichtiges generisches Element der politischen Krise, das noch durch die Tatsache verstärkt wird, dass diese staatlichen Interventionen während der ökonomischen Krise ihren trügerischen Aspekt als »Sozialpolitik« ablegen. Ihre Bindung an die Interessen des Kapitals wird offensichtlich, und der Staat lässt ein beachtliches Legitimationsdefizit gegenüber den Volksmassen erkennen. Diese Interventionen steigern also die generischen Elemente der Krise (dies gilt gegenwärtig offensichtlich für die Arbeitslosenunterstützung und die Umschulung und Weiterbildung). Der autoritäre Etatismus ist auch die Wahrheit, die sich aus den Trümmern des Mythos vom Wohlfahrts- oder Wohlstandsstaat erhebt.

3.) Die Rolle des Staates zugunsten des ausländischen oder transnationalen Kapitals beschleunigt die ungleiche Entwicklung des Kapitalismus in jedem Land, in dem sich ausländisches Kapital reproduziert, und zwar vor allem, wenn neue »Entwicklungsschwerpunkte« in bestimmten Regionen zum Nachteil anderer Gebiete geschaffen werden. Zusammen mit den vielfachen Formen der ideologischen Krise verursachen diese ungleichen Entwicklungen Brüche in der nationalen Einheit, die die Grundlage des bürgerlichen Staates ist. Charakteristisch dafür ist das Entstehen von regionalistischen Bewegungen oder Bewegungen, die diverse Nationalitäten wiederbeleben wollen. Wie zweideutig diese Bewegungen auch häufig sind, sie haben unmittelbar politischen Charakter und sind wichtige Elemente dieser Krise. Die gegenwärtige Phase wird nicht durch das Entstehen eines die Nationen übergreifenden Super-Staats oder durch den Bedeutungsverlust des Nationalstaats gekennzeichnet. Der autoritäre Staat ist kein lokales Anhängsel eines (US- oder EG-) Super-Staats oder eines Super-Apparats des transnationalen Staates (CIA, NATO, usw.). Vielmehr entspricht er einem echten Bruch der nationalen Einheit in seinem Innern sowie einem Erstarken ethnischer oder nationaler Minoritäten parallel zur Zunahme der Volkskämpfe.

4.) Dazu kommt die gegenwärtige Rolle des Staates gegenüber der ökonomischen Krise im engeren Sinne. Hier entsteht ein neues Problem. Dadurch dass der Staat massiv in die Reproduktion des Kapital interveniert, dadurch auch dass diese Krisen unter einem bestimmten Gesichtspunkt organische und notwendige Faktoren dieser Reproduktion sind, ist es dem Staat wahrscheinlich gelungen, den unkontrollierten Aspekt ökonomischer Krisen (z.B. die von 1930) zu begrenzen. Aber dafür muss er von nun an diejenigen Funktionen erfüllen, die früher die unkontrollierten Krisen übernommen haben.

Ich will das Paradox zwar nicht überstrapazieren, aber man kann sagen, dass wir es weniger mit einem Staat zu tun haben, der die Auswirkungen der ökonomischen Krise nicht bewältigen kann, als mit einem Staat, der es sich selbst zur Aufgabe macht, die schleichenden Krisen, die er nicht in den Griff bekommt, zu fördern. Ein einleuchtendes Beispiel sind die Arbeitslosigkeit und die gegenwärtige Inflation, die zwar unmittelbar vom Staat selbst inszeniert sind, in denen man jedoch nicht nur und keineswegs prinzipiell eine bewusste Strategie der Bourgeoisie sehen sollte: sie sind objektives Resultat der Rolle des Staates. Dies unterscheidet den gegenwärtigen Staat eindeutig von früheren Staaten, die sich anscheinend damit zufriedengaben, mehr oder weniger erfolgreich die gesellschaftlichen Schäden der unkontrollierten ökonomischen Krisen einzudämmen. Diese neue Rolle bringt unvermeidlich eine beträchtliche Politisierung des Kampfes der Volksmassen (gegen die Politik des Staates) mit sich.

Diese Phase wird also sowohl durch strukturelle Veränderungen der Klassenverhältnisse als auch durch eine Verschärfung der generischen Elemente der Krise gekennzeichnet. Und dies in unterschiedlichem Maße in allen herrschenden kapitalistischen Ländern. In einigen europäischen Ländern verdichten sich die Widersprüche zu echten politischen Krisen. Diese Länder – Frankreich, Italien, Griechenland, Portugal – zeigen alle Merkmale einer politischen Krise, die zu einer Staatskrise wird. Der autoritäre Etatismus resultiert also ebenso sehr aus der Übertragung dieser Veränderungen auf die Struktur des Staates, als auch aus den Versuchen des Staates, sich diesen Veränderungen anzupassen, sich gegenüber den generischen Elementen der Krise zu schützen und auf die politische Krise und auf seine eigene Krise zu antworten.

IV.

Ich kann im Folgenden keine erschöpfende Analyse des gegenwärtigen Staates und der Transformationen der politischen Demokratie liefern. Dies wäre Gegenstand einer eigenen Arbeit.

Eine ganz besonders wichtige Frage werde ich nur kurz berühren. Sie ist zwar gleichfalls bekannt, man kann jedoch nie genug auf ihr insistieren: die Frage nach den Beziehungen zwischen *der politischen Demokratie* und der *gesellschaftlichen* und *ökonomischen Demokratie* im weitesten Sinne. Neben den Einschränkungen und Transformationen der Institutionen der politischen Demokratie ist die zunehmende Distanz zwischen politischer und gesellschaftlicher Demokratie das, was (ich kann es nur wiederholen) die gegenwärtigen Gesellschaften charakterisiert. Die Entwicklung des Kapitalismus vor allem in seiner gegenwärtigen Phase hat die Ungleichheiten nicht beseitigt, sondern in neuen Formen reproduziert und sogar intensiviert. Die neuen Formen der gesellschaftlichen Arbeitsteilung und Organisation in den Fabriken, Büros und den großen Verbrauchermärkten haben trotz allem Geschwafel über Sachzwänge die Disziplin und den Despotismus, die quasi-militärischen Regeln der Organisation, die Hierarchie und die Zentralisierung der Entscheidungs- und Sanktionsbefugnis gestärkt und erweitert.

Mehr noch: die Entwicklung des Kapitalismus hat die Zonen und Sektoren der »neuen Armut« nur verstärkt. Sie kann sicher weder nach ökonomisch-sozialen und kulturellen Kriterien früherer Epochen noch nach Kriterien der absoluten Pauperisierung definiert werden, sondern nur entsprechend den gegenwärtigen gesellschaftlichen Realitäten. Die »neue Armut« ist für die USA bereits von M. Harrington und von P. Townsend für Großbritannien untersucht worden. In Frankreich sollen »die Hälfte aller Personen über 65 Jahre (2.660.000), die Hälfte der angelernten Arbeiter (1.330.000), die meisten ungelernten Arbeiter (1.100.000), zwei Drittel des Dienstleistungspersonals (800.000), ein Viertel der Händler und Handwerker (800.000) und die meisten Lohnabhängigen in der Landwirtschaft (600.000)« unterhalb der Armutsschwelle leben.[3] Ganz zu schweigen ist von jenen sozialen Gruppen, die wegen ihrer Lebensbedingungen zu wirklich »Ausgeschlossenen« werden: immigrierte Arbeiter,

---

[3] Die Zahlen stammen von L. Stoléru, der von M. Maschino: *Sauve qui peut – démocratie à la française*, 1977, zitiert wird.

Arbeitslose, Frauen, ein Großteil der Jugendlichen und der Alten. Ökonomische, soziale und kulturelle Lebensbedingungen von weiten Teilen der Bevölkerung bleiben nicht nur weit hinter den rechtlich-politischen Vorstellungen von Gleichheit zurück. Ihre Teilnahme an den Institutionen der politischen Demokratie wird vielmehr immer problematischer.

Aber auch die andere Seite des Problems ist bekannt: der Zusammenhang zwischen Reichtum, Geld und der Funktionsweise republikanischer Institutionen. Ein Beispiel von vielen sind die finanziellen Ressourcen der Regierungsparteien.

Ich werde diese Frage nicht direkt erörtern, sondern nur jene Transformationen, die im autoritären Etatismus die politische Demokratie auf der Ebene der Mechanismen des Staates berühren. Ich werde mich dabei im Wesentlichen an ein einziges Beispiel halten, an die Veränderungen der Rolle der Staatbürokratien und der öffentlichen Verwaltung sowie des gegenwärtigen Funktionierens des politischen Parteiensystems. Sicherlich betreffen der gegenwärtige Verfall der Demokratie und die Einschränkungen der Freiheit immer größere Bereiche; sie treten in vielen Formen auf und kennzeichnen mehr oder weniger sämtliche Dispositive der Macht. Verschiedene Autoren haben dies betont, und ich verweise auf ihre Analysen.[4] Trotzdem ist mein Beispiel nicht zufällig gewählt. Die gesamte Geschichte zeigt, dass die Existenzformen und das Funktionieren der repräsentativen Demokratie *als System des realen Pluralismus politischer Parteien gegenüber der Staatsbürokratie und der öffentlichen Verwaltung* auf der Ebene staatlicher Institutionen in positiver Korrelation zum Funktionieren *politischer Freiheiten* steht. Das Funktionieren dieses Systems *bedingt* das der Freiheiten in allen Bereichen der politischen Demokratie. Man hat oft gesagt, dass der demokratische Weg zum Sozialismus und der demokratische Sozialismus selbst sowohl eine Einheitspartei als auch die Verflechtung von Parteien und Staatsbürokratie und öffentlicher Verwaltung ausschließen. Man muss diese *Aussage prinzipiell verstehen,* d.h. nicht als ein Element des Weges unter anderen, sondern als zwar nicht zureichende, aber absolut notwendige Bedingung. Wird diese Bedingung nicht erfüllt, wird keine direkte Basisdemokratie weder den Totalitarismus verhindern noch sich dem Etatismus entgegenstellen können.

---

[4] Auch hier wäre die Bibliographie der Arbeiten über die Einschränkungen der Freiheit in allen Bereichen des öffentlichen Lebens sehr groß. In allgemeiner Hinsicht vgl. für Frankreich u.a. die neueren Arbeiten von R. Errera, M. Duverger, J.-P. Cot, Cl. Julien, J.-D. Bredin, P. Juquin, G. Burdeau, J.-P. Chevénement, L. Hamon, M. Maschino, P. Viansson-Ponté sowie die Arbeiten der Richtergewerkschaft usw.

2. Die unaufhaltsame Ausdehnung der Bürokratie

Der Verfall des Parlaments, die Verstärkung der Exekutive und die gegenwärtige politische Rolle der staatlichen Verwaltung sind bereits das Leitmotiv vieler politischer Untersuchungen geworden. Auch wenn dies die offensichtlichsten Merkmale der Transformationen des Staates sind, so sind sie in ihrer realen Tragweite am schwersten zu erfassen.

Diese Transformationen charakterisieren den Staat seit dem Ende des Konkurrenz- und seit den Anfängen des Monopolkapitalismus. Ebensowenig jedoch wie die ökonomische Rolle des Staates im Monopolkapitalismus Grundlage für die Überzeugung sein kann, dass der liberale Staat des Konkurrenzkapitalismus nicht in die Ökonomie intervenierte, kann die Verstärkung der Exekutive das Bild von einem liberalen Staat mit einem allmächtigen Parlament und einer praktisch nicht existierenden Exekutive rechtfertigen. Staatsbürokratie und Verwaltung haben in der Organisation und im Funktionieren des bürgerlichen Staates immer einen – in den verschiedenen Ländern unterschiedlichen – wichtigen Platz eingenommen. Dies ändert jedoch nichts daran, dass die Exekutive seit dem Beginn des Monopolkapitalismus gestärkt wird – was im übrigen den Übergang vom liberalen Staat zum Interventionsstaat gekennzeichnet hat.

Die gegenwärtigen Formen dieses Phänomens sind jedoch völlig neuartig und betreffen in unterschiedlichem Ausmaß alle herrschenden kapitalistischen Länder. Dieses Phänomen ist also nicht, wie eine fest verwurzelte Tradition des französischen politischen Denkens erklärt, auf Frankreich beschränkt. Man entdeckt diese Tradition noch in dem kürzlich erschienen Buch von A. Peyrefitte *Le mal Français*. Sie war auch lange Zeit das Lieblingsthema von Michel Crozier, der in seinem Buch *La société bloquée* den Kraftakt wagte, den Mai '68 durch diese französische Besonderheit zu erklären, und dabei erfreut die Tugenden der USA, Großbritannien und der BRD entdeckte ... Wenn man sich auch nur ein wenig damit beschäftigt, wird man feststellen, dass das gleiche Phänomen, das sich bei den beiden Genannten feststellen lässt, eine Obsession auch anderer Autoren in diesen Ländern ist.

Selbstverständlich gibt es in Frankreich einige, im Übrigen längst bekannte Besonderheiten. Die französische Situation selbst zeigt jedoch gegenwärtig beträchtliche Transformationen, die man nicht unter den Tisch fallen lassen kann, indem man mit der Unterstützung von Historikern (die dabei mitmachen) ein schlichtes Fortbestehen der Tradition behauptet. Transformationen für die, wie man weiß, zum größten Teil die Gaullisten verantwortlich sind.

Sie tragen sie zum Teil, denn dieses Phänomen ist viel allgemeiner. Der Verfall des Parlaments und die Verstärkung der Exekutive hängen eng mit der wachsenden ökonomischen Rolle des Staates zusammen; sie tragen die Verantwortung aber zum großen Teil, weil diese Rolle des Staates den autoritären Etatismus nur nach sich zeiht, wenn sie mit einer bestimmten politischen Situation verbunden ist.

Betrachten wir das Gesetz und das Recht, wie sie sich in den Strukturen der legislativen Macht in ihrem relativen Unterschied zur exekutiven Macht materialisieren. Sie sind typisch, weil sich auf sie vorzugsweise jene beziehen, die als Grund für die gegenwärtigen Veränderungen »Sachzwänge« angeben. Die vorherrschende Stellung des Parlaments, der geheiligten Stätte des Gesetzes und der legislativen Macht, war im Erlass allgemeiner, universaler und formaler Normen, d.h. den wesentlichen Merkmalen des modernen Gesetzes begründet. Das Parlament als Verkörperung der »volonté générale« und der Gesamtheit, von Volk und Nation gegenüber der königlichen Willkür, entsprach der Institutionalisierung des Gesetzes als einer Verkörperung der allgemeinen Vernunft. Die Kontrolle der Regierung und der Verwaltung durch das Parlament, also der Rechts- und Gesetzesstaat, erschien als immanenter Bestandteil der Vorstellung von einem lückenlosen normativen System, das durch die öffentliche Meinung legitimiert wurde.

Die gegenwärtige spektakuläre ökonomische Intervention des Staates stellt in immer wichtigeren Bereichen diesen Aspekt des juristischen Systems in Frage. Die neue Rolle des Staates passt nicht mehr in das Modell allgemeiner, formaler und universaler Normen, das im Wesentlichen einem Engagement des Staates zur Aufrechterhaltung und Reproduktion der »allgemeinen Bedingungen« der Produktion angepasst war. Diese Rolle nimmt die Form spezieller Regelungen an, die auf die verschiedenen Konjunkturen, Situationen und auf bestimmte Interessen abgestimmt sind. Die Vielfalt der ökonomisch-gesellschaftlichen Probleme, mit denen sich der Staat auseinandersetzt, erfordert ebenfalls eine immer weiter vorangetriebene Konkretisierung dieser allgemeinen Normen.

So verblasst die relative Unterscheidung zwischen der legislativen und der exekutiven Macht. Die Macht zur Normativierung und zum Erlass von Regeln und Bestimmungen verschiebt sich auf die Exekutive und die Verwaltung. Dieser Verschiebung entsprechen die Transformationen der Natur der gesetzlichen Regelung selbst. Die im Parlament verkörperte Legitimation, deren Bezugsrahmen eine universelle Rationalität war, gleitet in die Legitimation einer Ordnung der instrumentalistischen Rationalität der Effektivität über, die von Exekutive und Verwaltung verkörpert wird.

Mehr noch: die allgemeinen und universalen Gesetze, die auch weiterhin vom Parlament verabschiedet werden (im Grunde bloße Gesetzesrahmen), treten erst dann in Kraft, wenn sie von Seiten der Exekutive einem Konkretisierungs- und Spezifizierungsprozess unterworfen worden sind. Dieser Prozess besteht aus zusätzlichen und korrektiven Verordnungen, Durchführungsbestimmungen und Runderlassen, ohne die die vom Parlament verabschiedeten Normen juristisch nicht in Kraft treten. Dass dies nicht nur die Verschleppung parlamentarischer Entscheidungen, sondern auch ihre Verfälschung ermöglicht, ist bereits weithin bekannt. Und schließlich hat das Parlament praktisch die Möglichkeit zu Gesetzeninitiativen verloren, die nun auf die Exekutive zurückgehen. Gesetzesentwürfe werden nun direkt von der Verwaltung überarbeitet. Die Gesetze schreiben sich nicht mehr in die formale Logik des juristischen Systems ein, das auf der Universalität der Norm und auf der Rationalität der »volonté générale« beruhte, die von den verabschiedenden Parlamentariern repräsentiert wurde, sondern in ein anderes Register, das der konkreten und kurzfristigen Wirtschaftpolitik, die im Verwaltungsapparat verkörpert ist.

Wie immer es sich im Einzelnen verhält, der Verfall des Parlaments und die immer gewichtiger werdende Rolle der Exekutive und Verwaltung entsprechen dem Verfall des Gesetzes. Die Transformationen der Natur und Form der gesellschaftlichen Reglementierung nehmen dem Gesetz die Monopolstellung innerhalb des normativen Systems.

Dieser Rückzug des Gesetzes ergibt sich jedoch nicht unmittelbar aus dem ökonomischen Interventionismus des Staats als solchem. Er ist auf vielfache Weise mit der Natur der hegemonialen Interessen verbunden, zu deren Gunsten die Allgemeinheit und Universalität des Gesetzes einer partikularistischen Regelung weichen, d.h. mit der Kapitalkonzentration und Zentralisierung, aber auch mit der gegenwärtigen Hegemonie des Monopolkapitals und damit der verborgenen Instabilität, die die Hegemonie auf der Grundlage der gegenwärtigen ökonomischen Krise charakterisiert. Nur ein Kräfteverhältnis, das dort, wo es wirklich um etwas geht, einen bestimmten Stabilitätsgrad aufweist, kann juristisch in Form eines allgemeinen und universellen Normensystems geregelt werden, das seinen eigenen Transformationsbereich festsetzt, und so den Akteuren strategische Voraussicht erlaubt. Zunehmende Widersprüche innerhalb des Blocks an der Macht dagegen verursachen die hegemoniale Instabilität des Monopolkapitals.

Die neuen Formen der gegenwärtig entstehenden Volkskämpfe und deren Politisierung, sowie die ideologische Krise in den verschiedenen

Apparaten und Institutionen (Schule, Gefängnis, Justizbehörde, Armee, Polizei usw.) führen zu neuen Formen politischer Herrschaft und zu neuen Prozessen der Machtausübung, die von Transformationen in der Verwaltung/Reproduktion der Arbeitskraft abhängen. Die durch allgemeine und universelle Normen organisierte soziale Kontrolle, durch die die Schuld von Handlungen überprüft und die loyalen Subjekte von »gesetzlosen« Subjekten getrennt werden, verbindet sich mit einer individualisierten Reglementierung, die der »Mentalität« (der angeblichen Intention) eines jeden Teils des sozialen Körpers nachgebildet ist, der global als verdächtig und potentiell schuldig angesehen wird. Die allgemeine Einschließung der »außerhalb des Gesetzes Stehenden« in Konzentrationslagern (Gefängnisse, Heime, usw.), die in ihrer Materialität durch universelle Normen für Sanktionen und Strafen umrissen werden, artikuliert sich mit dem Durchkämmen der Bevölkerung mittels vielgestaltiger und weit gedehnter Kreisläufe innerhalb des sozialen Rasters und durch polizeilich-administrative Prozeduren, die auf die Besonderheiten jeder Art von Verdächtigen abgestimmt sind. Es findet so ein Übergang statt von der Handlung, die strafbar ist, weil sie gegen die vom Parlament erlassenen Universalität und Allgemeinheit verstößt, zu dem suspekten Fall, der durch eine flexible, dehnbare und partikularistische administrative Regelung erfasst wird (so ändert sich z. B. die Definition des *politischen Delikts).* Das Gesetz funktioniert nur noch *verkürzt,* ohne natürlich damit ungültig geworden zu sein.

Das gegenwärtige Phänomen des Verfalls des Parlaments und der zunehmenden Bedeutung der staatlichen Verwaltung ist mit beträchtlichen Transformationen in der Funktionsweise des institutionellen Systems der politischen Parteien, ihrer Stellung und ihrer Rolle verbunden.

Im Wesentlichen betrifft diese Transformation diejenigen Parteien, die man prosaisch *Parteien der Macht* nennen kann. Sie haben die Aufgabe, an einem regulären, von sämtlichen Institutionen des Staates (und nicht nur von den Verfassungsvorschriften) organisch festgesetzten und vorgesehenen Regierungswechsel zu partizipieren (und dies auch tun). Ich lasse hier die Frage nach den genaueren Klassenzugehörigkeiten dieser Parteien außer acht, und wahle um der berüchtigten Frage »wer vertritt wirklich wen?« zu entgehen, bewusst eine neutralere Terminologie, die allgemein akzeptiert werden kann. Ich bin jedoch davon überzeugt, dass es sich dabei um bürgerliche und kleinbürgerliche Parteien (im politischen Sinne) handelt – auch wenn sich Parteien niemals auf eine bloße und eindeutige Repräsentation von Klassen und sich ihr Wesen nicht auf ihre Wählerbasis reduzieren lassen. Auf jeden Fall schließt diese Charakterisierung der Parteien der Macht die traditionellen sozialdemokratischen Parteien ein (Parteien, die trotzdem zum großen Teil von Arbeitern gewählt werden), wie sie in den meisten europäischen Ländern existieren, von der englischen Labour bis zur skandinavischen und westdeutschen Sozialdemokratie. Wenn auch in einem ganz anderen Sinne betrifft die allgemeine Transformation des Parteiensystems auch die anderen politischen Parteien, nämlich die kommunistischen und bestimmte sozialistische Parteien (besonders die gegenwärtige Sozialistische Partei Frankreichs). Sie erleiden die Auswirkungen dieser Transformationen, und als Teil des institutionellen Bereichs (und wie sollten sie es nicht sein?) sind sie von ihnen betroffen. Dieses Problem wird augenblicklich bei der Kommunistischen Partei Italiens sehr deutlich.

Bei den Parteien der Macht lässt sich heute ein Lockern der *repräsentativen Verbindungen* zwischen dem Block an der Macht und jenen Parteien feststellen, die entweder bestimmte Fraktionen dieses Blocks vertreten, oder aber (und oft gleichzeitig) Bündnisse zwischen diesen Fraktionen, bzw. mehr oder weniger offene charakteristische Bündnisse und Kompromisse dieser Fraktionen mit bestimmten Fraktionen der beherrschten Klassen darstellen (sowohl mit Teilen der Arbeiterklasse wie mit Teilen der alten und neuen Kleinbourgeoisie. Typisches Beispiel dafür ist die in Frankreich von der »Parti Radical« vertretene »republikanische Synthese«). Dies deutet auf den Hegemonietyp hin, den das massiv vorherrschende Monopolkapital über die anderen Teile des Blocks an der Macht und über die Volksmassen errichtet, also auf die Verengung der politisch-gesellschaftlichen Stützen des Monopolkapitals. Es deutet ebenfalls auf die Intensivierung der generischen Elemente der Krise hin, die zu einer versteckten hegemonialen Krise dieses Kapitals und der gesamten Bourgeoisie führen.

Diese Lockerung der repräsentativen Verbindung, die manchmal einem echten Bruch gleicht, begleitet die Transformation der institutionellen Stellung der Parteien der Macht. Sie begleitet sie, aber sie ist nicht ihre Ursache. In gewisser Hinsicht determiniert die Transformation der Stellungen dieser Parteien im institutionellen Spiel deren Repräsentativitätskrise, die wiederum ihre institutionelle Rolle schwächt. Nicht die Staatsbürokratie und Verwaltung geht an die vorderste Front, um zu dieser Parteienkrise beizutragen. Die Krise der Parteien wird durch die Vertreibung aus den bis dahin eingenommenen Stellungen hervorgerufen, die ihrerseits die Rolle der Verwaltung stärkt.

Seit langem war die Verwaltung der zentrale *Ort* der Ausarbeitung des instabilen Kompromissgleichgewichts innerhalb des Blocks an der Macht und zwischen diesem und den Volksmassen. Wenn dieser Prozess auch das Zentrum der politischen Entscheidung verschob, fand er doch vorwiegend mit Hilfe der Parteien statt, die im Innern der Verwaltung als die entscheidenden Vektoren der verschiedenen ökonomisch-gesellschaftlichen Interessen agierten. Exemplarisches Beispiel dafür sind in Frankreich die III. und IV. Republik, in denen sich die Rolle der staatlichen Verwaltung verstärkt hat (was man fälschlicherweise oft der Stabilität der Verwaltung gegenüber der ministeriellen Instabilität zuschreibt), aber auch die politischen Parteien in der institutionellen Konfiguration eine wichtige Rolle spielen.

Dies überließ dem Parlament immerhin eine nicht zu vernachlässigende Kontrollfunktion. Im übrigen hatte das Parlament im Staat immer die Funktion der Interessenvertretung der Volksmassen mit Hilfe ihrer eigenen Repräsentanten, besaß also weiterhin eine Stelle innerhalb der Legitimationsprozeduren. Heute jedoch monopolisieren die Exekutive und die Verwaltung die Rolle der Organisation und Leitung des Staates im Hinblick auf den Block an der Macht, nämlich die Rolle der langfristigen Ausarbeitung des politischen Allgemeininteresses dieses Blocks und der Reproduktion der Hegemonie. In Exekutive und Verwaltung konzentriert sich die Legitimation des Staates gegenüber den beherrschten Klassen. Zudem wird die Stellung der Parteien der Macht nicht nur eingeschränkt, sondern vollständig transformiert. Diese Veränderungen haben beträchtliche Auswirkungen auf die gesamte staatliche Struktur. Sie hängen von einer völlig neuen politischen Funktionsweise der repräsentativen Demokratie ab.

Die Evolution des Parlaments zu dem, was H. Laski als erster »Registriermaschine« nannte, ist heute ausreichend bekannt. Seine Befugnis zur Kontrolle, Prüfung, Untersuchung, Kritik, und für Vorschläge und Anträge sind überall eingeschränkt und drastisch beschnitten worden. Die Einschränkungen betreffen die Vollmachten des Parlaments sowohl gegenüber der eigentlichen Verwaltung, als auch gegenüber der Regierung. Die de jure und vor allem de facto stattfindende massive Verschiebung der Regierungsverantwortlichkeit vom Parlament auf die Spitzen der Exekutive führt zur entscheidenden Einschränkung der parlamentarischen Macht gegenüber der Verwaltung, zur Autonomisierung der Regierung gegenüber dem Parlament und zum wachsenden Abstand der Verwaltung gegenüber der Volksvertretung. Auch wenn die Opposition, vor allem wenn sie sich nicht mit der Rolle als Opposition Ihrer oder Seiner Majestät zufriedengibt, davon als erste betroffen ist, erstreckt sich die Machteinschränkung auch auf die Abgeordneten der Regierungsmehr heit. Sie werden ebenfalls zu bloßem Fußvolk und zur Manövriermasse der Regierung.

Die Machteinschränkung der Volksvertreter betrifft nicht nur das Parlament. Bisher wurde die reale Funktionsweise der politischen Mechanismen durch ein vielfältiges Netz organischer außerparlamentarischer Verbindungen zwischen Abgeordneten und der staatlichen Verwaltung charakterisiert. Die Abgeordneten, die sich auf ihre parlamentarische Macht gegenüber der Regierung stützten, intervenierten unmittelbar bei der Verwaltung durch eine Reihe kodifizierter, in der Verfassung allerdings nicht vorgesehener, Kanäle und Kreisläufe. In gewisser Hinsicht waren die Abgeordneten autorisierte Gesprächspartner der Verwaltung, und Vermittler von Einzelinteressen und Forderungen, da sie vom Volk gewählt waren und als legitime Repräsentanten dieser Interessen (als Teilen des nationalen Interesses) auftraten. Dies war eine der wesentlichsten, allerdings nicht institutionalisierten Funktionen des repräsentativen Systems. Abgeordnete und politische Parteien repräsentierten das Volk nicht nur im Parlament, sondern auch gegenüber allen Ebenen der Staatsbürokratie. Die Abgeordneten wirkten so unmittelbar bei den Entscheidungsprozessen innerhalb der Verwaltung mit. Die politische Arbeit resultierte aus engen Konfrontationen zwischen Verwaltung, Regierung, Abgeordneten und politischen Parteien.

Bemerkenswert an der heutigen Entwicklung ist, dass parallel zum Verfall des Parlaments *die repräsentativen Verbindungen zwischen den Abgeordneten und der staatlichen Verwaltung zerbrochen sind.* Die Zugangsmöglichkeiten der Abgeordneten und der politischen Parteien – als legitime Repräsentanten eines »nationalen Interesses« – zur Staatsbürokratie sind fast vollständig blockiert, die Verwaltung hat sich abgeschottet. Dies gilt zuerst für die Opposition, dann aber auch für die Abgeordneten der Regierungsparteien, bzw. für die große Mehrheit von ihnen. Die Kreisläufe Parteien-Abgeordnete-Verwaltung schränken ihren Bereich ein und verlaufen nun fast ausschließlich über die Spitzen der Exekutive, die Minister und die Kabinette. Die Abgeordneten haben normalerweise nur dann Zugang zur Verwaltung, wenn sie nicht als nationale und Volksrepräsentanten auftreten, sondern als Vertreter von lokalen und Sonderinteressen (wenn sie z.B. ein Mandat als Bürgermeister besitzen), bzw. wenn sie direkt die verschiedenen ökonomischen Interessen verkörpern.

Das zweite Problem betrifft die Beziehungen zwischen der staatlichen Verwaltung und der Regierung. Besonders in Frankreich ist es üblich geworden, eine gegenüber den Ministern angeblich fast totale Autonomie der Verwaltung zur fixen Idee werden zu lassen. Muss nicht jeder glauben, dass nicht die Regierung, sondern die verschiedenen Ministerialdirektoren die wirkliche Macht haben, also die berühmten »Höheren Staatsorgane«, die Absolventen der E.N.A., der Ponts et Chaussée[5] und der Ecole Polytechnique? Dass die Minister kaum noch die Freiheit haben, ihre eigenen Mitarbeiter auszuwählen? Dass das »französische Übel« seit neuestem in der Ohnmacht der gaullistischen Minister genüber der Staatsbürokratie beruht? Man beruft sich dabei auf die heroischen Kämpfe eines Edgar Pisani gegen die Verwaltung seines Landwirtschaftsministeriums oder eines Albin Chalendon gegen die »Ponts et Chaussées« in seinem Wohnungsbauministerium.

Dieses Bild ist falsch, auch wenn es Teile von Wahrheit enthält. Die inneren Widersprüche der Exekutive sind zwar sehr real und nicht nur Widersprüche zwischen der Regierung und der obersten Verwaltung, sondern sie laufen quer durch die ganze Verwaltung, sind aber nicht eigentlich an sich bedeutsam. Denn sie trennen das politische System nicht, sondern sind organischer Bestandteil der Entscheidungsprozesse. Die Konflikte zwischen der Regierung und der Verwaltung zeugen häufig von Widerständen, die mit der Struktur des Staatsapparats und der bürokratischen Organisation zusammenhängen; Widerstände, die sich auch in der Unbeweglichkeit dieses Apparats gegenüber der Bourgeoisie selbst zeigen. Zunächst drücken diese Widerstände mehr eine mit der Unbeweglichkeit der Bürokratie und ihrer Orientierung am status quo zusammenhängende allgemeine Unangepasstheit gegenüber Veränderungen aus als einen Widerstand gegen die konkrete Regierungspolitik, d.h. gegen die Ziele der Regierung.[6]

Trotz dieser Einschränkungen bleibt ein wichtiges Element zurück: Der autoritäre Etatismus ist charakterisiert *durch die Überwachung und die zunehmende politische Kontrolle der obersten Verwaltung durch die Spitzen der Exekutive.* Die Autonomisierung der Staatsbürokratie gegenüber den Parlamentariern hat die Unterordnung ihrer Spitzen unter die Exekutive des Präsidenten und der Regierung verstärkt. In den verschiedenen Ländern verläuft diese Entwicklung unterschiedlich, und sie ist weniger eine Frage der Personen als eine Folge von institutionellen Veränderungen. In Frankreich werden diese Veränderungen sehr deutlich. Sie reichen von der Rolle und der Kompetenzausweitung der Ministeri-

[5] Schule für Straßen und Brückenbau. (A.d.Ü.)

[6] Neben anderen E. *Suleiman, Les hauts fonctionnaires et la politique, 1976;* sowie die Arbeiten von *J. Sallois,* M. *Cretin, P. Grémion,* A. *Joxe* u.a.

en, den echten Zentren der Leitung und Kontrolle der Verwaltung, über die Schaffung interministerieller Dispositive, die auf allen Ebenen von der Regierung und den zahlreichen Beamten des Hotel Matignon und des Elyséepalasts[7] kontrolliert werden, bis zur Etablierung einer Reihe verborgener Verbindungslinien, die die traditionelle Beamtenhierarchie umgehen und der horizontalen Verstreuung der Zentren der politischen Entscheidung innerhalb des Staates. Die politische Unterordnung der Verwaltung unter die Spitzen des Staates macht mit der vorherigen Situation kurzen Prozess. Aber diese Unterordnung ist notwendig geworden, weil die Verwaltung nicht mehr derjenige Apparat ist, der mit mehr oder weniger Einsatz bzw. Widerstand prinzipiell die Politik des Staates ausführen soll. Unter der Autorität der Spitzen der Exekutive wird die Staatsbürokratie nicht nur zum Ort, sondern auch zum prinzipiellen *Akteur* der Ausarbeitung staatlicher Politik. Sie hat nicht mehr die Aufgabe der Herstellung politischer Kompromisse auf dem parlamentarischen Schauplatz, d.h. der öffentlichen Ausarbeitung hegemonialer Interessen in Form des nationalen Interesses. Die verschiedenen ökonomischen Interessen sind nun unmittelbar in der Verwaltung präsent und werden dort als solche umgesetzt. Speziell die massive Hegemonie des Monopolkapitals hat sich überall unter dem Schutz der Verwaltung und der Exekutive realisiert. In Frankreich wie auch anderswo ist die monopolistische Politik weitgehend außerhalb des Parlaments ausgehandelt worden.

Auch hier ist die prinzipielle Frage nicht die nach der sozialen Herkunft der Verwaltungsangehörigen. Entscheidend ist auch nicht die Frage nach einer austauschbaren »Machtelite« für die Managerpositionen des Großkapitals und der Leitung der Staatsgeschäfte. Denn dieses Phänomen ist nur ein Effekt der institutionellen Transformation und besitzt zudem nicht die Bedeutung, die man ihm beimisst. Speziell in Frankreich verläuft diese Austauschbewegung zumeist vom Staat zu den Privatunternehmen und selten umgekehrt, obwohl die Eliteschulen, die E.N.A. und die Ecole Polytechnique z.B., das Rekrutierungsbecken sowohl für die leitenden Angestellten der Großunternehmen als auch für die höheren Staatsbeamten sind. Selbst die Angehörigen der Ministerien sind im Wesentlichen ins Ministerium versetzte Beamte. Wirklich wichtig ist die äußerst ritualisierte Schaffung von Zentren der direkten Vertretung der zahlreichen ökonomischen Interessen innerhalb der Verwaltung. Die Verwaltung betrachtet die Fraktionen des Kapitals und vor allem die Unternehmensführungen als ihre bevorzugten Gesprächspartner, und macht

[7] Sitz des Premierministers bzw. des Staatspräsidenten. (A.d.Ü.)

sich selbst zum legitimen Vertreter der monopolistischen Interessen, die unter dem Gesichtspunkt der Verkörperung »technologischen Fortschritts«, »industrieller Erfordernisse«, »ökonomischer Macht« und als Grundlage der »nationalen Größe« angesehen werden. Umgekehrt hat die Verwaltung die Aufgabe, die monopolistischen Interessen als »allgemeine und nationale Interessen« zu begründen und zu präsentieren. Sie soll also die politisch-ideologische Rolle der Organisation des Monopolkapitals spielen. Ganze Flächen des Verwaltungsapparats, Ministerien wie das Industrieministerium sowie ganze Direktionen des französischen Finanzministeriums, die wirtschaftliche Planungskommission, usw., sind strukturell als Netzwerke der spezifischen Präsens hegemonialer Interessen innerhalb des Staates organisiert. Dieser Prozess verbindet sich mit der Institutionalisierung eines Rasters informeller Zirkel (Ausschüsse, ständige oder kurzfristige Kommissionen, Arbeitsgruppen, verschiedene Abordnungen, Projektgruppen), die den gleichen Zwecken dienen.

Dies bedeutet nicht, dass nicht auch die anderen Fraktionen des Kapitals Brückenköpfe und Stützpunkte innerhalb der Verwaltung haben; es heißt auch nicht, dass die Verwaltung die Volkskämpfe nicht berücksichtigt. Diese Fraktionen des Kapitals sind innerhalb des Verwaltungdispositivs in ökonomisch-korporativer Form (die verschiedenen Standesinteressen), die Forderungen des Volkes sind in der Grundform der reformistischen gewerkschaftlichen Vertretung präsent. Die »reformistischen« Arbeitergewerkschaften sind unmittelbar mit dem Verwaltungsdispositiv verflochten. Dies bedeutet nicht nur die Integrierung der politischen Richtung dieser Gewerkschaften, was ja eine alte Geschichte ist, sondern ihre Quasi-Assimilierung in die institutionelle Materialität des administrativen Dispositivs (Schweden, BRD, usw.). Dies widerlegt ganz offensichtlich ihre von den Vertretern eines pluralistischen Neoliberalismus so gefeierte angebliche Rolle als ausgleichende Gegen-Mächte.

Die ersten, offensichtlichsten Auswirkungen dieser echten institutionellen Wendung sind bekannt. Die Politik des Staates wird durch versteckte Mechanismen und durch ein System administrativer Prozeduren, die von der öffentlichen Meinung praktisch nicht kontrolliert werden können, unter dem Siegel des zur permanenten Staatsraison erhobenen *Geheimnisses* ausgearbeitet. Dies stellt eine beträchtliche Verfälschung der elementaren Prinzipien der bürgerlichen repräsentativen Demokratie selbst dar. Das Öffentlichkeitsprinzip wird zugunsten des institutionell abgesicherten Prinzips der Geheimhaltung abgeschafft (so funktioniert gegenwärtig in Frankreich die »Amtsverschwiegenheit« und das »Amtsgeheimnis«). Aber wenn diese Geheimhaltung auch zur Errichtung der monopolistischen Hegemonie notwendig ist, darf man sie nicht mit einem echten Schweigen des Staates über alle seine Bereiche verwechseln (andererseits waren die Spitzen der Exekutive in den Medien z.B. noch nie sehr schwatzhaft). Die Geheimhaltung erstreckt sich nicht nur auf spezielle Praktiken und Skandale oder gar auf die konspirative Besetzung des Verwaltungsapparats durch das Monopolkapital. Das Amtsgeheimnis ist gegenwärtig der auf die Spitze getriebene struktkurelle Modus der Funktionsweise der Staatsverwaltung und ist daher gar nicht so sehr eine Pervertierung der Verwaltung. Beunruhigender ist vielmehr, dass die Verwaltungs- und Regierungsbürokratie, die mit ihrem Aufbau als solchem die Distanz zwischen Führern und Geführten und die Abschottung der Macht gegenüber demokratischer Kontrolle verkörpert, zum dominanten Staatsdispositiv und zum vorrangigen Zentrum der Ausarbeitung politischer Entscheidung wird.

Diese Situation hat weitreichende Konsequenzen. Die Staatsbürokratie war immer diejenige staatliche Institution, die am offensten gegen die Prinzipien der repräsentativen Demokratie eingestellt war. Letzten Endes wurden die Apparatur dieser Demokratie ja errichtet, um auf der institutionellen Ebene die der Verwaltung durch den absolutistischen Staat hinterlassenen Privilegien einzuschränken. Dies ist der Sinn des Rechtsstaats und des Gesetzes als Abwehr der bürokratischen Willkür und auch der Sinn staatsbürgerlicher Grundrechte und politischer Freiheiten als dem institutionelle Dispositive des Widerstands gegenüber dem zentralen und permanenten Staatsapparat. Als sich die Heteromorphie zwischen der Staatsbürokratie und demokratischen Erfordernissen als unvermeidlich herausgestellt hatte – eine Grundidee des modernen politischen Denkens von Rousseau bis Marx –, wurden die Orte der Macht und ihre neue Konfiguration in Form der repräsentativen Demokratie neu angeordnet. Besonders weil die Bourgeoisie in der repräsentativen Demokratie ein Mittel sah, den absolutistisch-feudalen zentralen Staatsapparat eigenen Zwecken zu unterwerfen. Sie setzte die Vertretung eigener Interessen mit der Demokratie gleich (ursprüngliches Klassenwahlrecht der repräsentativen Demokratie).

Die Berücksichtigung bestimmter Forderungen des Volkes in der Ausarbeitung staatlicher Politik wird so immer zweifelhafter. Nicht nur weil diese Veränderungen die Interessen des Monopolkapitals begünstigen, sondern auch weil der Verwaltungsapparat materiell so organisiert ist, dass er die Bedürfnisse des Volkes gar nicht wahrnimmt. Außerdem impliziert die unaufhaltsame Verschiebung des Schwerkraftzentrums auf die Staatsbürokratie unweigerlich – durch deren eigene Logik und sogar über

Regierungsvorhaben hinaus – eine beträchtliche Einschränkung politischer Freiheiten, die zu Recht als öffentliche Kontrolle staatlichen Handelns angesehen werden. Diese Logik, die oft über die politischen Absichten der Staatsführung hinausgeht, kann von den Spitzen des Staates nur schwer beherrscht werden. Die Verstöße jeder Ordnung werden tendenziell zur Regel: Im strikten Sinne sind sie nicht mehr die Ausnahme einer woanders gesetzten Regel – des Gesetzes –, sondern Ausdruck der spezifischen Reglementierungen der Bürokratie, die nun ganz legitim die soziale Normativität produziert. Diese Verstöße bedeuten weder, dass die Regierungsmacht nicht in der Lage ist, sich die Verwaltung zu unterstellen, noch dass diese mit Gewalt von den Spitzen der Exekutive ferngesteuert wird. Sie sind vielmehr die unvermeidliche Konsequenz institutioneller Veränderungen und der administrativbürokratischen Logik.

Dieser Prozess führt zur zunehmenden *Konzentration* der realen Macht auf immer genauer abgegrenzte Dispositive, tendenziell wird sie von den Spitzen der Regierung und Verwaltung gepolt, was von der im übrigen immer schon fiktiven Gewaltenteilung des bürgerlichen Staates (Legislative, Exekutive, Judikative) übriggeblieben ist, wird beseitigt. Dieser Prozess ersetzt eine gewisse Aufteilung der Macht auf verschiedene staatliche Orte, die die staatliche Konfiguration charakterisierte. Dies führt auch zum verstärkten *Zentralismus* des Staatsapparats, zur Verschiebung der Orte der realen Macht auf den zentralen Staatsapparat zuungunsten der kommunalen, regionalen u.a. Machtbefugnisse. Daran ändern alle technisch-administrativen Dezentralisierungsreformen nichts. Denn da die bürokratische Zentralisierung störende innere Schwerfälligkeiten mit sich bringt, sind diese Reformen zwar gegenwärtig für die Bourgeoisie notwendig, sie können jedoch am politischen Zentralismus des Staatsapparats nichts ändern. Die Dezentralisierungsreformen verstärken ihn sogar noch, wie die Umschwünge der Dezentralisierung in Frankreich zeigen.

Die Merkmale der machtbedingten Konzentration und Zentralisierung der Macht verstärken durch ihr Eigengewicht noch die Beschränkungen der demokratischen Freiheiten. Auch wenn sie ökonomisch-gesellschaftlichen und politischen Veränderungen entspringen, folgen sie doch auch einer eigenen burokratischen Logik: Etatismus erzeugt Etatismus, Autoritarismus erzeugt Autoritarismus. Beide zusammen machen aus diesem Prozess ein Schneeballsystem, beschleunigen seinen Rhythmus und wechseln seinen Verlauf. Ganz besonders in Frankreich, wo dieser Verlauf dem Staat schon sehr lange immanent ist. Trotzdem ist diese Logik nicht die Logik einer schlichten Bürokratisierung: sie ist die Logik der Veränderung der politischen Rolle der Verwaltung.

Dies erklärt auch die Tendenz zur *Personalisierung* der Macht im obersten Dienstherrn der Exekutive, die Tendenz zur personalisierten Präsidialdemokratie. Entgegen vielen juristischen und verfassungsrechtlichen Analysen entspricht dieses Phänomen nicht wirklich einer Bonapartisierung der Macht, d.h. (gemäß einer teilweise ungenauen Vorstellung vom Bonapartismus selbst) einer realen Machtbesetzung durch eine einzige Person auf Kosten der Machtzentren von Regierung und Verwaltung. Es beinhaltet auch keinen Schwund jeder anderen Macht zugunsten einer wirklich despotischen und insularen Macht, wenn auch die Verfassungstexte dem obersten Dienstherrn der Exekutive hier und da das zugestehen, was man seitdem normalerweise »außerordentliche Machtbefugnisse« nennt. Die personalisierte Präsidialdemokratie funktioniert vielmehr als Fokus der verschiedenen administrativen Machtzentren und Netzwerke; sie richtet diese auf die Spitzen der Macht aus und entspricht damit der gegenwärtigen politischen Rolle des Verwaltungsdispositivs. So ist der oberste Dienstherr der Exekutive auch – mehr als in der Vergangenheit – Garant eines politisch-administrativen Prozesses, der ihm selbst zum großen Teil diesen Platz zuweist.

Die beschleunigte Konzentration und Zentralisierung der Macht ist allerdings eine tendenzielle Entwicklung: Der Staat ist ebensowenig wie sein ökonomischer Staatsapparat nur in den Händen des Monopolkapitals. Unterhalb des Konzentrations- und Zentralisationsprozesses durchziehen ihn immer wichtige Widersprüche. Außerdem ruft die gegenwärtige Verschärfung der Widersprüche innerhalb des Blocks an der Macht vermehrte Widersprüche innerhalb des Staates hervor. Die verstärkte Machtkonzentration und Zentralisierung entspricht keiner echten gleichförmigen Homogenisierung des Staates, sondern ist dessen Antwort auf das Anwachsen seiner inneren Widersprüche. Diese Widersprüche haben zentripetale Wirkungen der Dislozierung, und verweisen vor allem auf die sich durch den Staat hindurchziehenden Volkskämpfe. Und schließlich darf diese Evolution ebensowenig wie im Fall des ökonomische Staatsapparats Grund zu der Überzeugung sein, dass sich der Staat in einen ausschließlich monopolistischen, eindeutig in der »Zentralität« und bei den »Spitzen« des Staates angesiedelten Super-Apparat (monopolistische Konzentration und Zentralisierung des Staats) und in eine dezentrierten Apparatur der anderen Fraktionen des Kapitals verdoppelt und auflöst, ihrem einzigen und machtlosen Zufluchtsort. Wenn auch die gegenwärtige Konzentration und Zentralisierung des Staates lediglich der Natur der kapitalistischen Hegemonie entspricht, ist dieser Prozess doch weitaus komplexer. Die Widersprüche zwischen dem Monopolkapital und den anderen Fraktionen des Kapitals und die Widersprüche zwischen dem Block an der Macht und den Volksmassen *drücken sich auch im Kern des Staates, in seiner Zentralität und bei seinen Spitzen aus.* Diese Widersprüche durchziehen zwangsläufig den Fokus des Staates, den obersten Dienstherren der Exekutive: es gibt nicht *einen* Präsidenten, sondern *mehrere Präsidenten in einem.* Sein zögerndes, unentschlossenes und ungeschicktes Handeln entsteht nicht aufgrund seiner persönlichen Psychologie: Es wird durch diese Situation verursacht. Umgekehrt zeigen zahlreiche Untersuchungen über die regionalen und kommunalen Machtbefugnisse, dass sich die Hegemonie des Monopolkapitals auch an der Peripherie des Staates ausbreitet. Dieser Prozess wird von der Desintegration der lokalen Bourgeoisien (die im Wesentlichen dem nicht-monopolistischen Kapital entstammen) und einem Rückgang der Macht der verschiedenen kommunalen Spitzen gegenüber der staatlichen Verwaltung begleitet.

Tendenziell monopolisiert also die Verwaltung in sich die Rolle der politischen Organisation der sozialen Klassen und der Hegemonie. Dieser Monopolisierungsprozess geht einher mit der Transformation der Parteien der Macht (in vielen Ländern schließt dies die sozialdemokratischen Parteien ein). Die Parteien sind nun kaum noch Orte der politischen Formulierung und Ausarbeitung von Kompromissen und Bündnissen auf der Grundlage von mehr oder weniger präzisen Programmen, und auch kaum noch Organismen, die wirkliche repräsentative Beziehungen zu den gesellschaftlichen Massen haben. Sie sind echte Transmissionsriemen für Entscheidungen der Exekutive. Während die Parteien früher selbst in den vorhergehenden Phasen des Monopolkapitalismus und den ihn entsprechenden Staatsformen, obwohl ihre reale politische Rolle bereits damals sank, trotz allem wichtige Netzwerke der politischen Ideologiebildung und der Bildung des *Konsensus* waren. Die Legitimation verschiebt sich auf plebiszitäre und rein manipulative Kreisläufe (die Medien), die von der Verwaltung und der Exekutive beherrscht werden.

Dies schlägt sich in der Organisation der Parteien der Macht nieder. Denn auch wenn die innere Demokratie und die Kontrolle der führenden Kreise dieser Parteien immer nur eine Täuschung waren, auch wenn sie von Anfang an durch das eherne Gesetz der Bürokratisierung gekennzeichnet waren, dem Ausdruck der allgemeinen politischen Distanz zwischen den Fürenden und den Geführten, so funktionierten diese Parteien doch weiterhin als Zirkulationskanäle von Informationen und Forderungen, die von der Basis kamen und mit denen sie sich politisch auseinandersetzten. Sie erreichten so die führenden Zentren des Staates. Diese Parteien behielten vertikal einen organischen Strom wechselseitiger Beeinflussungen bei. Dieser Strom wird gegenwärtig zum fast ausschließlichen Vorteil administrativer Netzwerke und Techniken »kurzgeschlossen« (Enqueten, Meinungsumfragen, Datenbänke, Marketingpolitik). Die Parteien transformieren sich zu bloßen Kanälen der Popularisierung und Propagierung einer staatlichen Politik, die zum großen Teil außerhalb von ihnen entschieden wird. Die Wahl ihrer Abgeordneten ist im Wesentlichen eine von den Parteispitzen angeordnete Investitur; die Parteispitzen sind solche deswegen, weil sie mit den Regierungskreisläufen verflochten sind.

Aber nicht nur die Distanz zwischen den Spitzen der Parteien und ihren aktiven Mitgliedern, Anhängern und Sympathisanten war noch nie so deutlich. Auch der den Bürgern von allen Parteien gebotene Umfang der politischen Alternativen verringert sich beträchtlich. Dies ist ein signifikantes Merkmal des berühmten Wechsels zwischen zwei Parteien in den meisten heutigen westlichen Demokratien (Vereinigte Staaten, Großbritannien, BRD, usw.). Zwar boten diese Parteien auch früher keine reale politische Alternative gegenüber der Reproduktion des Kapitalismus, sie erlaubten trotzdem die Wahl zwischen zwei Zentren unterschiedlicher Ausarbeitung bürgerlicher Politik. Ihre gegenwärtigen Unterschiede sind kaum mehr als die Popularisierung dieses oder jenes unterschiedlichen Aspekts der Politik der Verwaltung und der Exekutive, aber auch die je nach den Klassen, an die sie sich wenden, unterschiedliche Propagierung der gleichen Politik. Darin besteht die berühmte »Entideologisierung« dieser Parteien, die Auslöschung ihrer ideologischen Unterschiede und ihre Transformation zu »Volks«parteien. Damit will ich nicht sagen, dass die Differenzen zwischen diesen Parteien bloß noch fiktiv (also »Jacke wie Hose« geworden) sind. Die Differenzen zwischen der RI und der RPR in Frankreich, zwischen Christ- und Sozialdemokraten in der BRD und zwischen den Republikanern und den Demokraten in den USA fallen tatsächlich mit realen Widersprüchen zwischen den Fraktionen des Blocks an der Macht bezüglich ihrer eigenen Interessen zusammen, aber auch mit Widersprüchen zwischen den Varianten der Politik, die man gegenüber den Volksmassen befürwortet. Die Parteien sind jedoch nicht mehr der reale Ort der Austragung dieser Widersprüche. Sie sind Resonanzböden von Widersprüchen, die in dem dominanten Zentrum, der Verwaltung und der Exekutive, wirken. Dies wird ganz besonders im gegenwärtigen Funktionieren der Mehrheit des Präsidenten in Frankreich deutlich.

Wir erleben also die Transformation der Parteien der Macht und die Transformation des Parteipersonals, die nicht mehr Klassenrepräsentanten gegenüber den Spitzen des Staates sind, sondern zu Repräsentanten *(missi dominici)* des Staates über den Klassen werden, sowie eine in dieselbe Richtung weisende Transformation des Parlaments und der Rolle der Abgeordneten. Diese Entwicklungen umfassen beträchtliche Veränderungen, die aus der repräsentativen Demokratie einen autoritären Etatismus machen. Das heißt, dass die von den politischen Parteien früher erfüllte, organische Rolle ein wesentlicher Teil der Funktionsweise der repräsentativen Demokratie war. Ein Beweis dafür ist das tiefe Misstrauen der Bourgeoisie und des zentralen Staatsapparates den Parteien gegenüber (selbst im Hinblick auf die bürgerlichen und kleinbürgerlichen Parteien): Sie gaben ihnen erst sehr spät (in Frankreich erst 1945) ein offizielles und in der Verfassung verankertes Existenzrecht. Zusammen mit den direkten Volkskämpfen war das Repräsentativsystem der politischen Parteien ein – wie verkürzt auch immer wirkendes – wichtiges Dispositiv der – wenn auch eingeschränkten – Kontrolle des staatlichen Handelns durch die Bürger, und damit eine – wenn auch relative Freiheitsgarantie. Der Wechsel zwischen Ausweitung und Einschränkung, zwischen Beibehaltung und Unterdrückung politischer Freiheiten innerhalb des modernen Staates hing immer unmittelbar von der Existenz und Rolle der Parteien ab. Die Faschismen, Militärdiktaturen oder Bonapartismen haben nicht nur die Arbeiterparteien bzw. die revolutionären Parteien unterdrückt, sondern alle traditionellen demokratischen Parteien einschließlich der bürgerlichen und kleinbürgerlichen Parteien, wenn diese, ihrer Klassenfunktion entsprechend, in ihren Reihen das Vorhandensein bestimmter Forderungen der Volksmassen, die sie berücksichtigen mussten, ausdrückten. Nicht nur das System des Parteienpluralismus, sondern auch das von Parteien, die auf organische Weise und in relativer Distanz zu dem zentralen administrativen Staatsapparat funktionieren, ist notwendiges Korrelat der Beibehaltung der repräsentativen Demokratie und der Freiheiten. Die gegenwärtige Subversion dieser Funktionsweise, die häufig durch die Aufrechterhaltung des Parteienpluralismus verschleiert wird, bedingt die Einschränkung der Freiheiten im autoritären Etatismus.

Dies ist um so mehr der Fall, weil es sich um sehr allgemeine Transformationen des politischen Parteiensystems handelt: sie treffen alle Parteien gegenüber der staatlichen Verwaltung. Ganz besonders jene Parteien, die bis heute außerhalb des Machtzirkels standen, haben bisher nicht nur die Rolle der parlamentarischen Kontrolle, sondern auch jene berühmte tribunenhafte Funktion der Volksvertreter gegenüber der staatlichen Verwaltung aufrechterhalten. Diese Funktion wird nun ebenfalls massiv in Frage gestellt: Wie viele sozialistische Abgeordnete, von den kommunistischen Abgeordneten ganz zu schweigen, haben heute wirklich, zumin dest in ihrer Eigenschaft als Volksvertreter, Zugang zur französischen Verwaltung? Der autoritäre Etatismus lässt den Parteien kaum eine Wahl: Entweder sie ordnen sich der staatlichen Verwaltung unter, oder sie finden bei ihr keinen Zutritt. Die Bürger werden so auf eine unmittelbare Konfrontation mit der Verwaltung zurückgedrängt, und es ist nicht verwunderlich, dass sie, über ihr Votum hinaus, eine allgemeine Abneigung gegenüber den Parteien haben, die die Bürger in der staatlichen Verwaltung vertreten sollten. Dass diese Situation neben den beträchtlichen Einschränkungen der Freiheiten, die sie heute schon mit sich bringt, auch die Bedingungen für eine mögliche Bonapartisierung der Macht schafft, ist hinlänglich bekannt.

3. Die herrschende Massenpartei

Die gegenwärtigen Veränderungen des Staates implizieren schließlich auch die Existenz und die besondere Rolle *einer herrschenden Massenpartei, der Staatspartei par excellence.* In einem Zweiparteiensystem kommt diese Rolle abwechselnd einer der beiden Parteien zu. Entgegen oberflächlichen Analysen ändert dieser Wechsel nichts an dem aktuellen Phänomen einer dominanten Staatspartei, die für das Funktionieren des autoritären Etatismus strukturell notwendig ist. Hauptursache des »UDR-Staats« ist nicht die zwanzigjährige Herrschaft des Gaullismus in Frankreich, obwohl sie dazu beitrug, dieses Phänomen zu verstärken.

Der Übergang der politischen Organisation von den Parteien auf die Verwaltung und Exekutive ist kein einfacher Prozess. Der Funktionsaustausch zwischen den verschiedenen Staatsapparaten stößt immer auf Schranken, die mit deren Materialität zusammenhängen, d.h. in diesem Fall mit der Materialität der staatlichen Verwaltung. Selbst wenn die staatliche Verwaltung, wie in den USA, in ihren Spitzen nicht sehr beständig ist, da diese im Fall eines Regierungswechsels en bloc ausgetauscht werden, verkörpert sie doch par excellence die Kontinuität des bürgerlichen Staates, und ist durch Unbeweglichkeit und Widerstände gekennzeichnet. Sie ist zumeist (de jure oder de facto) satzungsmäßigen Bestimmungen der Unkündbarkeit und des hierarchischen Zentralismus unterworfen, die aus der gesellschaftlichen Arbeitsteilung hervorgehen. Sie wird durch eine partikularistische Ideologie zementiert (entweder traditionellen republikanischen Typs: das Allgemeinwohl, oder aber neotechnokratischen Typs: die Effizienz), und verfügt über eine eigene Logik, die durch Kooptation sowie Teilungen und Spaltungen in Cliquen, Zirkel und Parteigruppierungen (in Frankreich z.B. die höheren Staatsorgane) reproduziert wird. Besonders dort, wo der Bereich administrativer Prozesse zum bevorzugten Dispositiv der Organisierung der Hegemonie innerhalb eines Rahmens wird, der, wie es beim gegenwärtigen autoritären Etatismus der Fall ist, eine demokratische Realität beibehält, ergeben sich daraus beachtliche Probleme. Die gegenwärtige Rolle der Verwaltung enthält nicht, wie man häufig zu sagen beliebt, irgendeinen Neokorporatismus. Die diversen Interessen werden innerhalb der Verwaltung auf spezifische Weise ausgedrückt, die sich mit ihnen politisch auseinandersetzt. Der Ständestaat, eine Form des bürgerlichen Ausnahmestaats (vor allem der Faschismus), funktioniert anders. Im Staatskorporatismus haben die bürokratische Verwaltung und das zentrale Netzwerk der ständischen Institutionen übrigens niemals eine dominante politische Rolle gespielt (weder in den Faschismen noch in den Militärdiktaturen korporatistischen Typs). Diese Staatsformen verfügten immer über einen von der korporatistisch organisierten Verwaltung unterschiedenen politischen Apparat (faschistische Parteien, Armee, politische Polizei).

Die Verwandlung der Verwaltung zu einer realen politischen Partei der gesamten Bourgeoisie unter der Hegemonie des Monopolkapitals innerhalb eines demokratischen Rahmens entsteht nicht spontan von selbst und stößt auf Schranken. Damit wird eine dominante Staatspartei notwendig, der neben ihrer Rolle als Transmissionsriemen bürokratischer Entscheidungen zur Basis hin eine zusätzliche Rolle übernimmt, nämlich die staatliche Verwaltung zu vereinheitlichen und zu homogenisieren, die Kohärenz zwischen ihren diversen Zweigen und Unterapparaten sowohl auf der horizontalen (zwischen den Zweigen) als auch auf der vertikalen Ebene (Zentralapparat, regionale Apparate) im Sinne der allgemeinen Regierungspolitik zu kontrollieren und zu lancieren, und schließlich für ihre Loyalität gegenüber den Spitzen der Exekutive zu sorgen. Denn Vereinheitlichung und Zusammenhalt sind für die politische Aufgabe, die jetzt allein die Verwaltung erfüllt, absolut notwendig: Diese dominante Partei spielt die Rolle einer Polizei der Verwaltung (im weiteren Sinne), eines Überwachers und Garanten des bürokratischen Apparats. Diese Rolle, die ebenfalls den höheren Regierungsbeamten der Exekutive zukommt, lässt sich ohne diese Partei nur beschränkt erfüllen. Die politisch administrative Kontrolle von oben stößt ständig auf den vielgestaltigen Widerstand der Staatsbürokratie. Obwohl die disziplinarischen Maßnahmen der Gleichschaltung der Verwaltung gegenwärtig tendenziell ausgeweitet werden (vgl. das Berufsverbot in der BRD, das zwar extrem und exemplarisch, aber, wie die Situation in Frankreich zeigt, kein Ausnah mefall ist), stoßen sie ebenfalls auf den Widerstand der Gewerkschaften und der öffentlichen Meinung. Die dominante Staatspartei funktioniert also parallel als Netzwerk der strikten politischen Unterordnung der ganzen Verwaltung unter die Spitzen der Exekutive. Diese Rolle kann praktisch nur eine *einzige herrschende* Partei erfüllen, die selbst äußerst vereinheitlicht und strukturiert ist. Würde diese Rolle auf verschiedene Parteien »gerecht« aufgeteilt und übertragen, würde sie zu den Mängeln beitragen, die eigentlich behoben werden sollen.

Die herrschende Partei muss selbst sehr eng von den Spitzen der Exekutive (dem Präsidenten, dem Premierminister) kontrolliert werden, die zur Spitze der Exekutive wurden, entweder weil sie bereits eine solche Partei kontrollierten und über sie verfügten, oder aber weil es ihnen gelang, sie zu kontrollieren, da sie irgendeinmal in die höchsten Regierungsposten gekommen sind. Man wird darin den Ablauf der gaullistischen Politik (unter diesem Aspekt) von de Gaulle bis Pompidou in bezug auf die gaullistische Partei bzw. Bewegung (die zwar keine Partei wie die früheren Parteien sein soll – eben eine Bewegung – aber dennoch ...) wiedererkennen, aber auch die Probleme Giscard 'Estaings gegenüber Chirac und der UDR, nachdem sein Versuch gescheitert war, entweder die Unabhängigen Republikaner zur dominanten Staatspartei zu machen, oder aber die gaullistische Partei zu kontrollieren. Das sind zwar Probleme, die auf den ersten Blick im Hinblick auf ihre politische (Klassen-)Bedeutung nur geringfügig zu sein scheinen, jedoch nicht wenig zu der offenkundigen institutionellen Krise beigetragen haben.

Die Hauptrolle dieser Partei besteht also nicht darin, im Hinblick auf die Verwaltung die Interessen des Großkapitals zu vertreten. Dies geschieht heute ganz unmittelbar. Die Hegemonie des Monopolkapitals innerhalb des französischen Staats z.B. ist keine Konsequenz des »UDR-Staats«, einer UDR, die als Instrument des Großkapitals eine neutrale Verwaltung kolonisiert hätte. Eine der Konsequenzen dieser allgemeinen Rolle als Aufsichtsinstanz der Verwaltung ist vielmehr die »Geschäftemacherei« dieser Partei – ganz entgegen der Auffassung derjenigen, die sich darin gefallen, der Korruptheit der bürgerlichen Politiker die jungfräuliche Neutralität der höchsten Beamten entgegenzusetzen. Diese Partei kann zwar ihre Rolle nur spielen, wenn sie direkt innerhalb der Verwaltung präsent ist (als Staatspartei), aber in erster Linie ist es nicht diese Präsenz, die die Verwaltung politisiert.

In gewisser Hinsicht ist diese Präsenz eine Auswirkung der der staatlichen Verwaltung zugefallenen Rolle, eine Auswirkung, die nun ihrerseits die Politisierung vergrößert. Da die staatliche Verwaltung nun direkt die Aufgabe der Organisierung der Hegemonie hat, und unmittelbar mit den ökonomisch-gesellschaftlichen Interessen, die sie politisch umsetzen soll, konfrontiert wird, gelingt es ihr immer weniger, die fiktive Unterscheidung zwischen administrativen und politischen Entscheidungen aufrechtzuerhalten. Da die Entscheidungszentren heute in ihren eigenen Regelkreisen liegen, politisiert sie sich nun offen und massiv – was nicht heißen soll, dass sie jemals wirklich neutral gewesen wäre. Parallel dazu »investiert« die herrschende Partei in die höheren Verwaltungsstellen, d.h. sie schiebt hier ihre Leute vor, monopolisiert die leitenden Stellen für ihre Anhänger und Sympathisanten, vertreibt die Widerspenstigen auf Abschiebegleise und macht sie dort unschädlich, bricht mit der traditionellen Hierarchie der Beamtenschaft und gestaltet die staatlichen Institutionen so um, dass sie besser in ihrem Sinn handeln kann. Das ist, nebenbei gesagt, ein Prozess, der nicht so sehr unter der Führung der Abgeordneten und Volksvertreter – zumindest nicht in ihrer Eigenschaft als Abgeordnete und Volksvertreter – stattfindet, sondern unter der Führung der verschiedenen »Parteifürsten« und Verantwortlichen, die die Partei kontrollieren.

Diese Bewegung geht in zwei Richtungen: Wegen der direkten Politisierung der Verwaltung werden sich um so mehr Beamte von selbst um die herrschende Partei scharen, als diese Männer ihres Vertrauens in der Verwaltung fördert. Es handelt sich um eine echte gegenseitige zweifache Osmose zwischen Staatsapparat und dominanter Partei, die sich nun in die institutionelle Materialität einschreibt. In Frankreich wird ganz deutlich, dass sich die führenden Kreise dieser Partei und der Regierung immer mehr aus Mitgliedern des öffentlichen Dienstes zusammensetzen.

Dies hat eine Reihe von Konsequenzen: Die Blockierung der Zirkulation des politischen Personals; die Schaffung einer Reihe vielfältiger korporatistischer Interessen, die sich auf die Stellenbesetzung gründen; die Verteilung staatlicher Pfründe; die Unterschlagung öffentlicher Gelder zu Parteizwecken, Bestechungen zwischen dominanter Partei und Staat, die Geschäftemacherei der dominanten Partei. Diese Merkmale haben den bürgerlichen Staat zwar immer charakterisiert, sie nehmen jedoch gegenwärtig gewaltige Dimensionen an. Sie sind sicherlich sekundäre Phänomene, stärken jedoch die Widerstände der dominanten Staatspartei gegenüber demokratischen Alternativen ganz beträchtlich: der Verlust der Regierungsgewalt führt neben den möglichen Gefahren für die herrschenden Klassen zum Verlust einer Reihe von materiellen Privilegien, aber auch zu Zerfallsrisiken für eine Partei, deren Bedeutung von dieser Rolle innerhalb des Staats abhängt.

Ich kann nur wiederholen, dass diese Situation erst an zweiter Stelle durch den langen Zeitraum, in dem kein Regierungswechsel stattfindet, verursacht wird (die UDR in Frankreich, lange Zeit die Christdemokraten in der BRD und noch heute in Italien). Die dominante Partei funktioniert über diesen Wechsel hinaus, oft geht es um einen Wechsel zwischen dominanten Parteien. Im übrigen erkennt man im Falle eines mehr oder weniger regelmäßigen Wechsels (USA, Großbritannien, BRD) den Aufbau echter *interparteilicher* Netze, die Bildung eines permanenten Rasters von Regelkreisen, die sich aus Kräften Personen und Dispositiven der beiden dominanten Parteien zusammensetzen, und in gewisser Hinsicht als das im zentralen Staatsapparat angesiedelte *Forum der Einheitspartei* fungiert.

Dieses effektive Forum der Einheitspartei überschreitet bei weitem die bloßen interpersonellen Beziehungen zwischen einer einzigen »Machtelite«, auf die bestimmte scharfsinnige Autoren, besonders Wright Mills[8] hingewiesen haben, um dieses wachsende Phänomen zu erklären. Es ist in der Materialität der Dispositive der dominanten Parteien der Macht verankert und mit dem neuen Dispositiv des Staatsapparats verbunden. Diese Einheitspartei erfüllt die gleiche allgemeine Kontrollfunktion, aber diesmal gegenüber den *anderen Parteien:* Nicht nur gegenüber jenen, die eine wirkliche demokratische Alternative bilden, *sondern gegenüber jeder anderen,* die, wenn sie auch nur ein wenig außerhalb dieses Forums steht, zu einer revolutionären Gefahr gemacht wird. Die Identität dieses Forums der Einheitspartei beruht darauf, dass jede andere Partei zum Feind erklärt wird.

Es wäre also völlig falsch, dieses Phänomen auf das letzten Endes ziemlich alte Problem des Fehlens einer *realen politischen Alternative* in allen diesen verschiedenen Parteien der Macht zu reduzieren und sich mit der traditionellen Kritik an der »Formalität« des pluralistischen Systems zufriedenzugeben. Denn diese Situation begrenzt das demokratische Spiel nicht bloß durch die Tatsache, dass die den Bürgern angebotene politische Auswahl beschränkt ist. Neben dem Problem der Alternative gibt es auch die sicherlich prosaischere Frage nach dem *Wechsel.* Diesen Wechsel gab es früher schon, auch wenn er keine politische Alternative beinhaltete. Aber was könnte gegenwärtig schon wechseln, wenn sich häufig die Austauschbarkeit ganzer Politikerriegen in das Netzwerk der Einheits-

---

[8] Wright Mills: *L'élite au povoir, 1969.* Siehe auch R. *Miliband, Der Staat in der kapitalistischen Gesellschaft,* Frankfurt am Main *1975* und die erst vor kurzem erschienene Arbeit von *P. Birnbaum: Les sommets de l'Etat. 1977.*

partei neuen Typs einschreibt, die sich überall auch in den Zweiparteiensystemen der westlichen Länder zu konsolidieren scheint. Wer könnte heute bestreiten, dass diese Situation die elementarste demokratische Kontrolle drakonisch einschränkt, die früher, so begrenzt sie auch gewesen sein mag, auch im Falle des Fehlens von Alternativen existierte? Nur die rückständigen Hofsänger der fortgeschrittenen liberalen Demokratie (einschließlich Raymond Aron). Sie beklagen, dass in Frankreich wegen der von der Einheit der Linken vertretenen Alternative kein Wechsel möglich ist, als ob man es dort, wo diese Alternative nicht existiert, mit einem realen Wechsel zu tun haben würde. Selbstverständlich gleicht der gegenwärtige autoritäre Etatismus keinem verborgenen Totalitarismus, ich kann dies nur wiederholen. Das ändert jedoch nichts daran, dass die Institutionalisierung dieses Forums der Einheitspartei innerhalb eines sicher demokratischen Rahmens auf Transformationen dieser Demokratie schließen lässt.

Kommen wir auf die strukturelle Osmose zwischen Staat und herrschender Massenpartei zurück. Ihre Hauptursache liegt in der politischen Kontrolle der Verwaltung, Sie hat aber auch andere Ursachen, die den Transformationen der Legitimationsprozesse entstammen, und erklären, warum es sich um eine *Massen*partei handelt. Die Dispositive zur Erzeugung des Konsenses verschieben sich von den politischen Parteien und den bis jetzt für diese Funktion spezialisierten Apparaten (Schule, kultureller Apparat, Familie) auf die staatliche Verwaltung. Dies entspricht beachtlichen Veränderungen sowohl des Inhalts der herrschenden Ideologie als auch der Modalitäten seiner Reproduktion und Indoktrination. Auch hier stößt die Verschiebung auf Grenzen, die sowohl mit der Materialität des administrativen Netzwerks (einer Materialität, die auf der charakteristischen »Trennung« von den Volksmassen beruht) als auch mit der Besonderheit der ideologischen Mechanismen zusammenhängen. Deshalb wird eine dominante Massenpartei notwendig, die zwar nicht als Ort der Ausarbeitung dieser Ideologie fungiert, aber als Relais und Vehikel der Staatsideologie zu den Volksmassen hin und als Appendix der plebiszitären Legitimation der staatlichen Verwaltung und der Exekutive. Diese Rolle kann durch die charismatische Personalisierung der Staatsspitzen und durch die Medien nur teilweise erfüllt werden.

Man sieht, dass die organische Osmose von Staat und dominanter Massenpartei selbst dann, wenn sie nicht zur Konsolidierung eines Forums der Einheitspartei führt, beträchtliche institutionelle Transformationen herbeiführt, die in Richtung eines Verfalls der repräsentativen Demokratie und der Freiheiten verlaufen.

Besonders in Frankreich birgt diese Situation auch für die Linke im Fall eines Machtantritts besondere Gefahren. Sicherlich kann man weder in Frankreich noch woanders die Parteien der Linken mit den Regierungsparteien der Macht vergleichen. Außerdem geht es nicht darum, irgendeiner Partei der Linken solche Absichten zu unterschieben, *ganz im Gegenteil.* Ich sage ganz im Gegenteil, weil es sich um eine strukturelle Osmose zwischen dem Staatsapparat und einer dominanten Massenpartei handelt, die in die Materialität des gegenwärtigen Staates verankert ist. Stellung und Rolle einer solchen Partei sind in gewisser Hinsicht in die institutionelle Realität *als Leerstelle eingeschrieben.* Unabhängig von den Absichten der Parteien der Linken droht also für den Fall, dass die Linke an der Macht den Staat nicht grundsätzlich transformiert, die Gefahr, dass eine der Parteien durch, wie man sagt, die Macht des Faktischen dazu geführt wird, die Stelle dieser dominanten Massenpartei einzunehmen. Dies würde die Gefahr mit sich bringen, dass man die heutige Lage der Rechte der Opposition, welcher Provenienz auch immer, fortschreibt.

Anscheinend betrifft in Frankreich diese *objektive Situation* im Wesentlichen und an erster Stelle die Sozialistische Partei. Nicht weil sie als solche und in ihrer Gesamtheit mit dem ursprünglichen und unauslöschlichen Makel der »Klassenkollaboration« behaftet ist, sondern aus ganz evidenten institutionellen Gründen (die Haltung der Verwaltung ihr gegenüber, ihre Verankerung in kommunalen und regionalen Netzwerken, dem Einfluss ihrer Wahlkampfapparatur und ihrer Abgeordneten, usw.). Ich möchte richtig verstanden werden: Das Problem ist nicht, ob die Sozialistische Partei einflussreicher werden muss als die Kommunistische Partei oder umgekehrt.

Dieses Problem überschreitet bei weitem die Diskussion über das »Gleichgewicht« der Kräfte innerhalb der Linken. Die Frage ist, wie es die Sozialistische Partei vermeiden kann, Stelle und Rolle der dominanten Massenpartei einzunehmen. Einige ihrer Führer scheinen sich übrigens dieser Gefahr bewusst zu sein. Sicherlich wäre ein »PS-Staat« nicht das gleiche wie ein »UDR-Staat«. Aber die institutionelle Situation einer dominanten Massenpartei führt an sich und unabhängig vom Wesen der Partei zu einer Einschränkung der demokratischen Kontrolle und der Freiheiten. Sie bringt die Gefahr mit sich, dass die Demokratisierung des Staates sowie die von der Linken vorgesehenen Maßnahmen besonders zur Wiederherstellung der Rolle der politischen Freiheiten in der Ausübung der Demokratie leere Worte bleiben.

Man darf sich jedenfalls nicht täuschen: Der autoritäre Etatismus entspricht beträchtlichen Transformationen der Demokratie. Diese Transformationen lassen sich im verstärkten Ausschluss der Massen aus den Zentren der politischen Entscheidung sowie der Trennung und vergrößerten Distanz zwischen den Staatsapparaten und den Bürgern zusammenfassen. Dies geschieht in dem Augenblick, in dem der Staat das gesamte gesellschaftliche Leben erfasst, sich (in ungleichem Maße) zentralisiert und die Massen mit Hilfe von »Partizipationsmaßnahmen« verstärkt anwirbt; also in dem Augenblick, in dem der Autoritarismus der politischen Mechanismen steigt. Dieser Autoritarismus beruht auch nicht mehr in der Erhöhung der organisierten physischen Repression oder einer verstärkten ideologischen Manipulation: Er betrifft nur die bürokratische Verwaltung und darüber hinaus die Gesamtheit der Staatsapparate. Verstärkt wird er durch den Aufbau neuer Machttechniken und in der Errichtung einer Reihe von Praktiken, Kanälen und Abstützungen, die darauf abzielen, eine neue Materialität des sozialen Körpers zu schaffen, auf den Macht ausgeübt wird. Diese Materialität unterscheidet sich beträchtlich von der Materialität einer national-popularen politischen Körperschaft von Individuen-Bürgern, die vor dem Gesetz frei und gleich sind, wie auch von der Materialität eines sozialen Körpers mit einer institutionalisierten Trennung von Öffentlichem und Privatem, die die Voraussetzung der traditionellen repräsentativen Demokratie ist.

Diese neue Matrix der Machtausübung, die ebenfalls in den Prozessen verankert ist, die die neue Rolle der staatlichen Bürokratie und Verwaltung bestimmen, und im prägenden und bestimmenden Forum der Verwaltung ihren Sitz hat, strahlt und breitet sich aus auf alle Bereiche des gesellschaftlichen Lebens. Es überschreitet bei weitem die einzelnen Staatsapparate (selbst wenn man, wie man es tun muss, den Raum des Staates sehr weit fasst), auch wenn es sich hier par excellence herausbildet. Diese neue etatistisch-autoritäre Modulation der Machtausübung geht noch über die reale und wachsende Verstaatlichung des gesellschaftlichen Lebens hinaus, auf die sie sich jedoch stützt und aufpfropft, und wird zu einem wirklich allgemeinen Code, in den sich die Macht einschreibt, die in der Gesamtheit der gesellschaftlichen Beziehungen und Verhältnisse funktioniert. Bei diesem Prozess handelt es sich nicht um eine schlichte mimetisch vorgehende »Vervielfältigung« eines »Modells« staatlicher Machtausübung in außerstaatlichen Dispositiven (was man glauben muss, sieht man den Staat als einzige und ausschließliche Begründung und Quelle jeder Macht an). Diese Modulation ist auch nicht irgendein archetypisches Diagramm, das jeder Macht immanent ist und die molekularen Mikromächte, in die sich der Staat angeblich auflöst, leitet. Letzten Endes handelt es sich um die Matrix für neue Formen der gesellschaftlichen Ar beitsteilung, die als originäres Modell sicherlich in den verschiedenen gesellschaftlichen Beziehungen präsent ist, sich jedoch gegenwärtig in erster Linie im administrativen Dispositiv des Staates, in dem die gesellschaftlichen Verhältnisse zusammenlaufen, herausarbeitet und ritualisiert. *Jede gegenwärtige Macht funktioniert als autoritärer Etatismus.*

Auch wenn sich der autoritäre Etatismus vom Totalitarismus unterscheidet und nicht mit einem Faschismus neuen Typs oder einem Faschisierungsprozess gleichgesetzt werden kann, unterscheidet er sich erheblich von früheren demokratischen Staatsformen. Er enthält nicht bloße Keime oder verstreute Elemente der Faschisierung; er formiert vielmehr ihre organische Anordnung zu einem dauerhaften und parallel zum offiziellen Staat laufenden Dispositiv. Dieses Dispositiv steht den herrschenden Klassen nicht bloß zur Verfügung. Im Funktionieren und in der täglichen Ausübung der Macht überschneidet es sich ständig mit dem offiziellen Staat. Dafür gibt es zahllose Beispiele: die Skotomisierung und Dislozierung jedes Zweigs und jedes Staatsapparats (Armee, Polizei, Justiz, usw.) zu formalen und sichtbaren Netzwerken einerseits und zu von den Spitzen der Exekutive eng kontrollierten Kernen andererseits sowie die ständige Verschiebung der Zentren der realen Macht auf diese Kerne hin – ein Mechanismus, der in der gegenwärtigen Rolle der Verwaltung, die von der dominanten Partei überwacht und abgesichert wird, impliziert ist. Sodann die massive Entwicklung von parallel zum Staat verlaufenden Netzwerken öffentlicher, halböffentlicher oder paraöffentlicher Art, die unmittelbar von den Spitzen des Staates inszeniert und osmotisch mit der herrschenden Partei verbunden werden, und deren Aufgabe es ist, die Kerne des Staatsapparats (in Frankreich z.B. die SAC,[9] die Geheimpolizeien, usw.) zu zementieren, zu vereinheitlichen und zu kontrollieren. Diese Liste ließe sich (allzu) leicht fortsetzen.

In diese Transformationen schreiben sich gegenwärtig schließlich die Veränderungen des Staates als Nationalstaat ein. Ich habe an anderer Stelle gezeigt, dass der Nationalstaat entgegen einer theoretisch weit verbreiteten Meinung, die in der gegenwärtigen Internationalisierung des Kapitals die bloße Auflösung der europäischen Nationalstaaten zugunsten der multinationalen Staaten, dem amerikanischen Super-Staat oder dem Super-Staat des vereinigten Europas sieht, weiterhin wichtig bleiben wird. Zwar verändert auch er sich in dieser Richtung ganz entscheidend; aber ich möchte dazu jetzt nur sagen, dass diese Veränderungen nicht unmittelbar von externen Faktoren abhängen (den »Pressionen« anderer Staa-

[9] Service d'action civique – Bürgerwehr zur Unterstützung der Rechten. (A.d.Ü.)

ten auf jeden Nationalstaat). Diese Faktoren können nur wirksam werden, wenn sie in jeden Nationalstaat interiorisiert, d.h. in seine eigenen Transformationen eingeschrieben werden. Im Rahmen dieser Transformationen schwindet gegenwärtig die nationale Souveränität: nicht nur in der Politik der europäischen Regierungen, sondern auch in der institutionellen Materialität der verschiedenen Staaten – zunächst einmal innerhalb dieses parallelen Staates, dieses grundlegenden politisch-administrativen Rasters, zu dem die überstaatlichen Netzwerke von der »Zusammenarbeit« der Polizei und der Nachrichtendienste bis zu den verschiedenen überstaatlichen Entscheidungsprozessen werden. Die offiziellen internationalen Institutionen sind nur die Spitze eines Eisbergs. Ich misstraue zwar jeder politischen Fiktion, aber wie soll man bei diesem Prozess nicht an ein Forum der Einheitspartei in internationalem Maßstab denken? Vielleicht gibt uns die berühmt-berüchtigte »Trilaterale Kommission« davon einen Vorgeschmack.

4. Die Schwächung des Staates

Der autoritäre Etatismus ist keine eindeutige Verstärkung des Staates. Da die ihn kennzeichnenden Transformationen die generischen Elemente der Krise verschärfen, stärkt und schwächt er den Staat zugleich. Er ist auch eine Antwort des Staates auf diese Verschärfung, d.h. auf seine eigene Krise, und zwar dort, wo sie wirklich verläuft. Diese Schwächung und Krise eröffnen der Linken neue Möglichkeiten.

1.) Wenn die Transformation der Rolle der Verwaltung zu ihrer direkten Politisierung führt, so *geht diese Politisierung in zwei Richtungen.* Zwar verläuft sie auf den obersten Verwaltungsebenen vorrangig und massiv auf der Seite der Regierungsmehrheit und der Rechten, aber auch in Richtung der Linken. Dies hat mehrere Gründe: Die Verwaltung wird immer noch nachdrücklich durch die Ideologie des Allgemeinwohls gekennzeichnet. Noch bis vor kurzem diente die relative Unterscheidung von Kompetenzbereichen zwischen Verwaltungsakten und politischen Entscheidungen dazu, die sie selbst rechtfertigenden Illusionen der Verwaltung über ihre politische Neutralität gegenüber einer massiven Hegemonie des Monopolkapitals zu fördern. Dies ist heute unmöglich geworden. Die Verschiebung der politischen Mechanismen dieser Hegemonie auf die Verwaltung streift diese Täuschung brüsk ab und führt zu politisch wichtigen Polarisierungen und Differenzierungen. Zwar weicht die rechtlich-politische Ideologie des Allgemeinwohls einer technokratischen

Ideologie der Effizienz, des ökonomischen Fortschritts, des Überflusses und des Wohlstands. Als inneres Bindemittel der Verwaltung kann diese Ideologie jedoch nur funktionieren, wenn der ökonomische Prozess den Anschein einer gewissen technischen Neutralität beibehält und dies wird heute immer schwieriger. Die technokratische Ideologie eines Staates als dem Garanten von Leistung und Wohlstand – die Begründung des nachkeynesianischen Staats – wird durch die ökonomische Krise, die die gegenwärtige Phase des Kapitalismus kennzeichnet, radikal in Frage gestellt. Ein Teil der obersten Verwaltungsebenen erkennt die politischen Ursachen dessen, was sie als eigenen historischen Bankrott erlebt: ihre Unfähigkeit, die ökonomische Krise vorherzusehen, einzudämmen und zu verwalten. Ganz zu schweigen von den Erschütterungen, die die Verstöße gegen die nationale Souveränität, die in der Internationalisierung des Kapitals impliziert sind und die sich in Krisenzeiten häufen, in einer am Nationalinteresse ausgerichteten Verwaltung auslösen (die Flucht der europäischen Regierungen unter den amerikanischen Regenschirm). All dies führt zu einer deutlichen Distanzierung von der politischen Hegemonie – wenn auch auf ambivalente Weise und innerhalb von Grenzen, auf die ich im ersten Teil des Buches hingewiesen habe. Man weiß im übrigen, dass in Frankreich viele Angehörige der obersten Verwaltungsebenen, der oberen staatlichen Behörden und der Eliteschulen gegenwärtig Mitglieder der Sozialistischen Partei sind. Diese Entwicklung ist um so bedeutsamer, als sie mit der Radikalisierung dieser Partei nach links einher geht (Kongress von Epinay). Man kann diese Entwicklung auch nicht, und zwar nicht einmal prinzipiell, mit dem bloßen Opportunismus der obersten Verwaltung erklären, die sich für den Fall eines Siegs der Linken darauf vorbereitet, sich an den gedeckten Tisch zu setzen (auch wenn diese Motivation angesichts der Blockierung der »Eliten«zirkulation durch den »UDR-Staat« oder den »Staat Giscard« auch schon etwas wert wäre).

Die Gründe für diese Politisierung reichen jedoch tiefer. Sie liegen in den institutionellen Veränderungen, die die politische Kontrolle der Verwaltung durch die Spitzen der Exekutive nach sich zieht. Diese Veränderungen werden von den Angehörigen der Verwaltung als Infragestellung ihrer traditionellen korporativen Privilegien erlebt. Weitere Gründe für die Distanzierung eines Teils der obersten Verwaltung gegenüber den Spitzen der Exekutive im autoritären Staat sind die Umgehung der bürokratischen Hierarchie in den Ministerien, die von den Spitzen der Exekutive kontrollierten horizontalen Netzwerke, die beträchtlichen Verstöße der Regierungspolitik gegen die satzungsgemäßen Sicherheiten des öffentlichen Diensts (die festen Laufbahn und Beförderungsregeln) und schließlich das direkte Eindringen der dominanten Partei in die Verwaltung. Allerdings bleibt auch diese Distanzierung ambivalent und von eigenen Grenzen gekennzeichnet.

Wichtiger wird dieses Phänomen in den mittleren und unteren Diensträngen, wo es manchmal in breiten Kreisen der Staatsbediensteten die Form einer massiven Linkspolitisierung annimmt. Einer der Gründe dafür ist auch hier die Veränderung der Materialität des Staates. Die beträchtliche Verschlechterung der Lebensbedingungen (Gehälter, Pensionen, usw.) und die Beeinträchtigung verschiedener Privilegien des traditionellen *Beamtentums* (die Sicherheit des Arbeitsplatzes wird durch die breite Hinzuziehung von (nicht beamteten) Behördenangestellten in Frage gestellt, die Versetzung der Angehörigen der Exekutive, eingeschränkte Aufstiegsmöglichkeiten usw.) die der beispiellosen Ausweitung des Staatsapparats entspricht, sind dabei nur ein Aspekt des Phänomens. Viel wichtiger sind die neuen Formen der Reproduktion der gesellschaftlichen Arbeitsteilung innerhalb der institutionellen Apparatur.[10] Die Ausweitung dieses Apparats und seine gegenwärtige ökonomisch-gesellschaftliche und politische Rolle führen zu einer Vertiefung der tendenziellen Teilung von manueller und intellektueller Arbeit, wie sie sich auf spezifische Weise innerhalb der im Staat verkörperten intellektuellen Arbeit reproduziert. Dieser Prozess verläuft korrelativ zu der sich in neuen Formen vertiefenden allgemeinen Teilung von manueller und intellektueller Arbeit innerhalb der gesamten Gesellschaft und in erster Linie in der produktiven Arbeit. Die Vertiefung der gesellschaftlichen Arbeitsteilung schlägt sich im Staatsapparat in der Form der zunehmenden Distanz zwischen den Aufgaben (Dienstgraden) der Planung/Leitung denen der Ausführung nieder, in der Auflösung untergeordneter Aufgaben in Routineangelegenheiten, in der zunehmenden Konzentration des Machtwissens in den Spitzen des Apparats, in der Monopolisierung der Amtsgeheimnisse durch immer begrenztere führende Kreise, sowie im gesteigerten disziplinarischen Autoritarismus dieser Apparate selbst. Die Arbeitsteilung realisiert sich in Transformationen des administrativen Arbeitsprozesses: in der Einführung neuer Methoden zur Bewertung und Leistungskontrolle, der fortschreitenden Mechanisierung der Arbeit und der Informationssysteme sowie der Entwicklung von Techniken der sogenannten »Rationalisierung der Budgetentscheidungen« und der partizipatorischen Lenkung durch Zielvorgaben. Hinter ihrer technischen Fassade zielen diese Maß-

[10] Vgl. besonders den Beitrag von *A. Cottereau* in dem Sammelband *L'administration, 1974.*

nahmen sowohl auf die Erhöhung der administrativen Arbeitsproduktivität als auf die Kontrolle und politische Beherrschung der immensen bürokratischen Maschinerie durch die Spitzen der Exekutive. Eng verbunden mit der Erschütterung der Ideologie des Allgemeinwohls, die die vertikale Einheit des administrativen Dispositivs zusammenhielt, trägt diese Entwicklung zur Politisierung eines wichtigen Teils der mittleren und unteren Angehörigen des Staatsapparats nach links bei, bzw. schafft sie für diese Politisierung eine materielle Basis.

Die tieferen Gründe für die wachsende Distanzierung großer Teile der Verwaltung von der Regierungspolitik liegen jedoch im Kampf der Volksmassen. Mehr als je zuvor durchzieht dieser Kampf heute den Staatsapparat.

Dieser Kampf erfasst die Verwaltung weit unmittelbarer als vorher, weil er sich auf breite Bereiche der *neuen Kleinbourgeoisie* erstreckt, auf die Schicht der mittleren Angestellten (Geschäfts-, Banken- und Versicherungsangestellte, Freiberufe, Intellektuelle im weiten Sinn, usw.). Die neue Kleinbourgeoisie nimmt aktiv an den Volkskämpfen teil, und zwar ganz besonders in den Kämpfen, die sich um die kollektive Konsumtion und die »Lebensqualität« drehen (Gesundheits-, Wohnungs- und Verkehrswesen, Umweltschutz, usw.): Wegen ihrer materiellen Existenzbedingungen ist sie ganz besonders sensibel für diese Forderungen. Die Kämpfe der neuen Kleinbourgeoisie verweisen auf die Rissbildung, ja, auf den Bruch innerhalb des Bündnisses von Bourgeoisie und Kleinbourgeoisie, bzw. zwischen Monopolkapital und neuer lohnabhängiger Kleinbourgeoisie. Natürlich schlagen sich auch die Kämpfe der Arbeiterklasse in der staatlichen Verwaltung nieder. Die Kämpfe der Kleinbourgeoisie jedoch durchziehen sie viel unmittelbarer, besonders in den mittleren und unteren Dienstgraden; und zwar nicht nur, nicht einmal prinzipiell, wegen der vorwiegend kleinbürgerlichen Klassenherkunft der mittleren und unteren Beamten, sondern vor allem wegen ihrer Determination als kleinbürgerliche Klasse.

Die gesamte Geschichte des Kapitalismus zeigt, dass sich die Infragestellung des Bündnisses von Bourgeoisie und Kleinbourgeoisie innerhalb der Gesellschaft in eine Infragestellung dieses Bündnisses innerhalb des Staates umsetzt. In seinen Apparaten und vor allem in seinem administrativen Dispositiv bildet sich häufig ein Bündnis zwischen Bourgeoisie und Kleinbourgeoisie, ein spezifisches Bündnis zwischen den Spitzen der Bourgeoisie und den mittleren und unteren kleinbürgerlichen Dienstgraden. Die Infragestellung dieses Bündnisses im gesellschaftlichen Rahmen führt zu einem Bruch im Innern des Staates und drückt sich häufig in

Form von Aufsplitterungen zwischen den Spitzen und den anderen Stufen der Verwaltung aus.

Daneben wird der Staatsapparat selbst immer mehr zum Angriffspunkt der Volkskämpfe. Angesichts des gegenwärtigen Rückzugs der politischen Parteien von den Vorposten der Macht und des feinverästelten Eindringens des Staates in immer mehr Bereiche der gesellschaftlichen Aktivität, wird das Verwaltungsdispositiv immer offener mit den Forderungen des Volkes konfrontiert. So wird es von den Regierungsspitzen und den gesellschaftlichen Kämpfen in die Zange genommen. Die Macht setzt es als Vorhut gegen die Volksmassen ein, aber auch als Prügelknabe für Misserfolge ihrer Politik, die man je nach Fall leichten Herzens dem Übereifer, der »Unmenschlichkeit« oder dem »Unverständnis« der Beamten oder den »strukturellen Widerständen« oder »bürokratischen Schwerfälligkeiten« zuschreibt. Diese Behauptungen kann die Macht mit einem Anschein von Wahrscheinlichkeit vorbringen, liegen sie doch in der politischen Rolle der Verwaltung begründet, die sie ihr jedoch selbst zugewiesen hat. Gegenüber den vielfältigen Volkskämpfen, mit denen der administrative Apparat heute konfrontiert und deren Zielscheibe er ist, kann er immer weniger die Rolle eines über den Massen stehenden schützenden »neutralen Schiedsgerichts« spielen, von der er im Übrigen selbst nicht mehr überzeugt ist. Die Krise des *Konsenses* bei den Volksmassen im Hinblick auf den Staatsapparat wirkt sich Innern der Verwaltung als *induzierte Legitimationskrise* nieder. Dies ist vor allem deswegen der Fall, weil die staatliche Verwaltung nicht mehr von außen legitimiert und ideologisch von den politischen Parteien und den ideologischen Apparaten (Schule, Familie, usw.) gedeckt wird, sondern die ständige Aufgabe hat, die herrschende Ideologie auszuarbeiten, zu reproduzieren, zu indoktrinieren und den Konsens herzustellen. Auf die Staatsbürokratie und Verwaltung konzentrieren sich nun die Legitimationsforderungen, denen sie sich jedoch immer weniger stellen können. Die Legitimationsdefizite gegenüber den Volksmassen tragen zu den Veränderungen von Staatsbürokratie und Verwaltung bei.

2. Der zweite Faktor der Schwächung des Staates betrifft die Ausarbeitung der Regierungspolitik im administrativen Apparat. Trotz aller Palliative (politische Kontrolle der Verwaltung, dominante Partei) kann die Verwaltung wegen ihres eigenen Wesens die Rolle als Organisator der Hegemonie nicht im gleichen Maße erfüllen wie die politischen Parteien. Das organische und einsatzfähige Funktionieren eines Parteisystems erlaubt ohne schwere Rückschläge eine Organisierung der Kräfteverhältnisse innerhalb des Blocks an der Macht, eine interne Reglementierung

der Konflikte zwischen seinen Fraktionen, einen anpassungsfähigen und flexiblen Ausdruck der Veränderungen dieses Kräfteverhältnisses in der Regierungspolitik und die Etablierung einer langfristigen Politik, die das politische Allgemeininteresse dieses Blocks verdichtet. Dieses Funktionieren erlaubt also die Organisation der Hegemonie mittels der autonomen Repräsentation der verschiedenen Fraktionen. Dass für die Hegemonie des Monopolkapitals die Notwendigkeit entsteht, diese Rolle auf die Verwaltung zu verschieben, bringt ihr beträchtliche Nachteile gegenüber den anderen Fraktionen des Blocks an der Macht. Angesichts der Natur der administrativen Prozeduren gerät die Regelung der Konflikte und das Aushandeln der Kompromisse innerhalb des Blocks immer stockender, verborgener, ruckweiser; Unterapparate und untergeordnete Verwaltungsbürokratien geraten direkt aneinander, nach kurzfristigen Gesichtspunkten wird von Fall zu Fall von neuem gefeilscht. Dies trägt zur charakteristischen Inkohärenz der gegenwärtigen Regierungspolitik bei, zum Fehlen einer gegliederten und langfristigen Strategie des Blocks an der Macht, zur kurzsichtigen Führung und auch zum Mangel an einem globalen politisch-ideologischen Projekt oder einer »Gesellschaftsvision«. Dies alles sind Eigenschaften die für die Klassenhegemonie gefährlich werden können.

Mehr noch: Die Repräsentationsbrechung der Teile des Blocks an der Macht in administrativen Untereinheiten verschärft nicht nur die inneren Widersprüche der Verwaltung, da sie die ständisch-institutionelle Fraktionierung der Staatsbürokratie politisch polarisiert (höhere Staatsorgane, verschiedene Ministerien, Verwaltungsabteilungen), sondern setzt auch einen umgekehrten Prozess in Gang. Diese Fraktionierungen pfropfen sich eng auf die Entscheidungsprozesse und erweitern die Widersprüche dank der Politisierung der Verwaltung ganz erheblich: zu den politischen Teilungen kommen noch Streitigkeiten zwischen Cliquen, Parteigruppierungen und politischen Hochburgen. Das traditionelle Bild vom *parlamentarischen Kretinismus,* das Bild von den Repräsentanten der Bourgeoisie, die sich in abwegigen, ständischen und zweitrangigen Streitereien verbrauchen und ihre Rolle als politische Organisatoren nicht erfüllen, ist zu schwach geworden, um die gegenwärtige Situation zu charakterisieren. Man muss sie heute vielmehr mit dem Bild der ganz neuartigen administrativen Schwäche beschreiben. Auch diese Situation destabilisiert die Hegemonie ganz beträchtlich.

Dies gilt nicht nur für den Verwaltungsapparat im engeren Sinne, d. h. die Zivilverwaltung, der die zentrale politische Rolle zukommt. Im Kontext der allgemeineren Situationen, die den autoritären Etatismus charakterisieren, tauchen analoge Merkmale in allen Staatsapparaten und bei ihren Beamten auf: in der Justiz, der Polizei, der Armee, der Schule, usw. Wegen der institutionellen Einheit des Staats wirkt sich die Verschiebung des politischen Entscheidungszentrums auf die zivile Verwaltung auch in diesen Apparaten aus, die damit in den Bannkreis der Politisierung der Staatsapparate geraten und Unter-Orte der politischen Entscheidung im Rahmen ihres Kompetenzbereichs werden. Die neuen Widersprüche, die die bürgerliche Verwaltung kennzeichnen, schlagen sich so im Ensemble des staatlichen Organismus nieder.

3. Schließlich erzeugt der autoritäre Etatismus selbst teilweise die neuen Formen der Volkskämpfe. In den Ländern, die uns hier beschäftigen, kann man überall das Entstehen von Kämpfen feststellen, die auf die Ausübung einer direkten Basisdemokratie zielen. Diese Kämpfe sind durch einen charakteristischen Anti-Etatismus gekennzeichnet, und manifestieren sich in der Ausbreitung von Selbstverwaltungszentren und Netzen der direkten Intervention der Massen in sie betreffende Entscheidungen: von Bürgerkomitees bis zu den Stadtteilkomitees und den verschiedenen Dispositiven der Selbstverteidigung und der Kontrolle durch das Volk. Dieses Phänomen ist ganz ausgeprägt und, berücksichtigt man seinen massenhaften Charakter, völlig neuartig. Auch wenn diese Bewegung dem Staat gegenüber »auf Distanz« hält, produziert sie beträchtliche Dislozierungseffekte innerhalb des Staats. Dieses Phänomen kennzeichnet sowohl die traditionellen politischen Kämpfe als auch speziell die neuen Kämpfe: die Frauenbewegung, die ökologische Bewegung, die Kämpfe für die Lebensqualität. Dem autoritären Etatismus misslingt nicht nur die Erfassung der Massen in seinen disziplinarischen Ketten, d.h. die effektive »Integration« dieser Massen in seine autoritären Kreisläufe. Er provoziert vielmehr eine generelle Forderung nach direkter Basisdemokratie, d.h. eine wahrhaftige Explosion demokratischer Ansprüche.

Der Weg zu einem demokratischen Sozialismus

Im Verlaufe des Textes habe ich auf die politischen Konsequenzen dieser Analysen für den Übergang zu einem demokratischen Sozialismus hingewiesen. Ich will mich hier darauf beschränken, den zentralen Kern dieser Konsequenzen zu entwickeln und dabei nur das Problem der Beziehungen zwischen Sozialismus und Demokratie bei der Frage nach den Transformationen des Staates herausgreifen.

Sozialismus und Demokratie, demokratischer Weg zum Sozialismus. Ihre Problematik stellt sich heute von zwei historischen Erfahrungen ausgehend, die in gewisser Hinsicht als Barrieren fungieren, als Beispiel für zwei Klippen, die man vermeiden muss. Beispielhaft ist zunächst die traditionelle Sozialdemokratie, wie man sie in vielen europäischen Ländern kennt. Sodann die Länder des Ostens, die Länder des sogenannten »realen Sozialismus.« Trotz allem, was Sozialdemokratie und Stalinismus als historische Beispiele und als theoretisch-politische Strömungen trennt, zeigen beide eine grundlegende Verwandtschaft, nämlich den Etatismus und das tiefe Misstrauen gegenüber der Initiative der Volksmassen, also der Argwohn gegenüber demokratischen Forderungen. In Frankreich spricht man heute mit Vorliebe von zwei Traditionen der Arbeiter- und Volksbewegung, nämlich einerseits die etatistische und jakobinische Tradition, die von Lenin und der Oktoberrevolution bis zur III. Internationale reicht, und andererseits die kommunistische Bewegung, die Bewegung der Selbstverwaltung und der direkten Basisdemokratie. Um den demokratischen Sozialismus zu verwirklichen, müsse man mit der ersten Tradition brechen und sich in die Nachfolge der zweiten Tradition stellen. Wird das Problem auf diese Weise formuliert, verfährt man etwas summarisch. Sicherlich gibt es zwei Traditionen. Sie decken sich aber nicht mit jenen Strömungen, mit denen man sie identifiziert. Glaubt man jedoch, dass man, um den Etatismus zu vermeiden, sich nur in die Strömung der Selbstverwaltung oder der direkten Basisdemokratie zu stellen braucht, unterliegt man einem grundsätzlichen Irrtum.

Zuerst müssen wir also noch einmal auf Lenin und die Oktoberrevolution zurückkommen. Sicher unterscheiden sich der Stalinismus und das von der III. Internationale hinterlassene Modell für den Übergang zum Sozialismus vom Denken und Handeln Lenins. Sie sind allerdings auch nicht bloße Abweichungen. Tatsächlich waren bei Lenin Keime des Stalinismus enthalten, und zwar nicht nur aufgrund der Besonderheiten der historischen Situation, mit der es Lenin zu tun hatte (Russland und der zaristische Staat): Der Irrtum der III. Internationale bestand nicht einfach darin, ein Modell des Übergangs zum Sozialismus, das in seiner ursprünglichen Unverfälschtheit der konkreten Situation des zaristischen Russlands angemessen gewesen wäre, verallgemeinert und damit verfälscht zu haben. Und schließlich, damit habe ich mich in der Einleitung auseinandergesetzt, gibt es diese Keime bei Marx nicht. Lenin hatte als erster die Frage nach dem Übergang zum Sozialismus und dem Absterben des Staates zu lösen, über die Marx nur einige sehr vage Bemerkungen gemacht hat, die im übrigen alle in Richtung eines engen Zusammenhangs zwischen Sozialismus und Demokratie gehen.

Was geschah während der Oktoberrevolution in bezug auf das Absterben des Staates? Ein Problem scheint dabei besonders wichtig zu sein: Es betrifft zwar nicht alle Keime der III. Internationale bei Lenin, bestimmt jedoch alle anderen. Die Analysen und die Praxis Lenins durchzieht eine prinzipielle Linie: Der Staat muss en bloc durch einen frontalen Kampf in einer Situation der *Doppelherrschaft* zerstört, und durch die zweite Macht, die Sowjets, ersetzt werden, deren Herrschaft kein Staat im eigentlichen Sinne mehr wäre, weil er bereits ein absterbender Staat sei. Worin besteht bei Lenin die Bedeutung dieser Zerstörung des bürgerlichen Staates? Lenin reduziert häufig die Institutionen der repräsentativen Demokratie und die politischen Freiheiten auf ihre Herkunft aus der Bourgeoisie (was Marx nie getan hat): repräsentative Demokratie = bürgerliche Demokratie = Diktatur der Bourgeoisie. Sie müssen total zerstört und durch eine direkte Basisdemokratie mit imperativem und widerrufbarem Mandat, also durch die wirklich proletarische Demokratie (die Sowjets) ersetzt werden.

Ich schematisiere ganz bewusst. Die prinzipielle Linie Lenins war ursprünglich kein irgendwie gearteter autoritärer Etatismus. Ich sage das nicht, um Lenin zu verteidigen, sondern um auf die Einseitigkeit einer Konzeption hinzuweisen, die das wirkliche Problem nur verdeckt, und in dem, was seitdem in der UdSSR geschehen ist, das Resultat eines zentralisierenden Leninismus sieht, der an sich die Entwicklung einer direkten Basisdemokratie verhindert hat. Als das Resultat eines Leninismus, der, ebenso wie der Blitz den Donner, die Niederschlagung der Revolte der Matrosen von Kronstadt mit sich bringen musste. Ob man nun will oder nicht: Lenins ursprüngliche prinzipielle Linie gegenüber der sozialdemokratischen Strömung, die sich für den Parlamentarismus aussprach und eine panische Angst vor der Institution der Räte hatte, bestand darin, die sogenannte formale Demokratie durch eine sogenannte reale Demokratie und die repräsentative Demokratie durch die sogenannte Rätedemokratie (man benutzte damals noch nicht das Wort »Selbstverwaltung«) radikal zu ersetzen. Dies bringt mich zu der wirklichen Frage: War nicht diese Situation, diese Linie (die radikale Ersetzung der repräsentativen Demokratie durch die bloße Rätedemokratie) der grundlegende Faktor für das, was in der Sowjetunion bereits zu Lenins Lebzeiten geschehen ist, und der den zentralistischen und etatistischen Lenin hervorbrachte, dessen Erben man kennt?

Ich sage, dass ich die Frage stelle. Sie wurde jedoch bereits damals gestellt und auf eine Weise beantwortet, die heute extrem vorausschauend erscheint. Und zwar von Rosa Luxemburg, die Lenin selbst einen Adler der Revolution nannte. Und vom Adler hatte sie auch den Blick. Die erste genaue und grundsätzliche Kritik an Lenin und der bolschewistischen Revolution stammte von Rosa Luxemburg. Diese Kritik ist richtungsweisend, weil sie nicht von Seiten der Sozialdemokratie kommt (die von direkter Demokratie und den Räten nicht einmal sprechen hören wollte), sondern von der Seite einer aktiven Kämpferin, die von der Rätedemokratie, für die sie ihr Leben ließ, als sie während der sozialdemokratischen Niederschlagung der Arbeiterräte ermordet wurde, überzeugt war. Was Rosa Lenin vorwirft, ist nicht seine Vernachlässigung oder sein Misstrauen gegenüber der direkten Basisdemokratie, *es ist das genaue Gegenteil:* dass sich Lenin nämlich ausschließlich auf sie gestützt (ausschließlich, denn die Rätedemokratie bleibt für Rosa immer grundsätzlich wichtig) und die repräsentative Demokratie schlicht und einfach eliminiert hat. Ganz besonders, als er die Konstituierende Nationalversammlung, die unter der bolschewistischen Regierung gewählt worden war, zugunsten der Sowjets absetzte. Man muss dazu die *Russische Revolution* wieder lesen, aus der ich jetzt nur einen einzigen Abschnitt zitiere: »Lenin und Trotzki haben an Stelle der aus allgemeinen Volkswahlen hervorgegangenen Vertretungskörperschaften die Sowjets als die einzige wahre Vertretung der arbeitenden Massen hingestellt. Aber mit dem Erdrücken des politischen Lebens im ganzen Lande muss auch das Leben in den Sowjets immer mehr erlahmen. Ohne allgemeine Wahlen, ungehemmte Press- und Versammlungsfreiheit, freien Meinungskampf erstirbt das Leben in jeder öffentlichen Institution, wird zum Scheinleben, in der die Bürokratie allein das tätige Element bleibt.«

Zweifellos ist dies nicht die einzige Lenin betreffende Frage. Für das, was danach geschehen ist, spielen die Parteikonzeption in *Was tun?*, die Konzeption einer Theorie, die »von außen« in die Arbeiterklasse durch Berufsrevolutionäre hinein getragen wird, und vieles andere, auf das ich hier nicht eingehe, eine wichtige Rolle. Aber Rosa stellt die grundlegende Frage: Unabhängig von den Positionen Lenins zu einigen anderen Problemen und unabhängig von den historischen Besonderheiten Russlands war das, was bereits zu Lebzeiten Lenins, aber besonders später folgte (Einheitspartei, die Bürokratisierung der Partei, die Vermischung von Partei und Staat, der Etatismus, das Ende der Sowjets selbst usw.), bereits in dieser Situation, die Rosa Luxemburg kritisierte, enthalten.

Gehen wir nun auf das von der III. Internationale hinterlassene Revolutions»modell« ein, auf das der Stalinismus zwischenzeitlich eigene Auswirkungen gehabt hat. Wir entdecken dabei die gleiche Position im Hinblick auf die repräsentative Demokratie. Dazu kommt jetzt der Etatismus und das Misstrauen gegenüber der direkten Basisdemokratie. Der gesamte Sinn der Räte-Problematik ist nun vollständig verdreht worden und wir entdecken ein Modell, das völlig von einer instrumentalistischen Staatskonzeption gekennzeichnet ist.

Der kapitalistische Staat wird dabei als bloßes Objekt oder Instrument betrachtet, das von der Bourgeoisie, deren Produkt er ist, nach Belieben manipuliert werden kann – man gesteht ihm also keine inneren Widersprüche zu. Ebensowenig wie die Kämpfe der Volksmassen in ihrer Opposition gegenüber der Bourgeoisie einer der Faktoren der Konstituierung dieses Staates sein könnten (in diesem Fall der Institutionen der repräsentativen Demokratie), könnten sie den Staat selbst durchziehen, der als monolithischer Block ohne Risse begriffen wird. Die Klassenwidersprüche lägen zwischen dem Staat und den dem Staat von außen gegenüberstehenden Volksmassen – bis zu jenem Krisenpunkt der Doppelherrschaft, jenem Moment, in dem der Staat de facto durch die Zentralisierung von Parallelmächten, die zur realen Macht werden (die Sowjets), vernichtet worden ist. Daraus folgt:

a) Der Kampf der Volksmassen um die Staatsmacht könnte im Wesentlichen nur ein von außen geführter frontaler Bewegungs- oder Einkreisungskampf gegen den Staat als Festung sein, der prinzipiell auf die Schaffung einer Situation der Doppelherrschaft zielt.

b) Auch wenn es verkürzt wäre, diese Konzeption mit einer Angriffsstrategie vom Typ der »Stunde des Umsturzes« zu vergleichen, d.h. einer Strategie, die sich in einem punktuellen Moment konzentriert (Aufstand, politischer Generalstreik usw.), ist dennoch klar, dass hier die strategi sche Sicht eines Übergangsprozesses zum Sozialismus fehlt, d.h. eines langen Wegs, auf dem die Massen die Macht erringen und die Staatsapparate transformieren. Dies könnte nur in der Situation der Doppelherrschaft geschehen, einer Situation mit einem sehr prekären Gleichgewicht der Kräfte (Staat-Bourgeoisie/Sowjets-Arbeiterklasse), die per definitionem nicht lange andauern könne. Die »revolutionäre Situation« selbst wird auf eine Staatskrise reduziert, die nur eine Krise des Zusammenbruchs des Staates sein könnte.

c) Man spricht diesem Staat eine eigene Macht zu, eine quantifizierbare Machtsubstanz, die man ihm entreißen muss. Die Staatsmacht »übernehmen« bedeutet, während des Zeitraums der Doppelherrschaft Teile des Staats-als-Instrument zu besetzen, die Spitzen des Apparates zu kontrollieren, auf den leitenden Posten der Staatsmaschinerie zu stehen und die entscheidenden Räderwerke seiner Dispositive *in Hinblick* auf ihre Substitution durch die zweite Macht – die Sowjets – zu manipulieren. Man kann eine Burg nur erobern, wenn man sich der Schützengräben, Festungswälle und Unterstände ihres instrumentellen Aufbaus in einer Situation der Doppelherrschaft bemächtigt, die die Burg zugunsten einer anderen Sache (der Sowjets) niederreißt. Dieses Andere (die zweite Macht) soll völlig außerhalb des Staates stehen, diesseits des beseitigten Lagers. Diese Konzeption kennzeichnet immer noch die anhaltende Skepsis bezüglich der Eingriffsmöglichkeiten der Volksmassen in den Staat selbst.

d) Welche Form nimmt in diesem Kontext das Problem der Transformation des Staatsapparats im Übergang zum Sozialismus an? Man muss zuerst die Staatsmacht ergreifen, um dann, wenn die Stürmung des Schlosses erst einmal abgeschlossen ist, en bloc den gesamten Staatsapparat dem Boden gleichzumachen, und ihn durch eine zweite Macht (die Sowjets) zu ersetzen, die als Staat neuen Typs konstituiert wird.

Auch wenn man auch hier noch das fundamentale Misstrauen gegenüber den Institutionen der repräsentativen Demokratie und der politischen Freiheiten (als Schöpfungen und Instrumente der Bourgeoisie) wiederfindet, hat sich doch die Konzeption der Sowjets selbst inzwischen geändert. Wenn die Sowjets en bloc den bürgerlichen Staat ersetzen sollen, so bedeutet dies nicht mehr, dass die bürgerliche Demokratie durch die direkte Basisdemokratie ersetzt wird. Das Problem ist nicht mehr der Anti-Staat, als vielmehr der *Parallel-Staat*, der dem instrumentalistischen Modell des gegenwärtigen Staates nachgebildet ist und insofern ein proletarischer Staat sein soll, als er von oben durch die revolutionäre »Einheits«partei kontrolliert und besetzt wird. Die Partei selbst wiederum funktioniert nach dem Modell des Staates. Aus dem Misstrauen im

Hinblick auf die Eingriffsmöglichkeiten der Volksmassen innerhalb des bürgerlichen Staates ist Misstrauen im Hinblick auf Volksbewegungen an der Basis überhaupt geworden. Man nennt dies, den Staat und die Sowjets stärken, um sie dann eines Tages besser absterben zu lassen ... *Der stalinistische Etatismus ist entstanden.*

Man kann nun die tiefe Verwandtschaft von stalinistischem Etatismus und dem Etatismus der traditionellen Sozialdemokratie erkennen. Auch die traditionelle Sozialdemokratie charakterisiert sich durch ein fundamentales Misstrauen gegenüber der direkten Basisdemokratie und den Initiativen der Massen. Auch für sie ist die Beziehung zwischen den Volksmassen und dem Staat, der die Macht besitzt und ein eigenes Wesen konstituiert, eine äußerliche Beziehung. Der Staat als Subjekt (mit einer inneren eigenen Rationalität ausgestattet) verkörpert sich in den Eliten und den Mechanismen der repräsentativen Demokratie. Man besetzt diesen Staat, indem man seine Spitzen durch eine aufgeklärte linke Elite ersetzt und allenfalls noch einige Korrektive an der Funktionsweise der Institutionen anbringt, wobei es sich von selbst versteht, dass dieser Staat den Massen von oben den Sozialismus bringen wird: das ist *der technisch-bürokratischer Etatismus der Experten.*

Man sagt zurecht, dass die stalinistische und sozialdemokratische Staatsvergötterung Traditionen der Volksbewegung sind. Zu glauben, man könnte diese Traditionen aufgeben, indem man auf zu der anderen Tradition der Selbstverwaltung und der direkten Basisdemokratie übergeht, wäre fast zu schön, um wahr zu sein. Jedenfalls darf man das Beispiel Lenins und die in dem ursprünglichen Räteexperiment enthaltenen Keime des Etatismus nicht vergessen. Das Dilemma, das man umgehen muss, ist also im Grunde folgendes: entweder behält man den gegenwärtigen Staat bei und verlässt sich nur auf die repräsentative Demokratie, an der man einige zweitrangige Korrekturen anbringt – dies führt zum sozialdemokratischen Etatismus und zum angeblich liberalen Parlamentarismus. Oder aber man verlässt sich allein auf die direkte Basisdemokratie und die Selbstverwaltungsbewegung. Dies führt über kurz und lang unvermeidlich zum etatistischen Despotismus oder einer Diktatur der Experten. *Das Grundproblem eines demokratischen Wegs zum Sozialismus und eines demokratischen Sozialismus ist die Frage, wie man eine radikale Transformation des Staates in Gang setzen kann, wenn man die Ausweitung und Vertiefung der Freiheiten und der Institutionen der repräsentativen Demokratie* (die auch eine Errungenschaft der Volksmassen waren) *mit der Entfaltung von Formen der direkten Demokratie und von Selbstverwaltungszentren verbindet?*

Dieses Problem stellt der Begriff Diktatur des Proletariats nicht nur nicht, er hat es letzten Endes verstellt. Ich möchte zu dieser Frage nur sagen, dass die Diktatur des Proletariats bei Marx ein strategischer Begriff in praktischem Zustand war, der höchstens als Wegweiser fungierte. Er deutete auf die Klassennatur des Staates hin und auf die Notwendigkeit, ihn im Hinblick auf den Übergang zum Sozialismus und den Prozess des Absterbens des Staates zu transformieren. Auch wenn das, worauf dieser Begriff hinweist, immer noch sehr real ist, hat er danach doch eine bestimmte historische Funktion gehabt: dieses grundsätzliche Problem einer Verbindung der transformierten repräsentativen Demokratie mit der direkten Basisdemokratie zu verschleiern. Dies sind meines Erachtens diejenigen Gründe, die es rechtfertigen, dass man diesen Begriff aufgibt, und nicht, dass er letzten Endes nur noch mit dem stalinistischen Totalitarismus identifiziert wird. Selbst wenn dieser Begriff verschiedene Bedeutungen gehabt hat, hat er diese historische Funktion immer beibehalten: das galt für Lenin seit den Anfängen der Oktoberrevolution, aber auch später noch sogar bei Gramsci. Man kann natürlich nicht bezweifeln, dass Gramsci bedeutende theoretisch-politische Beiträge geleistet hat. Außerdem sind seine Distanzierungen vom Stalinismus bekannt. Aber das ändert nichts daran, dass auch er das Problem nicht in seiner vollen Tragweite hat stellen können (obwohl man ihn gegenwärtig in alle möglichen Richtungen interpretiert). Seine berühmten Analysen der Unterschiede zwischen dem Bewegungskrieg (der Bolschewiken in Russland) und dem Stellungskrieg sind im wesentlichen als Anwendung des leninistischen Strategiemodells auf »unterschiedliche konkrete Situationen« des Westens konzipiert. Dies führt bei ihm trotz seiner bemerkenswerten Einsichten zu einer Reihe von Blockaden, mit denen ich mich an dieser Stelle allerdings nicht beschäftigen kann.

Dies ist also das Grundproblem des demokratischen Sozialismus. Es betrifft nur die sogenannten entwickelten Länder, denn es handelt sich dabei um ein strategisches Modell, das nur der Situation dieser Länder angepasst ist.

Es geht nicht darum, irgendwelche »Modelle« welcher Richtung auch immer zu konstruieren. Aber da es sich nur um Richtungsweise handelt, denen man folgt, indem man aus der Vergangenheit Lehren zieht, also um Klippen, die man vermeiden muss, wenn man nicht in bereits bekannte Situationen geraten will, betrifft dieses Modell jeden Übergang zum Sozialismus, auch wenn er sich in jedem Land ganz anders darstellt. Und heute weiß man, dass es in den verschiedenen Ländern nicht bald einen demokratischen und bald einen anderen Sozialismus geben kann. Natürlich unterscheiden sich die konkreten Situationen und zweifellos müssen die Strategien den Besonderheiten der verschiedenen Länder angepasst sein, aber den Sozialismus gibt es nur als demokratischen Sozialismus.

Die gegenwärtige Situation in Europa zeigt in bezug auf diesen Sozialismus und den demokratischen Weg zum Sozialismus einige Besonderheiten, die sowohl die neuen gesellschaftlichen Verhältnisse, die hier etablierte Staatsform und die Einzigartigkeit der Krise des Staates betreffen. Wahrscheinlich zum ersten Mal in der Weltgeschichte bieten diese Besonderheiten in bestimmten europäischen Ländern um so mehr Chancen und Möglichkeiten für den Erfolg eines demokratischen Sozialismus und für die erfolgreiche Artikulation von transformierter repräsentativer Demokratie und direkter Basisdemokratie. Dies erfordert eine neue Strategie sowohl für die Übernahme der Staatsmacht durch die Volksmassen als auch für die Transformationen des Staates, also den demokratischen Weg zum Sozialismus.

Der Staat ist heute weniger denn je ein von den Massen isolierter Elfenbeinturm. Permanent durchziehen ihre Kämpfe den Staat, auch in den Apparaten, in denen die Massen selbst nicht präsent sind. Die Situation der Doppelherrschaft, die den frontalen Kampf in einem bestimmten Moment konzentriert, ist nicht die einzige Situation, die Massenaktionen innerhalb des Staates erlaubt.

Der demokratische Weg zum Sozialismus ist ein langer Prozess, in dem der Kampf der Volksmassen nicht auf die Errichtung der Doppelherrschaft zielt, die parallel zum Staat und außerhalb von ihm verläuft, sondern sich auf die inneren Widersprüche des Staates richtet. Sicherlich setzt die Machtergreifung immer eine Staatskrise voraus (die es heute in verschiedenen europäischen Ländern gibt). Man kann diese Krise, die die inneren Widersprüche des Staates noch verstärkt, jedoch nicht auf eine Zusammenbruchskrise des Staates reduzieren. Die Staatsmacht zu ergreifen oder zu erobern bedeutet nicht, Teile der staatlichen Maschinerie im Hinblick auf die Übernahme durch die zweite Macht bloß zu beschlagnahmen.

Die Macht ist keine quantifizierbare Substanz, die der Staat besitzt und die man ihm entreißen musste. Die Macht besteht aus einer Serie von Verhältnissen zwischen den gesellschaftlichen Klassen, die sich par excellence im Staat konzentrieren, der die Verdichtung eines Kräfteverhältnis zwischen den Klassen konstituiert. Der Staat ist weder ein Ding oder Instrument, das man stiehlt, noch eine Festung, in die man mit einem trojanischen Pferd eindringt, und auch kein Geldschrank, den man bei einem Einbruch knackt. Er ist Zentrum der Ausübung politischer Macht.

Die Staatsmacht zu ergreifen bedeutet, den Massenkampf so zu entfalten, dass er das innere Kräfteverhältnis der Staatsapparate verändert, die strategischer Schauplatz politischer Kämpfe sind. Für die Strategie der Doppelherrschaft dagegen spielt sich die entscheidende Kräfteveränderung dagegen nicht innerhalb des Staates ab, sondern zwischen dem Staat und den Massen, die ihm angeblich von außen gegenüberstehen. Der lange Prozess der Machtergreifung in einem demokratischen Weg zum Sozialismus besteht im Wesentlichen darin, die innerhalb der staatlichen Netzwerke verstreuten Widerstandszentren der Massen zu entfalten, verstärken, koordinieren und zu leiten, sowie neue Zentren zu schaffen und zu entwickeln. Dadurch können diese Zentren auf dem strategischen Terrain des Staates zu effektiven Zentren der realen Macht werden. Es geht also nicht um die simple Alternative zwischen Stellungs- und Bewegungskrieg, denn der Stellungskrieg im Sinne Gramscis besteht immer in der Einkreisung des Staates-als-Burg.

Zweifellos wird jetzt eine Frage auftauchen: Sind Sie damit nicht zum traditionellen Reformismus übergegangen? Um darauf zu antworten, muss man begreifen, wie die III. Internationale die Frage des Reformismus gestellt hat. Für sie ist jede Strategie reformistisch, die sich von der Strategie der Doppelherrschaft unterscheidet. Der einzige radikale Bruch in der Übernahme der Staatsmacht, der einzige zentrale Bruch, der es erlaubt, dem Reformismus zu entgehen, ist der Bruch zwischen dem Staat (dem bloßen Instrument der Bourgeoisie und unabhängig von den Massen) und seinem angeblichen absoluten Außen, der zweiten Macht (die Massen/die Sowjets). Diese Strategie hat, nebenbei gesagt, einen ganz spezifischen Reformismus der III. Internationale nicht verhindert, *ganz im Gegenteil,* nämlich ein Reformismus, der von einer instrumentalistischen Konzeption des Staates abhängt. *Während man* auf die Situation der Doppelherrschaft *wartet,* reißt man lose Teile der staatlichen Maschinerie an sich und stellt isolierte Bastionen nebeneinander. Im übrigen fällt allmählich die Situation der Doppelherrschaft unter den Tisch: Übrig bleibt, allein der Staat als Instrument, dessen Getriebe man nach und nach erobert, und dessen Führungsposten man besetzt. Tatsächlich ist der Reformismus immer eine latente Gefahr. Er ist kein charakteristischer Fehler solcher Strategien, die sich von der Strategie der Doppelherrschaft unterscheiden, auch wenn das Kriterium des Reformismus im Fall des demokratischen Wegs zum Sozialismus nie so entschneidende Bedeutung besitzt wie für die Strategie der Doppelherrschaft, und die Gefahr der Sozialdemokratisierung – unnütz zu leugnen – größer ist. Trotzdem: das innere Kräfteverhältnis des Staates zu ändern meint nicht aufeinanderfolgende

Reformen als kontinuierlicher Fortschritt, die schrittweise Einnahme der staatlichen Maschinerie oder die Eroberung der höchsten Regierungsposten. Diese Veränderung besteht in der Ausweitung *effektiver Brüche*, deren kulminierender Punkt – und es wird zwangsläufig ein solcher Punkt existieren – im Umschlagen der Kräfteverhältnisse auf dem Terrain des Staates zugunsten der Volksmassen liegt.

Der demokratische Weg besteht also nicht bloß auf dem parlamentarischen oder dem Wahlweg. Dass man die Mehrheit der Wählerstimmen (im Parlament oder für die Stelle des Staatspräsidenten) gewinnt, kann nur ein, wenn auch wichtiger Moment sein. Er ist auch nicht zwangsläufig der Kulminationspunkt der Brüche innerhalb des Staates. Die Veränderung der Kräfteverhältnisse innerhalb des Staates betrifft die Gesamtheit seiner Apparate und Dispositive, nicht nur das Parlament oder, wie man uns heute bis zum Überdruss wiederholt, die ideologischen Staatsapparate, die heute die determinierende Rolle innerhalb des »gegenwärtigen« Staates einnehmen sollen. Dieser Prozess erstreckt sich zugleich, und zwar in erster Linie, auf die repressiven Staatsapparate, die das Monopol auf die legitime physische Gewalt besitzen: die Armee und besonders die Polizei. Aber ebensowenig wie man die eigentliche Rolle dieser Apparate vergessen sollte (was häufig in bestimmten Versionen des demokratischen Wegs zum Sozialismus geschieht, die im allgemeinen auf einer Fehlinterpretation bestimmter Thesen Gramscis beruhen), sollte man glauben, dass die Strategie der Veränderung des inneren Kräfteverhältnis des Staates nur für die ideologischen Staatsapparate gültig ist, und dass die repressiven Apparate, als seien sie gegenüber den Volkskämpfen wirklich abgeschottet, nur frontal und von außen erobert werden können. Es handelt sich also nicht um zwei unterschiedliche Strategien, die man verbindet, wobei man für die repressiven Apparate die Strategie der Doppelherrschaft beibehält. Offensichtlich stellt die innere Veränderung der Kräfteverhältnisse in den repressiven Apparaten besondere und gefährliche Probleme. Wie jedoch Portugal eindeutig gezeigt hat, werden selbst diese Apparate von den Kämpfen der Volksmassen durchzogen.

Die wirkliche Alternative bezüglich des demokratischen Wegs zum Sozialismus ist die zwischen dem Kampf der Volksmassen, der auf die Veränderung der Kräfteverhältnisse innerhalb des Staates zielt, und einer frontalen Strategie vom Typ der Doppelherrschaft.

Diese Alternative ist nicht, wie man häufig glaubt, die Alternative zwischen einem Kampf »im Innern« der Staatsapparate, d.h. einem Kampf, der physisch in seinen materiellen Raum eingreift und sich dort einfügt, und einem Kampf »auf Distanz«, der physisch außerhalb dieser Apparate stattfindet. Denn zunächst zeigt ein Kampf auf Distanz immer Wirkungen im Innern der Staatsapparate: der Kampf ist immer, wenn auch auf gebrochene Weise und durch Mittelspersonen präsent. Der Kampf ist vor allem präsent, weil ein auf Distanz geführter Kampf mit den Staatsapparaten diesseits und jenseits der Grenzen des durch die institutionellen Orte umrissenen physischen Raums immer und in jedem Fall notwendig bleibt. Er spiegelt die Autonomie des Kampfes und der Organisationen der Volksmassen wider. Es geht auch nicht darum, sich in allen staatlichen Institutionen einzusetzen (Parlament, Wirtschafts- und Sozialrat, die Instanzen der »konzertierten Aktion«, usw.), bloß um ihre Zuständigkeiten zu guten Zwekken einzusetzen. Und schließlich müssen sich die Volkskämpfe immer auch in der Entfaltung von Bewegungen und in der Ausbreitung von Dispositiven der direkten Basisdemokratie und der Selbstverwaltungsforen äußern.

Dies hängt mit der Frage der Transformation des Staates zusammen, aber auch, was man nicht vergessen darf, mit der grundsätzlichen Frage nach der Staatsmacht und der sehr allgemeinen Machtfrage. Die Kämpfe um die Selbstverwaltung und die direkte Demokratie müssen sich die Frage stellen: *Wer* ist an der Macht und *wozu*? Zur Veränderung dieser Kräfteverhältnisse dürfen diese Kämpfe und Bewegungen jedoch nicht zu einer Zentralisierung zu einer zweiten Macht tendieren, einem dem Staat angeblich völlig äußerlichen Ort. Sie müssen vielmehr zur Veränderung des Kräfteverhältnisses auf dem Terrain des Staates selbst führen. Soweit diese Kämpfe und Bewegungen politisch sind, stehen sie niemals außerhalb des Staates, auch wenn sie sich außerhalb des physischen Raums des Staates situieren: Sie sind jedenfalls immer in sein strategisches Feld eingegliedert. Da liegt die wirkliche Alternative, und nicht im Gegensatz von einem bloß »inneren« und einem »äußeren« Kampf. In einem demokratischen Weg zum Sozialismus müssen sich beide Wege verbinden. Sich in die Staatsapparate zu »integrieren« oder nicht, das Spiel der Macht zu spielen oder nicht – all dies reduziert sich nicht auf die Wahl zwischen einem »inneren« und einem »äußeren« Kampf. Im übrigen ist die Integration nicht die notwendige Konsequenz einer Strategie, die auf Veränderungen innerhalb des Terrains des Staates abzielt – als ob sich jemals ein politischer Kampf völlig außerhalb des Staates stellen könnte.

Diese Strategie der Machtergreifung verweist unmittelbar auf die Frage der Transformationen des Staates auf einem demokratischen Weg zum Sozialismus. Nur die Verbindung beider Vorgehensweisen, der Transformation der repräsentativen Demokratie und die Entwicklung von Formen der direkten Basisdemokratie, kann den autoritären Etatismus verhindern. Diese Verbindung stellt jedoch neue Probleme.

In der Strategie der Doppelherrschaft, der Strategie der bloßen Ersetzung des Staatsapparates durch den Räteapparat, wird die Frage nach der Machtübernahme des Staates vorrangig gegenüber seiner Zerstörung-Ersetzung. Es geht im Grunde gar nicht um eine Transformation des Staatsapparats: zuerst ergreift man die Staatsmacht, sodann stellt man eine andere Macht an ihre Stelle.

Es handelt sich um folgendes: Wenn die Übernahme der Staatsmacht einen langen Prozess der Veränderung des Kräfteverhältnisses innerhalb des Staates voraussetzt, so muss sie ebenfalls eine gleichzeitige Transformation seiner Apparate umfassen. Und da der Staat eine eigene Materialität besitzt, reicht eine Veränderung des Kräfteverhältnisses innerhalb des Staates allein nicht zur Transformation dieser Materialität aus. Das Kräfteverhältnis selbst kann sich innerhalb des Staates nur stabilisieren, wenn seine Apparate transformiert werden. Gibt man die Strategie der Doppelherrschaft auf, wirft man die Frage nach der Materialität des Staates als speziellem Apparat also nicht über Bord. Man stellt sie nur auf andere Weise.

Ich habe dafür in diesem Text den Terminus *radikale Transformation* des Staatsapparats im Übergang zum demokratischen Sozialismus verwendet. Sicherlich hat dieser Terminus noch hinweisenden Charakter. Er scheint mir jedoch eine allgemeine Richtung zu kennzeichnen, die, wenn ich so sagen darf, durch zwei Einbahnstraßen gekennzeichnet ist.

Die erste: Die radikale Transformation des Staatsapparats in einem demokratischen Weg zum Sozialismus impliziert, dass es nun nicht mehr um das gehen kann, was man traditionellerweise als *Zerschlagung* oder *Zerstören* dieses Apparats bezeichnet. Der Terminus »zerschlagen«, der bei Marx ebenfalls ein indikativer Terminus war, hat schließlich historisch etwas sehr bestimmtes bezeichnet: Die Ausrottung jeder Form der repräsentativen Demokratie und der sogenannten formalen Freiheiten. Man muss sich damit abfinden: Wenn der demokratische Weg zum Sozialismus und der demokratische Sozialismus auch den politischen und ideologischen Pluralismus (der Parteien) impliziert, sowie die Anerkennung der Rolle des allgemeinen Wahlrechts und die Ausweitung und Vertiefung aller politischer Freiheiten, einschließlich der des Gegners, kann man die Termini »zerstören« und »zerschlagen« nur noch benutzen, wenn man mit den Worten leichtsinnig umgeht. Denn dieser Übergang wird in allen Transformationen der repräsentativen Demokratie durch eine bestimmte Permanenz und Kontinuität ihrer Institutionen gekennzeichnet. Diese Kontinuität ist kein bedauerliches Überbleibsel, das man erduldet, weil man es nicht ändern kann, sondern eine notwendige Bedingung des demokratischen Sozialismus.

Die zweite Einbahnstraße: Der Terminus »radikale Transformation« bezeichnet zugleich Richtung und Mittel der Veränderungen des Staatsapparats. Damit können weder zweitrangige Readaptionen (gemäß einem Neoliberalismus des restaurierten Rechtsstaats) noch prinzipiell von oben kommende Veränderungen (gemäß einem traditionellen Sozialdemokratismus oder einem liberalisierten Stalinismus) gemeint sein. Diese Transformation wird keine etatistische Transformation des Staatsapparats sein können. *Eine Transformation des Staatsapparats im Sinne des Absterbens des Staates* kann sich nur auf ein gesteigertes Eingreifen der Volksmassen in den Staat stützen – sicherlich mit Hilfe der gewerkschaftlichen und politischen Vertreter der Volksmassen, aber auch durch die Entfaltung ihrer eigenen Initiativen innerhalb des Staates. Diese Transformation wird ein etappenweises Vorgehen sein, das sich nicht auf eine bloße Demokratisierung des Staates wird beschränken können. Jedenfalls müssen die notwendigen Transformationen des Staates diese Richtung einschlagen, ob es sich nun um das Parlament, die Freiheiten, die Rolle der Parteien, die Demokratisierung der gewerkschaftlichen und politischen Apparate der Linken selbst oder um die Dezentralisierung handelt.

Diese Transformation muss von der Entfaltung neuer Formen der direkten Basisdemokratie und der Verbreitung von Netzen und Zentren der Selbstverwaltung begleitet werden. Eine Transformation des Staatsapparats allein und eine Entwicklung der repräsentativen Demokratie könnten dem Etatismus nicht entgehen. Die hat allerdings auch eine Kehrseite: Auch die einseitige und eindeutige Verschiebung des Schwerkraftzentrums auf die Bewegung der Selbstverwaltung könnte über kurz oder lang nicht das Scheitern verhindern, d.h. den technisch-bürokratischen Etatismus und die autoritäre Konfiskation der Macht durch die Experten. Dies kann durch zwei Formen geschehen: einerseits in Form der Zentralisierung der Bewegung der Selbstverwaltung zu einer zweiten Macht, die die Mechanismen der repräsentativen Demokratie schlicht und einfach ersetzt; andererseits in einer Form, die gegenwärtig häufig propagiert wird: das einzige Mittel, den Etatismus zu vermeiden, liege darin, sich außerhalb des Staates zu stellen, seine eigene Transformation zu vernachlässigen, den Staat (das radikale und ewige Übel) im Wesentlichen zu lassen, wie er ist, und ihn so, ohne bis zur Doppelherrschaft zu gehen, einfach durch »Gegenmächte« der Selbstverwaltung an der Basis auszusperren – den Staat also unter Quarantäne zu stellen und durch Isolation des Krankheitsherdes die Ausbreitung seiner Krankheit zu verhindern.

Man formuliert dies gegenwärtig auf vielfache Weise. Zuerst einmal in den neotechnokratischen Reden über einen Staat, der wegen der Komplexität der Aufgaben einer »nachindustriellen« Gesellschaft beibehalten, von den Experten der Linken geführt und von den Selbstverwaltungsdispositiven bloß kontrolliert werden sollte. Im Grenzfall wäre jeder linke Technokrat von einem Bevollmächtigten der direkten Demokratie begleitet – was den verschiedenen Spezialisten nicht allzuviel Angst zu machen scheint (vgl. ihre plötzliche Begeisterung für die Selbstverwaltung). Sie wissen nämlich sehr gut, was sie davon zu halten haben: Die Masse denkt, der Staat lenkt ... Man formuliert dies aber auch in einer neolibertären Sprache: man will dem Etatismus durch eine Macht entgehen, die sich in eine unbegrenzte Pluralität von Mikromächten verstreut, versplittert und pulverisiert, die dem Staat äußerlich sind, und die allein Aufmerksamkeit verdienen (die Guerilla gegenüber dem Staat). Das Ergebnis ist in beiden Fällen gleich: man lässt den Staat-Leviathan an seinem Platz und vernachlässigt die notwendigen Transformationen des Staates, ohne die die Bewegung der direkten Demokratie zum Scheitern verurteilt sind. Mehr noch: letzten Endes schließt man den Eingriff der Selbstverwaltungsbewegung in die Transformationen des Staates selbst aus und verlagert beide Vorgehensweisen in einen schlichten Parallelismus. Aber wie soll man dann z.B. eine organische Beziehung zwischen Bürgerkomitees und den nach nationalem Wahlrecht gewählten Versammlungen herstellen, die selbst im Zusammenhang mit dieser Beziehung transformiert wurden?

Man sieht also, dass es eigentlich nicht darum geht, zwei Traditionen, die etatistische Tradition und die Tradition der Selbstverwaltung, zu »synthetisieren« und »zusammenzukleben«. Man muss sich vielmehr in die *Globalperspektive des Absterbens des Staates* stellen. Diese Perspektive enthält zwei miteinander verbundene Prozesse: die Transformation des Staates und die Entfaltung der direkten Demokratie. Die Trennung beider Vorgehensweisen verursachte eine Spaltung in Form von zwei Traditionen; die Folgen dieser Spaltung sind bekannt.

Nur dieser Weg kann zum demokratischen Sozialismus führen. Doch auch er führt zwei Gefahren mit sich. Zuerst einmal eine sehr alte und gut bekannte Gefahr, die sich aktuell allerdings verschärft: die *Reaktion des Gegners*, d.h. der Bourgeoisie. Gegenüber dieser Gefahr war die klassische Haltung der Strategie der Doppelherrschaft die Destruktion des Staatsapparats. In einem bestimmten Sinne bleibt diese Haltung für den uns hier beschäftigenden Fall weiterhin gültig: Man kann sich nicht auf zweitrangige Veränderungen des Staatsapparats beschränken und muss tiefe Brüche vornehmen. Aber diese Haltung bleibt nur in einer Hinsicht gültig: Es geht nicht mehr um die Destruktion des Staatsapparats und um seine Ersetzung durch die zweite Macht, sondern um seine Transformation in einem langen Prozess. Dieser Prozess entwickelt die Freiheiten und die repräsentative Demokratie nicht nur und weitet sie aus: Er bietet auch dem Gegner mehr Möglichkeiten, entweder das Experiment des demokratischen Sozialismus zu boykottieren, oder aber brutal zu intervenieren, um ihm ein Ende zu setzen. Der demokratische Weg zum Sozialismus wird sicherlich kein einfacher friedlicher Weg sein.

Man kann dieser Gefahr nur begegnen, wenn man sich aktiv auf eine breite Volksbewegung stützt. Sagen wir es deutlich: Auf alle Fälle und entgegen einer »avantgardistischen« Strategie der Doppelherrschaft setzt die Verwirklichung dieses Weges und ihrer Ziele, sowie die Verbindung beider Vorgehensweisen, durch die der Etatismus und die sozialdemokratische Sackgasse verhindert werden sollen, eine entscheidende und kontinuierliche Unterstützung durch eine Massenbewegung voraus, die sich auf breite Volksbündnisse gründet. Wenn es diese entfaltete und aktive Bewegung (Gramsci unterschied zwischen der aktiven und der passiven Revolution) nicht gibt, und wenn es der Linken nicht gelingt, diese Bewegung hervorzurufen, wird nichts die Sozialdemokratisierung dieses Experiments verhindern können. So radikal die verschiedenen Programme auch sein mögen, daran werden sie nicht viel ändern. Diese breite Volksbewegung bildet einen Schutz gegenüber der Reaktion des Gegners, auch wenn nur sie dazu nicht ausreicht, und deshalb immer mit radikalen Transformationen des Staates verbunden werden muss. Diese zweifache Lehre erteilte uns Chile: Das Ende des Experiments Allendes hing nicht nur vom Fehlen dieser Transformationen ab. Die in dieses Fehlen eingeschriebene Intervention der Bourgeoisie wurde durch den Bruch des Bündnisses zwischen den Volksmassen (besonders des Bündnisses von Arbeiterklasse und Kleinbourgeoisie) ermöglicht, der die Begeisterung für die Regierung der Unidad Popular bereits gedämpft hatte. Die Linke muss alle Mittel einsetzen, um diese breite Bewegung hervorzurufen, und dabei ganz besonders diejenigen neuen Forderungen des Volkes aufgreifen, die man häufig und sehr zu Unrecht »zweite Fronten« nennt (Frauenbewegung, Kämpfe für den Umweltschutz, usw.).

Die zweite Gefahr betrifft die *Formen der Artikulation* der beiden Prozesse, des Prozesses der Transformation des Staates und der repräsentativen Demokratie mit dem der direkten Demokratie und der Bewegung der Selbstverwaltung. Diese Artikulation stellt ein neues Problem: kein Prozess darf den anderen unterdrücken, weder durch die schlichte Eliminierung eines Prozesses noch durch die Integration eines Prozesses in den anderen. Beides würde zum gleichen Resultat führen. Da es sich also nicht um die Assimilierung beider Prozesse handeln kann, stellt sich die neue Frage, wie man einen bloßen Parallelismus und ein Nebeneinander beider Prozesse verhindern kann, so dass nicht jeder Prozess nur seiner eigenen Bewegung folgt. In welchen Bereichen, für welche Entscheidungen und in welchem Augenblick muss ein Prozess Vorrang haben vor dem anderen (die Vertreterversammlungen oder die Zentren der direkten Demokratie, das Parlament oder die Fabrikkomitees, die Gemeinderäte oder die Bürgerausschüsse)? Wie kann man die bis zu einem bestimmten Punkt unvermeidlichen Konflikte vorher regeln, ohne dass man sich langsam aber sicher auf den Weg zu einer echten oder versteckten Situation der *Doppelherrschaft* macht?

In diesem Fall handelte es sich bei Doppelherrschaft um die von zwei linken Mächten (die Linksregierung und die organisierte Volksmacht als zweite Macht). Wir wissen – und diese Lehre gibt uns Portugal –, dass eine Situation der Doppelherrschaft selbst zwischen zwei linken Mächten nicht mit einem Spiel von Macht und Gegenmacht zu vergleichen ist, die sich gegenseitig zugunsten des Sozialismus und der Demokratie in ein Gleichgewicht bringen. Diese Situation führt vielmehr schnell zu einer offenen Konfrontation zwischen beiden Mächten – und zu allen Gefahren, die eine Eliminierung einer der beiden mit sich bringt. Die Eliminierung der direkten Basisdemokratie führt zur Sozialdemokratisierung (vgl. Portugal), und die Eliminierung der repräsentativen Demokratie wird nicht zum Absterben des Staates und zum Triumph der direkten Demokratie führen, sondern über kurz oder lang zu einer autoritären Diktatur neuen Typs. In beiden Fällen wird schließlich der Staat gewinnen. Zusätzlich gibt es natürlich immer noch die Möglichkeit, dass noch vor einer offenen oder latenten Situation der Doppelherrschaft etwas anderes geschieht, das Portugal mit knapper Not vermieden hat: die faschisierende und brutale Reaktion der Bourgeoisie. Man kann sich darauf verlassen, dass sie immer am Spiel teilnimmt. Ein offener Widerspruch zwischen beiden Mächten läuft also Gefahr, von einem lachenden Dritten, der Bourgeoisie, aufgelöst zu werden, und zwar nach einem Drehbuch, das man sich unschwer vorstellen kann. Und dieser Dritte wird in allen Fällen – wie man ahnen kann – (der faschistischen Intervention, der Sozialdemokratisierung oder der autoritaren Diktatur der Experten auf den Trümmern der direkten Demokratie) immer der gleiche sein: die Bourgeoisie in der einen oder anderen Form.

Welche Lösung gibt es und welche Antwort soll man geben? Die Verweise im Laufe des ganzen Textes und die zahlreichen Arbeiten, Untersuchungen und Diskussionen überall in Europa, sowie die gegenwärtigen partiellen Experimente (Selbstverwaltungsexperimente auf regionalem oder kommunalem Niveau) sind keine Lösungen oder Rezepte. Denn die Antwort auf diese Fragen gibt es noch nicht. Und auch nicht als theoretisch gesichertes Modell in den heiligen Texten irgendwelcher Klassiker. Die Geschichte selbst hat uns bis heute kein gelungenes Experiment des demokratischen Wegs zum Sozialismus gegeben. Statt dessen hat sie uns negative Beispiele gezeigt, die man vermeiden, und Irrtümer, über die man nachdenken muss. Und auch das ist nicht unwichtig. Daraus kann man natürlich immer im Namen irgendeines Realismus (dem der Diktatur des Proletariats oder dem konformistischer Neoliberaler) folgern, dass kein demokratischer Sozialismus existiert, weil er unmöglich ist. Vielleicht ist es so. Wir haben keinen millenaristischen Glauben mehr, der sich auf die ehernen Gesetze einer unausweichlichen demokratischen und sozialistischen Revolution gründete – und auch nicht die Unterstützung, die uns ein Mutterland des demokratischen Sozialismus geben könnte. Aber eines ist sicher: Der Sozialismus wird demokratisch sein oder gar nicht. Darüber hinaus sollten wir, wenn wir optimistisch über den demokratischen Weg zum Sozialismus denken, ihn nicht als einfachen und risikolosen Königsweg betrachten. Risiken gibt es, aber sie haben sich verschoben: Letzten Endes liegen die Risiken darin, dass wir auf dem Weg zu Lagern und Massakern sind, deren designierte Opfer wir sind. Ich möchte darauf antworten, dass dies jedenfalls das kleinere Übel ist gegenüber der Gefahr, andere zu massakrieren, und dabei noch selbst unter dem Fallbeil eines Wohlfahrtsausschusses oder irgendeiner Diktatur des Proletariats zu enden.

Diese Risiken des demokratischen Sozialismus kann man mit Sicherheit nur auf eine einzige Weise vermeiden: indem man sich still verhält und unter den Auspizien und der Rute der fortgeschrittenen liberalen Demokratie mitmarschiert. Aber das gehört nicht mehr hierhin...